W0070874

Heimkehr nach Mecklenburg

Eine Reise in die Vergangenheit

Konrad Reich Verlag

Schutzumschlag nach dem Gemälde „Blick auf Ostorf", 1897, von Carl Malchin
(1838–1923); im Besitz und mit freundlicher Genehmigung des
Staatlichen Museums Schwerin

Copyright © 1990 by Konrad Reich Verlag Rostock
3. Auflage 1991
Alle Rechte vorbehalten
Schutzumschlag und Einbandgestaltung: Rudolf Grüttner
Gesamtherstellung: Clausen & Bosse, Leck
Printed in Germany
ISBN 3-86167-001-1

Zu diesem Buch

Noch immer malt die Erinnerung farbige Bilder: weite Felder, darüber ein Himmel aus purem Blau, Tümpel und Teiche, flaches oder leicht ansteigendes Land, hier sich neigend zum Mare Balticum oder dort ineinanderübergehend mit dem Wasser der Seen und Flüsse. Harmonie und bizarre Mannigfaltigkeit, stille Schönheit und bewegende Ruhelosigkeit, Spiel der Farben und Kontraste, der Stimmungen im Wechsel der Jahreszeiten, uralte Faszination der Natur, mit der einst die Menschen Mecklenburgs in Frieden lebten. Seltsam anrührend die kleinen Dörfer des mecklenburgischen Küstengebietes mit ihren bescheidenen „ländlichen Seebade-Etablissements", Heiligendamm etwa, Deutschlands ältestem Seebad. Oder die Strohkaten, von denen Johannes Gillhoff schreibt, daß niemals die norddeutsche Tiefebene Bauwerke hervorgebracht hat, die so eins mit ihr waren, voll großer Ruhe, breit und schwer hingelagert, lastend in klobiger Wucht, wie Bauten der Urwelt, die am Anfang der Tage in ungefüger Kraft dem Schoß der Mutter Erde entstiegen. Heidelandschaften mit ihren Siedlungen, im tiefen Wald selber entstanden, daneben, am anderen Ende des Landes, die Griese Gegend, sandbedeckt und kiefernbewachsen, flankiert von alten Flußtälern und schmalen Wasserfäden. Dann, schon südlicher, fruchtbarer Boden, Laub- und Nadelwälder, Weiden und Wiesen und Seen, in deren klaren Fluten schneeweiße Schwäne schwammen: um Sternberg, Güstrow, Teterow, Krakow, Schwerin – gesegnete Flecken heimatlicher Erde. Dazwischen, wie Inseln im Meer, die wenigen großen Städte, der See oder dem Land zugewandt: Rostock und Wismar, in den Zeiten der Hanse zu Größe und Ruhm gelangt, mit stattlichen Privilegien ausgestattet, die sie einst als des „ganzen Landes Schlüssel" besaßen. Ein anderer Mittelpunkt Schwerin, weiland Residenz des Mecklenburg-Schweriner Landes, noch im Mittelalter eine ländlich-ärmliche Kleinstadt. Überhaupt, Neustrelitz, Güstrow, Ludwigslust und Schwerin verdanken den mecklenburgischen Herzögen so manches, ihr Entstehen und lange Zeit auch ihre Existenz, architektonische Schönheiten und romantische Prachtbauten wie das Schweriner Schloß, nicht nur im eigenen Lande bewundert von Bürgern und Bauern. Maßvoller die Kirchen des Landes, weitaufragend, wie es sich gehört, silhouettenbestimmend. Erdverbunden die Tore und Türme, Backsteinbauten, wohltuend in Farbe und Schlichtheit.

Von alledem erzählt dieses Buch, von diesem Land und seinen Menschen zwischen Holstein und Pommern, zwischen Elbe/Elde und Ostsee, das bald auf eine tausendjährige Geschichte zurückblicken kann. Es ist ein tiefer Blick in ebendiese Vergangenheit, der zeigt, was verschüttet und zerstört wurde in einer Zeit der Dunkelheit. Es stellt, indem es die Geschichte befragt, eine Art von Rettungsversuch dar. Sechsundvierzig Autoren, profunde Kenner Mecklenburgs, bringen mit 51 Beiträgen, geschrieben zwischen 1925 und 1936 ans helle Licht des Tages, was tief verborgen schlummerte – diese Reise in die Vergangenheit ist eine Heimkehr nach Mecklenburg...

J. U. Folkers
Die Dörfer des mecklenburgischen Küstengebietes

Als im Jahre 1610 die mecklenburgischen Seestädte Rostock und Wismar sich auf dem Landtage darüber beklagten, daß die Ritterschaft der Ämter Bukow, Grevesmühlen und Doberan ihr Getreide in den „Klipphäfen" wie Gaarz und der Golwitz zwischen der Insel Poel und dem Festlande verschiffe, anstatt das Korn nach Wismar und Rostock zu bringen, da beriefen sie sich auf die stattlichen Privilegien, die sie als „des ganzen Landes Schlüssel, propugnacula et promptuaria" besäßen. Ihr Verlangen, daß „denen vom Adel die Verschiffung ihres Kornes verboten werden möge", blieb freilich unerfüllt, aber darin hatten sie durchaus recht, daß sie sich als des ganzen Landes Schlüssel, Bollwerke und Vorratskammern bezeichneten. Mecklenburg wandte damals bereits sein Gesicht wirtschafts- und verkehrsgeographisch gen Norden der Ostsee zu, und so ist es bis heute geblieben. Daß die bedeutendsten Städte Mecklenburgs alle seiner nördlichen Hälfte angehören, daß die wichtigsten Verkehrslinien des Landes eigentlich nur den Norden erschließen und den Süden nur flüchtig berühren, daß der Schwerpunkt der Bevölkerung durchaus im Ostseebereich liegt, – das alles erscheint uns heute natürlich, weil dem Norden nicht nur die wirtschaftlich belebende Nähe der See als des Verkehrsweges der Völker schon seit der Hansazeit zu Gute kommt, sondern auch die besten landwirtschaftlichen Kulturböden Mecklenburgs dem Norden angehören. Und doch gab es eine Zeit, wo beide Vorzüge unwirksam waren, wo vielmehr der Süden des Landes durchaus den Schwerpunkt der Bevölkerung und der Wirtschaft bildete. So lagen die Dinge in der Wendenzeit bis gegen das Jahr 1200. Damals wurde der Norden des mecklenburgischen Landes von einem durch wenig Lichtungen unterbrochenen Urwaldstreifen bedeckt, der gerade die besseren Lehmböden längs der Ostsee einnahm. Auf dem prachtvollen Weizenboden des Klützer Winkels stand die undurchdringliche silva Clutse, der Klützer Urwald, die Doberaner Gegend erfüllte das „Waldland" Drenow, und zwischen Rostock und Ribnitz stellen Rostocker Heide, Gelbensander Forst und Ribnitzer Stadtforst noch stattliche zusammenhängende Reste der alten Waldbedeckung dar, die sich hier auf weniger zum Ackerbau lockendem Boden gehalten, immerhin aber beträchtlich Gelände an die Bauerndörfer bei-

7

derseits der Bahn Rostock-Stralsund verloren hat. Die wendische Bevölkerung drängte sich auf den leichten, sandigen Böden des Südens zusammen, wie dies auch auf der von Archivrat Witte veröffentlichten schönen Karte der wendischen Bevölkerungsreste in Mecklenburg deutlich hervortritt. In der Tat lockte die Wenden weder der Lehmboden noch die Verkehrslage des Nordens. Beides konnte ihnen nicht viel nützen. Der schwere lehmige Boden war gar nicht, wie unser Sprachgebrauch ihn unbesehen nennt, der „bessere" Boden für den Slawen, weil er nicht mit ihm fertig zu werden wußte. So wenig unmittelbare Ueberlieferung wir über die Wirtschaft des wendischen Bauern gerade in Mecklenburg besitzen, so müssen wir doch nach allem annehmen, daß seine landwirtschaftliche Technik nicht viel anders war als die seiner Volksgenossen im übrigen heute deutschen ostelbischen Lande. Es wird auch für Mecklenburg stimmen, was ein Mönch des niederschlesischen Klosters Leubus von den Slaven der mittleren Oder in seine Chronik schrieb: „Das polnische Volk war arm und faul, es pflügte den Boden mit krummen Hölzern ohne Eisen und verstand nur mit zwei Kühen oder Rindern zu ackern; kein Salz, kein Eisen, überhaupt kein Metall hatte das Volk, auch keine guten Kleider, ja nicht einmal Schuhe, nur seine Herden weidete es." Mit dem wendischen Haken, dem uncus unserer Urkunden, der wirklich nur ein hölzerner Haken und nichts weiter gewesen zu sein scheint, dem schweren Lehmboden zu Leibe gehen zu wollen, hätte nicht viel Sinn gehabt. Überhaupt bezeigte der Wende wenig Lust, die schwere Arbeit der Waldrodung auf sich zu nehmen, und daran war seine soziale Organisation vor allem schuld. Seitdem der Inhaber des Amtes des Dorf- bezw. Sippenältesten sich zum Grundherrn seines Dorfes aufgeschwungen und seine Dorfgenossen zu seinen grundhörigen und zinspflichtigen Hintersassen herabgedrückt hatte, mochte der wendische Bauer sich sagen: „Wenn ich mehr herauswirtschaftete, wäre es ja doch nur für den Grundherrn." War somit der Wende sowohl durch seine nur auf leichten Böden anwendbare Pflugtechnik wie durch seine die Arbeitslust abtötende Abhängigkeit vom Grundherrn daran verhindert, mehr Getreide zu erzeugen als er selber unbedingt gebrauchte, so hatte die Verkehrslage an der Ostsee keinen Sinn für ihn. Solange die Ostseeküste keine landwirtschaftlichen Überschüsse aufzuweisen hatte, konnten an ihr auch keine Städte entstehen, noch fehlte ja jegliche Aufnahmefähigkeit für eine Einfuhr über See wie für Erzeugnisse eines verfeinerten Gewerbes. Dies ist der siedelungs- und wirtschaftsgeschichtliche Hintergrund jener großen Wendung in der Entwicklung Mecklenburgs, die um 1200 das Antlitz des Landes nach Norden, zur Ostsee, drehte, zugleich den Bevölkerungsschwerpunkt nach

Norden rückte und das wendische Volkstum verschwinden ließ, weil es den Aufgaben der Stunde nicht gewachsen war. Das Deutschtum ist ja Mecklenburg so wenig aufgezwungen worden wie etwa Pommern oder Schlesien. Haben doch überall die slavischen Fürstengeschlechter ungestört weiter regiert, in Mecklenburg die Nachkommen Niklots und Pribislaws bis 1918. Von Ausrottung der slavischen Bevölkerung kann, wie übrigens Archivrat Witte längst quellenmäßig bewiesen hat, schon deshalb gar keine Rede sein. Aber die slavischen Fürsten und ihre Lehensträger, Ritter und Klöster, konnten sich der Erkenntnis nicht verschließen, daß Mecklenburg nur dann kulturell wie machtpolitisch mit den Nachbargebieten gleichen Schritt halten könne, wenn es gelang, die wirtschaftliche Erzeugung zu heben. Dazu war der wendische Bauer nicht der Mann. Schon aus rein fiskalischen Gründen bedurfte der Landesherr besserer Steuerzahler. So ist der deutsche Bauer ins mecklenburgische Land gekommen, gerufen von den Herren des Grundes und Bodens, gelockt durch besondere Agenten, die Lokatoren, mit Privilegien und Versprechungen, nicht als Eroberer, sondern als hochwillkommener Pionier der Wirtschaft. Unter seinen Axthieben fielen die Urwälder auf den Lehmböden des Ostseeküstenbereiches bis auf die heutigen Waldreste. Auf den Rodungen entstanden jene Dörfer, deren Namen sie ebenso als deutsche Gründungen erweisen wie die Art ihrer Anlage. Nicht allzu zahlreich sind auf dem ganzen Küstenstrich von Travemünde bis Ahrenshoop diejenigen Siedelungen, bei denen der wendische Name – meist leicht zu erkennen an den charakteristischen Endungen wie Wustrow, Müritz, Blengow, Redentin – ebenso deutlich das hohe Alter beweist wie die eng zusammengedrängte Anlage beiderseits einer ziemlich kurzen Dorfstraße oder die noch altertümlichere, von den Wenden bereits den vor ihnen im mecklenburgischen Lande angesessenen Ostgermanen entlehnte Hufeisenform um einen runden Dorfplatz mit dem Dorfteich, der sog. Rundling. So baute der deutsche Kolonist nicht, wo er bei einer Dorfanlage „aus wilder Wurzel" freie Hand hatte. Wo immer Kolonisten in unwirtlicher Fremde sich eine neue Heimat gründen, stellen sie eine Auslese der Wagemutigsten und Unternehmungslustigsten dar. Trotziges Selbstbewußtsein erfüllt sie, Ellenbogenfreiheit ist ihre erste Forderung, und der deutsche Kolonist der großen Ostlandwanderung ums Jahr 1200 huldigte dem rabiaten Individualismus nicht minder als der amerikanische Farmer des 19. Jahrhunderts. So wollte der deutsche Ostlandsiedler nichts mehr wissen von jener durch die buntscheckige Gemenglage der Ackerstücke notwendigen Rücksichtnahme auf die Wirtschaft des Nachbarn, wie sie in Westdeutschland ebenso wie bei den Wenden Mecklenburgs dazu geführt hatte, die Ackerbewirtschaftung an die Beschlüsse der Dorfgenossen zu binden. Wo deutsche Kolonisten ein Dorf nach eigenem Geschmack anlegen konnten, da erhielt ein jeder seinen Acker nicht in vielen verstreuten Stücken, sondern in einem einzigen langen Streifen, der rechtwinklig zur Dorfstraße verlief und unmittelbar an dieser das Gehöft trug. Nun mochte jeder Bauer wirtschaften, wie es ihm gefiel. So sind jene langgezogenen Dörfer des alten Waldstreifens längs der mecklenburgischen Küste entstanden, die im Gegensatz zur gedrungenen Form des wendischen Straßendorfes und des vorwendischen Rundlings durch ihre lockere Reihenform mit den weiten Zwischenräumen, meist nur eine Seite der Dorfstraße einnehmend, sofort zeigen, daß hier die Flouraufteilung in Streifenhufen die Siedlungsform bestimmt hat. Meist ist schon der Name ein deutlicher Hinweis auf die Entstehung durch deutsche Kolonisation um 1200. Die Endung „hagen" ist so bezeichnend für die deutschen Waldhufendörfer, daß man geradezu von Hagendörfern als Siedlungsform spricht. Man denke dabei an unser Wort „Hain", das aus „Hagen" entstanden ist, und an die niederländische Residenz 's Gravenhage, „des Grafen Wald". Natürlich laufen auch andere Namen unter. Neben Rövershagen und Mönchhagen an der Rostocker Heide, Diedrichshagen bei Warnemünde, Lambrechtshagen, Allershagen, Bartenshagen und Steffenshagen bei Doberan sind auch Rethwisch bei Heiligendamm und das aus Brinckmans „Kasper Ohm" als Obstdorf bekannte Bernitt im Süden des Hagendörferbezirkes echte Waldhufen- oder Hagendörfer. Auch der Klützer Winkel ist von solchen Hagendörfern erfüllt, so weit sie nicht später in Gutsdörfer umgewandelt worden sind, ein Schicksal, das z. B. auch die alten Waldhufendörfer Purkshagen und Wasmodeshagen sowie einen Teil von Rövershagen ereilt hat. An Stelle der alten 53¼ Bauernhufen dieser drei Kolonistendörfer liegen heute am Südrand der Rostocker Heide noch 12 Bauernhufen zu Rövershagen und die Rostocker Stadtgüter Purkshof, Oberhagen und Niederhagen. Trotzdem erkennt man heute noch in der Hauptsache unverwischt die Züge, die die deutsche Bauernkolonisation des 13. Jahrhunderts durch ihre Siedlungsform der Landschaft des mecklenburgischen Ostseebereiches aufgeprägt hat. Fast erscheint es überflüssig, darauf hinzuweisen, daß damals auch das niedersächsische Bauernhaus durch die Kolonisten niedersächsischer Herkunft im ganzen Umkreis der Hagendörfer Bürgerrecht gewann und sich bis heute zähe erhalten hat.

Den Wenden aber blieb nichts übrig, als Anschluß zu suchen an die fortgeschrittene Wirtschaft und Kultur der Kolonisten. Deutsch wurde Trumpf in den südlichen Ostseelanden. Ohne Kampf und Ausrottung verschwand das wendische Volkstum, weil der Wende selber sich gehoben dünkte, wenn er im deutschen Volkstum untertauchen konnte. Noch 1315 wird den Doberaner Klosterdörfern Stülow und Hohenfelde bestätigt, daß sie nach slavischem Recht gerichtet werden sollen, heute zeigt der niedersächsische Charakter dieser Dörfer keine Erinnerung an ihren wendischen Ursprung.

War somit der deutsche Kolonist der Erzieher des Wenden zu intensiver Wirtschaft wie zu höherer, christlich-deutsch bestimmter Kultur, so schuf die deutsche Bauernkolonisation auch die Grundlagen der städtischen Kultur der Hansezeit, indem sie jene Getreideüberschüsse produzierte, die das Aufkommen eines Städtewesens mit Handel und Gewerbe erst ermöglichten. „Rostock ein Malzhaus", sagt ein althansischer Spruch. Wie eifersüchtig die Seestädte darüber wachten, daß von den Getreideüberschüssen des Landes nichts ohne ihre Vermittlung in den Handel gelange, zeigt der obenerwähnte Kampf gegen die „Klipphäfen", der in ein endloses Prozessieren bis zum Reichskammergericht hinauf überging. Trotzdem konnten die Seestädte das Aufkommen jener merkwürdigen Bauernschiffahrt nicht hindern, die heute noch den Dörfern des Fischlandes das halb holländisch anmutende Gepräge gibt. Das alte Land Swante-Wustrow, wie das Fischland bis gegen 1600 hieß, ist sicherlich schon vor der Wendenzeit besiedelt gewesen, ins Licht der Geschichte tritt es erst 1235 mit Bentwisch und Volkenshagen zusammen als Besitz des Klosters Dünamünde bei Riga. Ackerbau und Viehzucht bildeten neben etwas Fischerei die wirtschaftlichen Grundlagen des Fischlandes, bis um etwa 1700 die Fischländer anfangen, den Rostockern durch Selbstverfrachtung ihrer landwirtschaftlichen Überschüsse eine lästige Konkurrenz zu machen. Im Jahre 1685 geht die Stadt Rostock mit Strafen gegen Bauern des Amtes Ribnitz vor, die ihr Korn direkt nach Lübeck verschifft haben, und 1703 erheben die Fischländer gegen Rostock Klage, das ihre mit Gerste nach Lübeck bestimmten Schiffe in Warnemünde festgehalten hat. Bald wächst der Schiffahrtsbetrieb auf der genossenschaftlichen Grundlage der Partenreederei der Landwirtschaft über den Kopf wie kurz zuvor in Holland. Im Jahre 1837 besaß Rostock 70 Seeschiffe, Wismar 38, das Fischland 108 Seeschiffe. So bekam im Jahre 1846 Wustrow seine Navigationsschule, heute die einzige Mecklenburgs, und im Dorfbilde der fischländschen und benachbarten Dörfer wie Dändorf und Dierhagen ward das niedersächsische Bauernhaus, so zäh es sich in seiner für Mecklenburg bezeichnenden Form mit der durch die ganze Länge durchlaufenden Diele auch hier behauptete, in den Hintergrund gedrängt durch das nach seemännischer Art peinlich sauber und untadelig in Farbe gehaltene Schiffferhaus, das sich freilich selbst aus dem niedersächsischen Bauernhause entwickelt und zunächst nur durch eine stärkere Ausdehnung der Wohnräume auf Kosten der Wirtschaftsräume unterschieden hatte.

Die letzten neuen Züge in das Antlitz der mecklenburgischen Küstendörfer haben zwei Vorgänge neuerer Zeit gezeichnet: Die im 18. und 19. Jahrhundert so sehr rege Siedelungstätigkeit der mecklenburgischen Regierung und das Aufkommen des Seebadewesens. Wie im ganzen Domanium die planmäßige Schaffung von Kleingrundbesitz auf dem Wege der inneren Kolonisation ein Ruhmesblatt des alten mecklenburgischen Fürstenhauses und seiner Regierungsbehörden bildet, so ist auch in den Dörfern der Küste das Dorfbild hierdurch wesentlich umgewandelt worden, zumal da gerade an der Küste der dem landesfürstlichen Einfluß überhaupt und landesfürstlicher Siedlungstätigkeit insbesondere verschlossene ritterschaftliche Besitz zurücktrat. So sind an der Küste die domanialen Gutshöfe in Dierhagen, Graal, Müritz, Hirschburg, Nienhagen und Brunshaupten wieder in Bauern- und Büdnerdörfer verwandelt worden. Die ältesten Büdnereien in Müritz entstanden 1815, wie wir heute sagen würden, als „Kriegerheimstätten". Als die mecklenburgische Regierung auf Befehl Napoleons I. für die französische Flotte Matrosen stellen mußte, versprach sie denen, die glücklich heimkehren würden, Grundbesitz und Bauholz aus dem alten Klostergute Müritz und schuf für die Heimkehrer die ersten zwölf Büdnereien des Dorfes.

Das Aufkommen des Seebadebetriebs, noch im 18. Jahrhundert in Heiligendamm, Deutschlands ältestem Seebad, einsetzend, hat auf die Dorfbilder unserer Küste erst in der zweiten Hälfte des 19. Jahrhunderts eingewirkt. Nur wenige Dörfer hatten schon vorher als Badeorte Bedeutung. Ein geographisches Handbuch um 1840 erwähnt als eine Merkwürdigkeit, daß in Boltenhagen seit vielen Jahren ein „ländliches Seebade-Etablissement" bestehe, das so zahlreich besucht werde, daß im Sommer 1834 gegen 200 Personen zu gleicher Zeit hier gewesen seien. Wie schade, daß das wirkliche Aufblühen unserer Seebäder in eine Zeit fiel, wo man den baulichen Aufgaben dieser Entwicklung so wenig gewachsen war wie zwischen 1870 und 1900!

Jenny Müller

Die mecklenburgischen Stadttore

Den Beschauer schöner alter Stadttore werden diese oft verwitterten Zeugen vergangener Zeiten nicht nur baulich interessieren, sondern oft in erster Linie als Befestigungswerke, und in Gedanken wird er sie in die Gesamtbefestigung der Stadt hineinstellen. Das mit Recht, denn ihr eigentlicher Zweck ist der Schutz und die Verteidigung der Zugänge zu der mauerumschlossenen Stadt. Daher sind die später im 18. und 19. Jh. errichteten Steuerhäuser und Zollschranken, die nur dem friedlichen Verkehr dienten, nicht mehr dazu zu rechnen. Auch für uns handelt es sich nur um Tore im eigentlichen Sinne des Wortes.

Die mittelalterliche Stadt mußte ihre Mauern nach den Seiten der wichtigsten Zugangswege, der Handels- und Heerstraßen öffnen, um am Leben der Umwelt teil zu haben, aber wegen der so auch erhöhten Gefahr feindlicher Angriffe waren die schwachen Stellen des Mauerrings besonders zu schützen. So entstanden über der Mauerpforte – besser der Palisadenpforte, denn anfangs waren ja die Städte um „zäunt" – hölzerne Wehrtürme, die später durch Steinbauten ersetzt wurden. In Mecklenburg geschah dies in der 2. Hälfte des 13. Jh., das „Stein"tor zu Rostock ist als erstes durch seinen Namen aus dem Jahre 1274 so bezeugt. Erst nach den Toren wurden statt der Palisaden Mauern aufgeführt, die ja durch ihre Lage auf dem Walle weniger gefährdet waren. Und wie sich das Baumaterial änderte, so wechselten mit den Zeiten und den gesteigerten Ansprüchen auch die Bauformen.

Als ursprünglichste Form hat für Mecklenburg wie alle anderen Länder der neben oder lieber über die Pforte gesetzte Turm zu gelten, und zwar einer in der einfachsten Form, wie heute noch das Petritor in Rostock und das ehemalige Schwaansche Tor daselbst auf einer alten Abbildung ihn zeigt: über fast quadratischem Grundriß ein schwerer gedrungener Bau, kaum höher als breit, mit niedrigem, zugespitztem Dach, und niedriger tonnenüberwölbter Durchfahrt. Die Ansätze des Tonnengewölbes sind am Petritor noch heute zu sehen. Ueber der Durchfahrt war bis zum Dach gerade Raum für eine Torwärterwohnung. Vorübergehend scheinen diese Tore auch etwas höher gezogen zu sein, wenigstens – wenn man den alten Stadtbildern des 16. und 17. Jh. (Merian sowie Braun u. Hogenberg) trauen kann – um ½ Stockwerk, sodaß über dem Torbogen noch eine Pechnase angebracht werden konnte. Heute sind diese einst für die Verteidigung so wichtigen erkerartigen Vorsprünge, aus denen auf die Angreifer Pech und heiße Flüssigkeiten gegossen wurden, von allen mecklenburgischen Toren verschwunden.

Für das Petritor war anscheinend zu Ende des 18. Jhs. anstelle des stumpfen Schindeldaches eine barocke Turmspitze, zu der die Zeichnung noch im Rostocker Ratsarchiv aufbewahrt wird, geplant. Zum Glück wurde das Projekt nicht ausgeführt, denn in seiner heutigen Gestalt, spärlich geschmückt durch Fensterblenden auf der Feldseite des Tores und einer schmalen Querblende, wirkt es so wuchtig, daß ein zierlicher Turm fast grotesk darüber gestanden hätte. Daß uns dieses wahrscheinlich älteste mecklenburgische Tor erhalten ist, verdankt man dem Eingreifen des Herzogs Johann Albrecht, sonst wäre es 1899 wie das Schwaansche als „Verkehrshindernis" gefallen.

Eine spätere Entwicklungsform zeigt das Rostocker Tor in Ribnitz durch seine reichere Dekoration. Der Grundriß ist auch hier noch fast quadratisch, erst bei späteren Torbauten beginnt er sich zu strecken. Waren die Rostocker Turmtore wie die Wismarer nicht erhaltenen (vgl. Poelertor) eher Zweckbauten, so zeigt das nicht viel jüngere Ribnitzer Tor schon einen bei aller Schwere der Form weit anspruchsvolleren Charakter. Ueber dem schlichten Unterbau, der nur die spitzbogige Durchfahrt umschließt, steigt, abgegrenzt durch einen rundherumlaufenden Vierblattfries, ein Obergeschoß auf, das auf allen Seiten durch Doppelreihen von je 5 stumpfspitzbogigen Blenden belebt wird. Schlanke Eckpfeilerchen ragen über den Dachansatz, der viereckig beginnend in ein Achteck ausläuft, hinaus, um ein drittes achteckiges ebenfalls mit Blenden verziertes Geschoß zu tragen; den Abschluß bildet eine achtseitige Pyramide mit kleiner Spitze.

Es versteht sich von selbst, daß nicht alle Tore gleich so erbaut worden sind, wie sie heute dastehen, manche haben nicht einmal immer an derselben Stelle gestanden, wie z. B. das Steintor und das Kröpeliner Tor in Rostock, die mit Erweiterung der Stadtmauer ein- oder zweimal hinausgeschoben wurden. Dadurch veränderte sich dann mit dem Zeitstil auch die Bauform. Am Kröpelinertor ist z. B. der schlichte Unterbau mit der Durchfahrt von Steinen einer röteren Farbe ausgeführt als der Turm darüber, und an diesem wieder sind stilistische Unterschiede bemerkbar, die eine Bauzeit von etwa 35 Jahren annehmen lassen. Schon die erstaunliche Höhe des Tores, die in 6 Stockwerken 55 m erreicht, bedingt das; aber vor allem die zierlicheren Proportionen der Blenden in den vier Treppengiebeln deuten eine spätere Bauperiode an als etwa die großen Fensterblendenanordnungen, die verschiedene untere Stockwerke zusammenfassen.

Nicht nur den Proportionen, sondern auch dem Reichtum und der abwechselnden Zusammenstellung der Blenden nach – je zwei und zwei Giebel sind gleich, – muß man das oberste Geschoß, das übrigens ein kreuzförmiges Dach mit einem schlanken achteckigen Dachreiter trägt, dem frühen Unterbau gegenüber wenigstens in die zweite Hälfte des 14. Jh. verlegen. Tatsächlich gibt Th. Rogge das Datum der Aufsetzung des Dachreiters als 1361 beurkundet an, während die kleinen Wappenblenden etwa in das zweite Viertel des 14. Jh. gehören. Außer dem verhältnismäßig reichen Blendenschmuck läuft nur noch etwa in halber Höhe ein schönes Kleeblattbogenfries herum, und über der Durchfahrt der Stadtseite ist ein kleines Stück eines Vierpaßfrieses erhalten. Mehr aber als solche dekorativen Einzelheiten interessiert uns der riesige Gesamtbau; mehr als einer wird verwundert sein über das auf der Feldseite so ganz ungeschmückte vierte und fünfte Stockwerk, mit den ihm unverständlichen großen Löchern, Luken und den eisernen Haken im Mauerwerk. Wer die Stadtbilder des 16./17. Jh. kennt, weiß, daß es die Mauerhaken sind für das Hängewerk und die Löcher für die Tragbalken des hölzernen Wehrganges, der ehemals – bis auf die große Blende der Innenseite – um den ganzen Turm herumlief. Sicherlich hat er dem Bauwerk noch einen trotzigeren Charakter gegeben, zumal die Stadtmauer sich fest an das Tor anschloß ohne die heutigen Durchfahrten und den etwas lächerlichen Vorbau des 19. Jh., der wie aus einer Spielzeugfestung genommen wirkt.

Rostock besaß früher noch einen gleich stolzen Bau im Steintor. Die älteste Darstellung der Stadt zeigt sein Obergeschoß mit den gleichen Giebeln und dem spitzen Türmchen wie das Kröpeliner Tor. Das ist nicht etwa eine Schematisierung durch den Holzschneider, sondern es entspricht den Tatsachen nach einer alten Chronik, die von den Kämpfen des Herzogs Johann Albrecht mit der Stadt berichtet: „Den 1. Martii – (1566) – ließ hertzogk Johann Albrecht anfangen, das steinthor herniederzubrechen, welches eben auf die Artt gebauet war, wie das Kröpelinsche thor heutigen tages noch ist." Aber auch dieser Bau war noch nicht der ursprüngliche. Wahrscheinlich ist hier wie beim Kröpeliner Tor eine frühe Form anzunehmen in der Art des Petritores, in der es schon errichtet wurde, während das sogenannte „alte Steintor" etwas weiter nach dem Markte zu noch bestand. Von all dem ist heute nichts mehr zu erblicken, möglicherweise sind die Fundamente des jetzigen Steintores noch die alten, aber mehr wird der fürstliche Zorn kaum übrig gelassen haben. Trotzdem war 11 Jahre später durch den Eifer der Bürger schon ein neues Tor entstanden, wieder ein Turmtor, der Zeit entsprechend im Renais-

Das Petritor in Rostock (abgebrochen nach 1950)

sancestil erbaut, unter niederländischem Einfluß, der damals in Mecklenburg verbreitet war (vgl. Schloß Güstrow). Leider ist der Name des Baumeisters nicht überliefert, nur derjenige des Bildhauers Hans Borchlow, der vielleicht(!) aus Borgloon in Belgien stammt. Von seiner Hand ist wohl noch das Wappen auf der Feldseite des Tores verfertigt, denn der Türsturz auf der Stadtseite wurde schon bald durch Blitzschlag zerstört und mußte erneuert werden; doch hat Vicke Schorler ihn vorher gezeichnet, sodaß wir die Abwandlung noch feststellen können. In der zweiten Hälfte des vorigen Jahrhunderts trat dann die letzte Veränderung ein, bei welcher der dreifache Durchgang entstand. Dadurch mußten unter dem Türsturz die Säulen fortgenommen werden, sodaß er jetzt merkwürdig haltlos aussieht und viel zu schwer über den Öffnungen wirkt. Um dieselbe Zeit werden auch die Türflügel verschwunden sein, die nach einer Notiz des Landesarchivars Dr. Krause† die scherzhafte Aufschrift tragen: „In disser Stadt is de Credit müse dot."

Als letztes erhaltenes Turmtor in Mecklenburg sei das einfache, gotische Kuhtor in Rostock erwähnt, das sein Bestehen dem Umstand verdankt, daß es, überflüssig geworden, erst in eine „ehrliche bürgerliche Custodia", dann in ein Wohnhaus umgewandelt wurde. Das schlichte, schmale Haus fällt mit dem abgewalmten Dach „hinter dem Herrenstall" kaum auf, aber auf der Feldseite, heute in Gärten versteckt, sieht man noch den vermauerten, spitzbogigen Durchgang, links davon zwei kleine, stufenförmig abgeschlossene Blenden, zwischen dem zweiten und dritten Stockwerk ein doppeltes deutsches Band. Darüber noch drei z. T. verstümmelte Blendengruppen. Unmittelbar unter dem Dach scheinen ehemals Zinnen gesessen zu haben. Ohne auf andere, nicht mehr vorhandene mecklenburgische Turmtore einzugehen, soll abschließend noch bemerkt werden, daß das einzige Tor, welches den Turm neben dem Durchgang hatte, das Mühlentor in Güstrow gewesen zu sein scheint.

Nun zu dem anderen Typ unserer einheimischen Tore: den Fassadenbauten, so genannt, weil die Schmalseiten der auf rechteckigem Grundriß erbauten Tore den Fassaden der Bürgerbauten angeglichen sind. Sie entstanden in einer Zeit, wo die Tore nicht mehr rein wehrhafte Zweckbauten waren, sondern wo sie auch Zierstücke sein sollten. Der Repräsentationswille einer auf ihr Gemeinwesen stolzen Bürgerschaft zeigt sich deutlich an derlei öffentlichen Bauten, und so hatten selbst kleinere Städte wie Gadebusch, Bützow usw. Tore, deren Größe und Schönheit in keinem Verhältnis zu der Bedeutung standen.

Die Entwicklung dieser Torbauten liegt hauptsächlich in der Ornamentik. Das Wargentiner Tor in Malchin, von dem noch Photographien im

Schweriner Archiv liegen, scheint das älteste und schmuckloseste gewesen zu sein. Auf der Feldseite zeigt der dreieckige Giebel – später wurde das Tor turmartig überhöht – nur fünf kleine Fensterblenden, auf der Stadtseite deren sechs zwischen zwei doppelten deutschen Bändern, darunter vier kleine geradestehende Wappenblenden, und noch weiter nach unten zweimal drei größere Fensterblenden, alles streng symmetrisch geordnet. In der zweiten Hälfte des vorigen Jahrhunderts mußte es mit seinem Vortor ebenso wie die Haupttore des Steintores und des Kalenschen Tores als Verkehrshindernis verschwinden. Tatsächlich sollen die Malchiner Tordurchfahrten besonders eng gewesen sein, wie schon Merian berichtet: „es habe Malchin einen gar engen Zugang, also daß kaum ein Wagen füglich dadurch kommen könnte." Man wollte auch die übrigen Vortore abreißen, aber es wurde wohl durch den Einspruch des Grafen Hahn-Basedow verhindert, der drohte, den Malchinern die Kundschaft von seinen Gütern zu entziehen, weil er durch dasselbe Tor fahren wolle wie seine Vorfahren; jeder kann sich denken, daß die durch solchen Boykott erschreckten Bürger schleunigst den Abbruch einstellten. Um die Wende des Jahrhunderts wurden die Tore dann mit großherzoglicher Hilfe wiederhergestellt.

Einen wesentlichen Schritt weiter ging man beim Kreuztor in Parchim, das eine deutliche Stockwerkeinteilung hatte in Blendenreihen und dreieckig zugespitzten Giebelgruppen, die ihrerseits durch Pfeilerchen getrennt waren. Auch ist hier der Versuch gemacht worden, durch schräggestellte Steine ein Gräten- oder Brandmuster herzustellen, aber alles blieb noch zart und schwach profiliert und die horizontal lagernde Tendenz herrschend.

Kaum 25 Jahre später ist das Wassertor in Wismar anzusetzen, und doch welch Unterschied! Schon über dem heute sehr hohen, spitzen Torbogen setzt auf schmaler Querblende eine dichte Folge in sich unterteilter Blenden an, welche alle Giebelstufen bis oben hin ausfüllen, auf die Stufen sind kleine abgetreppte Zinnen aufgesetzt. Ein starkes Licht- und Schattenspiel durch die betonte Profilierung erhöht den Eindruck des Bauwerkes. Wenn die Fassade nun trotz der hervortretenden Vertikaltendenz noch etwas gedrückt und gebunden erscheint, so liegt das einmal an dem Zusammenfassen der beiden Mittel-Blenden unter eine breite Stufe, zum andern an der symmetrischen Anordnung einer großen Anzahl von Luken. Die kleinen Wappenblenden unterhalb des Giebelfeldes sind neu, ebenso ist an der Außenseite des Tores vieles verändert.

Wandern wir wieder nach Osten, so kommen wir bis zur pommerschen Grenze noch in drei Städte mit erhaltenen Torbauten: Teterow, Neubran-

Das Kröpeliner Tor in Rostock, Stadtseite

denburg und Friedland. Von diesen sind die zwei Teterower die künstlerisch bescheidensten, dennoch ist ihre Gegenüberstellung interessant. Schon die Grundrisse zeigen verschiedene Form: der des Malchiner Tores ist quadratisch, während das Rostocker rechteckig angelegt ist; dieses hat eine reicher gegliederte Außenseite und zeigt deutliche Vertikaltendenz, jenes wirkt schwerfällig und steif im Ornament. Auch der Giebelabschluß ist verschieden: das Malchiner Tor hatte gerade Stufen, das Rostocker dagegen Wimperge zwischen den gliedernden Pfeilerchen. Im 16. oder 17. Jh. wurden dem Geschmack entsprechend Zwickel in die Stufenwinkel gesetzt, bezw. die eckigen Wimperge abgerundet; diese Änderung wurde auch bei der Ausbesserung 1905 beibehalten, um die Störche am Nisten auf den Torgiebeln zu hindern und den Vorübergehenden etwaige Belästigungen zu ersparen. Außerdem ist noch eine höchst ungeschickte Veränderung an dem Rostocker Tor vorgenommen: die Einsetzung der großen neugotischen Kirchenfensterblende auf der Stadtseite; was früher an deren Stelle war, läßt sich nicht feststellen, vielleicht nur ein Entlastungsbogen. Nun zu dem weit und doch nicht weit genug berühmten Neubrandenburg! In seltener Geschlossenheit umgibt der innerste Befestigungsring die Stadt, und von dem zweiten sind außer dem Wall noch drei Vortore erhalten. Das Maiheft des 1. Jahrgangs dieser Zeitschrift brachte in dem Aufsatz von Dr. Wendt: „Neubrandenburg in alter und neuer Zeit" Abbildungen der schönen Torbauten. Auf einer ist auch sehr glücklich ein Teil der Stadtmauer mit den zahlreich eingebauten Wiekhäusern zu sehen; an der Durchbruchsstelle zum Bahnhof ist eins von ihnen in der alten Form wiederhergestellt, wie es der Besatzung zum Ausweichen (daher der Name) auf dem schmalen Wehrgang diente. Das älteste Tor in seiner ursprünglichen Anlage ist zweifellos das Friedländer, auf dessen Seite auch mit dem Bau der Stadt begonnen wurde, aber nicht in seiner Gesamtheit. Die Stadtseite des Innentores zeigt einen Giebel, der mit seinen Korbbogenblenden, den übereckgestellten, reich gegliederten Fialen, den Wimpergen, Spiegeln und Krabbenschmuck der Zeit um 1450 angehört. Wahrscheinlich ist es einmal erneuert, ohne daß die Feldseite davon berührt wurde. Zeitlich folgt das Stargarder Tor, welches das imposantere Treptower Tor an klassischer Schönheit überragt. An keinem Bauwerk war bisher der Fensterblendenschmuck in solcher Reinheit und Kühnheit verwandt worden. Neun verschieden breite Blenden, leise an- und abschwellend, beginnen schon in halber Höhe zu beiden Seiten des Torbogens und steigen ihn umrahmend an. Die schmalen Trennungspfeiler überragen den Giebel in schlanken Spitzen. Und das Eigenartigste an dieser hochgotischen Fassade: der Reigen der neun weiblichen Gestalten, der in Höhe der untersten Giebelstufe dahinschwingt. Man muß sagen „schwingt", denn es liegt Harmonie in der Art, wie die Figuren in ihrer Größe und dem sanften Ansteigen ihrer Reihe dem Gesamtgiebel angepaßt sind. Daher empfindet man diese Horizontale auch nicht als störend in der starken Vertikaltendenz des Bauwerkes, sondern lediglich als Klang im Klang. Natürlich wird jeder fragen, warum diese Steinbilder an dem Tor angebracht sind, aber auf die vielen verschiedenen Antworten einzugehen, ist hier nicht möglich; mir scheint es lediglich ein von Kirchenbauten übernommenes, bekanntes Schmuckmotiv zu sein, das hier eine besonders monumentale und eigenartige Ausgestaltung erfahren hat. In dem Treptower Tor zeigt sich am stärksten, was der Repräsentationswille einer stolzen Bürgerschaft vermag, und zwar ist er bei diesem mächtigen Bau so weit gegangen, daß man den Wehrzweck fast vergessen hat; denn während sonst die Stadtseite nach Möglichkeit ausgestattet wurde, ist hier die dem Angreifer zugewandte Feldseite viel reicher, ja fast überreich geschmückt, nicht einmal die Seitenwände gehen leer aus. Immerhin ist die Komposition noch klar und straff, anders als bei dem „Neuen Tor". Schon der Name dieses Bauwerkes wiese darauf hin, daß es später als die andern gebaut ist, wenn es nicht die Ausstattung täte. Es ist stilistisch nur eine Zusammensetzung verschiedener Schmuckmotive der anderen Neubrandenburger Tore: der Fries und die Rosetten sind die gleichen wie am Treptower bzw. Stargarder Vortor, die neun Blenden des Giebels und die Jungfrauen gab die Stargarder Haupttorfassade her. Aber wie ungeschickt ist alles komponiert! Die neun Blenden sind in sieben Giebelstufen hineingequetscht und nicht etwa gleichmäßig in einem bestimmten Rythmus abgestuft. Am schlimmsten sind die Steingestalten fortgekommen: die größten mit den längsten Kleidern – die übrigens alle verschieden lang sind – stehen in den niedrigsten Blenden und in der Mitte ihrer Reihe klafft eine empfindliche Lücke, dort ist eine Fensterluke eingebaut. Dieser Bau fällt sonach aus der Reihe der schönen Neubrandenburger Innentore heraus.

Nun bleibt noch der Ort, der an der Grenze nach Pommern gelegen besonders stark befestigt gewesen zu sein scheint, Friedland; jedenfalls sind die beiden erhaltenen Tore, das Neubrandenburger und das Anklamer, von ungeheurer Kraft. Zugleich tritt uns in ihnen ein dritter Typ entgegen: eine Verbindung von Turm- und Fassadenbau, wie er sich ähnlich nur auf Merians Stich von Rotterdam findet. Die Grundrisse sind durchaus verschieden: das Anklamer Tor hat an der Mitte der Längsseiten je einen hohen runden Turm, das Neubrandenburger an allen Ecken je einen viereckigen, der bald in einen achteckigen übergeht. Offenbar ist das Anklamer Tor das ältere von beiden, schon weil es zu mehr als einem Drittel aus Feldsteinen gemauert ist, außerdem sind die Spitzbogen noch sehr stumpf; das Wappen auf der Stadtseite ist aus Sandstein und gehört dem 18. Jahrhundert an. Das Neubrandenburger Tor ist noch weniger verziert als das vorgenannte, aber es wirkt im Ganzen leichter, schon dadurch, daß der Bau völlig aus Backsteinen besteht und die Fassade zwischen die eckigen Türme zurückgezogen liegt; auf eine spätere Bauzeit deutet auch der korbbogige Abschluß der spärlichen Blenden. Dieses Tor hat 1913 noch durchrenoviert werden können, während das Anklamer leider nicht mehr an die Reihe kam; hoffentlich finden sich bald die dringend nötigen Mittel auch für das ältere, wuchtigere Tor, das bei dem jetzigen Zustand in nicht zu langer Zeit einstürzt, was schon wegen der Eigenart des Bauwerks sehr zu bedauern wäre.

Wenden wir uns nun noch einmal der Stadt zu, von der wir ausgingen, um einen kurzen Blick auf das vierte Rostocker Tor, das Mönchentor, zu werfen. Es blieb bisher unbeachtet, weil es im Gegensatz zu den übrigen ein Fassadentor ist oder vielmehr war und heute die jüngste Form aufweist: es ist 1806 klassizistisch umgebaut mit Pilastern, Architrav, Metopen und Triglyphen, Tropfenleiste und Urnen – im Volksmund „Suppenterrinen" genannt – als Bekrönung des flachen Daches ausgestattet. Damals wurde das ganze obere Stockwerk abgenommen, weil es rissig wurde, nachdem der Stufengiebel schon früher einmal einfach dreieckig zurechtgestutzt war. Die Wasserseite scheint schlicht gewesen zu sein, aber von der Stadtseite hat Vicke Schorler uns ein Bild in reichem Renaissanceausputz überliefert. Vielleicht hat er in Einzelheiten phantasiert, aber das Ganze als Dichtung hinzustellen, geht nicht an. Dafür ist auch der gotische Giebel unter der späteren „Modernisierung" noch zu deutlich zu erkennen; man scheint die Stufenwinkel mit Zwickeln ausgefüllt (vergl. Teterow!) und zur Zierde Terrakottenfriese und Figuren angebracht zu haben, wie das auch an heute noch erhaltenen Wohnhäusern geschah. Es ist eins der prächtigsten Bauwerke, die der alte Zeichner überhaupt in der langen Reihe der „Abcontrafaktur der hochloblichen und weitberumten alten See- und Hanse-Stadt Rostock" dargestellt hat.

Schon bei der Besprechung der Turmtore hatten wir die Befestigung der Stadt Malchin gestreift, waren aber weder auf das bestehende Kalensche noch auf das Steintor eingegangen, und zwar deshalb, weil nur noch die Vortore erhalten blieben. Das am reichsten verzierte Wargentiner Vortor ist verschwunden, aber auf dem Stadtnotgeld ist das Bild davon erhalten mit der halb traurigen, halb spöttischen Umschrift: „Dit schöne Dur, dat hewwen s' afreten, So hadd sick dei Verkihr upsmeten." Wie verschieden auch diese Vorwerke noch sein können, beweist ein Vergleich: die drei Neubrandenburger Vortore sind hausartig, auf beiden Seiten verziert, mit Satteldächern versehen; die Malchiner dagegen schildmauerartig, auf der Rückseite mit Pultdächern und im Ornament weniger fein und zierlich. In der Form den Malchiner Toren ähnlich, aber in der Ausstattung die Hand holländischer Baumeister verratend, waren die Vorwerke des Steintores und des Kröpeliner Tores in Rostock; besonders von dem letzten geben uns Zeichnungen aus der ersten Hälfte des 19. Jahrhunderts von Paul Tischbein noch deutlich Kunde. Jedes der beiden Tore hatte zwei Vortore, das Steintor dazu noch einen „Zwinger", einen freistehenden starken, runden Befestigungsturm, der den Zugang von der Seite her deckte. Etwas anderes sind die „Zingel", die vor den Vortoren des Friedländer und des Neuen Tores in Neubrandenburg standen oder als Ruine noch stehen; es waren gedeckte Halbtürme, die durch Mauern mit dem Vortor verbunden waren. Der Fremdenführer des Verkehrsvereins in Neubrandenburg gibt eine gute Skizze der ursprünglichen Anlage des ältesten Neubrandenburger Tores, während der dazugehörige Lageplan zeigt, wie das Tor zu den anschließenden Straßen liegt. Man schuf nämlich niemals eine grade Fluchtlinie, sondern stellte leichte Knickungen oder Achsenverschiebungen her durch Winkelstellungen oder oft kaum auffallende Verlegung der Durchfahrt aus der Mitte der Bauwerke fort. Die Straßen stoßen gerne schräg auf das Tor zu, und niemals liegen sich zwei Stadtausgänge genau gegenüber, damit der eingedrungene Feind nicht zu leicht die Stadt durchjagen und er noch von den Flanken her beschossen werden kann. Solche Fragen sind von dem mittelalterlichen Stadtbaumeister bis ins Kleinste erwogen und geben den Ortschaften ihr Gepräge, vor allem unendlich viele malerische Reize. Die Tore funktionieren im Stadtbild als Straßenabschlüsse auch raumbildend, besonders empfindet man das dort, wo eine Reihe hoher Giebelhäuser den Blick bis zu diesem Ruhepunkt hinzieht. Auch von außen boten die Städte so ein schöneres, nicht nur wehrhafteres Bild mit ihren lückenlosen Mauerzügen, wo die Tore neben den Kirchtürmen die Hauptzierden bildeten. Möglichst viele ragende Tore und Türme waren der Stolz einer mittelalterlichen Stadt, daher übersteigert die älteste Abbildung von Rostock und Wismar im Germ. Museum in Nürnberg das Gewimmel hochragender Bauwerke ohne jede Spur von Genauigkeit oder Naturtreue geradezu ins Phantastische; die Topographien des 16./ 17. Jahrhunderts zeichnen sich dann durch liebevollstes Eingehen auf jede Einzelheit, daß auch ja kein Mauerpförtchen vergessen werde, aus, bis endlich Caspar David Friedrich in seiner romantischen Darstellung von Neubrandenburg ein heroisches Stadtbild gibt, die gespenstische Silhouette einer tor- und turmgeschützten Festung, umzuckt vom letzten Licht einer in Gewitterwolken untergehenden Sonne.

JOHANNES GILLHOFF

Strohkaten

Niemals hat die norddeutsche Tiefebene Bauwerke hervorgebracht, so eins mit ihr und so voll großer Ruhe wie die Strohdachhäuser der Bauern. Breit und schwer hingelagert, lastend in klobiger Wucht, wie Bauten der Urwelt. Wie am Anfang der Tage in ungefüger Kraft dem Schoß der Mutter Erde entstiegen. In den groben Linien herrscht höchste Einfachheit und Wahrheit. Da ruht schlichte Schönheit neben reiner Zweckmäßigkeit. Um das behäbige Strohdach geht es wie ruhevolles Atmen mütterlicher Liebe, und unter ihm wohnt Güte bei Härte, und sattes Behagen folgt der hart zupackenden Arbeit. – Abendstille senkt sich auf die breite Dorfstraße. Stille auf den Bauernhof. Im Stall noch das Stampfen eines Pferdes, das behagliche Schnaufen einer Kuh, das müde Klirren einer Kette, und vom Dach herab, über den gekreuzten Pferdeköpfen des Sachsengottes, klappert der Storch geruhsam den Abendsegen.

Da hebt es unter den altersgrauen, grünbemoosten Strohdächern an zu reden und zu raunen, und um die rauchgeschwärzten Balken geht es wie ein Summen, Tönen und Klingen aus fernen Tagen. Geschichten, Sagen und Mären werden wach am offenen Herdfeuer, wenn jugendblaue Augen zwischen Wachen und Träumen zum runzelvollen Antlitz aufschauen: Großmutter, nu verzähl was! Sie versinken wieder in der Asche und werden überdeckt von Schweiß und Arbeit des langen Tages. Aber wenn nach siebzig Jahren die Stille des Abends kommt, dann umdrängen wieder Enkelkinder und Urenkel die Knie der weißhaarigen Alten am offenen Herd. Was im Herdfeuer flüstert und knistert, was durch die alten Katen summt und tönt, was oben um die Pferdeköpfe harft, das sind die Erinnerungen verdämmernder Jahrhunderte, die aufträumend die grauen Häupter erheben.

Uhlenflucht. Das ist die Stunde, da die alten Katen anheben zu reden und zu raunen von Saat und Ernte, von Sommer und Winter, von Tag und Nacht, von Lachen und Weinen, von hafergelben Zöpfen der Jungen und von verwitterten Zügen der Alten. Am liebsten aber von fernen Zeiten. Jugend ist vorlaut. Der vierte links im Hufeisen hebt schon an. Er hätte wohl noch warten können, weil er erst ein paar Jahrhunderte auf der First hat. Aber sie hören ihm zu mit ruhiger Nachsicht, wie sie ehrbaren Alten wohlansteht. Und er erzählt von den Franzosen, die durchs Dorf schwadronierten, daß kein Mensch sie verstand. Und von dem Kosakenoberst, der sie verjagte und sich dann ganz unkosakisch den Tod trank an kochend heißer Hühnersuppe, weil er fern am Don oder Kuban kein Plattdeutsch gelernt hatte und den warnenden Zuruf der Bäuerin nicht verstand. Aber die Seinen banden ihn aufs struppige Rößlein und führten ihn unter schwermütigen Klageliedern zum Dorf hinaus. Draußen begruben sie ihn, – wer weiß wo.

Bedachtsam setzt der Nachbar ein. Aus schweren Blöcken schwarzbraunen Eisensteins ist er aufgeführt. Den hat der Bauer in seinen Wiesen gebrochen. Dort trug er nur saures Gras; im Hause gibt er trockenes Wohnen. Klump überdauert die Jahrhunderte. Störche kommen und gehen. Menschengeschlechter wachsen heran in klingendem Jugendlachen, gehen in harter Arbeit durchs Leben und sinken in müdem Schweigen ins Grab. Jahrhunderte wechseln. Aber für den Raseneisenstein sind hundert Jahre wie der Tag, der gestern vergangen ist, und wie eine Nachtwache: Franzosen und Russen? In meiner Jugend sah ich die Wallensteinischen. Aber sie zogen draußen die große Heerstraße am Dorf vorbei. Nur ein paar Schweinlein hießen sie mitgehen und was sonst zu ihres Lebens Notdurft gehörte. Hernach aber kam wildes, hergelaufenes Volk, ein verlorener Hauf, der sich in Rusch und Busch zusammenrottierte und nachts das Dorf auspochte. Der Rote Hinnerk führte sie. Dann zündeten sie es an. Aber im schweren Westregen hatte das Moos sich vollgesogen wie ein Schwamm und schützte die Dächer. Die Bande hatte sich toll und voll gesoffen und lag an den Feuern mitten im Dorf. Da brachen die Bauern hervor. Mit Spießen, Knüppeln, Forken und Äxten fielen sie über sie her. Schweigend taten sie ihre Arbeit. Der Rote Hinnerk kroch hier bei mir im Schweinestall unter. Da hat der Bauer ihn auch abgestochen. Seitdem war Ruhe.

Hm ja, Ruhe! knarrte es mit eingerosteter Stimme herüber. Müde und halb eingesackt stand der alte Klehmstakenbau da. Der Lehm war abgebröckelt, und das Flechtstakenwerk lag offen da wie Rippen einer eingesunkenen Brust. Ein sechsjähriger Junge konnte ans Dach reichen. Aber da war so viel eisenfestes Eichenholz hineingearbeitet, wie man heut auf der ganzen Dorfmark nicht mehr findet. In abgerissenen Sätzen wie ein Alter, dem die Luft knapp wird, holte er hervor, was er in kalkgesprenkelter Jugendzeit von längst versunkenen Nachbarn erlauscht: von Bären- und Wolfsjagden in den sumpfigen Eichenwäldern der Walerow, von dem großen Kampf mit den schlitzäugigen, schwarzhaarigen Gelbgesichtern, von dem großen Heidenpott, in dem sie die Asche ihres Sippenältesten beisetzten, und von den kugelrunden Mahlsteinen, die man hernach dem

Eisensteinernen unter den Süll legte. – Und dann fallen zwölf Schläge langsam vom Turm. Stille wird's im Rund. Nur der Mond wacht, und der Nachtwind spielt mit den wallenden Nebeln und fallenden Blättern.

Brockmöller hatte zu Abend gegessen, schweigend und ausgiebig, wie es seine Art war. Behaglich lehnte er sich zurück auf der breiten Bank hinter dem Tisch. Die Frau saß ihm gegenüber, den Strickstrumpf in der fleißigen Hand. „Na?" fragte sie nach einer Weile. „Nächst Johr ward bugt!" Schwer fiel das Wort in die Stille. „Ick heff hüt alls mit den Muermeister afspraken. De Strohkatens hebben ehr Ding' dahn, äwer nu möten sei Platz maken; de Wirtschaft is gröter worden." Die Frau sah vom Knüttzeug auf: „Min Vadder hadd dreihunnert bet dreihunnertföftig Stieg' Roggen; wovel hest du in'n letzten Sommer inführen laten?" „Gaud sößhunnert. Vör 30, 40 Johr hadden de Ollen 20 bet 25 Fäuder Heu, un hüt sünd't mal so vel! Min Vadder hadd 800 Raud' mit Getüffel utplant't, hüt sünd't 1400. In de oll Tied weren dat 100 Sack Getüffel, letzten Sommer hadden wi an 250. Früher ded de Stieg' Roggen bi 45 Pund, hüt 60 un mihr." „Verget din Red' nich! Mudder hadd 5 und 6 Melkkäuh in'n Stall; wi hebben 10, mit't Jungveih 20 Stück. Äwer de Käuh gewen früher ein poor Wochen nah't Kalben ok all ehr 15 Liter, un vel mihr dauhn sei hüt ok nich."

Er nickte. „De Melkwirtschaft möt noch ganz anners warden. Anner Tuchtbullen un Kraftfudder för de Käuh. Un denn stellen wi en lütten Schweizer an un nehmen de Melk in eigen Wirtschaft. Wotau sälen wi den Rohm de Molkerie in'n Rachen smieten." – „Äwer de Swienwirtschaft beholl ick." – „Dat kannst hebben; de Schweizer kann buten up'n Acker helpen. Wovel Swien sünd't hüt?" – „De Farken mitrekent so bi 45." – „Dat geit an. Mutter hadd 10 Stück in'n Stall, mal ok woll 20. Sei dauhn hüt ok vel mihr her. De Ollen kregen dat hunnert Pund Lebendgewicht bi 30 Mark; för uns' letzten hebben wi 65 kregen."

„Verget din Red' nich", fiel die Frau ein, „hebben de Lüd dinen Vadder up'n Farkenmarkt in Grabow nich mal 75 Penning un ein Mark för't Stück baden? Un twei Stück lepen em weg, un de Lüd wullen sei wedder griepen, un hei rep ehr nah: Wer s' kriggt, kann s' beholln!" Er gab die Neckerei zurück: „Dat ward woll up densülwigen Farkenmarkt west sin, as din Vadder mit 8 Stück hen wer, äwer hei hett keinen Swanz verköfft kregen. Un as hei wedder nah Hus kem, ßüh, dunn halte hei nägen von'n Wagen! Äwer dat weren Utnahmen. Dörchweg hebben sei dunn doch 3 bet 4 Mark kost!"

„Ja, de Tieden ännern sick." Er schüttelte den Kopf. „Ne, äwer de

Minschen wirtschaften hüt anners. De Ollen hadden slecht' Futterung, dorüm wenig Veih, dorüm wenig Meß, dorüm kein Kurn, dorüm wenig Stroh tau't Streuen, un dorüm wedder keinen Meß." – „Weitst woll noch, wenn wi as Kinner tau Kirch güngen un kemen an Brinkmann sinen Butenslag vörbi? Dor müßt' ein Roggenhalm sick up de Tehnen stellen, wenn hei den annern seihn wull." – „Stimmt! Äwer dunn kem irst de Mergel, un nu bruken wi Kainit, Thomasschlack, Leunasalpeter, Ammoniak, hochprozentig Kali un siet dei Tied hett sick dat Dörp irst richtig empört[1]. Nu geiht dat ok nich mihr, dat wi mit 'n Döschflägel döschen." – „Verget din Red' nich! Tau Großvadder sin Tieden döschten s' in'n Winter morgens von Klock vier an in'n Vierklapp un Fiefklapp dörch dat ganze Dörp, un Kohlsupp gew dat irst, wenn ein poor Lag' döscht weren." – Ja, un hüt hett jeder sinen Motor un sin Döschmaschin' mit Reinigung. Rummelt ward nich mehr; dat Kurn kümmt gliek rein in'n Sack." Eine Pause entstand.

„Wat ward dat Bugen kosten?" – „Dat Dusend Muerstein kost' 45 Mark an Urt un Stell; Kalkstein 30 un denn dat Anführen mit Lastauto. Tau't Veihhus sünd gegen 50 Dusend nödig, tau de Schün' noch ein poor Dusend mihr, denn langt sei äwer ok für 60–70 Fäuder Kurn. Lütter tau bugen hett keinen Sinn; denn möt wi nah 10 Johr all wedder dorbi." – „Un wat ward dat Bugen kosten?" kam es etwas unsicher heraus. Er zuckte die Schultern. „9000 de Schün, un dat Veihhus ebensovel." – „Äwer dat Veihhus bi de annern, dei bugt hebben, is doch lütter un smaller." – „Dorför kamen dor äwer Querwänn' rin un Krüppen un Delen. Un denn de elektrisch Anlag!"

„Dat is vel Geld." „Ja", gab er gelassen zu, „äwer wi sünd beid' gesund un uns' Kinner ok. Odder ward di dat mit de Arbeit tau vel? Denn nehmen wi noch en Mäten tau." – „Tau vel Arbeit?!" In all ihrer lachenden, gesunden südwestmecklenburgischen Breithüftigkeit stand sie vor ihm. „Na, denn is't jo gaud. Vel Unrauh un Arbeit ward't jo geben, äwer de Strohkaten is doch tau eng worden." – „De Ollen hadden bi Tieden gröter bugen süllt!" – „Ne", gab er ernst zurück, „wi willen nich up de Ollen schellen. Sei sünd ebenso flietig west as wi, un sei hebben noch harter arbeit't as wi; wat wi up de Maschin' leggen, dat hebben de Ollen up ehr Schullern dragen. Ehr is dat ok vel surer worden as uns, denn bi all ehr Arbeit hebben sei doch nich seihn, dat sei vörwärts kamen deden. Wi äwer, wi weiten, dat dat vörwärts geiht, un dat gifft ümmer frischen Maud. Ne, Stine, von uns' Ollen willen wi Gaudes denken un Gaudes

---

[1] ist hochgekommen.

reden; wi willen doch ok, dat uns' Kinner von uns ok mal so reden un denken. Äwer runner möt de oll Katen dorüm doch." – „In de Zeitung steiht wedder wat in äwer de Po – Poesie des Strohkatens." Er schob das Blatt gleichgiltig zurück: „De Zeitungsmann hett all ümmer tühnt von'n Strohkaten; von de nien Schünen un Veihhüser ward hei naher woll ebenso schriewen." – „Ne, dat geiht nich", gab sie schnell zur Antwort, „die Steinkastens seihn tau nakt un tau kahl ut." – Er sah überrascht auf: „Kannst recht hebben! Äwer nu lat uns slapen gahn."

HEINRICH SCHULZ

Alte Marienbilder in Mecklenburg

> Ich sehe dich in tausend Bildern,
> Maria, lieblich ausgedrückt;
> Doch keins von allen kann dich schildern,
> Wie meine Seele dich erblickt.

Die kindliche Innigkeit seines frommen Glaubens ließen Novalis diese Verse schreiben, als er durch den Verlust einer heißgeliebten Braut und eines Bruders in tiefe Schwermut gestürzt war. An dem hehren Bild Mariä richtete er sich auf, und mit und nach ihm sang manch deutscher Dichter ihr Lob. Ungezählt sind die Marienbilder in Dichtung und bildender Kunst hin und her im deutschen Lande, keines Volkes Phantasie hat sie mit reinerer Hingabe und beschwingterer Schaffenslust umwoben, nirgends weiß Kindermund zur Weihnachtszeit inniger zu besingen „Marie, die reine Magd".

Kaum ein Bild hat die Kunstgeschichte aufzuweisen, das solche Veränderungen aufzuweisen hat wie das der Madonna, keine stilgeschichtliche Untersuchung ist lohnender. Auch das Marienbild unseres engeren Heimatlandes hat an diesen Wandlungen teilgenommen.

Das plastische Muttergottesbild verdankt seine Entstehung dem Altardienst ebenso wie das Kruzifix: diese beiden entnahm man dem Kreis der geschichtlich überlieferten Heiligenbilder und bildete sie anfangs in kleinen plastischen Freifiguren, denen man einen Platz auf dem Altar zuwies. Die Altarmadonnen aus der romanischen Zeit zeigen Maria sitzend. Das Kind hat seinen Platz entweder zwischen den Knieen der Mutter, ganz streng in der Mittelachse, indem es die Gemeinde anblickt und segnet, oder es sitzt auf dem Schoß der Mutter. Diese letzte Fassung ist menschlicher empfunden und deutschen Ursprungs, die erste aus der Byzantinischen Kunst übernommen. Unser Landesmuseum besitzt zwei solcher „thronenden Madonnen", die eine aus der Dorfkirche von Banzkow, die andere aus Belitz.

Die Madonna von Banzkow ist die ältere. Sie stammt aus der Zeit des Übergangsstils vom romanischen zum gotischen Stil, wird also im ersten oder zweiten Jahrzehnt nach 1200 entstanden sein. Der Thron zeigt die älteste Kirchenstuhlform, einen viereckigen Kasten. Die Maria wirkt heute, wo sie die bunte Bemalung verloren hat, derb und bäurisch. In starrer Würde thront sie da, Anbetung fordernd und jede Vertraulichkeit ausschließend. Das Christuskind ist verloren gegangen. Ähnlich wirkt in der Haltung die Belitzer Madonna, die weit besser erhalten ist. Ganz eigentümlich wirken hier die rillenförmigen, stilisierten Gewandfalten von Mutter und Kind.

Auch die gotische Zeit hat den Typ der thronenden Madonna behalten, wenn auch nur selten. Eine solche beherbergt die Kirche zu Kessin bei Rostock. Sie stammt aus der Zeit um 1400. Die Haltung der Mutter ist ziemlich steif, das Kind, das auf ihrem linken Arm sitzt, hält in der Linken den Apfel, die Rechte erhebt es, um belehrend den Zeigefinger vorzustrecken. Zweierlei ist bezeichnend für diese frühe Zeit: das Kind ist völlig bekleidet und viel zu groß im Verhältnis zur Mutter. Es ist überhaupt nicht das Kindlein, aus dessen holdseligem Mund Liebe lacht, sondern der Gottessohn, der sich seiner Würde bewußt bleibt und weiß, daß viele auf ihn schauen; es ist zwar nicht mehr wie in der vorhergehenden Zeit bloß dogmatisches Symbol, aber noch weit entfernt vom echt Kindhaften.

Eine zwillingshafte Ähnlichkeit mit dem Kessiner zeigt das Kind der berühmten Doberaner Maria. Auch dies ist unverhältnismäßig groß und bekleidet. Aber die Mutter steht. Es ist in Norddeutschland eins der ersten Beispiele für die stehende Madonna. Ihre Haltung ist gerade, nur das rechte Knie ist gebogen und knickt das Gewand, das an der entgegengesetzten Seite in ruhigen Wellensäumen fällt. Eine tiefe Ruhe liegt über der Gruppe. Das Kind schaut mit feierlichem Ernst in die Weite, und der Mutter vornehme und kühle Erhabenheit wird noch erhöht durch die gewaltige Krone, an deren Zacken Sterne blitzen. Über beiden, als Baldachin gedacht, schwebt eine noch größere Krone, auf deren Unterseite der Engelsgruß Ave Maria die Umschrift um einen großen Stern bildet. Hinter beiden strahlt voll die Sonne, und unter dem Fuße liegt der Halbmond, dies in Anlehnung an Offenb. Joh. 12,1: Und es erschien ein großes Zeichen am Himmel: ein Weib mit der Sonne bekleidet und der Mond unter ihren Füßen und auf ihrem Haupt eine Krone von zwölf Sternen. Vom Rande der Konsole zweigen sich 6 Wachslichtteller ab, so daß das Ganze einen Kronleuchter darstellt, der einst den hohen Chor schmückte, jetzt aber in der Pribislavkapelle hängt. Um den Konsolenrand steht eine lateinische Inschrift, die Kühne verdeutscht hat:

Sieh die Rose voller Süße,
Voller Schöne, diese grüße;
Sieh die Jungfrau voller Hulden,

*Maria vom
Krämeraltar der
Marienkirche zu
Wismar (Kirche im
zweiten Weltkrieg
total zerstört)*

Die eintritt für unsere Schulden;
Vor ihr neige dich zur Erden
Mit demütigen Geberden.

Zwei andere wundervolle Marienstandleuchter hat die Heiligen-Geist-Kirche in Wismar aufbewahrt.

Mit der Madonna des Krämeraltars in der Marienkirche Wismars treten wir über die Schwelle des 15. Jahrhunderts. Sie ist um 1420 entstanden und stammt wahrscheinlich von demselben Meister, dem wir die berühmte Madonna vom Darssow-Altar in der Lübecker Marienkirche verdanken. Schwer liegt das Gewand um die schlanke Gestalt der Maria, die nach der herrschenden Sitte ein Kopftuch trägt. Die Mutter biegt leicht die linke Hüfte, denn sie trägt die kostbare Last ihres Kindes auf dem linken Arm. Mit diesem Kinde ist inzwischen eine große Veränderung eingetreten: es ist nackt. Und was für ein Kind ist es! Ist's nicht ein schwer faßbarer Zwiespalt: die vornehme, schlanke Mutter und das zwar gut modellierte, aber derbe, bäurische Kind? Offenbar hat hier nach einer sehr wahrscheinlichen Vermutung ein großer Meister in der Maria den mittelalterlichen Idealstil mit reinem Geschmack zum vollendeten Ausdruck gebracht, im Kinde aber seiner volkstümlichen, derben Niedersachsenart folgend seine Freude am Realismus zum Ausdruck bringen wollen. Welch ein Unterschied zwischen der Doberaner Maria und der des Krämeraltars! Der schmale Kopf, dessen Mund ein Zug kühler Lieblichkeit umspielt, ist leicht zum Kinde geneigt. Es ist eine Gestalt, wie sie Bruder Philipp der Karthäuser im „Marienleben" im 13. Jahrhundert preist:

Ihr Mündchen war gar wonniglich
und anzuschauen minniglich.
Ihr Kinn war rund und schön oval
und ohne alle Fehl zumal,
Inmitten hats gar schön und fein
ein holdes lieblichs Grübelein.
Vielweiß und schön und wohlbehende
waren ihre heiligen Händen.
Die Finger waren lang und schmal,
die Nägel rein und schön zumal.
Höfisch war ihr Gehn und Stehn,
wonniglich der Augen Sehn.

Das Kind aber kümmert sich weder um Würde noch um Gemeinde, sondern bläst höchst menschlich und vergnügt eine gewaltige Flöte. Das ist das Fortschrittliche hier: der Zug der Mütterlichkeit und die Nacktheit des Kindes. Die Glieder sind nicht mehr gestrafft, sondern gelockert. Diese Madonna stammt aus der Zeit der „schönen" Madonnen um 1400. Aber des ganzen Abstandes unserer durch und durch norddeutschen herben Maria von ihren „schönen" süd- und westdeutschen Schwestern wird man sich erst bewußt, wenn man sie in ihrer königlichen Haltung und Ruhe mit jenen gekünstelten und gezierten Gestalten vergleicht, die man nachträglich mit dem Zusatz „schön" ausgezeichnet hat.

Die Sonne im Rücken und die Mondsichel unter den Füßen gehören fortan zu den Madonnenbildern des 15. Jahrhunderts. Die Doberaner Maria steht nicht unmittelbar auf dem Monde, sondern auf einem runden Sockel zwischen Gestalt und Mond. Es ist schwer vorstellbar, daß dies störende Zwischenglied von dem Schöpfer zwischen Fuß und Mond geschoben ist, und es sei die Vermutung ausgesprochen, daß hier erst nachträglich diese Attribute zugefügt wurden, als diese in der norddeutschen Kunst um 1400 heimisch wurden.

Wie schon erwähnt, ist das Christuskind des 15. Jahrhunderts nackt. Zu dieser völligen Nacktheit entschloß man sich erst, nachdem man hier und dort das Kindlein halbnackt wiedergegeben hatte in der Weise, daß sich ein Mantelzipfel der Mutter um den Leib legte. Die mittelalterliche Kunst lehnte den unbekleideten Menschen in seiner Darstellung ab und wagte ihn nur am Christuskind und am Gekreuzigten zu zeigen, also an den beiden Polen des Lebens. Erst die Renaissance entdeckte den menschlichen Körper für die Kunst.

Das 15. Jahrhundert hat im allgemeinen an dem Typ der stehenden Madonna mit dem nackten Kinde festgehalten. Viele gotische Altäre zeigen im Schrein diese Gruppe. Mancher Dorftischler mag sich daran versucht haben, nicht jede Marienfigur ist ein Meisterstück. Das Bild der reinen Magd hatte sich tief der deutschen Seele eingeprägt und ist recht eigentlich das deutsche Bild des späten Mittelalters geworden, in der Plastik und in der Malerei. Es wird uns weihnachtlich ums Herz vor den vielen spätgotischen Madonnen. Gibts etwas Holdseligeres als diese wahrhaft meisterlichen Schöpfungen, in denen irdisches Mutterglück und himmlisches Königtum miteinander einen Bund schlossen! Das Kind wird mit der Zeit immer kleiner, kindlicher, dem Spiel und der Lust ganz hingegeben. Nun ist es „ein Kindelein so zart und fein", das unseres Herzens Freud und Wonne ist. In der Gruppe des Altarschreins der Kirche zu Teterow greift das Kind begierig nach der Weintraube, die ihm die mütterliche Linke reicht; ein großfaltiger, knitteriger, weiter Mantel, der die Jungfrau umhüllt, macht die Zartheit des Knaben doppelt fühlbar.

Allerdings ist diese Ausgeglichenheit in den Größenverhältnissen zwischen Mutter und Kind auch in dieser Zeit nicht durchgehend vorhanden. Das Kind ist auch jetzt noch nicht selten ein kleiner Mann, wohl weil man es durch die körperliche Vergrößerung mehr in den Mittelpunkt stellen wollte.

Dadurch, daß man die Sonne nicht mit geraden Strahlen herausschießen ließ wie bei dem Krämeraltar, sondern zackig und wellig formte, kam etwas Flammendes, eine ungemein starke Bewegung ins Bild. Um die Altarmadonna der Rostocker Heil.-Kreuz-Kirche ist alles Leben: Wolken ballen sich um die zuckenden Sonnenstrahlen, sechs Engel sind herbeigeflogen, um die Jungfrau zu krönen, ihr Gewand zu halten und um zu musizieren; und selbst dem nackten Knäblein will es nicht auf dem mütterlichen Arm gefallen, es zappelt mit Armen und Beinen und nimmt so lebhaften Anteil an der Bewegtheit des Ganzen. Ruhe liegt allein im Antlitz der Maria, die mit weit geöffneten Augen wie suchend in die Ferne blickt, einen Zug ahnungsvollen Leidens um den Mund. Ist doch die Gnadenreiche und Strahlengleiche zugleich die Schmerzensreiche.

In der Malerei der Renaissance verliert Maria Krone, Sonne und Mond. Sie steigt vom Himmel herab und läßt sich in eine Landschaft oder ein Zimmer versetzen. Die Gottesmutter wird eine Bürgersfrau. Aber was sie an himmlischer Würde verloren, gewinnt sie an Mütterlichkeit und zärtlicher Hingabe an das Kind, und wir hätten einen schweren Stand, wenn wir Preisrichter sein sollten zwischen den spätgotischen Schöpfungen und denen der Renaissance.

Der Protestantismus hat im Norden die Weiterentwicklung der kirchlichen Kunst eine zeitlang unterbrochen. Das Erbe der hochentwickelten norddeutschen Schnitzkunst hat der Süden angetreten. Die über das ganze Land hin verstreuten wertlosen und wertvollen Marienbilder in Kirchen, an Kreuzwegen oder auf Bergeshöhen nähren die Flamme des religiösen Lebens in den Gläubigen.

Wir aber begnügen uns, hüten den Schatz, den uns das späte Mittelalter überliefert, und lassen den warmen Strom des Lebens, den die für uns meist namenlosen Meister ihnen unverlierbar mitgaben, in uns übergehen. Das Überzeitliche ihrer über alle Gegensätze erhabenen, wahrhaft religiösen Kunst wird niemals veralten.

H. K. A. Krüger

Vom Redentiner Osterspiel

Es war wohl ein rechter Novembertag, der 20. dieses Monats im Jahre des Heils 1464, da Peter Kalff, Hovemester zu dem an das Kloster Doberan gehörenden Redentin bei Wismar, mit dem Gefühl der Erleichterung den Gänsekiel aus der Hand legte. „Finitus est iste rycmus." Draußen geistert dichter Nebel über der reizlosen Gegend, über der Wismarschen Bucht und der Insel Poel, und der trutzige Turm der Kirche zu St. Marien in Wismar starrte verdrossen in die grauen Schwaden hinein. Drinnen aber knatterten kräftige Buchenkloben im Ofen und verbreiteten eine behagliche Wärme, und sinnend glitt Peters Blick über die Blätter seines Werkes. Sein Auge hatte manche wandernde Truppe geistliche Spiele aufführen sehen und deren Vorzüge und Schwächen erspäht. Da war in ihm der Wunsch gekeimt, selbst ein Spiel zu Ehren der Auferstehung zu schreiben, um den Menschen das Gotteswunder näher zu bringen und ihnen das Herz mit heiliger Weihe zu füllen. Daneben auch ihnen den sündigen Seelensack kräftiglich auszustäuben. Und wie er so da saß in dem großen Schweigen der späten Stunde, das nur zuweilen von dem heiseren Schrei südwärts ziehender Wildgänse unterbrochen wurde, da ließ er die Bilder seines Spiels noch einmal an seinem Auge vorüberziehen, ob auch alles wohl geordnet sich ineinander füge, daß niemand ihn schlechter Arbeit zeihe.

Zur Literatur des Werkes. Die beste Textausgabe verdanken wir Carl Schröder: Das Redentiner Osterspiel. Nebst Einleitung und Anmerkungen. Norden und Leipzig 1893. Ferner sind erwähnenswert: Freybe, Die Handschrift des Redentiner Osterspiels im Lichtdruck mit einigen Beiträgen zu seiner Geschichte und Literatur. Schwerin 1892. – Schöne, Deutsche Altertümer im Mecklenburger Osterspiel. Ludwigslust 1887. An hochdeutschen Übertragungen sind erschienen: 1. Freybe, Das Redentiner Osterspiel in gemeindeutscher Sprache. Gütersloh 1901. 2. Gümbel-Seiling, Das Niederdeutsche Osterspiel aus Redentin vom Jahre 1464 in der Übersetzung. Leipzig 1918. Ferner besitzen wir zwei plattdeutsche Übertragungen: 1. Struck, Dat öllste Mäkelbörger Osterspill, dat schräben is in dat Johr 1464 tau Redentyn. Rostock 1920. 2. Lindemann, Dat Osterspäl vun Redentin. Bremen o. J. (1922).

Und also war der Handlung Lauf: Zwei Engel treten vor, Aufmerksamkeit zu heischen. Dann besprechen die Juden mit Kaiphas, weshalb sie das Grab bewahren müßten, und gehen Pilatus um Wächter an. Dieser kennt seine Leute:

Wil ik wesen myt ghemake,
So mut ik ju schicken hude unde wake.

Er stellt also vier Ritter am Grabe auf, doch diese Maulhelden geben ihren
Augen Futter trotz der Warnung des Turmwächters. Hier schmunzelte
Peter Kalff wohl fein, denn er wußte sehr wohl, wie der Humor die folgenden ernsten Szenen nur desto schärfer hervorhob. Denn nun kommen
die Engel und rufen Christus, und der Herr ersteht aus dem Grabe. In der
Vorhölle aber sitzen Adam, Abel und die anderen Altväter, wundern sich
der großen Klarheit und harren der Erlösung. Zwar beruft Luzifer seine
Gehilfen, Satanas, Krummnase, Puk usw., sie wollen sich zur Wehr setzen, doch Jesus erscheint, zerbricht die Tore der Hölle und befreit trotz
des Tobens der Teufel die Seelen:

Swich, Satana, drake!
Swich, du vordumede snake!
Springet up, gy helleschen dore!
De selen scholen alle hir vore,
De dar bynnene syn ghevangen.

Die Seelen ziehen unter Michaels Führung zum Paradies. Nun gelingt es
dem Wächter endlich, die Ritter zu wecken, die bestürzt das Grab leer
finden. Sie kommen überein, auf ihrer Unschuld zu bestehen, eilen zu
Kaiphas und lassen sich von diesem bestechen, dem Volke zu erzählen, die
Jünger hätten Jesum gestohlen. Kaiphas verspricht ihnen dafür, bei Pilatus ein gutes Wort für sie einzulegen. Als dieser nun die Ritter fragt, wie es
um das Grab stehe, da verkünden sie ihm allerlei von Engeln, was sie gar
nicht gesehen haben. Doch als er sie verbannen will, da bitten Kaiphas
und Genossen in einem Schreiben für sie, und Pilatus gibt wieder nach,
zeigt aber im Schlußwort, daß er die Schliche der Juden durchschaut hat
und von der Auferstehung überzeugt ist.

So, das wäre der erbauliche Teil!

Aber ach, kannte er nicht seine lieben Schäflein? Sie ließen sich zwar
willig erbauen. Doch die Erbauung allein wirkte nicht kräftig genug in
ihnen, drang kaum bis auf die Haut und trocknete gar zu leicht in der
Wolle. Nun, nachdem die Herzen aufgepflügt waren, mußte er tüchtige
Saat in die Furchen streuen, mußte ihnen ihr Tun und Treiben in ganzer
Blöße zeigen und schimpflich machen, daß sie zwar lachten, sich aber
auch in einem erbarmungslosen Spiegel sahen. So hatte er denn noch einmal rund 1000 Verse geschrieben, eine satirische Höllenszene, in der viele
Gewerbe ihren Hieb bekamen, auch die lieben Amtsbrüder, denn in ihren

Reihen war leider Gottes manch räudiges Schäflein. Die ehrenfesten Bürger würden sich des Spiegels baß wundern und zwar lachen, aber doch ihre Nasen reiben oder sich den Kopf kratzen und sich's zu Herzen nehmen.

Und nun wollte er sich des finitus freuen, Arbeit hatte es genug gekostet, an Fleiß hatte er es wahrlich nicht fehlen lassen, alles gar anschaulich zu sagen. Und war nicht alles gelungen, nun:

> Is hir ane vorsumet ghicht,
> Des en legget uns to arghe nicht,
> Wente ik hebbe dat dikke lesen:
> Nen mynsche kan vullenkamen wesen.

Ob Peter Kalff sein Werk auf den Brettern gesehen?

Ob, wann und wo es gespielt, wir wissen's nicht. Erhalten ist es uns in einer einzigen Abschrift, die 1786 bei der in Helmstedt vorgenommenen Versteigerung der Bücherei des Anton Julius von der Hardt für die Hofbibliothek in Karlsruhe angekauft wurde. Erst 1846 veröffentlichte F. J. Mone als erster den Text, und seitdem erfreut die Dichtung sich einer steigenden Wertschätzung. Es geht zweifellos von ihr eine so starke Wirkung aus, daß wir Menschen des 20. Jahrhunderts fühlen, hier steckt ein Wert drin. Besonders im ersten Teil, im eigentlichen Spiel von der Auferstehung. Im Stoff kann die Wirkung kaum liegen, denn die Geschichte der Auferstehung ist uns bekannt, und was der Dichter hinzugetan hat, das ist nicht so bezwingend, daß daraus jene Wirkung erklärt werden könnte. Sie muß also von der Gestaltung des Stoffes ausgehen, d. h. in dichterischen Werten ihre Ursache haben. Und wir können gern zugestehen, daß das Redentiner Osterspiel zu den besten Dichtungen des ausgehenden Mittelalters zählt.

Woher rührt nun diese Wirkung auf uns? Da steht in erster Linie jenes nicht in Worte zu fassende Etwas, das den Dichter vom Macher unterscheidet, jene lebendige Seele, die er seiner Dichtung einhaucht und die den Leser zum Miterleben zwingt. Des Dichters Handwerkszeug aber ist die Sprache, in ihr pulsen die dichterischen Werte, und von ihr geht auch die Wirkung unseres Osterspiels aus. Peter Kalffs Sprache ist lebendig, blutvoll, dem Volk abgelauscht, so ungezwungen volkstümlich, wie die Personen des Spiels reden würden, wenn sie als Bürger des 15. Jahrhunderts die Handlung gelebt hätten. Denn Kalff hat die Handlung kurzerhand nach Deutschland, ja nach Wismar verlegt, wie ja auch Dürer und seine Zeitgenossen ihre Werke ins Heilige römische Reich deutscher Nation versetzt haben. Was Peter Kalff seinen Personen in den Mund legt, tritt uns handgreiflich vor Augen und trifft mit wenigen Worten den Nagel auf den Kopf. Besonders gern schöpft er aus dem reichen Born der niederdeutschen Sprache an Sprichworten und sprichwörtlichen Wendungen. Köstlich ist's, wie Luzifer den Räuber abkanzelt:

> Ja ja, du bust al hir!
> Achter na dat is dunneber.
> Desse rede sind my nicht nuwe!
> Achter na is wyve ruwe.
> De sik vor bedenket, de ist kluk,
> So schit he na nicht in de bruk.

Derbheiten müssen wir, wie man sieht, allerdings in den Kauf nehmen. Sie drängen sich aber im ersten Teil nicht unangenehm auf.

Auch die Charakteristik der einzelnen Personen ist bemerkenswert und geht über bloße Ansätze weit hinaus. So charakterisiert er die Wühlarbeit der Juden köstlich in den oben angeführten Worten des Pilatus, die auch zugleich diesen, der vor allem seine Ruhe haben will, treffend schildern, und dieser Charakter des Pilatus ist in seinem nachherigen Verhalten folgerichtig durchgeführt. Wie Pilatus ferner die einzelnen Ritter zu nehmen weiß, wie die Teufel nicht alle über einen Leisten geschlagen sind, wie jede Person ihrem Wesen gemäß handelt, das verrät den Dichter. Ebenso der lebendige Dialog, der nur an einzelnen Stellen, z. B. bei den Vorvätern, etwas blaß wirkt, im übrigen aber von einer Frische ist, die den Leser mitreißt. Nicht wenig trägt hierzu der Humor bei, den Kalff reichlich über sein Werk ausgegossen hat. Wie köstlich ist es z. B., wenn der Teufel Puk seinem Herrn und Meister Luzifer die Wahrheit sagt:

> Here meyster Lucifer,
> Gy sint en rechter droghener!
> Gy stan alzo en vordorven gok!
> Me mach ju by den voten henghen in den rok.
> Gy mogen wol gan myt den beschorenen schapen
> Unde leren van nyes melk lapen.

Und wie erheiternd wirkt nicht die Satire, mit der die einzelnen Berufe in der großen Höllenszene bloßgestellt sind! Um so schärfer treten im Wechsel die in ihrer Kürze feierlich und überwältigend wirkende Auferstehung und die Befreiung der Seelen aus der Hölle hervor. Auf die naive Zuhörerschaft jener Zeiten muß das Spiel überwältigend gewirkt haben.

Ob es das heute noch tun würde? Ja und nein. Ein Drama im strengen Sinne ist es natürlich nicht. Auf Erzeugung dramatischer Spannung geht

Kalff nicht aus. Die Heilsgeschichte war den Zuhörern bekannt, ihm kam es darauf an, sie in lebendigen Bildern darzustellen, und wo manche Längen mit unterliefen, wie in den Reden der Vorväter, da wird man diese als belehrend willig hingenommen haben. Wir sind heute anspruchsvoller, haben beim Lesen wohl unsere Freude an der Sprache, würden eine Aufführung des ganzen Spiels mit seinen 2025 Versen und den manchen eingestreuten Gesängen aber doch wohl nicht mehr mit ganzer Seele genießen können. Vor allem würde es uns stören, daß wir von der weihevollen Stimmung der Auferstehung, die unserem Gefühl nach den Höhepunkt bildet, unvermittelt wieder in die Judenintriguen hineingeführt werden und daß die satirische Gerichtsszene in der Hölle mit allem Drum und Dran fast die Hälfte des Spiels umfaßt. Wir sind eben feinfühliger geworden, als unsere derben Vorväter es waren, wollen die erhabensten Szenen zuletzt genießen und ihre Nachwirkung nicht durch Lachen erstickt sehen. In der Urform eignet das Spiel sich also für die Aufführung nicht.

Und doch hat man diesen Gedanken schon seit langem erwogen, besonders hat Carl Schröder immer wieder den Wunsch ausgesprochen, das Werk dargestellt zu sehen. Verwirklicht wurde er erst vor einigen Jahren, als in Leipzig Gümbel-Seilings hochdeutsche Bearbeitung gespielt wurde (1918). Und hier stehen wir vor der Frage: soll eine Aufführung in hoch- oder niederdeutscher Sprache vor sich gehen. Daß sie nicht in der mittelniederdeutschen Sprache des Urtextes erfolgen darf, bedarf keiner Begründung, da dem nicht germanistisch gebildeten Zuschauer zu viel verloren gehen würde. Daß auch in oberdeutschen Landen, wo das Plattdeutsche unverständlich bleiben würde, nur eine hochdeutsche Aufführung möglich ist, leuchtet ohne weiteres ein. In niederdeutschen Landen aber ist nur eine plattdeutsche Aufführung zu rechtfertigen, denn nur in ihr kann die lebendige volkstümliche Sprache des Dichters wiedergegeben werden.

Nun haben wir zwei Übertragungen in das heutige Niederdeutsch, von Struck in das Mecklenburger, von Lindemann in das Bremer Platt. Beide haben ihre sprachlichen Vorzüge und Schwächen. Struck hat sich eng an den Urtext gehalten und wird in dem Bestreben nach Volkstümlichkeit zuweilen platt und derbe. Lindemann hat freier übertragen und die Dichtung auch bühnentechnisch bearbeitet. Mit unleugbarem Geschick hat er die weihevollen Szenen an den Schluß des ersten Teils gestellt und diesen von 1043 auf gut 700 Verse gekürzt. Daß die Auseinandersetzung der erwachten Ritter mit den Juden und Pilatus dabei ganz in den Brunnen gefallen ist, scheint mir eine zu starke Kürzung zu sein. Im übrigen aber hat Lindemann den richtigen Weg beschritten, auf dem das alte Spiel zu neuem Leben erweckt werden kann, und manche Aufführungen haben die Wirksamkeit seiner Bearbeitung erwiesen.

Vor allem die Uraufführung am Palmsonntag 1922 in Flensburg, die siebenmal wiederholt werden mußte und einen tiefen Eindruck hinterließ. Auch der zweite Teil wurde gespielt, die Wirkung erwuchs aber aus dem ersten. Jener erwies sich doch sehr als zeitlich mittelalterlich bedingt. Er kann zweifellos wirken, aber doch mehr in Art der Fastnachtsspiele, und ich möchte daher von dem gemeinsamen Spiel beider Teile dringend abraten.

Ob nun eine Kirche, ein Theater oder ein freier Platz der geeignete Raum für die Aufführung des ersten Teils, des eigentlichen Spiels de resurrectione, ist, das ist eine Frage persönlichen Geschmacks. Im Mittelalter sind diese größeren Spiele, schon der Ausstattung wegen, wohl nur von Wandertruppen gespielt worden. Unsere Kirchen bieten im allgemeinen keinen guten Raum für den szenischen Aufbau, immerhin hat die Aufführung in einer Bremer Kirche gezeigt, daß die weihevolle Stimmung durch den Ort verstärkt wird, und sie hat einen tiefen Eindruck auf mich hinterlassen. Aber auch ein Theater läßt sich würdig und schlicht herrichten, so daß der Zuschauer den Ort vergißt und nur dem Spiel lauscht.

In jeder guten Aufführung aber wird das alte Mecklenburger Spiel nach über vierhundertjährigem Schlaf zu einem wunderbar neuen Leben erwachen und uns mit dem Bewußtsein entlassen, daß ein ganzer Dichter über die Jahrhunderte hinweg zu uns gesprochen hat.

Eine Sonderfahrt nach Hamburg

Der Weg von Mecklenburg bis Hamburg ist eine uralte Straße. Der Name Hamburg bringt so mancher lüsternen Hoffnung, die in den Vergnügungslokalen von St. Pauli und der Reeperbahn das höchste Symbol menschlichen Lebenszwecks und des Weltgeistes sieht, die kostspielige Erfüllung. Der Name Hamburg ist für den Mecklenburger nicht mehr der Name einer hanseatischen Nachbarstadt. Mit ihm verbindet uns heute mehr, als das mächtige Band des Hansabundes, mehr als Warenaustausch und vielfältige Handelsbeziehungen. Neue Heimat und anderes Schaffensgebiet, Erfüllung oder Vernichtung heimlicher, auf einsamen Dörfern oder in stillen Kleinstädten geträumter Weltsehnsucht werden durch ihn genannt. Ein Mecklenburger, der auszog sein Glück zu suchen, wohin kam er und kommt er auch heute noch zuerst? Nach Hamburg – meistens.

Auf nach Hamburg!

Die Ohren der Mecklenburger werden spitz und obgleich der Rufer – die Reichsbahndirektion Schwerin – gleich hinzusetzt: aber nur für einen Tag; es ist des Andrangs zum Schalter kein Halten mehr. Ein Bahnhofsvorsteher bettelt beim andern um Karten zum Sonderzuge nach Hamburg, und am 11. Oktober 1925, in herbstlicher Allerherrgottsfrühe eilen fiebernde Beine zu dem fauchenden Dampfroß, das heute mit sich spaßen läßt, weil es nirgends lange zu warten und zu rangieren gedenkt, selbst nicht in Bützow und Kleinen. Ein beneidenswertes Geschäft, denkt der Geschäftsmann, Überstunden der Beamte und Spesen der Pressevertreter. Aber beneidenswertere Macht, die du an einem frostigen Oktobersonntag schon des Morgens um vier oder spätestens um fünf Uhr 1300 Mecklenburger wecken, ankleiden und bis zum Bahnsteig laufend vor dir hertreiben kannst. Geheimnisvolle Macht, was soll der Nachtwächter von dir denken, den du mit deinem Weckruf ins Handwerk pfuschest? Wie werden die letzten Nachtbummler dich verhöhnen, wenn du sie erbarmungslos aus dem Rinnstein scheuchst, zur Seite stößt oder gar über den Haufen rennst. Gemeinsvolle Macht, dein ist der kreischende Fluch, der ungehört verschluckt wird, wenn die Passagiere des Sonderzuges zarte Liebeslust und süßes Vergehen durch keuchenden Atem und trappelnden Laufschritt aus den stillen Winkeln der Haustür vertreiben und für diesmal herzlos zerstören.

Ging nun diese geheimnisvolle Macht auch soweit, den Reisenden des Sonderzuges den Schlaf einer Nacht zu rauben? O nein, das glaubt niemand, der die vielen frischen, aber merkwürdig blinzelnden Gesichter sah. Das Vertrauen zum Wecker und zur eigenen Energie ist also doch immer noch stärker, als die Angst vor versäumten Gelegenheiten. Und wieviele Familien müssen einen brauchbaren Wecker besitzen; sei es nun einer vom neuesten Modell, der mit rücksichtsvollem Schnarren den Schlaf langsam hinauskomplimentiert oder einer von der alten Sorte, der ihn mit klingelndem Geknatter und unter wilden Nachttischtänzen, Fußtritten vergleichbar, vor die Stubentür setzt. Dennoch springt im letzten Augenblick jemand auf das Fußbrett des fahrenden Zuges. Aber nur einer von fünfhundert Rostocker Reisenden. Hilfsbereite Arme ziehen ihn ins Abteil, denn heute ist Schicksalsgemeinschaft unter den Reisenden und allgemeine Freude herrscht im Bahnwagen, daß er es noch geschafft hat. Man weiß doch – sein Wecker läuft mit Verspätung.

Ab geht es. Aber schon in Schwaan steht wartend neue Reiseverstärkung und dann in Bützow. Hier sind auch die Güstrower dabei. Die Gesichter verraten, daß man auch in diesen Reihen das Vergnügen der Frühfahrt mit mehr Hingebung, als mit Wonne genießt. Von den 550 Schwerinern sieht man wenig. Sie sind fertig verladen und werden nur angekoppelt. In Hagenow steigen die Letzten ein und ohne Halt fährt ein stattlicher Zug von 23 Wagen durch die herbstliche Landschaft bis Hamburg.

Es ist Tag geworden. Die erste Müdigkeit spürt niemand mehr. Ein Gespräch oder ein Blick durch die Fenster bringen nur wenig Abwechselung in das Wartende der Fahrt. Wann sind wir da, fragt der eine. Weiß ich das, antwortet der Nebenan und gähnt auch gleichzeitig. Der freundliche Herr gegenüber sieht nach der Uhr. Ich glaube zehneinhalb. Der Fragende zieht auch die Uhr. Noch eine gute Stunde. Eine Stunde? Das Nebenan sieht nach dieser Bemerkung gleichgültig durch das Fenster.

Die Herren nicken einander zu. Die sind verheiratet und vielleicht schon recht lange; denkt der freundliche Herr gegenüber.

Links und rechts immer die ebene Landschaft. Kurze Waldstrecken verdunkeln zeitweise das Abteil. Mehr Wald. Der Sachsenwald tönt es irgendwo her; wir fahren bald durch Friedrichsruh. Friedrichsruh – im Abteil ist es auf einmal lebendiger, wie vorhin. Nach geraumer Zeit endlich ein Bahnhof – Friedrichsruh. Viele fahren schnell von ihren Sitzen empor. Doch es war nichts zu sehen, als ein weißes Gebäude. Das Mausoleum liegt links; tönt es wieder irgendwo her. Alles hat sich plötzlich erhoben und schaut in gespannter Erwartung nach der einen Seite. Ganz in der Nähe der Bahnstrecke auf einem Hügel eine weiße Kapelle. Nur ein flüchtiger Eindruck. In sausender Fahrt geht es auch am Grabe Bismarcks vorbei.

Die Ankunft auf dem Hauptbahnhof ist niemals eine Überraschung. Jeder kennt die Vorboten der großen Halle; die äußersten Vorstädte mit ihren Gärten und Einzelvillen und dann die schmutzigen Rückwände der großen Mietskasernen. Aber dort auf dem Bahnsteig die vieltausendköpfige Menschenmenge, die sieht kein alltäglicher Reiseverkehr. Überrascht schaut alles noch im Vorbeifahren auf die schwarze Masse. Manchem Sonderzügler wird bang ums Herz. Wie hier den Onkel, die Tante oder die Kusinen herausfinden. Ruck – Halt und ein Drängen beim Aussteigen und ein Auf und Ab und Winken und Rufen längs des ganzen Zuges und erlöstes und aufgelöstes in die Arme fallen oder ein bescheidenes Küßchen, ein Händedruck, freundliche Mienen und staunende Blicke. Hamburg – Hamburg – schon gut – schon gut – nur in Gottes Namen zum Bahnhof hinaus. Nein doch und im letzten Augenblick packt die eine Hälfte der Begleitung die andere Hälfte am Rockschoß. Wo gibt es denn die Karten zur Hafen- und Autorundfahrt, zur Dampferbesichtigung, für Hagenbeck, zum Hansa Varietee? Wo sind die Herren vom Kongreß- und Verkehrsverein? Dort im wühlenden Haufen. Aber hier steht alles im Programm. Die Karten an Ort und Stelle. Trefflich vorbereitet. Kein Führer und kein Fähnlein am Handstock mehr. Also auf in die Stadt und alles zerstreut sich schnell.

Die Riesenstadt verschlingt ein kleines Züglein, das aus Mecklenburg ankam. Nur bei den vorgeschlagenen Fahrten und Besichtigungen dann und wann ein scheinbar bekanntes Gesicht. Aber man kann sich auch täuschen. Wer weiß, wo sie alle geblieben. Bei Verwandten, Bekannten oder auf eigener Großstadtfährte. Hamburg, du bist zu reich an Reiseunterhaltung für einen Tag. Ein jeder weiß das und kennt dich, Hamburg, deine diesige Luft und das selten veränderte Stadtbild – den gewaltigen Dampf- und Nebelhaufen. Viel wird man hören müssen, wenn es wieder heimwärts geht.

Tausend Eindrücke, die stille Sehnsucht, einmal länger Großstadtluft zu atmen und wieder kommt der Weg zum Bahnhof. Der Tag verging so schnell.

Noch einmal die große Menge am Bahnhof, die Küsse und der Händedruck, dann dichtbesetzte Abteilfenster und Winken und Tücherschwenken. Der Besuch in Hamburg ist vorbei. Auf Wiedersehen am nächsten Sonderzuge.

Die gleiche Fahrt ohne Aufenthalt bis Hagenow. Zuerst noch ein munteres Plaudern. Alte Bekannte, die man längst nicht mehr sah, Verwandte, denen es gut geht und hier und da ein besonders schönes und amüsantes Erlebnis spuken im Dämmerlicht durch das Abteil, bis Gaslicht Traum und Schwärmerei vertreibt. So lehnt man den Kopf zurück und schläft oder rückt zusammen zu dem unterhaltenden Gespräch, das nur sachliche Dinge berührt. So vergeht zuletzt auch die längste Zeit dieses Tages – die Heimfahrt. Rostock war erste, Rostock ist letzte Station. Wer nicht abgeholt wird, eilt fröstelnd nach Haus – hat nichts mehr zu erzählen. – – – Wenn's doch erst Montagabend wär. M-cke.

Hans Ferd. Gerhard
Ratzeburg – im Schatten des Domes

Es kommt mir fast wie Verrat vor, daß ich hier so laut von diesem weltverlorenen Stückchen Erde erzähle. Denn es hat Anspruch darauf, sich nur den Wenigen, den Besinnlichen zu erschließen. Durch die schattenkühlen Lindenalleen des Palmberges und das vierhundertjährige Steinerne Tor sollte kein Großstadtauto hetzen. Im Kreuzgang des Doms sollten nur leise, ehrfürchtige Stimmen schallen. Und durch die Gräberreihen des uralten Friedhofes sollten nur Füße wandeln, die zag und zart über Vergangenes zu schreiten wissen.

Hier, auf der Nordspitze der Insel, die der Ratzeburger See umspült, lag – wenn die Überlieferung Recht hat – schon vor tausend Jahren ein Heiligtum. Dunkelhaarige Polabenfrauen knieten hier im Holztempel vor dem Bilde der Wendengöttin Siwa und flehten den Segen der Fruchtbarkeit auf ihren Acker und ihren Leib herab. Eine Palisadenmauer schloß vielleicht schon damals, wie Jahrhunderte später, den Tempelbezirk von den Wohnstätten der Fischer ab, die den südlichen Teil der Insel bewohnten. Und wahrscheinlich schauten die heidnischen Priester schon damals, wie später die Domherren, auf einen mächtigen Erdwall hernieder, der sich auf der kleinen westlich vorgelagerten Insel erhob, den umwehrten Holzpalast eines slavischen Großen, – die „Burg des Ratibor".

Neue Jahrhunderte kamen und gingen. Sachsenschwert und Christeneifer drangen in den Polabengau ein. Drüben auf dem hohen Westufer des Sees erhob sich ein Kloster, erscholl in schlichter Holzkirche der Gesang der Benediktiner. Doch noch einmal brach ein Wendenaufstand (1066) verwüstend über Germanenherrschaft und christlichen Gottesdienst herein, und ein junger Abt, Sankt Ansverus, verblutete unter den Steinwürfen einer heidnischen Rotte.

Da kam mit dem Schritt des Eroberers Herzog Heinrich der Löwe über das Land. Die Grafschaft Ratzeburg wurde gegründet. Dort auf der kleinen Westinsel im alten Wendenring baute sich Graf Heinrich von Badewide eine Feste. Und hier auf der erhöhten Nordspitze der Insel, wo der Tempel der Siwa gestanden, ließ Herzog Heinrich den Dom errichten, dessen Turm heute seit mehr als siebenhundert Jahren zu den bewaldeten Ufern des Sees hinüberblickt.

Bischof Evermod mit seinen Prämonstratenser Mönchen förderte den Bau. Heinrich der Löwe hatte das junge Bistum reich bedacht, hatte das

Land Boitin früh aus dem Polabengau und der Grafschaft Ratzeburg herausgeschnitten und der Herrschaft des Bischofs unterstellt: dreihundert bedenfreie Hufen, den Hauptteil des heutigen Landes Ratzeburg. Graf und Bischof gingen zunächst noch Hand in Hand. Die Grafen riefen deutsche Siedler ins Land: Holsten, Fläminger, Westfalen. Die Bischöfe errichteten Kirchen und tauften die bekehrten Slaven. Beide aber ließen sich zu gleichen Teilen wacker von ihren Untertanen zehnten. Dann aber, als Heinrichs des Löwen Macht gebrochen war und nach kurzer Dänenherrschaft die Askanier Herzöge von Sachsen wurden, da wuchs aus der Freundschaft allmählich Eifersucht und Widerstreit heraus. Das Haus der Badewider Grafen war ausgestorben, die Grafschaft in dem kaum größeren Herzogtume Niedersachsen aufgegangen. Die Askanier aber teilten und teilten ihr Erbe und verschleuderten es nicht selten durch unkluge Fehde, Verkauf und Pfandschaft. Die Bischöfe andererseits mehrten sorglich ihren Besitz und erwarben für ihn Unabhängigkeit und immer neue Rechte. So wuchs an der Nordseite des Domes nach und nach der heutige stolze Klosterbau empor. Das schlichte Backsteingebäude des Steinernen Tores, dessen vermauerte romanische Fensterbogen noch jetzt von den ersten genügsamen Mönchen erzählen, ward anderen Zwecken dienstbar gemacht, und die geistlichen Herren versammelten sich fortan in dem geräumigen Refektorium des neuen Baues und durchwandelten die Kreuzgänge, die noch heute den stillen Klosterhof umziehen.

Der Bischof selbst aber baute sich auf der Marienhöhe am Südende des Küchensees ein festes Haus, das sich höher und stolzer aufreckte als die niedrige Zwingburg der Herzöge im uralten Wendenring. Bald aber zog es ihn ganz aus dem Bereiche der eifersüchtigen Fürsten fort in die Sicherheit seines eigenen Landes, nach Schönberg.

Inzwischen war auf dem größeren Südteil der Insel ein anmutiges Städtchen herangewachsen mit Rathaus und Kaak und einer kleinen gotischen Kirche, die dem Fischerheiligen St. Peter geweiht war. Von Westen blockierte das feste Fürstenschloß den Zugang, im Osten aber führte eine vierhundert Meter lange Holzbrücke über den See, in der zwei kleinere Zugbrücken leicht den Zutritt sperren konnten. Schließlich machte eine dichte Pfahlreihe rings um die Insel das Landen darauf zu einem gefährlichen Wagnis. Alles das Schutz und Schirm genug gegen feindliche Truppen und gegen die Schnapphähne, deren es damals mehr als zuviel im Lauenburger Lande gab.

Trotzdem entgingen der Bischof und seine Domherren nicht immer mutwilligen Angriffen. Wenn sie sich einmal aus der Sicherheit ihres

Domhofes herauswagten, so liefen sie gar nicht selten Gefahr, von den gewalttätigen Rittern der Lande Lauenburg und Mecklenburg aufgehoben und mißhandelt zu werden, wie jener Bischof Ulrich, den Herzog Johann von Gadebusch und seine Begleiter ausplünderten. Aber sie wurden gelegentlich auch an Ort und Stelle in die Händel ihrer weltlichen Nachbaren hineingezogen. Als einmal die Lübecker das Schloß Ratzeburg belagerten und durch eine List verlockt wurden, auf dem Domhofe zu landen, wo die Leute des Herzogs im Hinterhalte lagen, da gaben sie den braven Domherren die Schuld für das mißglückte Unternehmen und zerbläuten ihnen nach allen Regeln der Kunst die wohledlen Rücken. Und was sie ihnen damals unter dem Vorwand des gerechten Zornes raubten, das hat dem Stift auch der nachfolgende Prozeß nicht zu ersetzen vermocht.

Je näher das Zeitalter der Reformation kam, um so unfreundlicher gestaltete sich das Verhältnis des Stiftes zu den lauenburgischen Nachbarn. Die Herzöge machten mit Recht oder Unrecht immer wieder Ansprüche auf Besteuerung der Stiftsuntertanen und scheuten bei ihren Gewalttaten auch die Gefahr des Kirchenbannes nicht. Freilich die Mecklenburger Herren trieben es auch nicht viel besser. Als sich Bischof Johann von Perkentin vor lauenburgischen Angriffen in den Schutz des Herzogs Magnus von Mecklenburg begab, geriet er nur vom Regen in die Traufe. Der Mecklenburger ließ sich von seinem getreuen Bischofe nach Schönberg zu Gaste laden, vertrieb von dort seinen Gastfreund, befestigte das Schloß und behielt es zwei lange Jahre in seinem Besitz.

Und doch waren diese äußeren Bedrängnisse nicht einmal das Schlimmste für das Ratzeburger Domkapitel. Schlimmer war es, daß sich die innere Zucht allmählich lockerte, daß weltliche Rücksichten vorherrschend wurden und das Ansehen der Domherren mehr und mehr schwand. Schon im fünfzehnten Jahrhundert zogen die geistlichen Herren es vor, in eigenen Kurien zu wohnen, anstatt in Refektorium und Dormitorium das alte Gemeinschaftsleben fortzuführen. Bald aber nahmen sie auch Anstoß an dem alten Mönchskleide und sandten, wie der alte Reimar Kock bissig bemerkt, „des Klosterlevendes moede den St. Johan mit dem Guldenen Mund zum Pawest, dat se de Kappen möchten van sick werpen". Papst Julius, vom „goldenen Munde" des Abgeordneten überzeugt, gab auch seine Genehmigung dazu, daß die Domherren fortan eine weltliche Tracht anlegen durften. Gleichzeitig freilich machte man einen letzten großzügigen Versuch, durch Schaffung neuer Kanonikate und Ämter das Domkapitel zu stützen. Doch es war zu spät. Das Zeitalter der Reformation war solchen Versuchen nicht günstig. Es war, als wenn die Fürsten die künftige Säkularisation des Stiftes in den Fingerspitzen fühlten. Sie streckten immer begehrlicher ihre Hände nach dem Gute der Kirche aus. Als nun gar 1511 der lauenburgische Kanzler Heinrich Bergmeier zum Bischof gewählt wurde, da glaubte Herzog Magnus I. von Lauenburg, eine besonders günstige Gelegenheit zu haben, alte Ansprüche geltend zu machen. Denn sein Vater und er hatten Bergmeier als armen Jungen aufgenommen und zu Ehren und Würden kommen lassen. So verlangte denn der Fürst, daß das Stift ihm wieder zinse und ihm das Recht zugestände, bei Jagden und anderen Gelegenheiten mit all seinem Gefolge in den Dörfern das Ablager zu halten. Da gab das Stift auch wirklich noch einmal tausend rheinische Gulden her, um diese Rechte abzulösen. Gleichzeitig aber suchte Bischof Bergmeier beim Kaiser um die Belehnung mit all diesen Regalien nach. Als nun Herzog Magnus von diesen Verhandlungen hörte, schäumte er auf vor Zorn, und eines Tages – es war im Reformationsjahre 1517 – begab er sich ins Ratzeburger Bischofshaus, das sich noch heute dem Domturm gegenüber an der Seite des Steinernen Tores erhebt, ließ den Eingang besetzen und zwang den Bischof, einen Revers zu unterschreiben, in dem er auf alle Vorrechte verzichtete. Zugleich aber trieb er in seinem Übermute allerhand derbe Späße. So rief er einem Lübecker Mönche vom Fenster aus zu: „Broder, hebbet jih wat to warwen, da kamet tho mi, ick bin nu biscup". Diesen Späßen folgte nun zwar, wie schon öfter bei seinen Vorgängern, die Belegung mit dem Kirchenbann. Aber Herzog Magnus ließ sich die Sache nicht viel anfechten. Er hielt sich an den Gütern des Stiftes schadlos und fand auch genug gefügige Priester, die ihm die Messe lasen. Der Kirchenbann hatte schon damals seine volle Wirksamkeit verloren. Erst die Reichsacht bändigte den rabiaten Fürsten so weit, daß er die besetzten Stiftsgüter herausgab und die Entscheidung des Reichskammergerichts anerkannte, welche Verzicht auf Bede und Ablager von ihm verlangte.

Daß Bischof und Domkapitel nach solchen Drangsalen dem lauenburgischen Herrscherhause nicht gerade eine tiefgehende Zuneigung entgegenbrachten, ist wohl verständlich. Das Mißtrauen blieb. Und als jenes „Biscops Magnus" Sohn, Franz I., verlangte, daß das Kapitel seinen neunjährigen Sohn Magnus II. zum Bischof wählen sollte, da erhielt er eine glatte und spöttische Absage. Das aber brachte die schlimmste Heimsuchung über den Domhof, die er wohl je erlitten hat. Der Herzog, blind in seiner Gier nach Rache, – rief – es war in der Zeit des Schmalkaldischen Krieges – den Heerführer des Herzogs Moritz von Sachsen, den Grafen Mansfeld, herbei. Und der ließ den Dom und die Domherrn aufs Gründlichste ausplündern. Alles, was von Gold und Silber war – Apostel- und

Heiligenfiguren, Kelche und Gefäße – wurden aus dem Dom geraubt, die Fenster wurden zerschlagen, die Stiftsleute arg bedrückt. Und als der wilde Graf endlich abzog, mußte ihm das Kapitel noch die Einäscherung des Domhofes für blanke viertausend Taler abkaufen.

Mit diesem törichten Gewaltstreich hatte aber das Lauenburger Fürstenhaus seinen letzten Trumpf ausgespielt. Das Domkapitel wandte sich endgültig von ihm ab und willigte in einen Vertrag, der den Braunschweiger und Mecklenburger Fürsten gestattete, den bischöflichen Stuhl abwechselnd mit einem Prinzen ihres Hauses zu besetzen. Damit aber war den Lauenburgern die letzte Hoffnung genommen, das Stift und dessen stammverwandte Bevölkerung der eigenen Herrschaft einzuverleiben.

Die Einführung der Reformation begünstigte diese Entwicklung. Als Lauenburg, wenn auch zögernd und lau, das evangelische Bekenntnis annahm, konnte sich schließlich auch das Domkapitel auf die Dauer der starken Bewegung nicht verschließen. Es faßte im Jahre 1566 den Beschluß, „die papistischen Zeremonien abzutun", und berief Georg Uslerus, dessen Bild noch heute im Dome hängt, als ersten protestantischen Domprediger nach Ratzeburg. Seitdem war das Bistum unrettbar der Säkularisation verfallen. Der westfälische Frieden bestätigte schließlich nur, was schon lange vorher unter falschem Schein bestanden hatte: das Bistum wurde als immerwährendes und unmittelbares Lehen den Herzögen von Mecklenburg zugesprochen.

An dem Leben der Domherren änderte die Einführung der Reformation nicht allzuviel. Sie behielten ihre Präbenden, wohnten wie Pensionäre in ihren Kurien und führten ein weltlich-beschauliches Dasein. Die Klostergebäude aber wurden naturgemäß andern Bestimmungen zugeführt. In die Räume am nördlichen Kreuzgang zog die Domschule ein, die vorher in einem Hause auf dem Palmberge untergebracht war. Ebendort bekam auch der Kantor seine Wohnung. Und neben ihm hauste der Herr Domorganist, der von altersher das Privileg hatte, Wein und Rommeldeuß, das berühmte Ratzeburger Bier, verschenken zu dürfen. Und da wachte in den alten geweihten Räumen mitunter ein recht heidnisches Wesen auf. So zum Beispiel, als der Herr Franz Bentem dem Organistenberuf oblag. Dem füllten nämlich Schankgewerbe und Musik weder die Zeit noch die Seele aus. So warf er sich denn auf die Alchemie und übte eifrig die Kunst des Goldmachens. Aber, oh weh, dies Treiben sollte ihm nicht gut bekommen. Durch kühne Versprechungen hatte er den Bischof oder, wie man damals sagte, den Administrator des Stifts, Herrn Christopher von Mecklenburg, veranlaßt, seine Experimente mit vier Lot ungarischen Goldes zu finanzieren. Als es ihm dann aber nicht gelang, mit dem

Dominsel Ratzeburg – Steinernes Tor und Bischofshaus mit Domturm

„roden partikularischen Prozeß ein izlich Silber in wahrhaftig rheinisch Gold" zu verwandeln, da gab der Administrator dem Amtmann zu Schlagsdorf Befehl, dem Herrn Domorganisten, Goldmacher und Schankwirt die Besoldung einzubehalten. Mit welchen Liebkosungen die Frau Domorganistin ihren Herrn Gemahl über diesen grausamen Befehl ihres Landesherrn „getröstet" hat, wird in den sonst so beredten Akten der Zeit leider nicht berichtet.

Seitdem des Administrators Christopher schützende Hand über dem Lande lag, hatte der Domhof von lauenburgischer Seite keine Gewalttätigkeit mehr zu erdulden. Er nahm vielmehr im Guten wie im Bösen an allen Schicksalen teil, die die Stadt Ratzeburg betraf. Und keine Palisadenreihe, keine Mauer und keine Landesgrenze konnte diese Schicksalsverbundenheit unterbrechen.

Und da kam zuerst die furchtbare Not des Dreißigjährigen Krieges über Stadt und Dom. Herzog August hielt sich, solange er es vermochte, neutral; das Land wurde aber dennoch in den Strudel der Ereignisse hineingezogen. Der Bruder des Herzogs, Franz Karl, der in schwedischen Diensten stand, landete einen Trupp frisch geworbener Soldaten auf dem Domhof, drang selbst über die lange Brücke in die Stadt ein und versuchte, von dort aus den Bruder, der im sicheren Schutze der Burg war, einzuschüchtern. Der aber widerstand und sah bald, daß er recht daran getan. Schon wenige Tage später rückten die kaiserlichen Truppen unter Pappenheim heran. Franz Karl wurde in der Stadt eingeschlossen. Er versuchte, vom Domhof aus auf einem Boote zu entfliehen. Aber ein paar gut gezielte Geschützkugeln zwangen ihn, das beschädigte Schiff nach der Insel zurückzulenken. Er mußte sich gefangen geben, wurde jedoch nach einigen Monaten wieder aus der Haft entlassen. Die Mannschaft Pappenheims aber blieb auf dem Domhofe, und ihr Hauptmann, der berüchtigte Franzose St. Just, drangsalierte die Bewohner aufs Schlimmste. Er ließ ringsum Schanzen aufwerfen, ließ die Tausende von Pfählen, die die Insel schützten, erneuern und quälte die Bürger mit allerlei Repressalien. Erst als des Herzogs Kanzler bei Tilly Vorstellungen erhob, wurde der Verhaßte abberufen.

Der Dreißigjährige Krieg hat auch nach dem Abzuge der Kaiserlichen mancherlei Not über den Domhof und seine Bewohner gebracht. Noch Schlimmeres aber brachte das Jahr 1693. Vier Jahre vorher hatte der letzte Lauenburger Herzog aus dem Hause Askanien die Augen geschlossen, und Herzog Georg Wilhelm aus dem Hause Braunschweig-Lüneburg-Celle hatte sich – allen anderen Prätendenten zum Trotz – durch einen kecken Handstreich der Herrschaft bemächtigt. Der neue Regent aber

Altes Bauerngehöft in Neschow bei Ratzeburg

hatte den Ehrgeiz, aus der Stadt Ratzeburg eine moderne Festung zu machen. Er ließ den alten Wendenwall abtragen, die Schloßgebäude niederreißen und den mächtigen Turm, in dem Herzog Magnus II. – derselbe, den sein Vater einst zum Bischof hatte machen wollen – fünfzehn Jahre als Gefangener geschmachtet hatte, niederlegen. Dann schob er gegen das Westufer des Sees ein kräftiges Ravelin und zwei Contregarden vor und befestigte die Stadt auch sonst nach Vaubanscher Manier. Der Dänenkönig aber sah scheel auf diese Festungsanlage so nah seiner Grenze und zog ein großes Heer um Ratzeburg zusammen. Der Festungskommandant ließ unbegreiflicherweise den Dänen Zeit, ihre Batterien auf den Uferhöhen rings um die Stadt einzugraben. Er meinte wohl, das alles sei nur auf Drohung berechnet. Da stieg an einem schönen Augustmorgen eine leuchtende Signalrakete in die Luft, und fast im gleichen Augenblick begannen die Geschütze zu spielen.

Der Domhof aber wurde, obwohl sich der Herzog von Mecklenburg neutral verhalten, mit in das Verhängnis hineingezogen. Der Geheime Rat von Bünsow hatte es unter Protesten gestatten müssen, daß die Celler Truppen rings um den Dom Schanzen aufwarfen und alle Maßregeln ergriffen, um eine Landung der Dänen zu verhindern. Dafür mußten die Unschuldigen jetzt büßen. Auch der Domhof wurde von den Dänen unter Feuer genommen, und zahlreiche Kugeln schlugen in den Dom selbst ein.

Dort herrschte schon am ersten Tage der Beschießung eine unbeschreibliche Verwirrung. Die Herren der Lauenburgischen Regierung hatten sich in den Klostergebäuden einquartiert, die auch durch eine Abteilung Braunschweiger Truppen besetzt waren. Außerdem aber waren Hunderte von Männern, Frauen und Kindern in den Dom geflüchtet. Die meisten schleppten in Kisten und Kasten ihre wertvollste Habe herbei; andere, was sie in ihrer Angst gerade erraffen konnten. Alle aber jammerten laut über das Schicksal ihrer guten Stadt, die in wenigen Stunden in Brand geschossen und bis auf die Stadtkirche und wenige Häuser ein Raub der Flammen wurde.

Als die Kugeln nun auch in den Dom und die Klostergebäude schlugen, als eine Reihe von Leuten getötet wurde und der Dachstuhl des Gotteshauses Feuer fing, da kannte die Furcht der Bewohner keine Grenzen. Zum Glück für die Geängstigten konnte jedoch das Feuer im Dom gelöscht werden, und die Nacht machte dem Bombardement ein vorläufiges Ende. Am nächsten Tage aber erreichten es die Prediger, die als Parlamentäre ins Dänenlager gingen, daß die beiden Kirchen fortan geschont wurden. Die Belagerer stellten nach Einäscherung der Stadt das Feuer ohnedies ein. Verhandlungen wurden angeknüpft und führten nach Wochen zu einem Abkommen, demzufolge die Dänen die Belagerung aufhoben. Noch heute aber zeigt man an der Südseite des Domes acht Kugeln, die dort in Form eines Kegelspiels im Mauerwerk sitzen. Die soll nach der Sage damals der dänische Geschützmeister kunstvoll hineingeschossen haben. Bevor er aber auch die neunte Kugel für den Platz des Kegelkönigs absenden konnte, wurde er von dem Geschützmeister des Celler Herzogs selbst erschossen.

Doch genug von Krieg und Kriegsgeschrei! Auch friedliche Werke hat es auf dem Domhof in reicher Fülle gegeben. Die Domschule hat dort, wenigstens seit Anfang des vierzehnten Jahrhunderts bis fast in unsere Zeit hinein, reichen Segen über das Lauenburger Land gebracht. Ein Münzmeister schlug einst zu Füßen des Doms seine Silberstücke. Und tüchtige Drucker haben dort dickleibige Werke herausgebracht, unter ihnen eine hoch- und eine plattdeutsche Bibel, die noch jetzt den Stolz ihrer Besitzer bilden.

Und als die Zeiten friedlich wurden, da wohnten um den Dom herum gern die Strelitzer Regierungsbeamten. Und die Domprobsten und die Rektoren der Lateinschule und allerhand schriftstellerische Talente gesellten sich hinzu. Und so sah der Domhof im Lauf der Jahre manch' feingeistigen Zirkel, von dem es sich lohnen würde, des weiteren zu erzählen.

Und heute? Da gehen auf dem Domhofe die Geister der Vergangenheit um und zaubern jedem, der ihnen mit Andacht begegnet, tausend bunte Bilder vor die erstaunten Augen. Gehen wir vom Ratzeburger Marktplatz besinnlich die alte „Papenstraat" – die Domstraße – hinunter und verweilen einen Augenblick an dem Kreuze, das auf der Steinplatte des Fußsteiges die Grenze des Domhofs bezeichnet, so hören wir vielleicht unter unseren Füßen leise Schritte und Stimmen. Es sind fraglos flüchtende Mönche. Sie durcheilen hastig und in Angst den unterirdischen Gang, der im Keller der Domapotheke seinen Ausgang hat.

Und nun, wo wir weitergehen, tritt uns aus dem Nachbarhause eine bejahrte Dame in steifem Brokatkleid und mächtigem Halskragen entgegen. Es ist die Witwe des Festungskommandanten von Falkenberg, die dort ums Jahr 1700 wohnte. Ihr Sohn war Landdrost des Fürstentums und ihr Gatte ein vertrauter Freund des Herzogs August. Die Rüstung, die er von ihm zum Geschenk erhalten, führt noch heute in der Dombibliothek ein verwunschenes Dasein.

Und nun hemmen wir abermals den Schritt. Wir stehen an dem mächtigen Gittertore der Probstei. Zögernd durchschreiten wir den Hof, steigen die breite Freitreppe hinan und finden in den hohen stuckgeschmückten

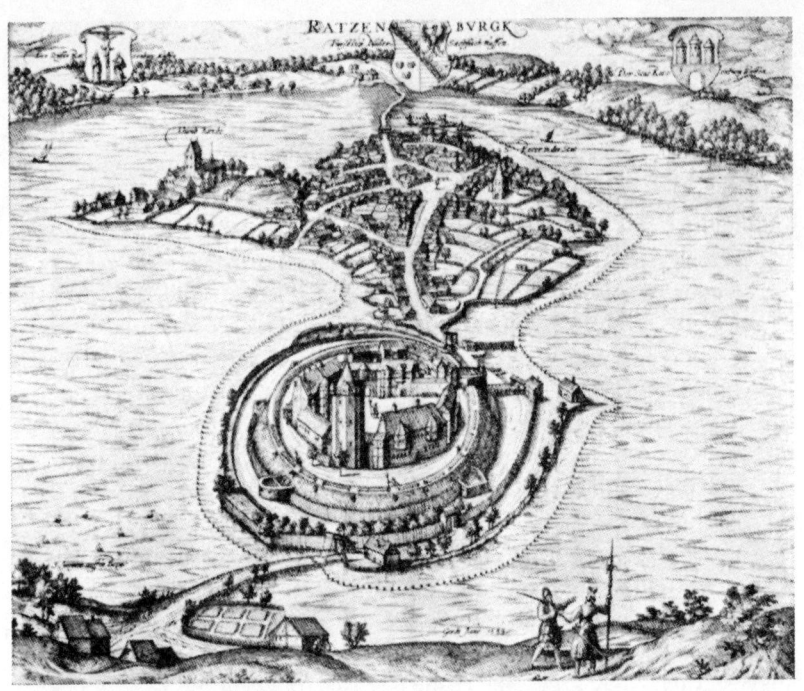

Stadt und Schloß Ratzeburg im Jahre 1588, nach einem zeitgenössischen Stich

Räumen eine Gesellschaft eleganter Damen und Herren. Der Oberamtmann von dem Knesebeck hat sie geladen, und er zeigt seinen Gästen voll Stolz das Geschaffene und spottet über die Kammer, die die zwanzigtausend Thaler Baukosten nicht bezahlen will, und bedauert, daß Durchläuchting, Herzog Adolf Friedrich IV., sich nicht selbst an dem Bau und an dem entzückenden Blick erfreuen kann, den man von den Terrassen des hoch über dem See hängenden Gartens genießt.

Leise stehlen wir uns wieder hinaus und gehen am Fachwerkhause des Domorganisten vorbei, das sich so altväterlich das Dach über die Ohren zieht. Leise schleichen wir durch den Patschengang, blicken einmal verstohlen in die Dombibliothek hinein, in der halb vergessen die Lederfolianten träumen, und stehen nun vor dem Nordflügel des Klosterbaues, von dem das Auge zum Wiesengrün des Schwalkenberges hinüberschweift. Auch hier wie ein Hauch ein vergangenheitsgeborenes seltsames Bild. Wir sehen die Keller des Klosters von Dänenkugeln getroffen. Die riesigen Stückfässer mit Wein sind zerschmettert. In goldenen und blutroten Strömen ergießt sich das köstliche Naß in den See. Da stürzen die Celler Soldaten herbei, alle Pflichten der Verteidigung vergessen, und werfen sich über die duftschweren Bäche und trinken und jauchzen und schlürfen und lachen – ein Bacchanal unter dem Donner der Geschütze.

Und an der Westseite des Doms? Da erstehen an Stelle der jetzigen Häuser die alten Kurien der Domherren vor unserm Auge. Und wir schreiten mit den würdigen Männern, die wir überholen, durchs Steinerne Tor – umbiegend dann zum Friedhof hinan. Dort aber öffnen sich vor uns die Gräber, und langsam und feierlich schreitet es an uns vorüber: Polabenfrauen, Wendenpriester, Mönche, Ritter, ehrsame Bürger später Jahrhunderte – ein langer, ein unendlicher Zug...

Fast kommt es mir vor wie Verrat, daß ich hier so laut von diesem weltverlorenen Stückchen Erde erzähle.

Gerhard Ringeling
Land Ratzeburg

An der Westgrenze Mecklenburgs nach Holstein hin liegt zwischen dem Unterlauf der Trave, Dassower Binnensee, Wakenitz und dem Ratzeburger See das Land Ratzeburg, von den drei Teilen Mecklenburgs das kleinste und doch ein Ländchen höchst persönlicher Prägung.

Ratzeburg die Stadt, die eitle Schöne, am Silberspiegel ihres Sees kennt mancher. Scharen von Fremden kommen alljährlich und lassen sich von dem hochgetürmten Bau ihres Domes, wie von einer bergenden Gottesburg hinreißen. Das stille Land im Norden bleibt den meisten verschlossen. Und ist doch schön wie wenige Ecken unserer Heimat! Was ist es, was dem gebürtigen Ratzeburger, wenn er im östlichen Mecklenburg wohnt, vor Augen tritt, wenn er an Daheim denkt? Das ist der frei schweifende Blick über das wellige, weite Land, bis an die fernen, bläulichen Silhouetten der alten Wahrbäume, hochgereckte Eichen mit zackigen vom Sturm zerzausten Kronen, die im silbrigen Grau der Ferne verschwimmen. Hier im Osten ist das Land eben und flach, eintönig laufen die Schläge und Weiden ins Unabsehbare. Bei uns wogt das Land und die krausen Wallhecken, über die im Juli die Heckenrose ihre seidenen, rosa Schleier breitet und der Jelängerjelieber den schwülen Duft haucht, hegen die Landstraßen und umsäumen die Felder. Ein halbdutzend Dörfer überschaut mein Blick von der Höhe des Ilenberges mit ihren Dorfmarken. Zusammengekuschelt ducken sich die mächtigen Strohdächer in den Schutz der alten Baumkronen, freundnachbarlich und doch durch die Knicks sauber geschieden, rücken Äcker und Koppeln zusammen, und über den Hofmauern aus ungefugten Granitfindlingen klettern Malven und Königskerzen. Fern am Horizont sticht ein spitzer Kirchturm in das helle Blau, und drüben, wo die Chaussee wie ein helles Band am Hang hinaufklettert, dreht die alte Holländermühle die gewaltigen Flügel im frischen Wind. Sich dehnende Weite und traulich bergende Nähe – seltsam faßt der wolkenüberschattete oder lichte Himmel bei uns diese Gegensätze zu einer lebendigen Einheit zusammen. Und seltsam bunt und wechselnd ist die Landschaft. Karge Heide im Westen nach Palingen zu, lichte Fichtenwaldungen, arme Äcker. Auf dem Moor haucht der Gagelstrauch seinen herben Duft aus. Die alten Torfstiche, auf deren Dämmen schlanke weiße Birkenmädchen die grünen Haare im Winde flattern lassen, überzieht der Sonnentau mit schimmerndem Rot und Bickbeeren bauen Miniaturwälder auf. Das Distelhorster und Selmstorfer Moor sind Gott sei Dank botanisch noch nicht entdeckt und bewahren ein Stück freier Natur den Freunden, die einen tüchtigen Fußmarsch nicht scheuen. Am andern Ende der Skala: Rodenberg. Das ist Weizenboden, fast schon Klützer Winkel. Der Ackerbau gedeiht.

Und zwischen hüben und drüben – welche Fülle wechselnder Bilder. Die Hohenmeiler Tannen, jäh abstürzend zum Traveufer, der Rupensdorfer Wald, mächtige stolze Buchenhallen, die weite Niederung der Maurinewiesen nach Bünsdorf und Malzow hin, mit ihren Weiden und Ellerngruppen und dem blanken, braunen, gewundenen Lauf des Flüßchens, auf dem früher ab und zu rotbraune Segel der Flußkähne mit Ziegelsteinen träge dahinglitten: Fast ein Stückchen Worpswede. Oder endlich ein verträumter Winkel, wie die Maurinemühle hinter Ollndorf, wo man sich in ein Tal Thüringens verschlagen glaubt. Wie oft habe ich nicht am Mühlteich gesessen, damals, als die malerischen alten Weiden ihn noch umzirkten, und der alte Müller mit den freundlichen blauen Augen und dem rötlichen Bart erzählte dem Knaben von seinen Kriegsjahren 1870. Und hernach fuhr man auf flinkem Rad durch die lustige schiefe Birkenallee nach Ratzeburg herunter. Unsere Heimat hat einen ganz eigenen seelischen Charakter. Es ist Bauernland in einem besonderen Sinne, wie er in Mecklenburg sonst nicht vorkommt. Das sture und stolze Bauerntum gibt über das rein Landschaftliche hinaus dem ehemaligen Fürstentum seine besondere Note. Es muß auffallen, daß hier neben zweiundsiebzig Bauerndörfern nur drei Allodialgüter stehen. Ferner ist bedeutsam, daß bei uns der Bauer das ganze Mittelalter hindurch nie leibeigen war, daß es demzufolge eine Bauernbefreiung im eigentlichen Sinne nie gegeben hat.

Das Land Ratzeburg ist aus dem alten Bistum hervorgegangen. Sein Sprengel, d. h. das Gebiet, das seiner kirchlichen Leitung unterstand, reichte von Bergedorf bis Wismar und im Süden bis Eldena. Als Landesherr aber gebot er nur in der nördlichen Hälfte des Landes Ratzeburg, der Terra Butin, an die noch heute der Name Boitin Restorf erinnert.

Nun saßen in der Kolonialzeit bei uns wie überall im Slavenlande die Ritter verstreut. Ihre Äcker lagen mit denen der Bauern im Gemenge, und sie hatten über diese eine Menge grundherrlicher Rechte. Um ihr Gebiet auszudehnen und abzurunden, kauften nun die Bischöfe die mächtigen Rittergeschlechter aus. Damit gingen alle landesherrlichen Rechte auf sie über, und sie erwarben die ungeteilte Herrschaft über ihre Untertanen, waren also an ihrem wirtschaftlichen Gedeihen unmittelbar interessiert und erhielten sie im Genuß ihrer alten Freiheiten. Denn als freier Pächter war der sächsische Siedler in die Ostlande gezogen, nicht als Besitzer.

Im östlichen Mecklenburg aber ändert sich nun das Bild. Als mit dem Steigen der Getreidepreise im vierzehnten und fünfzehnten Jahrhundert die Landwirtschaft einträglich wurde, als gleichzeitig infolge des sinkenden Geldwertes der Ritter nicht mehr auskam mit den Renten, die er von seinen Leuten bezog, um ein standesgemäßes Leben zu führen, da ging er auf kolonialem Boden zur kapitalistisch betriebenen Landwirtschaft über: er „verbauerte" wie die Herren Vetter westlich der Elbe spöttisch sagten, d. h. er wurde selber Landwirt, „legte" seine Bauern, drückte sie zu Tagelöhnern herab und schuf aus der so freiwerdenden Feldmark das moderne Rittergut. Da der Siedlungsraum des Ostlandes inzwischen längst gefüllt war, konnte der Bauer nicht ausweichen, das römische Recht, das eindrang, vor dem er als Kolone galt, vernichtete die alte Rechtsgrundlage, so wurde er leibeigen. Nur wo der Landesherr die schützende Hand über ihm hielt, im Domanium und insbesondere in der armen Südwestecke Mecklenburgs, in der „grisen Gegend", wo der magere Boden zum Betrieb einer Gutswirtschaft nicht verlockte, blieb der ursprüngliche Charakter unserer Heimat als Bauernland einigermaßen bestehen. Sonst aber verschwinden die Dörfer, und weite Gutsbezirke traten an ihre Stelle, vor allem, als der Dreißigjährige Krieg das Land wüst und leer gemacht hatte.

Dieser Knick in der Geschichte unseres Volkstums blieb dem Lande Ratzeburg ebenso wie den holsteinischen Bistümern erspart. Um 1400 haben Bischof und Domkapitel die ritterlichen Besitztümer in ihre Hand gebracht, und gleich den großen Herrschern des Absolutismus, treiben sie eine fast modern anmutende Bauernschutz- und Siedlungspolitik. Die Abgaben der Bauern machen ihre wesentlichen Einkünfte aus, so wird der Bauer geschont und gefördert. Zwar erhöhen sich Steuern und Leistungen – das war bei der steigenden Grundrente nur gerecht – aber seine Freiheit wurde nicht angetastet. Bis in das siebzehnte Jahrhundert erhielt sich das Landgericht in einer seltsam altertümlichen Form, wo unter Leitung der Beamten die Bauerschaft unter freiem Himmel wie im altgermanischen Thing sich selber das Recht sprach. Überhaupt wurden nach der Säkularisierung des Bistums die alten Verhältnisse im wesentlichen bewahrt und schonend in die neue Zeit übergeführt.

So erwuchs in diesem Ländchen ein selbstbewußtes Bauerntum von starker Tradition. Es dürfte wenige Gegenden unseres Vaterlandes geben, wo ein Geschlecht fünfhundertfünfzig Jahre auf seinem Hof sitzt, wie die Renzows in Rodenberg. Und dieser Fall ist keine Ausnahme. Eine nicht unbeträchtliche Zahl unserer Hauswirtsfamilien dürften unmittelbar in die Kolonialzeit zurückgehen. Welch wundervolles Bild volklichen

Wachsens und Werdens ergibt das „Geschlechterbuch" unserer Bauernschaft, das der überaus rührige Heimatbund für das Land Ratzeburg herausgebracht hat (Krüger, Dreißig Dörfer des Fürstentums Ratzeburg, bearbeitet von Professor Dr. Ploen). Dies Buch, dreihundertfünfzig Seiten stark, bietet die Genealogie der Bauern und Büdner von dreißig Dörfern und stellt volkskundlich eine Musterleistung dar, denn es vermittelt in Umrissen fast die Geschichte der einzelnen Bauernstellen.

Bodenständigkeit und freieres Selbstbewußtsein das sind Züge unserer Bevölkerung, die nach Holstein weisen, wie auch der Menschenschlag ranker ist und mehr Blonde aufweist als in dem Gebiet jenseits der Linie Wismar-Schweriner See. Mit dem Holsteiner teilt der Ratzeburger den kühlen, rationalen Sinn für Wirtschaft und Handel, auch für wissenschaftliche Tätigkeit. Seltsam steht daneben ein starker Hang zur Sentimentalität.

Was ihn aber in seiner inneren Haltung vom Holsteiner unterscheidet und wiederum zum Mecklenburger stellt, ist die Tatsache, daß er gleich ihm die Geschichte im wesentlichen passiv erlebt hat. Die Geschichte unserer westlichen Nachbarn erhält ihren heroischen Akzent durch den Kampf mit dem Meer, dem blanken Hans, und mit den Dänen. Das letzte heroische Zeitalter in Mecklenburg war die Hanse und ihre Kämpfe um die Herrschaft auf der Ostsee. Seit dieser Zeit haben kriegerische Auseinandersetzungen, wie sie immer wieder über uns hingingen, nur den Sinn des Unglücks, das man erleidet ohne innerlich beteiligt zu sein, und erst das neunzehnte Jahrhundert gab uns mit dem Hineinwachsen in das große deutsche Vaterland wieder ein geschichtliches Erleben hohen Stils.

Dieser Menschenschlag nun, zäh und erdverwachsen hat verhältnismäßig rasch die Blutzeit des Dreißigjährigen Krieges überwunden. Quellende Bauernkraft füllte bald wieder die veröteten Dörfer und nahm unverdrossen die wüsten Äcker unter den Pflug. In der zweiten Hälfte des achtzehnten Jahrhunderts macht sich steigender Wohlstand bemerkbar. In diese Zeit reichen die älteren Bauernhäuser unserer Landschaft zurück. Stattliche Bauten, in denen in steigendem Maße Backsteinfüllung die alten Klehmstakenwände verdrängen, mit zierlich und stilsicher geformten Vordergiebeln, deren Bauerntanz und Donnerbesen auf Freude an ornamentalem Schmuck deuten, zeigen eine wachsende Behäbigkeit. Scheunen die neben das alte Einhaus treten, deuten an, daß Feld und Weide höhere Erträgnisse abwerfen, und immer wieder wettern die Edikte Serenissimi gegen Aufwand bei Hochzeiten und Kindstaufen. Das schöne Zinn- und Kupfer-Geschirr, von dem das Heimatmuseum nur einen bescheidenen Rest bergen konnte, erweist die gesteigerten Lebensansprüche. Ein vernünftiges Anerbenrecht verhinderte die Zersplitterung der Stellen, ebenso wie die gesunde Heiratspolitik der Hauswirte. Am liebsten machte man „Tuschfrie". Das heißt, zwei Familien verheirateten ihre Kinder, Sohn und Tochter, über Kreuz. Freilich hatte diese nahe Verwandtschaft oft physisch üble Folgen, da die Dörfer meist in sich, keinesfalls aber über die Kirchspielgrenzen hinaus zu freien pflegten.

Den entscheidenden Aufschwung indessen nahm das Land, als um 1800 die Verkoppelung oder Separation durchgeführt wurde. Die Dörfer des Landes sind nämlich mit Ausnahme von Lübseerhagen durchweg nicht aus wilder Wurzel gewachsen, d. h. nicht als Hagendörfer auf Rodungen angelegt, wo jeder Siedler seine Hufe, geschlossen um sein Gehöft gelegen, bekam. Die Eingewanderten wurden vielmehr in verlassenen Slavendörfern, Rundlings- oder Straßendörfern, untergebracht, wo sie die auch den Wenden eigentümliche Gemengelage übernahmen, die sie in ihrer westelbischen Heimat kannten. Jeder Bauer hatte auf jedem der verschiedenen Kampe seinen Ackerstreifen, konnte ihn also nur in Einvernehmen mit dem Nachbar bestellen und ernten. So bildete der säumige Hauswirt eine Last für den Fleißigen und eine Behinderung im Wirtschaftsgang. Da griff die Regierung ein und setzte eine Neuaufmessung und Verteilung der Dorfflur durch, bei der jeder Hufner seine geschlossene Feldmark bekam. Freilich – der Widerstand war groß. Bis an das Reichskammergericht in Wetzlar gingen die Querköpfe, und die Bauerndeputationen, die in ihrer kleidsamen Tracht in Strelitz erschienen, führten eine mehr deutlich als höfliche und einem Untertanen angemessene Sprache. Aber endlich ward das schwere Werk geschafft und gleichzeitig wurde die Überführung aus dem ursprünglichen Pacht- in das Besitzverhältnis endgültig durchgeführt und geregelt. Erst die Nachkriegsentwicklung hat aus dem „Bauernlehen" den freien Besitz in seiner letzten Konsequenz geschaffen.

Die Verkoppelung bringt in unser Dorfbild einen neuen Zug. Hier und da immer häufiger löst sich ein Hausbesitzer aus dem Dorf und „baut sich aus", d. h. errichtet seinen Hof draußen in seiner Feldmark. Dabei entsteht ein neuer Hoftyp, der dem Gutshof abgesehen ist: Das Wohnhaus in Querlage, rechts und links flankiert von Viehstall und Scheune. Schade nur, daß die größere Zahl dieser Bauten in die Zeit stärkster Verrohung unserer ländlichen Architektur fällt. Erst in jüngster Zeit beginnt man wieder das Haus der Landschaft mit einem tieferen Gefühl künstlerischer Verantwortung einzufügen.

Der starke Eindruck geschlossener bäuerlicher Kultur unserer Landschaft ist wesentlich mitbedingt durch die Tatsache, daß sie unberührt blieb vom Einfluß der Stadt. Denn der Hauptort des ehemaligen Fürstentums, das saubere, ansehnliche Landstädtchen Schönberg ist selber aus einem Dorf erwachsen.

Gegen Ende des dreizehnten Jahrhunderts war der Aufenthalt der Bischöfe in Ratzeburg höchst unbehaglich geworden. Die Herzöge von Lauenburg plünderten und raubten. Da fiel das Augenmerk der Bedrohten auf das Kirchdorf Schönberg mit seiner von Natur geschützten Lage.

Inmitten einer weiten Mulde lag es auf einer steilen Kuppe, im Nordwesten durch den Oberteich und seine sumpfigen Ufer, im Osten durch die Maurine und ihre quellige Wiesenniederung geschützt. Nur im Südwesten lief ein lehmiger Höhenzug herein, dort scheint schon in ältester Zeit eine Palissadenbefestigung gelegen zu haben. Im Osten und Nordwesten führten Dämme durch die Wiesen, die durch Tore geschützt, leicht zu verteidigen waren, nach Nordwesten überdies durch zwei überbrückte Wasserläufe besonders gesichert erschienen. Das war ein Ort, just wie ihn der geistliche Herr brauchte. Zwar auf der steilen Kuppe um die Kirche lagen die Gehöfte der Bauern, der Platz war besetzt. Aber auf dem heutigen Amtsgebiet, das durch die beiden Abflüsse des Oberteichs zu einer niedrigen Insel wurde, begann man 1270 mit dem Bau eines steinernen Hauses. Daraus entwickelte sich bis zum fünfzehnten Jahrhundert hin eine stark geschützte Wasserburg.

Heute ist sie verschwunden. Aus ihren Trümmern sind zum Teil die Amtsgebäude und das Schulhaus gebaut, feste Brücken überspannen die Wasserläufe und doch: aus der Verbindung des Dorfes mit dem bischöflichen Schloß erwuchs das Städtchen Schönberg. Handwerker und Beamte wurden herbeigezogen. Langsam, sehr langsam, verlor sich der dörfliche Charakter, 1822 bekam es städtische Verfassung und erlangte 1919 die volle städtische Selbständigkeit.

Der Ort macht seinem Namen Ehre. Wohl fehlen ihm Bauten von besonderer künstlerischer Ausprägung – die einst prächtige Kirche ist leider nicht in ihrer stolzen Schönheit erhalten – aber sauber und behaglich, der weiten grünen Niederung eingefügt, überhaucht von dem feuchten Duft seiner Gewässer, lindenüberschattet um den Hügel am Markt zusammengedrängt, entbehrt es nicht seines eigenen Reizes.

Vom Bahnhof kommend, nimmt den Besucher der kühle Schatten der mächtigen, dunklen Kastanien- und Lindenallee auf. Freundliche Häuser grüßen aus dem Grün ihrer Gärten oder gruppieren sich um stille Rasenplätze. In lässigem Schwung läuft die Straße hinab zu dem kleinen See, in den von drüben die Gärten, in Terrassen oder sanftem Hang abfallend, eintauchen. Wenn der Goldregen aufleuchtet, Flieder und Rotdorn blühen und in das eintönige Summen der Bienen das lebendige starke Rauschen der artesischen Brunnen fällt, das so recht eigentlich dazugehört zu den heimlichen Stimmen des Städtchens, dann versteht man, daß der Schönberger mit großer Liebe an dem guten, alten Nest hängt. Linker Hand an der alten flechtenübersponnenen Mauer fröhliches Stimmengewirr. Auf dem schattigen Platz tummeln sich Buben und Mädchen der Realschule, die aus der alten Ratzeburger Domschule entsproß, drüben, jenseits des Sees erhebt sich der schöne Neubau der Bürgerschule. Dann läuft die Straße über den „kalten Damm", dessen Steinmauer am See noch die alten Bischöfe richteten, und erweitert sich nach einer leichten Biegung zu dem länglichrunden Marktplatz. Darüber erhebt sich der mit hohen Kastanien bestandene Hügel, den die Kirche krönt. Eine trauliche Geborgenheit ist dem Platz eigen. Breit und behäbig gelegene Häuser begrenzen und umhegen ihn. Nach Südosten steigen die Sabower- und Maurienstraße herab zu dem gewundenen Flußlauf, während die Hauptstraße nach Ratzeburg an der Kirche vorbei leicht ausweicht und sich senkt, um drüben, am alten Friedhof, wieder in das schattige Dunkel der Allee einzutauchen.

So ist es eigentlich nur ein langer Straßenzug, aus dem der Kern der Stadt besteht. Zwischen dem kleinen See und den Maurinewiesen eingeklemmt, muß sie die Wachstumsringe weit hinausschieben. An der Lübecker Chaussee, am Malzower Weg jenseits der Bahn, überall zeigen schmucke Ziegelhäuschen, daß ihre Lebenskraft nicht kümmert. Und jenseits des Oberteiches, dem neuen Bürgerschulhause entgegen, vorbei an Krankenhaus und Badeanstalt, wächst ein neuer Stadtteil heran.

So mag es sein, daß eines Tages der kleine See, auf dessen dunklem Spiegel in schilfigen Buchten viel tausend weiße und gelbe Wasserrosen blühen und leuchten, umkränzt sein wird von Häusern und grünen Gärten, vielleicht in Jahrzehnten – wenn diese Zeit der Not, die schwer auf unserem agrarisch eingestellten Lande liegt, überwunden sein wird.

Johannes Gillhoff

Land und Leute der Griesen Gegend

Die Griese Gegend erstreckt sich ungefähr zwischen Elbe und Berlin-Hamburger Bahn; ...aber das riecht zu sehr nach Geographie. – Die Griese Gegend ist das Land der wenig eisenschüssigen Dünensande, der denudierten Diluvialplateaus, der breiten Erosionsfurchen aus dem Quartär und... aber das ist ja Geologie. – Sie ist das Gebiet unsers Niederschlags-Maximums, das sich als breiter Streifen von Boizenburg bis Grabow zieht, ...Meteorologie! – Hier haben sich die Wenden am längsten gehalten. Von den Rittern gemieden, blieb sie den Kleinbauern überlassen, ...wollen wir in Siedlungsfragen bei Adam anfangen?

Wo liegt die Griese Gegend? Da liegt sie, wo die Begrüßungsformel nicht „Gundag!" lautet, sondern: „Ward't hüt noch Weder taut Inführen?" oder „Dor steiht noch vel Sünn an'n Hewen!" – Da liegt sie, wo man statt der unsichern Angabe: „Dat is all lang her" die plastische Wendung hört: „Dat wer dunn, as den Düwel sin Großmudder noch hen danzen güng". – Sie liegt da, wo das Jungvolk nicht gleich zum Kadi läuft. Meinungsverschiedenheiten werden in vereinfachtem Verfahren beglichen: ein paar Backenzähne, ein paar Rippen geraten in Unordnung, – das ist alles, und zum Schluß bleiben höchstens etliche Stuhlbeine, einige Biergläser und derlei zerbrechliche Dinge zu bezahlen. – Und endlich: da liegt sie, wo man nach dreißig Jahren einen alten Jugendfreund wiederfindet. „Na, wo geiht't?" Eine wenig bewegte Miene, ein freundliches Aufleuchten im Hintergrund der Augen und dann in ebendrächtigem Ton: „Wo sall't gahn? So lang as ein' noch Höltentüffel an de Fäut hett un en Flicken vör'n Hinnelsten, so lang' sall hei nich klagen." Der ganz auf sich selbst gestellten, gelassenen Lebensphilosophie tut es keinen Abbruch, wenn der Jugendfreund nicht die letztgenannte Vokabel gebrauchte, sondern in sinnig-einfacher Anschaulichkeit den plattdeutschen Kriegsgott zitierte.

Nun wissen wir ungefähr, wo die Griese Gegend liegt. Ob Goethe es wußte? Mit dem Kanzler von Müller sprach er 1823 über Walter Scotts Romane und bemerkte dabei, daß sich zwischen Thüringer Wald und Mecklenburgs Sandwüsten nirgends ein fruchtbares Feld für den Romanschreiber finde. – Hm! Wir dürfen annehmen, daß das Wort die summarische Wiedergabe des Eindrucks war, den Karl von Steins Schilderungen der Umgegend von Ludwigslust, vielleicht der Sande vor Techentin und vor Hornkaten, in „Oheim Goethe" geweckt hatten. Aber die Sande sind ein wesentliches Merkmal der Griesen Gegend. Wer mit dem Rad von Schwerin nach Ludwigslust fährt, merkt bald, daß Kiese und Grande nach Korngröße und -schwere abnehmen, und dann kommt er ins weite Gebiet der Feinsande als der letzten Sedimentierungen des Schmelzwassers. Im ganzen liegen Dünenbildungen vor, wegen der Vegetationsdecke (Sticktannen) oft schwer überschaubar, doch deutlich charakterisiert als zwei senkrecht aufeinander stehende Dünensysteme, in Luv aufgebaut aus SW. und NW. je nach den herrschenden Winden, in Luv auch oft zerstört durch spätere Überschwemmungen mit Rückstau. In ihren jüngeren Lagen finden sich mitunter humose Horizonte eingeschaltet als Beweise mehrfachen Wechsels von Ruhe- und Bewegungsperioden. Selten und ungemein reizvoll sind schmale Bänder gröberer Sande; schwächere Luftströmungen lagerten sie wohl vor Luv ab, eine Periode stärkerer Winde führte sie vorwärts und aufwärts. Frischer Dünendurchstich zeigt sie scharf abgesetzt. Über 20 Meter Höhe gehen unsere Dünen selten hinaus.

Häufig flankieren sie alte Flußtäler. Elde, Rögnitz, Sude, heute schmale Wasserfäden, zogen in kilometerbreiten Windungen nach SW. Tote Arme, Laken, Riede, Kolke zeugen von dem unentwirrbaren Netz der alten Läufe. Nur schwach entwickelt ist die vertikale Gliederung der Landschaft. Neben den flach ausgearbeiteten Erosionstälern geben ihr eigentlich nur die Diluvialplateaus das Relief. Glasiner, Bresegarder, Conower und Loosener Plateau geben Blockreichtum in lehmigem Kies, und der milde Lehm bedeutet guten Boden. Die Dörfer schieben sich nicht selten ins Alluvium vor, und der Satz der Elbmarschen: „Das Diluvium trägt, das Alluvium nährt die Bewohner", gilt bei uns wenig, weil hier die Wiesen, an den Elbmarschen die Diluvialrücken oft von geringer Güte sind. – In den Wiesen viel Raseneisenstein (Klump), dessen Verhüttung unsern SW. im 16. bis 18. Jahrhundert zur Industrieecke machte. In einem der Jahrbücher aus den 1840er Jahren berichtet Lisch sehr eingehend darüber. In Ludwigslust zeugen Stadtmauer, Bethlehemskirche und einige Begräbnisstätten, auf den Dörfern Bauernhäuser von seiner Verwendung als Baumaterial. Ebenso undurchdringlich für Pflanzenwurzeln ist der Ortstein (Ur, roden Baus'), die feste Verbindung von Feinsand und Humussäure. Stößt der Bauer mit dem Pflug auf ihn, brummt er achselzukkend: „Dor sitt noch Frost in de Ird", und dann greift er zur Spitzhacke, wenn er eine hat; der Spaten würde zerbrechen.

Karg der Boden, genügsam die Pflanzendecke. In meilenweiten Wäldern deckt die Kiefer unsere Sande. Unsere liebe alte Tanne! Zu Weihnacht soviel besungen, im Sommer so wenig beachtet. Als Einzelbaum etwas dummlich, in der Masse von großer Wucht. Anspruchslos und schon darum von höchstem Wert. Auf gar zu mageren Boden schon in der Jugend von der Hornblattflechte (Parmelia physodes L.) besetzt. Verkrüppelte Bäume sind oft ganz von ihr bekleidet, und wo sie vorherrscht, haben auch junge Waldungen schon den Stich ins Lebensmüde und Greisenhafte, der so gar nicht zu ihrer Jugend stimmt. Dazu auf dürftigem Acker der Bocksbart (Graues Keulengras, Keulengranne, Corynephorus canescens) zur geringen Freude der Bauern. Dazu die Sandsegge (Larex arenaria), die oft mehrere Meter weit durch den Flugsand kriecht und ihn doch nicht zu binden vermag. – Gries die Gegend, gries die Pflanzendecke. Daneben aber die blühende Heide, und hart an den Grenzen des Sand-Gebietes, an Elbe (Sandwerder bei Dömitz) und Elde (bis Grabow aufwärts), die mannshohe Sumpfwolfsmilch (Euphorbia palustris) als schätzenswerte Seltenheit.

Ein karges Land. Ohne den fröhlichen Reiz, den lebhafter Terrainwechsel, fruchtbarer Geschiebemergel, Laubwälder und blaue Seen verleihen. Tönende Stille zieht durch die meilenweiten Wälder von Quast; singendes Schweigen liegt über den Breiten der vertorften Flußniederungen, ein unendlich altes, runenvolles Antlitz zeigen die mattgelben Sandschalen und sind geologisch doch so jung. Die lächelnden Seen fehlen. Der von Propst-Jesar bietet keinen Ersatz, und die paar Pingen zwischen Niendorf und Conow haben zwar gleiche Entstehung wie das Tote Meer und der Große Salzsee, sind aber nur dürftige Erdfälle von geringem Ausmaß. Pingen entstehen durch Ausaugung und Deckeneinbruch. Der Blick schweift hinüber zur Conower Sült und von da mit Bedauern über den Abbau der Conower Kaliwerke, der soviel Zukunft vernichtet hat. Jessenitz, Lübtheen: die Schächte ersoffen und mit ihnen viel Hoffnung. – Die miocäne Braunkohle? Das Lager reicht von Parchim, aber sie ist adig, mulmig. Doch dauert ihre Förderung in Malliß noch an. Ziegeleien und Dampfmühlen (Findenwirunshier) zeigen rauchende Schlote, die Dömitzer Sprengkapselfabrik arbeitet mit zähem Fleiß, weitberühmt ist die Papierfabrik zu Neukaliß, und drüben in Neustadt-Glewe geben die großen Lederwerke ungezählten Arbeitern ihr Brot. Wird der SW. noch einmal unsere Industrieecke werden? – Und wo bleiben die Städte der Griesen Gegend? Ramm war früher ja Großstadt und barg viel sündiges Volk. Bis zur Strafe der große Bulle kam. Drei Tage und drei Nächte lief er mit Schnauben und Brüllen um die Stadt und scharrte und warf soviel Sand darüber, daß sie samt ihrer Sünder Menge gar bedecket ward und heute nur ein Dörflein noch den Namen trägt. Die kleinen Städte halten sich vorsichtig an den Rändern des SW. zurück. Aber Ludwigslust ließ fürstlicher Geist zwischen Sand und Sumpf erstehen: Ludwigslust mit Schloß und Schloßgarten, mit seiner Kirche, die so volksfremd, landfremd, artfremd daliegt und doch so wundervoll wirkt, – Ludwigslust, das als Bahnknoten so gern aufgesucht wird von großen Vereinen, – Ludwigslust, das durch die Vereinigung zahlreicher Ämter zur Kreis- oder Hauptstadt der Griesen Gegend geworden ist, – Ludwigslust, die Stadt der freundlichen Linden und der städtebaulichen Geschlossenheit.

Die Leute der Griesen Gegend. Wie hart ist ihre Hand und wie weich der Sinn. Den SW.-Bauern ist Phantasie durchweg fremd, wenig ausgebildet auch der Sinn für des Hauses und des Lebens Schmuck. Die harte Arbeit ließ ihm wenig Zeit dazu. In allem ein Bauer, der im Grünen wurzelt, aber nicht ins Blaue hineingreift. Binnen und buten aufrecht und von starkem Rückgrat. In allem ein Mensch, wert auf eigener Scholle zu stehen. Von jener großen Gelassenheit, die nur in jahrhundertelanger zäher Arbeit auf dürftigem Boden als bestes Erbteil erwächst. Bedächtig im Zugreifen, langsam im Denken, langsam im Reden, langsam im Handeln. Nichts vom Augenblick erwartend, aber zäh durchhaltend und nicht von dem ablassend, was er sich vorgenommen hat zu tun. Herb und schwer wie sein Land. Vielleicht als slawisches Erbteil ein Schuß Mißtrauen im Blut. Ohne viel Gefälligkeit des ersten Entgegenkommens. Vielmehr jenes verhaltene Zögern und Abwarten, das Menschen und Vorschläge an sich herankommen läßt. „Freundschaft" steht dort ausschließlich für Verwandtschaft. Freundschaft in dem uns üblichen Sinn will dort mehr als anderswo erworben sein. Hat man sie gewonnen, dann bleibt sie wertbeständig in Not und Tod. Dann erschließt sich auch – in kargen Worten – zuweilen das so unsagbar zarte, weiche Gemüt, durch dessen Tiefen unbekannte Ströme rauschen. In den eckigen Köpfen ist viel Klugheit des Lebens aufgespeichert. Aber mit dem ihnen angedichteten Zweiseelentum-Rationalismus mit starkem Einschlag von Mystizismus, mit der in sie hineingeheimnißten Verbindung von verträumter Romantik und nüchternem Realismus sollte man in Zukunft vorsichtiger umgehen.

Die Linie des südwestlichen Denkens und Handelns verläuft wie die der Landschaft im ganzen horizontal. Auch die des Sprachtons zeigt geringe Neigung zur Kurve. Einförmig-singender Ton ist ihr eigen. Einige Eigentümlichkeiten der Lautgebung: Wo der SO. (Reuter) einen Guttural einlegt (Nigen-Bramborg), da lagert der SW. einen Dental ein: nid'n höd'n, sed'n, med'n (neuen, heuen, säen, mähen); aber schon im Nachbardorf begegnet mitunter: haid'n, said'n, maid'n. Die Frikativa j ist mir nur in „Brüjam" und „hojahnen" (gähnen) begegnet, sonst nähert sie sich dem Quetschlaut (sch). Das reine alveolare r scheint auch im SW. völlig geschwunden, das uvulare hat es auf der ganzen Linie verdrängt. Stets erweist sich dies Zäpfchen = r als konsonantischer Hausschwamm für die Vokale in benachbarter Lagerung: in rückläufiger Wirkung wandelt es z. B. das o (Bort, Gorden etc.) in uo, das aber nicht als Diphthong mit gleichwertigen Komponenten auftritt, sondern als Vokalschleife: u mit nachschlagendem o. – Mudder, Bodder, Vadder usw.: dd steht in seiner Auflösung = rr und zwar als gerolltes r. So tritt merkwürdig genug ein ausgesprochen alveolarer Laut an einer neuen Stelle auf. – Das schöne harte sk, im Auslaut den Alten vor 30 Jahren noch geläufig (Disk, Fisk, wisken, wasken, plasken) scheint heute ganz geschwunden, der Quetschlaut hat es verdrängt. –

Rosegger gab in seinem Roman „Jakob der Letzte" ein erschütterndes Bild der „untergehenden Welt" seiner entwurzelten Heimatbauern. Aber zu Norddeutschland, zu unserm SW. stimmt es gar nicht. Der langsame Bauer hat eine Anpassungsfähigkeit ohnegleichen bewiesen, hat in den letzten 30 Jahren eine Revision seines Wirtschaftsbetriebes durchgeführt, mit der sich kaum eine andere Agrarreform vergleichen läßt. Vor hundert Jahren legte er zwei Pferde und vier Ochsen zugleich vor den leichten Holzpflug und arbeitete damit in seinem magern Sandboden herum. Mit der hölzernen Egge trampelte er noch viel später das Stück Land einen halben Tag lang fest und nannte das: dat Land klor maken. Wiederum später setzte er mit dem Mergeln, weiterhin mit Kainit und Thomasschlacke ein, und heute sind ihm Leunasalpeter, Superphosphat und Harnstoff durchaus geläufig als Ergänzungen des Stalldungs. Landwirtschaftliche Vereine überziehen netzartig das Land, landwirtschaftliche Blätter werden bedächtig gelesen, landwirtschaftliche Schulen arbeiten für die Zukunft, Flurbesichtigungsfahrten unter sachverständiger Führung sind an der Tagesordnung. –

Und erst der alte liebe Strohkaten! Die prachtvolle Hufeisenform der Dörfer ist zehnmal schöner als das, was nach den Reihenbränden häufig an die Stelle des Rundlings trat, und der Strohkaten mit seinem breitbehäbigen Dach bleibt unendlich reizvoller als der nüchterne Steinbaukasten. Aber was hilft alle Poesie, wenn der Bauer mit weicher Bedachung wegen seiner Möbelversicherung von einer Gesellschaft zur anderen laufen muß und schließlich froh sein kann, wenn er nur viermal soviel Prämie zu zahlen braucht, als sein Nachbar mit harter Bedachung. Was nützt alle Romantik, wenn er nach dem Abbrand des Hauses mit der Versicherungssumme nur einen massiven Viehstall, höchstens eine Häuslerei (7–8000 Mark) aufführen kann. Das Strohdach wird besungen, von seiner

Feuergefährlichkeit berichtet die dürre Zeitungsnotiz. Die fatale Redensart: „Hei hett sin Hus woll warm dalnahmen", hat da so gar keinen Sinn. – Aber der Strohkaten gehört wie der Dreschflegel zur untergehenden Welt, und das Schwärmen für ihn überläßt der Bauer der Griesen Gegend den vorüberfahrenden Sommerfrischlern. Vollends geht es nicht mehr an, das Strohdach als den letzten Hort der Sittlichkeit auf dem platten Lande zu preisen. Vor dem Kriege geschah es reichlich oft und mit wirklichkeitsfremden Augen. Sittlichkeit ist nicht an weiche oder harte Bedachung gebunden. Der gelassene Sinn, die bedächtige Stetigkeit des Bauern bleibt sich gleich, ob unter Strohdach oder Steindach. Was sich verschiebt, das ist das Habitusbild des Bauern in unserer Vorstellung. Der Bauer der Griesen Gegend ist Wirtschaftsrealist bis auf die Knochen. Des ist das Leben, der es erfaßt. Wer es in verträumtem Hindämmern nicht zu fassen vermag, über den schreitet es brutal hinweg – dem bleibt kaum ein Eckplatz am Tisch des Lebens, – der wird mit samt seiner Romantik zum alten Eisen geworfen. Und die Geschichte bucht ihn mit einem kleinen Kreuzlein in der Rubrik: Untergehende Welten.

Erntezeit. Die Bauern stellen den Motor an. Ich höre und sehe, daß sie wiß und bedächtig das Ihre schaffen, freudigen Mutes bleiben und heimfest. Ich liebe den Menschenschlag. Und seltsam lächelnd grüßen mich ringsum die Tannenwälder in ihrem starrenden Schweigen, die bleichen Dünenzüge und Sandschalen mit der blühenden Heide. Ich liebe das Land.

Dömitz

Dömitz? – Ach ja, ganz recht, das ist das Städtchen im südwestlichen Zipfel Mecklenburgs, dort, wo die Elbe in ihrem Laufe zum erstenmal Mecklenburger Gebiet berührt.

Dömitz! ––– Langsam dämmert's in der Erinnerung. Da wird Fritz Reuters humorvolle Plauderei über „Daems" aus der „Festungstid" wieder lebendig. Aber daneben erhebt sich düster und drohend die Festung Dömitz. Die Vorstellung dumpfer und feuchter Kasematten läßt die Seele erschauern – verworrenes Kettengerassel – Seufzen – Stöhnen. – Trostloser Ort! – Und trostlos die Gegend: Sand und Tannen – Tannen und Sand. – Ja, hüte dich vor dem Versanden!

Halt, mein Freund, deine Phantasie führt dich in die Irre. Ich will dir helfen, ein besseres Bild von Dömitz zu gewinnen.

Wenn man sich in der Reisezeit auf der Bahnstrecke Lüneburg–Wittenberge der Stadt Dömitz nähert und der Zug über die große Elbbrücke donnert, bietet sich dem Auge ein lieblicher Anblick. Wie aus einer Spielschachtel herausgenommen und zierlich und regelmäßig auf einen erhöhten Platz inmitten grüner Wiesenflächen hingebaut, liegt das Städtchen vor uns, überragt von den schlanken Türmen des Rathauses und der Kirche. Im Hintergrunde schimmert die Festung, das eigentliche Wahrzeichen der Stadt, durch das Grün der Bäume. Eine Baumreihe hübscher Linden umsäumt den Elbdeich, Wall genannt, der die Stadt nach der Elbe hin abschließt. Recht wie ein verwunschenes Prinzeßchen liegt sie in Grün gebettet da, des Königssohnes harrend, der sie aus dem Schlafe erwecken soll. Doch das ist nur Schein. Der Königssohn ist längst gekommen und hat einen erfrischenden Hauch werktätigen Lebens in die kleinen, geraden und sauberen Straßen getragen. Mächtig wälzen sich die Wellen des großen Stromes an der Stadt vorüber dem Meere zu, schäumend und stampfend durchschneiden Dampfer aller Art stromauf und stromab seine Fluten, und lange Schleppzüge tragen die mannigfachsten Güter und Erzeugnisse auf seinem Rücken dahin. Aber nicht nur vorüber an Dömitz braust der Verkehr, die Stadt hat auch Anteil daran durch den Hafen, der als Umschlagsplatz an der Großschiffahrtsstrecke Berlin–Magdeburg–Hamburg bedeutungsvoll ist. Zweigt sich hier doch auch der Eldekanal ab, der den Weg nach Mecklenburg hinein erschließt und vielleicht noch einmal zur Ostsee führen wird, wie man in manchen Kreisen hofft. Diese Verbindung der Elbe mit der Ostsee hat übrigens schon seit Jahrhunderten die Gemüter beschäftigt und ist auch schon einmal der Vollendung nahe gewesen. Zu Ende des 16. Jahrhunderts konnte auf diesem Wege schon Lüneburger Salz von Dömitz nach Wismar befördert werden. So hat die Elbe als Verkehrsstraße der Stadt ein bestimmtes Gepräge gegeben und ihre Entwicklung beeinflußt.

Ein anderes Bild bietet das Elbtal, wenn das Hochwasser kommt. Die ganze Gegend wird dann kilometerweit in einen großen See verwandelt. Dömitz ist fast zur Insel geworden, nur die Deiche, Chausseen und Eisenbahnen verbinden es noch mit dem Festlande. Über Gärten, Hecken und Wiesen hinweg fahren die großen Dampfer und legen am Stadtwall an. Fällt das Wasser bald wieder, so bringt es den Wiesen und Gärten den fruchtbaren Elbschlamm und beeinflußt namentlich die Futterwerbung günstig. Schädlich wird ein Hochwasser von langer Dauer und wenn es zu einer Zeit kommt, wo die Gärten und Felder schon bestellt sind. Dann sammelt sich hinter den schützenden Deichen nach dem Gesetz der kommunizierenden Röhren das sogenannte Stauwasser an, das für die Saaten verderblich wird. Gefährlich aber wird das Hochwasser bei Deichbrüchen, die infolge von Eisversetzungen entstehen, wenn nicht rechtzeitig das Hindernis beseitigt werden kann. Zwar beginnen die Eisbrecher ihre Tätigkeit, sobald das Treibeis der Elbe zum Stehen gekommen ist, aber nicht immer gelingt es ihnen, rechtzeitig zu den gefährdeten Stellen vorzudringen. Für Dömitz und Umgebung ist diese Gefahr im März 1888 zur Katastrophe geworden, wobei die Überschwemmung in Stadt und Land große Verwüstungen angerichtet hat. Ein Merkzeichen am Eingang der Festung und kleine Tafeln an manchen Häusern in der Stadt zeugen noch heute von der großen Not, die das Wasser über Dömitz und seine Bewohner gebracht hat. Ein Opfer dieser Überschwemmung wurde auch das alte Fährhaus auf dem Sandwerder, in dem 1490 Joachim Slüter geboren sein soll.

Ein anderes Gesicht zeigt die Stadt, wenn man vom Bahnhof aus hineintritt. Von hier erkennt man deutlich, daß Dömitz aus zwei durch den Eldekanal getrennten Teilen besteht. Die Neustadt, die sich über den Bahnhof hinaus bis zu den Sprengstoffwerken erstreckt, hat noch weitere Ausdehnungsmöglichkeiten, während die Altstadt durch ihre Lage abgeschlossen ist. Am Hafen mit seinen Kohlenschuppen vorbei führt die mit Bäumen umsäumte Bahnhofschaussee über den Eldekanal. Frei schweift der Blick über den Werder bis zur großen Elbbrücke und über die Elbe hinweg ins Land Hannover hinein. Vor der Stadt grüßen zu beiden Seiten des Wege freundliche Villen. Keine altertümlichen Gebäude von künstlerischer Bedeutung künden, daß die Stadt eine weit zurückreichende Geschichte hat. Durch häufige Brände, die ganze Stadtteile zerstörten, sind die Häuserreihen gleichmäßig neu erstanden. Sogar das Rathaus, das an vielen Orten in eine graue Vorzeit zurückblicken kann, ist nicht viel über hundert Jahre alt; die Kirche ist 1872 neu errichtet worden.

Über die älteste Geschichte des Ortes lauten die Berichte verschieden. Es ist wohl für den Historiker wertvoll, hierüber genaue Aufschlüsse zu erhalten, uns andern Sterblichen wird es genügen, wenn wir an der Hand geschichtlicher Daten ungefähr ein Bild von dem Schicksal des Ortes erhalten. Schon der Name Dömitz, höchstwahrscheinlich wendischen Ursprungs, ist vielen Abänderungen unterworfen gewesen und findet sich als Domeliz, Dormyce, Dömnitz usw. 1259 wird Dömitz zuerst urkundlich als Stadt benannt. Seit 1505 besitzt es ein geschriebenes Stadtrecht. Sehr wechselvoll ist im Laufe der Zeiten sein Schicksal gewesen, und vielen Potentaten hat es dienen müssen. Bedeutungsvoll ist die Regierungszeit Johann Albrechts I. für Dömitz geworden. Wie der Ausbau der Festung kriegerischen Zwecken, so hat die Herstellung der „Neuen Elde“ von Eldena bis Dömitz der Belebung von Handel und Industrie gedient. Dann aber brausen die Stürme des dreißigjährigen Krieges über Deutschland und vernichten auch an unserm Orte die verheißungsvollen Anfänge wirtschaftlichen Aufschwungs. Wallenstein besetzt die Stadt und nimmt auf der Festung Wohnung; nach ihm weilt auch Tilly hier. Aber das Kriegsglück wechselt, mit ihm die Besatzung. Bald sind es die Schwedischen, bald die Kaiserlichen, die Dömitz beschießen, brandschatzen und besetzen. Im 18. Jahrhundert wird die Stadt sogar Residenz des Herzogs Carl Leopold von Mecklenburg. Allerdings nur der Not gehorchend, nicht dem eigenen Triebe, hat er in den bekannten Streitigkeiten mit den Städten und der Ritterschaft Zuflucht in Dömitz gesucht. Die napoleonische Zeit bringt dann wieder mancherlei Leiden über den Ort. 1809 weilt Schill in Dömitz. Bald darauf wird es von französischen und holländischen Truppen in Brand geschossen. Ein großer Teil der Stadt und das Rathaus gehen in Flammen auf. 1813 hat die Stadt wiederum große Einquartierungslasten zu tragen. Im Laufe des Jahres sollen rund 192000 Mann von den Truppen der Verbündeten hier beherbergt worden sein.

Es ist ja begreiflich, daß Dömitz wegen seiner damaligen Bedeutung als fester Platz am großen Elbstrom mehr als andere Orte der Gegend von den weltgeschichtlichen Ereignissen berührt worden ist. Überhaupt ist das Schicksal der Stadt mit dem der Festung stets eng verknüpft gewesen. Was wir von der Festung heute sehen, ist ja im wesentlichen der Bau, den Johann Albrecht I. 1565 vollendet hat. In alten Urkunden ist immer nur

Festung Dömitz – Zweites Festungstor

von einem „festen Hause Dömitz" die Rede, einem Ausdruck, den auch E. M. Arndt in einem bekannten Liede gebraucht hat. Dömitz bestand also früher aus einem für damalige Zeit „festen Hause", einem daneben liegenden bewohnten Ort und aus einer Vogtei oder dem Amt Dömitz. Auch der Ort selbst hat früher eine Befestigung gehabt, deren Grenze der jetzt zum Schutz gegen Hochwassergefahr um die Stadt führende Wall noch erkennen läßt. Vom Marktplatz aus gelangen wir an dem alten Schulhause und dem idyllisch gelegenen Wallmeisterhaus vorbei über die ehemalige Zugbrücke zum Festungseingang. Der Bau wirkt von außen wohl festungsmäßig, aber kommen wir nach Durchschreiten des Tunnels auf den Festungshof, so erinnert hier auf den ersten Blick kaum etwas an seine ehemalige Bestimmung. Zur Rechten erhebt sich das „Schloß", ein schmuckloser, massiger Bau, links liegt das alte Wachtlokal, in dessen oberen Räumen sich die Reuterzelle befindet, in der der Dichter das letzte Jahr seiner Festungshaft von 1839 bis 1840 verbringen mußte. Eine an der Vorderseite des Gebäudes am 10. November 1910 angebrachte Gedenktafel gibt der Nachwelt Kunde von dieser geschichtlichen Begebenheit. Das weiter nach hinten liegende einstige Dienstgebäude des Mecklenburgischen Amtes enthält jetzt wie auch alle bereits genannten Baulichkeiten nur Privatwohnungen. Daher auch der friedliche, verträumte Ausdruck dieses von der Welt abgeschlossenen Platzes. Doch herrscht auch heute noch bei besonderen Anlässen ein recht buntes Leben und Treiben unter den mächtigen, schattenspendenden Kastanien des Hofes. Der große Platz steigt nach den Bastionen zu amphitheatralisch an und eignet sich daher vorzüglich zur Abhaltung von Krieger-, Turn- und Sängerfesten. Auch als Versammlungsort ernsterer Art dient er. Sei es, daß dort Gottesdienste abgehalten oder Protestkundgebungen veranstaltet werden. Wie grundverschieden freilich sind diese Bilder von denen, die sich in früherer Zeit hier abgespielt haben! Wenn die mächtigen Mauern des „Schlosses" reden könnten, was würden sie uns nicht alles erzählen! Wir würden hören von Kampf auf Leben und Tod, von militärischen Aufzügen und Hoffestlichkeiten. Sie würden uns berichten von Kriegsmännern wie Wallenstein und Tilly, von Fürsten und Hofleuten, die dort aus- und eingegangen sind. Aber auch düstere Bilder aus dem Leben der menschlichen Gesellschaft sowohl als auch aus dem Leben des einzelnen Menschen haben sie geschaut. Strafgefangene, Zuchthäusler hat ein jetzt abgerissenes großes Gebäude fast 100 Jahre lang beherbergt, dann auch jene unglücklichen Menschen, die in der Nacht des Wahnsinnes ihre Tage beschließen mußten. Und wer kennt die Namen der politischen Gefangenen, die hier seit den Tagen jener Rostocker Ratsmitglieder, die die Ungnade und den

Zorn des Herzogs spüren mußten, weil die Stadt Rostock sich den Anordnungen des Landesherrn nicht fügen wollte, über unsern Fritz Reuter hinaus bis in unsere Zeit hinein eine mehr oder minder schwere Haft verbüßt haben! Doch wir wollen die Vergangenheit ruhen lassen und noch einen freundlichen Eindruck mit fortnehmen von diesem Orte. Wir steigen auf die Bastionen hinauf. Zu unseren Füßen liegt der Wallgraben, dahinter breiten sich in gewissen Abständen die in friedliche Gärten umgewandelten Ausfallplätze aus, das Ganze ist abgeschlossen durch den Gegenwall (contre-escarpe). Darüber hinaus schweift unser Blick nach rechts über das weite Elbtal bis zu den Bergen von Hitzacker, die sich in bläulichem Dunst am Horizont erheben; nach links grüßen wir die große Elbbrücke, ein für die Zeit ihrer Erbauung in den siebziger Jahren gewaltiges Bauwerk. Wenn Abendsonnenglanz die ganze Landschaft vergoldet, ein Bewunderung einflößender, unvergeßlicher Anblick!

Nicht reich an landschaftlichen Schönheiten ist die Umgebung der Stadt. Es fehlt in der Nähe vor allen Dingen an großen Waldbeständen. Der nahegelegene hübsche Stadtpark mit dem anschließenden würdigen Heldenhain bietet zwar angenehme Spazierwege, genügt aber weiterstrebender Wanderlust nicht. Annehmbaren Ersatz gewähren Wanderungen auf den staubfreien Elbdeichen mit ihrem weiten Ausblick über ausgedehnte Wiesenflächen, deren stetes Grün dem Auge so wohl tut. Eine Fähre mit Motorbetrieb schafft eine bequeme Verbindung mit der Provinz Hannover. Auch Fahrten auf der Elbe mit Motorbooten oder auf dem zwischen Hamburg und Dömitz verkehrenden Personen- und Frachtdampfer nach dem beliebten Ausflugsort Hitzacker oder stromaufwärts nach der Thalmühle, die in den Vietzer Bergen bei Lenzen liegt, bieten reichen Genuß. Daß auch Wassersportfreuden winken, versteht sich bei einem so günstig gelegenen Orte wohl am Rande.

So angenehm und nötig auch die Erholung ist, die Hauptsache bleibt für ein vorwärts strebendes Gemeinwesen doch der Anschluß an das Wirtschaftsleben der Gegenwart. Schiffahrt, Viehzucht und Ackerbau war lange Zeit hindurch die Hauptbeschäftigung der Dömitzer Bevölkerung. Die große Feldmark und die weiten Wiesen- und Weidenflächen nötigten dazu. Allmählich ist aber ein Umschwung eingetreten. Seit dem Bahnbau 1870–73 traten Handel und Industrie immer mehr in den Vordergrund. An größeren industriellen Unternehmungen sind die Sprengstoffwerke und die Sprengkapselfabrik zu nennen, denen das Geschäftsleben der Stadt sehr viel verdankt. Leider haben die veränderten Verhältnisse eine fast gänzliche Stillegung der Betriebe zur Folge gehabt, ohne daß es bisher gelungen wäre, eine dauernde Umstellung der Fabrikation zu ermöglichen. Das bedeutet neben der allgemeinen Wirtschaftskrise eine schwere Schädigung des gewerblichen Lebens der Stadt. In der nahen Umgebung liegen die bekannte große Papierfabrik von Schoeller & Bausch und zwei Klinkerfabriken in Wehningen und Broda. Hält man dazu die Bedeutung des Ortes als Umschlagsplatz, so erkennt man, daß die Vorbedingungen für ein lebhaftes Geschäftsleben gegeben sind.

Bestehende und in Aussicht genommene moderne Einrichtungen wie Elektrizitätswerk seit 1903, jetzt Überlandzentrale, gute Straßenpflasterung und ein Wasserleitungsplan zeugen von gesundem Fortschrittsgeist der Einwohnerschaft. Für eine Kleinstadt sehr ansehnliche Geschäfte lassen den Einfluß der mit der Bahn schnell zu erreichenden Großstädte Hamburg und Berlin nicht verkennen, so daß es den Dömitzerinnen nicht schwer fällt, der neuesten Mode zu huldigen.

Eines noch nicht weit zurückliegenden Ereignisses, das ein Sinnbild für die Zukunft sein möge, sei hier noch gedacht. Das sind die Passagierflüge, die der aus dem Weltkriege bekannte Flieger Bäumer hier veranstaltete. Welch ein Leben und Treiben und welche Begeisterung herrschte damals in der Stadt! Viele Dömitzer und ganz besonders auch Dömitzerinnen haben die Gelegenheit benutzt, einmal aus der Vogelperspektive einen bewundernden Blick – wenn's dazu reichte – auf ihr geliebtes Dömitz zu werfen. Als Nachklang dazu sprach man schon von einem ständigen Flugplatz in Dömitz und von einem Anschluß an weitere Flugverbindungen.

Zukunftsmusik! Bisher erklingen nur einzelne Töne – hier und da ein Geigenstrich, der die Gemüter verheißungsvoll lockt, dann und wann ein Paukenschlag, der die Seelen aufrüttelt – es fehlt aber noch die fortreißende Melodie, die uns einer glücklicheren Zukunft entgegenträgt.

Grabow

Fällt unter Fremden der Name unserer kleinen Stadt, so darf man im Zeitalter des Automobilismus gewiß sein, daß die erste Gedankenverbindung, die sich meldet, Grabows ausnehmend gutes Straßenpflaster begreift. Das Lob ist begründet, und zwar nicht nur vergleichsweise und im Hinblick auf die erschütternde Kopfsteinpflasterung so vieler anderer mecklenburgischer Kleinstädte, sondern als Feststellung eines absolut vollkommenen Zustandes; gleichwohl wird man es keinem Grabower verdenken, wenn er jedes andere Urteil lieber hört, als eines, das seine Vaterstadt lediglich vom Standpunkt des Durchreisenden und sub specie des Nutzens für den Verkehr und einer zivilisatorischen Reise-Kommodheit ansieht. Daran ist ihm gar nichts gelegen, und wenigstens wird er erwarten dürfen, die vielbelobte Straßenpflasterung als Teil einer auch im übrigen sich überall bemerkbar machenden städtebaulichen Sorgfalt, Ordnung und Gepflegtheit begriffen zu sehen. Endlich aber gibt es in der Tat Dinge höheren Ranges, auf die sein Stolz Anspruch hat, und die denn auch Gott sei Dank im Bewußtsein einer freilich nicht so breiten, dafür aber auf Wesentlicheres eingestellten Öffentlichkeit untrennbar mit dem Namen Grabows verbunden sind.

Dazu gehört in erster Linie, und um gleich eine solche Verbindung allerhöchsten Ranges zu nennen, der Begriff des Grabower Altars, der nun freilich seit mehr als zwei Jahrzehnten schon bedauerlicher-, und wie ich hinzufügen möchte, höchst unnötigerweise nur noch ein historischer Begriff ist, weil der Grabower Altar nicht mehr in unserer Kirche, sondern in der Hamburger Kunsthalle steht, für die Lichtwark ihn 1903 zurückerworben hat, deren Glanzstück er bildet, und deren schönster Saal ihm eingeräumt ist. Wir haben inzwischen nichts mehr davon als die Erinnerung, das großartigste Schnitzwerk des deutschen Mittelalters für siebzehn Jahrzehnte bei uns beherbergt zu haben, und den resignierten Trost, in Verbindung mit ihm in das Pantheon kunstgeschichtlicher Unsterblichkeit gelangt zu sein.

Das ist indessen, was man einen Affektionswert nennt. Für den Liebhaber realer Werte bietet sich in gehörigem Abstand und auf anderem Niveau eine handgreiflichere und sinnfälligere Verbindung in der des Grabower Porters an, die für unsere Stadt vielleicht in noch breiteren Kreisen, sicherlich jedoch in praktisch wirkungsvollerer Weise geworben hat, als der nur den Esoterikern bekannte Altar des Meisters Bertram, und das nun schon seit über acht Jahrzehnten. Porter, das weiß man, ist ein Gebräu englischer Herkunft, und wenn es mir in seiner zähen und schwerflüssigen Beschaffenheit immer als besonders charakteristisches Getränk für Land und Leute da drüben erschienen ist, für das Land mit seinem zähen und dicken Nebel und für die Leute in ihrer zähen und vollblütigen Konstitution, so scheint mir die etwas leichtere Art, in der man den Porter bei uns einbraut, nicht minder charakteristisch zu sein, wenn nicht für alle Niederdeutschen überhaupt, so doch bestimmt für uns Mecklenburger, charakteristisch in dem Sinn, wie etwa Schorle-Morle ein spezifisches Getränk des Rheinländers und, um gleich das schlimmste Beispiel zu nennen, jenes infernalische Spülicht, das man Gose nennt, ein Spezifikum des Sachsen ist. Denn wie der spritzige, flüchtige und unkonservierbare Charakter des Schorle-Morle der leichtblütigen und ganz im Augenblick aufgehenden Fröhlichkeit des Rheinländers entspricht, und wie die fade, schwer trunken machende, aber leicht purifizierend wirkende Gose die nüchterne und schwer zu hemmende sächsische Redseligkeit weckt, die gewiß nicht jedermanns Sache ist, so entspricht der schwere und müde machende Porter unserer langsamen und schwerfälligen Art und fördert jene beschauliche Lehnstuhlbehaglichkeit, in der in abendlicher Stunde endlich der bedächtige Humor gedeiht, der unsere schönste Eigenschaft ist und unsere liebenswerteste. Und so und nach alledem wird man den kleinen Stolz des Grabowers begreiflich finden, darauf, daß das Nationalgetränk, wenn dieser Ausdruck erlaubt ist, des Niederdeutschen oder doch des Mecklenburgers in seiner Stadt gebraut wird und ihren Namen trägt.

Sein großer Stolz indessen ist das Schützenfest oder, wie man es mit einem pars pro toto nach seinem Hauptereignis nennt, der Königschuß, und wirklich, ist der Begriff des Grabower Altars von rein historischem Liebhaberwert, der des Grabower Porters von rein praktisch-realer Bedeutung für den Grabower, so ist die Verbindung des Namens unserer Stadt mit dem eines Volksfestes von einer affektiven Realität für ihn, deren Grad man vielleicht ermißt, wenn man die Antwort kennt, die ein Dreikäsehoch dem schulinspizierenden Superintendenten auf die Frage nach den drei höchsten christlichen Festtagen gab: „Weihnachten, Ostern und Königschuß", sagte er, und ich glaube sogar, daß die Reihenfolge noch nicht einmal die Rangordnung zum Ausdruck bringen sollte. Aus dieser lebendigen Beteiligtheit aber auch schon des jüngsten Kindes an der Fortbildung eines ehrwürdig-historischen Brauches ist ein Volksfest von solcher Eigenart entstanden, das man lange und in ganz Deutschland suchen kann, ehe man dergleichen wiederfindet.

Das Rathaus in Grabow

Um mit dem Historisch-Ehrwürdigen zu beginnen, so gibt es freilich sogar in Mecklenburg noch Schützenzünfte und Schützenfeste älterer Herkunft als die Grabower Zunft und den Grabower Königschuß. Während diese alle aber sich aus den Bürgerwehren ableiten, bestimmt das Gründungsstatut der Grabower Schützenzunft ihren Zweck paradoxerweise zunächst und vor allem dahin, daß ihre Mitglieder verpflichtet sein sollen, „falls im Hause eines Zunftgenossen durch Pestilenz oder sonst grassierende Seuchen der Mann, die Frau oder Kinder mit Tod abgehen, den verblichenen Körper, nachdem derselbe eine Stunde zuvor aus dem Hause gesetzt worden, zu Grabe zu tragen", und erst am Schluß und in den letzten Artikeln der Satzung folgen die Bestimmungen für den Fall eines Königschießens. Paradox zweifellos scheint diese Verkoppelung von Pestilenz und Königsschießen, von Leichenbegängnis und Schützenfest; gleichwohl ist sie nicht weiter verwunderlich, wenn man das Gründungsjahr unserer Schützenzunft kennt: es ist ein Jahr des Hochbarock, 1655, und nichts ist ja dem antithetischen Lebensgefühl des Barockzeitalters eigentümlicher, als ein solches Nebeneinander von Sterbenssorge und Lebenslust, von christlich-caritativer Ehrbarkeit und weltlich-spielerischer Lustbarkeit. Nichts aber ist dem Grabower Königschuß eigentümlicher, als dieser barocke Grundcharakter, den er bis heute in einer Reinheit bewahrt hat, wie man sie sonst nur noch in oberbayerischen Volksfesten erhalten findet. Denn auch heute noch sorgt ja die Schützenzunft durch die Einrichtung der Sterbekasse sowohl für den Tod ihrer Mitglieder, wie sonst jährlich einmal für die Schmückung ihrer Lebensfreude; noch heute führt die alte Zunft zu ihrer gravitätischen Leichenbegängniskleidung von schwarzem Frack und Zylinder als spielerisches Attribut den Degen; noch heute trägt der Schützenbruder in barocker Gefühlsspaltung seine Uniform zugleich mit gehobenem Stolz auf die Würde, die sie ihm verleiht, wie mit verspielter Lust an Mummenschanz und Maskerade.

Inzwischen ist nicht nur die alte oder schwarze Zunft da, sondern auch die farbenfreudiger ausgestattete Garde, durch die der militante Charakter einer Bürgerwehr in die Schützenzunft gekommen ist, denn die Garde ist von jenen Söhnen unserer Stadt gegründet worden, die 1807 ihren von Napoleon vertriebenen Monarchen hoch zu Roß zurückholten in sein Land, und darum trägt sie noch heute zum federbebuschten Reitertschako die klirrenden Sporen, wenn das Pferd auch fehlt. Übrigens betont sie gern ihren aristokratisch-monarchischen Charakter, und zwar besonders gegenüber dem Jägerkorps, das als eine Gründung des Revolutionsjahres 1848 bürgerlich-demokratischen Ursprungs ist, während das vierte und jüngste Korps der Joppen sich jedem freundschaftlich-politischen Meinungsstreit dieser Art dadurch entzogen hat, daß es sich schlicht und einfach nach den kurzen Jacken benannte, die es trägt, eben den Joppen.

Vier Korps also hat die Grabower Schützenzunft, an deren Spitze die Älterleute und der Zunfthauptmann mit seinem Adjutanten stehen, und wenn es, wie gesagt, Schützenwehren von älterer Herkunft in Mecklenburg gibt, so gibt es keine von mannigfaltigerer und reizvollerer historischer Struktur und von reiferer und lebendigerer Gliederung als die Grabower mit ihren vier Korps oder, wie man hierorts sagt, mit ihren vier Chören. Die einen bilden den Plural gewiß so aus purer Unwissenheit, die anderen und meisten aber aus humoristischer Bonhomie und taktvoller Sympathie und dem Unwissenden, um sie durch Bildung nicht zu kränken, und wirklich scheint mir die falsch gebildete Vokabel, in der die Assoziationen von Harmonie und Gemeinschaft anklingen, besser den Geist der Gemeinschaft wiederzugeben, von dem unser Königschuß getragen ist, als der nach Krieg schmeckende richtige Plural. Ein Fest der Gemeinschaft nämlich wirklich sind jene fünf Tage, deren Auftakt der Königschuß-Heiligabend am Dienstag mit dem Ständchen für die Offiziere und dem Zapfenstreich bildet, und die vom Böllerschießen am Mittwoch früh dauern bis zum Feuerwerk am Sonntagabend, in dem die letzte Lust verpufft. Inzwischen feiern nicht nur die 300 Schützenbrüder, sondern es feiert eine ganze Stadt in Flaggen mit Alt und Jung, mit Hoch und Niedrig; sie jubelt dem neuen König zu bei seiner Krönung und wenn er abends heimgebracht wird in sein bekränztes und erleuchtetes Haus; sie ist nicht daheim in diesen fünf Tagen, und nicht in den fünf Nächten, die dazwischen liegen. Während der Wind in den leeren Straßen mit dem am frühen Morgen auf das gelobte Pflaster gestreuten Eichenlaub spielt, sitzt sie in den Zelten unter dem Laub des Schützengartens bei Wein und Gesang, bei Musik und Tanz und feiert in einer Stimmung, die keinen Standesunterschied mehr kennt und gleichwohl fern ist von jeder Hemdsärmeligkeit, das Schützenfest, den neuen König und das immer neue Leben. Am Sonnabend aber haben die Kinder ihren eigenen Königschuß, bei dem es neben dem König sogar noch eine Königin gibt, und am Sonntag kommt zu Fuß und zu Wagen, mit Rädern und Autos das Land zur Feier herein in einer Menge, der die Fassungskraft der Zeltstadt draußen nicht mehr gewachsen ist.

Den Grabower Altar kann man nur in Hamburg sehen; den Grabower Porter trinkt man überall. Wer aber von Mecklenburgern da draußen zurückkehren will zu uns, um sein Land und seine Leute wieder zu erleben, der komme nach Grabow.

GERHARD DETTMANN

Ludwigslust

Es ist die ausgleichende Gerechtigkeit der Geschichte, daß sie allen wahren Kunstwerken, allem von wirklich künstlerischem Geiste Geschaffenen, mag es auch noch so lange von den Mitlebenden oder Nachlebenden
unverstanden gewesen sein, doch einmal wieder die volle Würdigung und
Anerkennung verschafft. Es wechseln mit den Zeiten auch die Kunstan-
schauungen; was uns heute noch so nahe liegt, wird von der nächsten
Generation vergessen oder mißachtet sein, und es wird doch später einmal
neues Verständnis finden. Freilich, die größten Meister haben ihren
Ruhm immer behalten, und doch hat auch ihr Stern in den einzelnen Epochen heller oder schwächer zu leuchten geschienen, je nach dem Kunst-
empfinden der einzelnen Epochen. Wenn die Reisenden des 18. Jahrhunderts durch unsere alten Hansestädte, denen die Gotik ihr Gepräge gegeben hat, wanderten, so fanden sie manches dort „in barbarischem Styl",
was spätere Geschlechter als gewaltige Kunstdenkmale hansischer Größe
bewunderten. Was diese Späteren langweilte, hatten jene „regelmäßig und
schön gebaut" bezeichnet. Ähnlich erging es der kleinen mecklenburgischen Residenzstadt Ludwigslust.

Anstelle des alten Jagdschlosses Kleinow des Herzogs Christian II.
Ludwig, von seinem Sohn und Nachfolger Herzog Friedrich um die Mitte
des 18. Jahrhunderts als neue Stadt begründet und durch das baukünstle-
rische Talent seines Architekten J. J. Busch zu einem wirklichen Kunstwerk geworden, hat Ludwigslust die wechselnde Geschichte von Bewunderung, Vergessenheit und erneutem Verständnis vonseiten der Gegenwart erfahren. Ungefähr 70 Jahre hat es den Glanz des Hoflebens gesehen,
zuerst unter der Regierung seines Gründers, dann während der langen
Regierungszeit des Großherzogs Friedrich Franz I., unter dessen Fürsorge es eine neue Blüte der Bautätigkeit erlebte. Als dann 1837 der junge,
mit neuen Anschauungen erfüllte Großherzog Paul Friedrich zur Regierung kam, verlegte er die Residenz nach Schwerin, und Ludwigslust
wurde besonders nach Erbauung des Schweriner Schlosses eine stille
kleine Garnisonstadt; nur im Herbst, zur Zeit der großen Jagden, sah es
auf einige Wochen ein regeres höfisches Leben. Die Reiseführer aus der
zweiten Hälfte des 19. Jahrhunderts geben über Ludwigslust meist die
lakonische Auskunft: „Herbstresidenz mit Schloß und schönem Park",
weiter wissen sie von der Stadt, der Kirche, Kaskade und von den vielen

verstreuten Kunstwerken nichts zu berichten. Ludwigslust hatte den Ruf eines nüchternen regelmäßigen langweiligen Nestes. Für die architektonische Kunst eines Busch und Barca hatte die auch alle Architektur ausschließlich auf malerische Qualitäten hin betrachtende Zeit ebensowenig Verständnis wie für die recht beachtlichen Skulpturen eines Rudolph Kaplunger. Erst unsere Zeit besitzt für die Schönheit Ludwigslusts wieder ein tieferes Empfinden, einen Blick für die ganze großzügige Anlage, die jene Baumeister geschaffen haben, für die Einheitlichkeit und Geschlossenheit des Stadtbildes und für den einzigartigen Stimmungszauber, der diesem kleinen Ort innewohnt. Wir wissen heute wieder zu würdigen, wie jene Architekten es verstanden haben, die Hauptgebäude, Schloß, Kirche und Marstall, Rathaus und Gasthof in die beherrschenden Punkte der ganzen Anlage zu stellen und sie doch wieder künstlerisch einzubeziehen in den umgebenden Rahmen der Kleinstadt. Die architektonischen Gestaltungsformen, nach deren Gesetz die Baumeister Ludwigslusts gearbeitet haben, Straßen- und Platzraum, Baublock, Fluchtlinie, Symmetrie und perspektivische Überlegungen, sie gehören seit Jahren wieder zum einfachsten geistigen Rüstzeug jedes Architekten und jedes künstlerisch Genießenden. So lieben wir heute Ludwigslust wieder, weil wir es verstehen gelernt haben, weil wir fühlen, daß es Charakter hat, daß es eine Sondererscheinung ist unter den mecklenburgischen, und wir dürfen getrost und stolz sagen: eine Sondererscheinung auch unter den deutschen Städten.

Ludwigslust ist eine durchaus architektonische Stadt. Es gibt Städte, die hoch und malerisch auf Hügeln sich türmen, die weich und in schönen Linien an Fluß- oder Seeufer sich anschmiegen, Städte, deren Silhouette schon aus der Ferne den Fremden grüßt, und denen die Natur von Anfang an eine reiche Aussteuer mit auf den Weg gegeben hat. Ludwigslust hat von der Natur nichts weiter mitbekommen, als den ebenen Sandboden, selbst das Wasser für seinen Schloßgarten mußte der Herzog in mühseliger Arbeit durch einen langen Kanal herbeischaffen lassen. Wer sich Ludwigslust nähert, kann nicht ahnen, daß ihn hier eine so eigenartige Stadt erwartet, sie liegt flach und versteckt in den umgebenden Wäldern und Wiesen. Aber die Schöpfer von Ludwigslust haben es verstanden, dieses Minus in ein Plus zu verwandeln, denn dank dieser ebenen Lage wußten sie eine bauliche Geschlossenheit zu erreichen, wie sich sonst selten findet. Schon die Kanalstraße mit ihrer gleichmäßigen klassizistischen Bebauung, der schönen Baumreihe und dem seitlichen Kanal wird jeden Fremden angenehm berühren; betritt er dann die breite Schloßstraße mit ihrer grünen Allee, den gleichen roten Backsteinhäusern und den symmetrischen kleinen Vorplätzen vor den Hauptgebäuden, so wird er bald gefangen werden von dem eigenartigen Zauber und der bei aller Kleinheit und allen bescheidenen Mitteln doch überraschend wirkungsvollen Großzügigkeit der ganzen Anlage. Auch der Erhaltungszustand im Sinne der alten Form ist im großen ganzen gut, wenn auch bedauerlicherweise in der Schloßstraße einige der roten Häuser in Zeiten, die diese Schöpfung nicht mehr verstand, verputzt und umgebaut wurden und nun wie häßliche Flecken in dem alten schönen Bilde wirken. Vielleicht wird auch hier einmal das erneute Verständnis einen Rückwandel im Sinne des früheren Zustandes schaffen. Wieder ein neuer Eindruck und eine Steigerung ist dann die Schloßplatzanlage, die man über die Schloßbrücke erreicht. Zuerst fällt der Blick auf das imposante Schloß, wenn man dann weiterschreitet und über die Kaskade hinweg die tempelartige Kirche erblickt, die weiß und rosa zwischen den grünen Bäumen in seltsamer Abgeschlossenheit zu schweben scheint, so wird das immer ein großer, weil in dieser Eigenart unvermuteter Eindruck sein.

Der Fürst, der diese Anlage geschaffen hat, war der Herzog Friedrich; den Frommen, hat ihn seiner pietistischen Gesinnung wegen die Nachwelt genannt, ein Fürst von wahrhaft landesväterlicher Gesinnung und unermüdlicher Arbeitskraft, der das Land aus der Armut des siebenjährigen Krieges zu einem ruhigen Wohlstand zu führen wußte. Und neben ihm verdient als Mitschöpferin Ludwigslusts erwähnt zu werden die feingebildete Herzogin Luise Friederike, eine württembergische Prinzessin; vielgereist und bewandert in Kunst und Literatur, hatte sie doch auch in der schweren Zeit während der preußischen Besetzung als einziges noch im Lande verbliebenes Mitglied des Fürstenhauses ihre Stellung und die Interessen des Landes zu wahren gewagt. Sie wird dann später besonders bei dem Schloßbau als Anregerin genannt werden müssen. Und der Künstler, der diesem Herzogspaar zur Seite stand, der den fürstlichen Bauplänen die künstlerische Form gab, war der Baumeister Johann Joachim Busch, fast gleichaltrig mit dem Herzog, der Sohn einer Schweriner Handwerkerfamilie, und wie so mancher der Architekten des 18. Jahrhunderts ursprünglich Bildhauer, ein Mann lebhaften Temperamentes und großer Schaffenslust, der noch bis in das hohe Alter sein Amt verwalten konnte. Busch hat Ludwigslust das Aussehen gegeben, das es bis heute treu bewahrt hat. Er hat seit 1763 den Stadtplan geschaffen, die Pläne des französischen Architekten Legeay trafen zu spät ein. Der Schloßplatz wurde orientiert nach der Lage des alten Jagdschlosses, er erhielt eine Form durchaus im Sinne barocker Stadtgestaltung, eine Aufeinanderfolge oder vielmehr eine Verschlingung mehrerer verschiedengestalteter Plätze, des eigentlichen Schloßplatzes, des ovalen von geschwungenen Häuserfronten gefaßten Bassinplatzes, eines rechteckigen Platzes und endlich des großen viereckigen Kirchenplatzes, alle von Alleen mit Häuserreihen als Abschluß gesäumt; als monumentaler Schlußstein des Ganzen endlich die Kirche.

Diese Anlage zwischen Schloß und Kirche wurde durch die kleine vasenbesetzte Schloßbrücke mit der eigentlichen symmetrisch angelegten Stadt verbunden, deren Hauptachse, die Schloßstraße, durch die Richtung der alten Kleinower Landstraße gegeben war. Bassinplatz, Kirchenplatz, Schloßstraße und einige der Nebenstraßen sind dann durch Busch teils, und zwar an den wichtigsten Punkten mit den einfachen Backsteinhäusern bebaut in Anlehnung an hamburgische und holländische Bauart, und an den Stellen, die vom Schloß als dem eigentlichen Mittelpunkt der Stadt weiter entfernt liegen, wie am Kirchenplatz und in den Nebenstraßen, mit einstöckigen, ihren Zweck aber wohl erfüllenden Fachwerkhäuschen. Es ist eine schlichte, doch architektonisch vollwertige Bebauung, von der einzelnes wie die Seitenfronten des Bassinplatzes, die eigenartige Nischenfolge der Schloßstraße und die Eckhäuser an der Schloßbrücke zu dem besten gehören, was mit so geringen Mitteln überhaupt in jener Zeit geschaffen worden ist. Andrerseits beruht z. B. der Reiz des ja im Grunde ganz einfachen Hotels Weimar, das diesen Namen wohl übrigens erst um das Jahr 1810 erhielt, zum großen Teil nur in der geschickten Einfügung in den kleinen Vorplatz. Außer der Kirche und dem Schloß, von denen nachher eingehender gesprochen sei, hat Busch noch manche wichtigere, wenn auch kleinere Bauten ausgeführt, so die monumentalen Pylonentürme am Eingang des Friedhofes, an ägyptische Motive erinnernd, und das im Stil eines Bauernhauses errichtete strohgedeckte Schweizerhaus der Herzogin Louise.

Größere Bautätigkeit hat dann am Anfang des 19. Jahrhunderts der zweite Nachfolger des Busch, J. G. Barca, im Auftrage des ersten Großherzogs entfalten dürfen. Sein monumentalstes Werk ist der Marstall, später Kaserne, der wuchtige Abschluß der von Busch einst noch viel länger geplanten Schloßstraße, ein Bau, rein klassisch im Sinne der Berliner Bauschule eines Gilly und Schinkel. Ferner ist sein und seines Nachfolgers Groß Werk die schlichte klassizistische Häuserreihe der Kanalstraße und manches einzelne Wohnhaus, der kleine Marstall und das später beseitigte Schweriner Tor. An der Ecke der östlichen Seite des Bassinplatzes hatte schon im 18. Jahrhundert der Großherzog Friedrich Franz als Prinz ein eigenes Haus bewohnt. Um 1800 begann man dann dieses Palais für den Erbprinzen Friedrich Ludwig umzubauen, der einstweilen noch im

Schloß wohnte. Der frühe Tod der Erbprinzessin Helene Paulowna machte indessen vorerst die Vollendung des Palais überflüssig. Erst 1810, als sich der Erbprinz zum zweiten Mal mit der Tochter des Herzogs Karl August von Sachsen-Weimar vermählte, wurde das Palais unter Zuziehung des Hamburger Baurates Arendt neu in Angriff genommen und nach Einbeziehung der Nachbarhäuser und Erhöhung des ersten Stockwerkes vollendet. Hier hat dann später die Tochter beider, die spätere Herzogin Helene von Orleans, ihre Kindheit verlebt. Die jüngeren Söhne des ersten Großherzogs, die Herzöge Gustav und Karl begnügten sich mit einfachen Bürgerhäusern. Erst später ließ sich der Herzog Gustav an der Grabower Chaussee die in einem großen Garten gelegene, nach ihm benannte Villa Gustava errichten, als deren Baumeister man vielleicht Demmler vermuten darf. Aus der gleichen Zeit stammt auch die von Demmler errichtete kleine Hauptwache auf dem Schloßplatz. Mit diesen Bauten schließt die Bauperiode Ludwigslusts, soweit sie in diesem Aufsatz interessiert, ab.

Die Kirche

Der erste der beiden Monumentalbauten, den Busch in Ludwigslust zu errichten hatte, war die Stadtkirche. Das alte, bei Erbauung der Stadt abgerissene Dorf Kleinow hatte eine kleine mittelalterliche Kirche besessen, die dann ebenfalls beseitigt wurde. Der Gottesdienst fand nun längere Zeit in dem kleinen Mittelsaal im Erdgeschoß des alten Fachwerkschlosses statt, der an Sonntagen zu diesem Zwecke ausgeräumt wurde. Dort versammelte sich die Hofdienerschaft und die wenigen Dorfbewohner, es wurde ein Altar aufgebaut und das Herzogspaar wohnte, ein patriarchalisches Bild, dem Gottesdienst aus den Nebenzimmern bei geöffneten Türen bei. Da dieses Provisorium nicht allzulange dauern konnte, wurde bald nach Inangriffnahme der neuen Stadt schon 1765 auch der Bau der Kirche begonnen. Nach dem Wunsch des Herzogs und einer Anregung des früheren Hofbaumeisters Legeay folgend, wurde die Kirche genau gegenüber dem Schlosse errichtet, so daß der fromme Herzog täglich von den Fenstern seiner Wohnung aus sein Gotteshaus vor Augen hatte. Damals muß auch schon der Plan für die ganze Schloßplatzanlage festgelegt sein, denn ein während der Erbauung der Kirche gearbeiteter Stich Findorffs zeigt schon die ganze Anlage bis zum Schloß fertiggestellt. Die Lage der Kirche als Abschluß des zweiten Platzes nötigte zu einer großen Fassadengebung. Busch hat sie dadurch erreicht, daß er der eigentlichen Kirche eine breite über die Kirchenmauern seltsam herausragende Säulenhalle vorlegte. Dieser Vorhalle selbst gab er die Form eines antiken Tempels, hierin dem Stilwillen der Zeit zu antiker Formgebung in so strenger

87

Auffassung fast als einer der ersten folgend. Denn, wenn auch im einzelnen viele barocke Züge der Fassadengestaltung anhaften, so der weite Säulenabstand, die hohe Attika und der seltsame zur Deckung des Kirchendachfirstes bestimmte Mittelaufbau mit dem riesigen Monogramm Christi und schließlich überhaupt das im Verhältnis zur eigentlichen Kirche Unorganische der Fassadenvorhalle, als Ganzes ist diese Fassade doch eine der frühesten Bestrebungen, der Antike so nahe wie möglich zu kommen. Und die künstlerische Wirkung dieser Fassade in Verbindung mit der ganzen Platzanlage ist die denkbar günstigste, wohl die beste Schöpfung des Busch überhaupt. Die Größe des Kirchenplatzes bedingte die gewaltigen Proportionen des Baues, die dem Betrachter überhaupt erst in der Nähe des Baues zum Bewußtsein kommen. Doch nur in dieser gewaltigen Größe konnte die Kirche auch wirklich als beherrschender Abschluß des weiten Platzes wirken.

Auch im Innern der Kirche gab Busch großzügig klassizistische Formen in den hohen seitlichen Säulenwänden und dem einfachen Tonnengewölbe. Am Eingang liegt der mit reichen, vereinzelt noch im Rokokostil gehaltenen Goldornamenten und roten Samtvorhängen geschmückte herzogliche Stuhl, im unteren Geschoß für den Herzog selbst, im oberen für die Kavaliere bestimmt. Eigenartig barock, fast ohne Vorbild, ist die gegenüber dem herzoglichen Stuhl gelegene runde Chorwand in Form eines naturalistischen, in mehreren Schichten errichteten Gemäldes, hinter dessen Wolken Orgel und Sängertribüne versteckt sind, so daß, eine echt barocke Idee, die Musik direkt aus dem Himmel zu schallen scheint. Das riesige Gemälde, von Findorff begonnen und erst nach vielen Jahren von Suhrlandt vollendet, ist, wenn auch heute leider stark nachgedunkelt, doch immer noch von überraschender Wirkung. Im Mittelgang der Kirche, inmitten seiner Untertanen, in einem schlichten, auf der Schweriner Schleifmühle gearbeiteten Granit-Sarkophag hat der Schöpfer Ludwigslusts, der 1785 verstorbene Herzog Friedrich seine Ruhestätte gefunden. (Als übrigens sein Nachfolger, der erste Großherzog, die Bestimmungen für seine dereinstige Beisetzung in der Doberaner Kirche traf, soll er ausdrücklich bestimmt haben, daß sein Sarkophag nicht flach, sondern mit schräger Deckfläche gearbeitet werden solle, damit nicht alle Besucher der Kirche ihre Mützen auf seinen Sarg legen könnten, eine Beobachtung, die er oft an Sonntagen in der Ludwigsluster Kirche zu machen, Gelegenheit gehabt haben wird.) Unter dem erhöhten, durch zwei geschwungene Treppen zugänglichen und einem einfachen Altar bestellten Chorpodest, ist eine Gruft angelegt, in der als einzige die im Jahre 1791 verstorbene Herzogin Louise Friederike, die Mitschöpferin von Ludwigslust, beige-

setzt wurde. Für die Glocken der Kirche, die einstweilen in einem Holz-
gestell aufgehängt wurden, war von Busch ein Turm in Form der Trajans-
säule in Rom geplant, also wieder ein ganz klassizistischer Gedanke. Dieser Turm sollte hinter der Kirche stehen und so hoch sein, daß er über
diese weit hinausragen mußte. Der Bau dieses Turmes unterblieb aber, wie
es heißt aus Furcht vor Blitzgefahr, und die Glocken sind später in den
Pylonentürmen des nahegelegenen Friedhofes untergebracht.

Das Schloß

Der zweite Monumentalbau, den Busch für das Herzogspaar schuf, war
das Schloß. Früher war das alte Schweriner Burgschloß die Residenz der
Herzöge gewesen, seit dem Regierungsantritt des Herzogs Friedrich war
nun das alte kleine Fachwerkschlößchen, das ursprünglich nur zum Jagd-
aufenthalt bestimmt war, das Hauptresidenzschloß des Landes, das der
Herzog nur selten verließ, und schon früh wird er die Absicht gehabt
haben, anstelle dieses alten ein neues Schloß zu errichten, und vor allem
die Herzogin, an die reichen Verhältnisse des Stuttgarter und des preußischen Hofes gewöhnt und sicherlich die Repräsentation eines großen und
behaglichen Schlosses schmerzlich entbehrend, wird ihren Gemahl in diesen Plänen lebhaft unterstützt haben. Die Liebe der lebenslustigen Herzogin zu dem stillen kleinen Ort mag übrigens im Grunde nicht allzu groß
gewesen sein. Denn abgesehen davon, daß sie schon zu Lebzeiten ihres
Gemahls während eines Teils jeden Jahres ihr eigenes Haus an der Alster
in Hamburg bewohnte und sich dort vor allem dem Besuch des von ihr
leidenschaftlich geliebten, in Ludwigslust aber aus pietistischen Gründen
streng verbotenen Theaters widmete, blieb sie nach dem Tode des Herzogs nicht mehr in Ludwigslust, sondern wählte Rostock, die schon
durch die Universität geistig regste Stadt Mecklenburgs, zum Witwen-
sitz, obgleich in Ludwigslust für eine zweite Hofhaltung reichlich Platz
vorhanden gewesen wäre. Die Hauptfrage des neuen Schloßbaues war
selbstverständlich die Geldfrage. Vorerst hatte der Bau der Kirche, die
Anlage des ganzen Ortes und die Errichtung der kleinen Wohnbauten für
Dienerschaft und Handwerker, die alle auf Kosten des Herzogs errichtet
wurden, die Hofkasse allzusehr in Mitleidenschaft gezogen, und der Herzog war der Mann, seine eigenen Ansprüche bis zuletzt zurückzustellen.
Erst 1769, als ein guter Teil der Stadt fertig sein mochte, beginnen die
Verhandlungen mit der Kammer, „da die Notwendigkeit so groß wird,
daß Serenissimus ein neues Hertzogliches Haus zu bauen, nicht länger
aussetzen können". Und zwar wird der Bauentwurf nun auch gleich im
großen würdigen Maßstab aufgestellt. Aber erst 1772 wird der Bau be-

Korridor im Schloß zu Ludwigslust

gonnen und 1776 ist er im großen vollendet. Der Herzog verfolgte den Fortgang des Baues mit dem persönlichsten Interesse; täglich inspizierte er mit Zollstock und Werkzeug den Bau, und damit er Ludwigslust während der Bauzeit nicht zu verlassen brauchte, wurde der Neubau einige Meter hinter dem alten Schloß errichtet, und das Herzogspaar mußte die jahrelangen Beschwerden der Bauarbeiten und des Baulärms unmittelbar vor ihren Fenstern ertragen. Erst als das neue Schloß fertig und der Hof in die neuen Räume übergesiedelt war, wurde der alte Bau abgerissen. Seine Seitenflügel standen sogar noch bis zur Mitte des 19. Jahrhunderts.

Stilistisch betrachtet steht der Schloßbau auf der Grenze zweier Epochen. Bei der Kirche hatte Busch eine klassische Form gewählt, aber durch die Farbigkeit der Vorhalle und durch jene oben erwähnten Einzelzüge bedingt, besitzt die Kirche doch jene malerische Wirkung, die dem Barock noch nahesteht. Hier am Schloß ist das Verhältnis umgekehrt. Dort bei der Kirche war die Form verhältnismäßig frei in das Belieben des Baumeisters gestellt, hier beim Schloß war Busch streng gebunden an die Forderungen eines so hochkomplizierten Organismus, wie ihn ein Hofstaat des 18. Jahrhunderts bildete, an die bis ins einzelnste festgelegten Regeln einer alten formgewordenen Hofetikette und schließlich an die ungefähre Gestalt, in der sich das 18. Jahrhundert eben ein Residenzschloß nur vorstellen konnte. So kam es, daß die gesamte Anlage und der Grundriß durchaus das Schema des barocken Schlosses wurde, in dem diese Etikette und der Lebensstil eines Hofes seinen Ausdruck fand und in dem allein diese sich entfalten konnten. Dagegen sehen wir in den Einzelzügen des Baues wieder manche spätere Form, und trotz des barocken Anlageschemas zeigt das Schloß im Äußern in seiner strengen nüchternen Gliederung, seinem festen Aufbau, seiner schmucklos reinen, nicht sehr kräftigen Profilierung den Geist des späten Klassizismus. Die Kirche, ein klassischer Bau, doch im barocken Geist; das Schloß, die barocke Form in klassizistischem Geist. Als einziger weil wichtigster Bau der kleinen Residenz wurde das Schloß weder aus Backstein, dessen Wahl im Einklang mit der übrigen Stadtbebauung nahegelegen hätte und der auch anderswo für Schloßbauten Verwendung gefunden hatte, noch wie die Kirche in dem unsolideren Putzbau errichtet, sondern man wählte zur Verkleidung den echten Stein, und zwar den Pirnaer Sandstein. Die einzelnen Blöcke wurden in Pirna roh behauen und dann auf der Elbe bis Dömitz transportiert, von wo man sie dann mit schweren Fuhren auf dem Landwege nach Ludwigslust schaffte.

Der wuchtige Schloßbau mit den breiten tiefen Flügeln zeigt ein gequadertes Sockelgeschoß und darüber zwei Hauptetagen, die durch eine gleichmäßige Säulenstellung künstlerisch zusammengefaßt werden, ein wuchtiges Gesims mit einer die Dächer verdeckenden Attika bekrönt den Bau. Um diese schwere Wucht nach oben wieder etwas leichter ausklingen zu lassen, ist die Attika der beiden Seitenflügel mit einer reichen Anzahl von Figuren, Personifikationen der Künste und mathematischen Wissenschaften, und sehr eigenartigen Vasen bestellt, deren Ausführung im einzelnen weit besser und künstlerischer ist, als es bei dem Statuenschmuck mancher auswärtigen Schlösser dieser Zeit der Fall ist. Ihr Schöpfer war der Hofbildhauer Rudolph Kaplunger, der seit 1775 in Ludwigslust ansässig war. Der Mittelbau des Schlosses, der nur an der Stadtseite mit zwei Statuen besetzt ist, ragt noch fast ein Geschoß über die Seitenflügel empor und ist mit einem Dachaltan versehen, von dessen Höhe man die ganze Umgegend panoramaartig überschauen kann. An der Vorderfront des Schlosses ist ein säulengetragener Balkon angebracht, unter dem die Auffahrt für die fürstlichen Wagen liegt, während die Wagen aller nicht zum Hofe gehörenden Personen, nicht unter, sondern vor der Auffahrt halten mußten. 1826, anläßlich einer Neupflasterung vor dem Schloß, muß aber auch der Prinz Wilhelm von Preußen, der spätere erste Kaiser, bei seiner Abfahrt vom Schloß, wie es in den Akten heißt, „wie die Sängerinnen" „vor" dem Portal einsteigen, worüber in einer Beschwerde an die zuständige Behörde dringend Klage geführt wird.

An der Rückwand des Schlosses ist eine zu ebener Erde gelegene Terrasse angebracht und in Höhe des Hauptsaales ein flacher Balkon. Die ganze Außenarchitektur macht einen äußerst vornehmen Eindruck, die Stadtfront geschlossener und reiner klassizistisch, die Gartenfront durch das Vorspringen der Flügel wuchtiger und bewegter im Sinne des Barock.

Das Innere des Schlosses enthält alle die Räume, die ein repräsentatives Hofleben benötigte. Freilich unter dem Herzog Friedrich, dem Erbauer des Schlosses, werden die Säle und Galerien nur selten größere Festlichkeiten gesehen haben. Sein einfacher Sinn und der bescheidene Lebenszuschnitt seines engeren Hofes bedurften an sich kaum eines solch prächtigen Schlosses. Der Herzog lebte neben seinen Regierungsgeschäften still seinen wissenschaftlichen und religiösen Interessen, die Herzogin widmete sich der Literatur und schöngeistigen Zerstreuungen. Nur die Konzerte der Hofkapelle und gelegentlich der Besuch eines befreundeten Fürsten werden die Hauptfestlichkeiten im neuen Schloß gewesen sein. Rauschende Feste hat es wohl kaum gesehen. Aber der Herzog und die Herzogin, in den Traditionen der strengen Hofetikette aufgewachsen und von dem Ehrgeiz, nicht hinter den Standesgenossen zurückstehen zu brauchen, erfüllt, wußten wohl, daß auf der Repräsentation auch ein guter Teil des Ansehens ihres Hauses und ihres Landes beruhe, daß, wenn fremde Fürstlichkeiten oder Gesandte nach Ludwigslust kamen, der Herzog nicht in einem Hause wohnen durfte, wie es jeder Landedelmann besser hatte, daß also der Rahmen des Hoflebens ein angemessener und fürstlicher sein mußte. Wohl nicht so sehr ihren persönlichen Bedürfnissen – die privaten Wohnräume waren die kleinsten des Schlosses –, sondern der Repräsentation ihres Landes und ihrer Stellung sollte das Schloß dienen.

So mußte also auch das Ludwigsluster Schloß die reiche Anzahl von Sälen, Vorzimmern, Audienzzimmern, Thronzimmer und Galerie enthalten, wie man sie ähnlich und meist in gleicher Aufeinanderfolge in fast allen Schlössern der Barockzeit wiederfindet. Von der Auffahrt an der Stadtfront betritt man zuerst das breite säulengetragene Vestibül, ihm gegenüber liegt an der Parkseite der Gartensaal, der als salon à l'italienne in keinem Schlosse des 18. Jahrhunderts fehlen durfte. Rechts und links in den langen Flügeln lagen Wohnungen für Gäste und für den Hofstaat. An den beiden Seiten des Vestibüls ist je ein Treppenhaus angeordnet mit den wundervoll elegant geschwungenen breiten Treppen, auf denen man in die Hauptetage gelangt. Vestibül und Treppenhaus leuchten seit dem Beginn des 19. Jahrhunderts in reinem Weiß, ursprünglich werden sie wie die Vorhalle der Kirche in zarten Farben getönt gewesen sein. Zierlich geformte schmiedeeiserne Gitter, ähnlich denen der Außenbalkons laufen am Treppenrand empor. In der Mitte der Hauptetage liegt der große prächtige, mit vergoldeten Stuckornamenten gezierte Festsaal, zwischen ihm und den Treppen ist der Gardesaal eingeschoben, einst für die Leibgarde bestimmt, die dort während der Hoffeste vor den vorbeischreitenden Fürstlichkeiten zu präsentieren hatte. Im Flügel an der östlichen Schloßseite lag die Wohnung des Herzogs mit Audienzzimmer, Thronzimmer und der heute in Einzelzimmer aufgeteilten Galerie, einem langen, schmalen Raum, in dem einst ein Teil der heutigen Schweriner Gemäldegalerie hing. Im Westflügel der gleichen Etage lag neben dem Festsaal ein Speisezimmer und ferner die Wohnung der Herzogin, die mit mehreren Courzimmern, d. h. offiziellen Gesellschaftszimmern begann. Hinter diesen lagen dann die kleinen Privatzimmer, zu denen ein Cabinett mit Kupferstichen und eine kleine Bibliothek gehörte. In der zweiten Hauptetage waren selbständige Wohnungen und Zimmer für Gäste. Im ganzen westlichen Teil des Schlosses, der heute zum Schloßmuseum eingerichtet ist, ist die Raumeinteilung im großen Ganzen der alten Anordnung entsprechend erhalten. Die Ausstattung der Räume war und ist noch heute im allgemeinen sehr einfach. Vergebens sucht man hier nach jenen reich mit Gold, Stuck und Purpur überladenen Räumen anderer

Barockschlösser, nur wenige Zimmer zeigten Seidenbespannung oder reicheren Schmuck. Alle Räume sind von sehr guten wohltuenden Proportionen, darin lag ja eine der Hauptstärken der Architekten jener Zeit. Kleine Nebentreppen und Gänge fehlen nicht, wenn auch alles in bescheidenen Grenzen gehalten ist und so raffinierte Einrichtungen wie die versenkbaren Tische anderer Schlösser, in Ludwigslust fehlten. Noch manches von der ursprünglichen Ausstattung ist erhalten, so eine herrliche alte Seidentapete, Supraporten, Rokokospiegel, die wohl zum Teil aus dem alten Schloß überführt wurden. Dann vor allem birgt das Schloß, besonders die heute zum Schloßmuseum eingerichteten Räume, noch eine große Anzahl erlesener Möbel und Kunstwerke des 18. Jahrhunderts. Auch von ihnen wird manches Stück aus dem alten Schloß stammen. Einige schöne Kommoden scheinen in Berlin gearbeitet zu sein. Sie werden vielleicht zu der Erbschaft gehören, die nach dem Tode der Mutter der Herzogin aus dem Schlosse Köpenick nach Mecklenburg überführt wurde. Weitere Möbel wieder kennzeichnen sich durch ihren ganzen Stilcharakter als einheimische Arbeiten aus der Schloßbauzeit. Auch an anderen Kunstwerken aller Art ist das Schloß, bezw. das heutige Schloßmuseum reich, an Skulpturen, Porzellan und anderem Kunstgewerbe, Gemälde und Kleinkunst, vor allem sieht man eine stattliche Anzahl schöner Uhren. Im einzelnen seien dann als Hauptstücke genannt die schönen Bildnisse von der Hand G. D. Matthieus, ferner das prachtvolle Porträt der Königin Charlotte von England, von dem berühmtesten englischen Bildnismaler Th. Gainsborough und die Marmorbüste des Herzogs Friedrich von R. Kaplunger.

Eine Reihe von Räumen des Schlosses wurde unter dem ersten Großherzog neu ausgestattet, dessen Regierungszeit oft reiches festliches Leben in das Schloß brachte. Entsprechend macht sich dann auch in der Einzeleinrichtung besonders diese zweite Epoche Ludwigslusts, die Zeit des Empire, bemerkbar, in Möbeln und Kunstwerken, zum Teil einheimisch, zum Teil auswärts gearbeitet. Auch durch den Erbgroßherzog Paul Friedrich und die Erbgroßherzogin Alexandrine sind dann viel Mobiliar und Kunstwerke der beginnenden Biedermeierzeit in das Schloß gekommen, wie auch die Wohnung dieses Paares in der zweiten Etage ganz den Stilcharakter dieser Epoche erkennen läßt.

So kann man heute an den verschiedenen Räumen des Schlosses, an den mannigfaltigen dort aufgestellten Kunstwerken und Möbeln die einzelnen Epochen von Ludwigslust ablesen, und wer geschichtlichen Sinn hat, kann an ihnen das Leben und die Geschicke der Menschen sich vergegenwärtigen, die dort gelebt und sich mit diesen Dingen umgeben haben, und damit ein persönliches Bild jener Epochen gewinnen, denen Ludwigslusts Blütezeit angehörte.

Der Schloßgarten

Eine der größten Sehenswürdigkeiten Ludwigslusts, eine Schöpfung, die zu allen Zeiten Bewunderer gefunden hat, ist der weite Schloßgarten. Er ist kein Garten streng nach dem Schema des französischen Architekturgartens Lenôtres, er ist aber auch kein Park ausschließlich im Sinne der englischen Romantik, und er ist schließlich auch keine reine Natur. Sondern das macht den unvergleichlichen Reiz dieses grünen Stückchens Erde aus, daß es von allem etwas enthält, architektonische Gartenkunst und romantische Wertherstimmung, und daß dieses beides dann durch die Natur zu einem eigenartigen Ganzen zusammengefaßt ist, dessen Zauber sich so leicht niemand entziehen wird, weil es jedem etwas zu geben vermag, Kunst, Romantik und schöne Natur. Die erste Anlage war der Garten des Herzogs Christian Ludwig. Zu ihm gehören die Form des großen Rasenparterres hinter dem Schloß, der seitliche Küchengarten und die Alleen um die spätere katholische Kirche, in deren Nähe ursprünglich ein kleines, mit Gemälden geschmücktes Lusthaus lag. Diese Teile wurden von Herzog Friedrich ziemlich unverändert gelassen. Sein Hauptmerk richtete sich anfangs auf die Stadt und auf den Schloßplatz. Hier, nicht im Park, erbaute er die erste Wasserkunst, d. h. die Kaskade, deren Entwurf wohl auch von J. Joachim Busch stammt. Es ist wieder ein großzügiger und imposanter Gedanke, der ganzen Breite des Schlosses diesen in zwei Absätzen und in weichen Schwingungen verlaufenden Wasserfall vorzulagern. Ältere Stiche zeigen, wie die Kaskade ursprünglich mit drei Obelisken im Louis XVI. Stil besetzt war. Um 1775 hat dann Kaplunger die heutigen Gruppen der Stör und Recknitz mit dem mecklenburgischen Wappen und der im Schilf mit Wasservögeln spielenden Putten geschaffen. Architektonisch wie bildhauerisch ist diese Kaskade so eine durchaus eigenartige selbständige Schöpfung geworden. Im eigentlichen Park ließ der Herzog dann als größere Anlage den mit einer vasenbekrönten Brücke beginnenden, mit seitlichen Wällen, Treppen, Wasserfällen und Springbrunnen versehenen Kanal durch Busch ausführen. Ein „Kaisersaal" mit Büsten römischer Cäsaren aus der Ludwigsluster Cartonfabrik wurde wohl als Spielplatz im Walde ausgehauen, künstliche Ruinen, Tempelchen und eine Fasanerie wurden erbaut. Das schönste Bild dieser Anlagen ganz im Stil und in der Auffassung jener Zeit geben uns die bekannten schönen Stiche des Hofmalers Findorff von Ludwigslust und seinem Park, belebt von den heiteren Gestalten der Damen und Kavaliere. Natürlich ist heute nicht mehr alles so gut erhalten, manches mag auch die Phantasie Findorffs hinzugedichtet haben, und doch: wenn man heute durch jene Anlagen geht, kann man sich leicht zurückversetzen in die alte Zeit, da hier die zierlichen Damen im seidenrauschenden Reifrock, die Herren in gepuderter Perücke und gesticktem Rock und die kleinen galanten Pagen promenierten, conversierten und sich beim Reifspiel ergötzten, die Leute, die uns Matthieus Pinsel so getreu geschildert hat.

Wie für die Stadt, so bezeichnet auch für den Park die Regierungszeit des ersten Großherzogs eine neue Epoche. Sein Werk ist vor allem der englische Garten, der unregelmäßige romantische Park, wie ihn das Ende des 18. Jahrhunderts liebte, die Zeit, die nach der Pose des Rokoko wieder zur Natur zurückflüchtete, freilich nicht zur reinen, sondern erst einmal zur künstlichen Natur, als in Frankreich eine Königin als Bäuerin der strengen Etikette entfloh und als in Ludwigslust, freilich etwas später, die Herzogin vom Schloß in ihr strohgedecktes Schweizerhaus zog. Geschwungene Wege, Inselchen und Denkmale kennzeichnen diesen englischen Garten. Ihn schmückte in Ludwigslust seit 1791 das ursprünglich auf einer Insel gelegene Denkmal des Herzogs Friedrich von der Hand Kaplungers. Die Herzogin Louise soll die Idee ersonnen haben, der Urne mit dem Porträtrelief des Fürsten, über die das trauernde Mecklenburg Rosen der Erinnerung schüttet, während daneben der Genius mit gesenkter Fackel lehnt, zugleich ein Denkmal des allegorisierenden Zeitgeistes und typisch die Inschrift: „Friedrich, Ruhm und Trost der Deinen, oh wie warest Du so gut." Auch im weiteren Park ist in dieser Zeit viel im Sinne des Landschaftsparkes umgestaltet. Aus dem Anfang des 19. Jahrhunderts stammen dann eine Reihe kleiner Bauten des Schloßgartens. Hier ist vor allem das 1804/6 von dem Lübecker Baumeister Lillie in den edlen klassischen Formen errichtete Mausoleum der Erbprinzessin Helene Paulowna zu nennen. Mehr an ägyptische Motive erinnert der kleine Bau, den der erste Großherzog als Grabgebäude für die 1809 verstorbene Herzogin Louise dicht am Schloß erbauen ließ, von dem Architekten Barca entworfen. Ganz anderen Geist atmet die von dem Baumeister v. Seydewitz geschaffene kleine katholische Kirche. Sie wurde 1809 vollendet, während der Glockenturm erst 1817 von Barca erbaut wurde. Die kleine zierliche Kirche ist einer der frühesten Zeugen des wiedererwachten Interesses an mittelalterlicher Kunst. Trotz mancher unhistorischen Formeinzelheiten hat Seydewitz den wirklichen künstlerischen Gehalt gotischer Bauten besser nachempfunden und neu zu gestalten verstanden, als mancher der späteren mit allem historischen Wissen ausgerüsteten Neugotiker.

So haben sich Barock, Klassizismus und Romantik hier in Ludwigslust die Hand gereicht und aus diesem stillen verträumten Städtchen ein Kleinod gemacht voll eigenartigster Stimmung. Wenn man die Stadt Ludwigslust durchwandert hat, die breiten geraden und stillen Straßen und die wundervoll geräumige und architektonisch gebundene Schloßplatzanlage mit ihrer unvergleichlichen Ruhe und Zeitlosigkeit, wenn man dann Schloß und Kirche besichtigt hat, an Architektur und bildender Kunst sein Stilempfinden, und an vergangenem Leben sein Geschichtsbewußtsein geschult hat, dann wirkt der Park wie ein Ausklingen alles dessen, was vorhin zu fester Form gestaltet war, hier wo Kunst und Natur ohne Grenze ineinander übergehen. So mag Stadt und Park Ludwigslust immer wieder allen, die in seinem Antlitz zu lesen verstehen, zu einem schönen Erlebnis und einer Quelle reines Genusses werden.

Armin Steyerthal

Bad Kleinen

Geschichtliches

Wer einen Blick auf die Landkarte von Mecklenburg wirft, sieht ohne weiteres, daß der große Schweriner See mit seinen zur Elbe gerichteten Abflüssen das ganze Gebiet in zwei Teile spaltet, deren größerer nach Osten liegt. – Der Wanderer, der den See heute auf bequemer Landstraße, wie sie der Paulsdamm bietet, überschreitet, denkt nicht mehr daran, daß vor der Errichtung dieses Bauwerkes ein meilenweiter Umweg nötig war, um von einem Seeufer auf das andere zu kommen. Und gerade darum bildete das zweiundzwanzig Kilometer lange Binnengewässer gleichsam eine Sperre mitten im Lande. Dabei muß noch bemerkt werden, daß am Südende, wo die Stör und die Elde zur Elbniederung hinunterfließen, grundlose, schwer zugängliche Sümpfe begannen. Der Verkehr zwischen der westlichen und der östlichen Hälfte des Landes mußte sich also notgedrungen auf jenem schmalen Streifen bewegen, der zwischen Nordspitze des Sees und Ostsee übrigblieb.

In diesem nur von dem schmalen Abflusse des großen Sees zur Ostsee durchschnittenen, im übrigen aber gut zugänglichen Gelände stoßen wir allerorten auf Erinnerungen aus der Vorzeit. Diejenigen Ereignisse, die für das Schicksal des mecklenburgischen Landes entscheidend waren, haben sich zum großen Teile hier zugetragen.

Bad Kleinen liegt diesem Gebiete sehr nahe, doch ist die Ortsgeschichte nur dürftig überliefert. Eine Siedlung hat hier sicher schon zur Wendenzeit bestanden. Darauf deutet der Stamm des Namens, der ohne Zweifel slavischen Ursprungs ist. Auch eine Landstraße wird in alten Urkunden erwähnt, die ungefähr dem heute noch gangbaren Hauptwege folgt. Später ist dann die Ortschaft zu einem stattlichen Bauerndorfe herangewachsen mit einer Kirche und einem Begräbnisplatze, aber alles ist im dreißigjährigen Kriege zerstört. Wenn nicht die Pflugschar zuweilen Knochenreste und vermorschte Eichenbretter aus dem schweren Boden aufwühlte, würde niemand glauben, daß hier eine ganze Ortschaft verschwunden ist. – Im Anfang des letzten Jahrhunderts (etwa 1820) ist dann eine neue Aufteilung des Landes in fünf Bauernhufen vorgenommen, denen der Name Kleinen verblieben ist. Nur drei davon sind aufgebaut. Auf dem beigegebenen Bilde des Malers Heinz Heyl ist der eine dieser Höfe, der recht wehrfest und trutzig auf den See herniederschaut, in seiner eigenartigen Anlage anschaulich dargestellt. Die Einsamkeit der kleinen Siedlung wird im Jahre 1847 jäh unterbrochen, denn die Eisenbahn erschließt diese weltvergessene Landschaft für den menschlichen Verkehr. Ein Jahr zuvor war die Bahn Berlin–Hamburg fertig geworden, jetzt sollte von der Haltestelle Hagenow aus der Anschluß nach Schwerin und Wismar erfolgen. In damaliger Zeit, als man vor Lärm und Rauch noch eine Scheu besaß, pflegte man die Bahnhöfe nicht in die Nähe der Städte und Dörfer, sondern möglichst weit seitab zu legen. So wurde auch hier als Ruhepunkt für das abgehetzte Dampfroß nicht etwa die Siedlung am See oder gar das benachbarte große Dorf Hohen-Viecheln gewählt, sondern der neue Bahnhof kam mitten auf das freie Feld dicht am See zu liegen und wurde nach den einsamen drei Bauernstellen „Bahnhof Kleinen" genannt. Wenige Jahre später, als noch ein Gleis nach Rostock angelegt war, wurde der bescheidene Platz zum Bahnknotenpunkte, und eine dichtgedrängte Schar von Beamtenhäusern entstand rings um das stattliche Empfangsgebäude. Wieder verging eine geraume Zeit, bis sich neues Leben in der Nachbarschaft regte, aber eines schönen Tages erklang die Axt des Holzfällers im Walde am Seeufer, und eine Anzahl großer Buchen fiel dröhnend zu Boden (1862). Der Großherzog, so erzählte die staunende Mitwelt, hatte ein Stück Land zum Bau einer Wasserheilanstalt geschenkt, und hier, in schönster Lage dicht oberhalb der breiten Seefläche sollte sie errichtet werden. Im allgemeinen entsprach das Gerücht der Wahrheit. Großherzog Friedrich Franz II. hatte in der Kaltwasseranstalt von Vinzenz Prießnitz in Graefenberg (Schlesien) Heilung von einem schweren Leiden gefunden und wünschte nun, in seinem Lande eine ähnliche Heilstätte zu schaffen. Heute, wo die Anstalt, wenn auch durch An- und Umbauten erheblich erweitert, doch in ihrer ursprünglichen Anlage noch deutlich zu erkennen ist, drängt sich unwillkürlich die Frage auf: Warum hat man diese Zufluchtsstätte für Kranke und Erholungsbedürftige so nahe an die Eisenbahn gelegt? Und das ist doch zu einer Zeit geschehen, als man, wie bereits erwähnt, nicht einmal die kleinste Haltestelle an eine große Stadt heranzubringen wagte. Später, als dann der Bau des unter so guten Vorzeichen begonnenen Hauses dermaßen ins Stocken geriet, daß zuletzt nur ein halb zerfallenes Gemäuer übrig blieb, hieß es allgemein im Lande: „Der Platz war ganz verkehrt gewählt. Niemals konnte hier etwas rechtes geschaffen werden." Tatsächlich hat es mehr als dreißig Jahre gedauert, bis auf der anscheinend verrufenen Stelle neues Leben erblühte. Das geschah erst im Jahre 1895, als der Schreiber dieser Zeilen sich an die schwierige Aufgabe heranwagte und die Leitung des Kurhauses übernahm.

Inzwischen hatte man in der nächsten Umgebung des Bahnhofes manches Neue geschaffen. An der alten Straße war da, wo sie aus dem Walde heraustritt, eine schnurgerade Reihe von zwölf kleinen schmucken Häuschen aus dem Erdboden herausgewachsen, die sich noch heute durch ihren altväterlichen Stil von allen Bauten einer späteren Zeit unterscheiden. Mit dem schnellen Aufblühen der Wasserheilanstalt beginnt auch der Ort sich schneller zu entwickeln, ob aber beides, wie heute erzählt wird, in ursächlichem Verhältnis zueinander steht, ist wohl nicht sicher zu beweisen. Jedenfalls sind die beiden Jahrzehnte, die dem großen Kriege vorhergehen, für die Entwicklung des Dorfes außerordentlich günstig gewesen. Nicht nur die Bautätigkeit setzte lebhaft ein, sondern auch der Fremdenverkehr wuchs sichtlich. Die Regierung erkannte dies an, indem sie der Ortschaft den Namen „Bad Kleinen" beilegte. Der Weltkrieg schlug auch hier die besten Hoffnungen in Scherben. Die Wasserheilanstalt mußte verkauft werden (1922). Zurzeit (1933) liegt sie ganz still. Statt ihrer entstand am See das „Sanatorium Bad Kleinen" als Zufluchtsstätte für Kranke und Erholungsbedürftige. Leider wurden in der Nachkriegszeit im Dorfe einige recht häßliche Bauwerke errichtet, echte im richtigen Bauunternehmerstil hingepatzte Mietskasernen. Beim Anblick dieser wenig anmutsvollen Wohnkästen wird heute von Fremden oft die Frage aufgeworfen: „Weshalb heißt denn dieses Dorf Bad Kleinen?" Wer die Entstehungsgeschichte unseres Ortes kennt, wird die Antwort nicht schuldig bleiben. Der Name bezieht sich auf die riesigen Waldungen rings umher und den gewaltigen See mit seinen grünen Ufern, auf die Heilstätten und die schöne Umgebung. Was eine spätere Zeit gesündigt hat, ist nicht mehr auszutilgen, aber der gesamte Eindruck kann dadurch nicht beeinträchtigt werden. Darum bleibt Bad Kleinen doch immer der schönste Fleck Erde im weiten Umkreise, und wenn einer naserümpfend bemängelt, daß sogenannte „Vergnügungsstätten" fehlen, so muß man ihm entgegnen, daß beides zu Wald und Wasser nicht paßt. Wer die Natur in ihrer ganzen herben Jungfräulichkeit und ihrer ursprünglichen Frische liebt, findet in Bad Kleinen, was er sucht. Ein Luxusbad ist unser Badeort nicht und will er nicht sein.

Wanderung am See nach Wismar

Eine Wanderung am See hat zu allen Jahreszeiten ihre Reize, aber am schönsten wandert es sich im Frühling. Nehmen wir also an, der Lenz sei da und die Eisenbahn hätte uns in Bad Kleinen ausgesetzt. Die rühmlichst bekannte Bahnhofswirtschaft kann uns angesichts der frühen Morgenstunde nicht locken. Wir müssen vorwärts. Dort drüben, das große

Haus am Walde, ist die Post, davor das Kriegerdenkmal, ein riesiger Findling, der die Tafel mit den vielen Namen trägt. Nun geht es hinein in den Wald, vorbei an zwei freundlich eingerichteten Hotels zur Wasserheilanstalt. Um an den See zu gelangen, müssen wir jetzt unter den Bahngeleisen hindurch. Den Zugang vermittelt ein Fußgängertunnel, nicht breiter als daß zwei schlanke Menschen aneinander vorbeigehen können, aber immerhin wichtig, wenn man bedenkt, daß diese ganze Gegend ohne eine Unterführung vom See abgeschnitten wäre. Nun gehts zum See hinunter und am Ufer entlang. Drüben, der spitze Turm ist der Schweriner Dom; der helle Lugaus, den wir rechts zwischen den Baumkronen sehen, gehört zu Schloß Wiligrad. Gerade vor uns liegt die Insel Lieps mit zwei altväterlichen strohgedeckten Häusern, ein Vorwerk des eben noch sichtbaren Gutes Gallentin. Nach kurzer Wanderung erscheint links oben auf steilem Hügel das „Sanatorium Bad Kleinen", das, seit die Wasserheilanstalt ihre Tätigkeit eingestellt hat, Nervenkranke und Erholungsbedürftige aufnimmt. Jenseits des Sees gewahren wir eine altertümliche Kirche ohne Turm. Sie gehört zum Rittergute Retgendorf, und links davon das stolze weiße Schloß ist das Gutshaus von Flessenow. Rechts vor uns die Windmühle bezeichnet das äußerste Ende des Schweriner Sees. Der Hügel, auf dem sie sich erhebt, trug vor Jahrhunderten die alte Wendenburg Dobin. Ringsum wurde sie von Seen eingeschlossen, wie das bei wendischen Befestigungen üblich war. Der eine heißt noch heute „die Döpe", was zumeist als „Taufe" übersetzt und auf eine große Wendentaufe in alter Zeit bezogen wird. Allein, wie so oft, müssen wir auch hier die Erfahrung machen, daß volkstümliche Sagen und Geschichten der geschichtlichen Forschung nicht standhalten. Ein weiteres Beispiel dafür liegt dicht an unserem Wege. Wir stehen vor der sogenannten „Schwedenschanze", einem in Form eines Festungswerkes aufgeworfenen Hügel. Die Schweden haben ebensowenig damit zu tun wie die Wendentaufe mit der Döpe. Wenn wir jetzt beim „Aalfang" den „Walsteinkanal" überschreiten, so sehen wir, daß dicht neben dem Flußlaufe eine zweite „Schwedenschanze" liegt. Es gehört kein großer Scharfsinn dazu, um festzustellen, daß wir die alten Schutzwehren vor uns haben, die vor Zeiten den Eingang zum Kanal bewachten. Wallenstein, dessen Name unzertrennlich mit dieser Wasserstraße verbunden ist, hat sie bereits vorgefunden. Die „Vigelsche Fahrt", wie sie in alter Zeit genannt wurde, hatte schon vor Jahrhunderten als ein Stück der Verbindung zwischen Elbe und Ostsee eine große Rolle gespielt. Der Verkehr, besonders der Salztransport von Lüneburg, hatte lebhaft eingesetzt. Als der Friedländer seine kurze Regierungszeit in Mecklenburg antrat, waren die Schleusen des Kanals bereits verfallen und die Ufer zusammengesunken. Der tatendurstige Herzog hat vielleicht den Plan gehabt, das Werk wieder herzustellen, ausgeführt ist dieser Gedanke aber bis heute nicht. Auch an den „Aalfang" knüpft sich eine Sage.

Der Fischer Karl Leopold Priegnitz in Hohen-Viecheln soll einen mecklenburgischen Herzog auf der Flucht gerettet und inmitten einer Schilfinsel des Döpesees vor seinen Verfolgern versteckt haben. Dafür hätte ihm der Herzog dann später das Recht verliehen, für ewige Zeiten alle die Aale zu fangen, die während ihrer Wanderung zum Ozean den großen See verlassen. Auch diese anmutige Fabel zerrinnt vor der Geschichtsforschung in nichts, aber wir dürfen uns jetzt, wo die Frühlingssonne schon reichlich hoch am Himmel emporgestiegen ist, nicht mit kritischen Erwägungen aufhalten, sondern müssen vorwärts. Nur noch einen kurzen Augenblick mögen wir uns vergönnen und auf die zahlreichen Vogelstimmen lauschen, die hier zu uns herüberklingen. Das Schnattern der Wildenten wird übertönt durch den schrillen Ruf der Rohrweihe.

Die buntgefiederten Gesellen, die eben laut kreischend an uns vorübertrieben, sind Eichelhäher, und was rings umher in allen Tonarten durcheinanderzwitschert, ist freches Meisenvolk im Verein mit Rotkehlchen und Finken. Die tiefen Baßtöne, die zuweilen über den See herüberkommen, sind Lockrufe der Rohrdommel. Nach kurzem Wege durch lichten Tannenwald sehen wir alsbald das Dorf Hohen-Viecheln mit seiner uralten gotischen Kirche vor uns. Wie bei vielen Kirchen der Umgegend, fehlt auch diesem Gotteshause ein Turm.

Hier trennen sich jetzt unsere Wege. Wer Lust und Sinn zum Beschauen alter Kunstdenkmäler hat, mag der Dorfkirche, einer dreischiffigen Hallenkirche mit nicht uninteressanten Altertümern, einen Besuch abstatten. Ein rüstiger Fußgänger wandert weiter dem „Wallensteinkanal" entlang bis zur Brusenbaecker Mühle und fährt von dort mit der Eisenbahn zurück. Wem auch dieser Ausflug noch nicht genügt, kann den Bahngeleisen folgen und durch schönsten Buchenwald bis zum Bahnhof Mecklenburg pilgern, hier den Zug besteigen und der alten Hansastadt Wismar mit ihren prachtvollen Kirchen und altväterlichen Giebelhäusern einen halben Tag widmen. Wir übrigen drehen um und gehen gemütlich auf der breiten Landstraße durch dichten Wald nach Bad Kleinen zurück. Viel Sehenswertes gibt es hier nicht mehr, aber eine Umschau lohnt sich immerhin. Das Riesengebäude linker Hand mit dem Turme ist die Janßen-Mühle, nicht weit davon liegen dicht über dem See zwei beliebte Fremdenheime, die von Wanderern und Erholungsbedürftigen viel besucht werden.

Seefahrt nach Schwerin

Über den tiefblauen See streicht ein frischer Südwest und treibt die schaumsprühenden Wellen in tollem Jagen vor sich her. Kreischend stürzen sich die lustigen Möven in die tobende Flut und schwirrend geht ein Schoof bunter Enten über die weißen Schaumköpfe dahin. „Wer heute segeln will", sagt unser Bootsführer, „der muß Bescheid wissen, aber mit dem Kraftboot hat es nichts zu sagen." Also hinein in den Kasten, dann gibts einen Ruck, und im Handumdrehen sind wir mitten drin im Getriebe der Wellen. Um den Wind scheint man sich hier nicht viel zu kümmern, denn überall liegen schwere, wie für die Ewigkeit gezimmerte Kähne vor Anker, und in jedem sitzen, unbeweglich wie die Bildsäulen, ein paar Angler. Der Fang scheint nicht schlecht zu sein. Bald hängt ein zappelnder Hecht und bald ein geduldiger Barsch an der Schnur. Den Seglern ist der Sturm sogar ein willkommener Helfer. In toller, sausender Fahrt flitzen sie rechts und links an uns vorüber. Auch unser Kraftboot läßt sich durch den Wogendrang nicht beirren. In sicherer Fahrt, ohne zu schwanken, bringt es uns zunächst dicht an die gegenüberliegende Insel Lieps heran. Hier ist die Fahrrinne durch Tonnen und Baken bezeichnet. Wer diese Warnungen nicht beachtet, läuft sich unrettbar fest und kann lange warten, bis einer kommt und ihn losmacht. Von der Insel geht es quer hinüber nach Schloß Wiligrad, das geheimnisvoll aus grünem Laube hervorlugt. Ein kleiner stiller Hafen nimmt uns in seinen Schutz, und ein steiler Weg führt uns zur Höhe hinauf. Das Schloß (1895 erbaut) ist nach Lage und Ausführung gleicherweise beachtenswert. Das Innere mit den wertvollen Sammlungen des Erbauers Herzog Johann Albrecht von Mecklenburg wird an zwei Tagen in der Woche bereitwilligst gezeigt. Wer sich hier von der Reisegesellschaft trennen will, kann auf verschiedenen Wegen, entweder hoch oben im Buchenwalde oder unten auf ebenem Wege am See nach Bad Kleinen zurückwandern. Wir übrigen müssen vorwärts, denn uns winkt Schwerin, die Stadt der Seen und Wälder, als Reiseziel. Knatternd springt unser Boot an und durch hochaufsprühenden Schaum geht es an der „Goldburg" und der „Liebesinsel", zwei grünen Eilanden im See, vorüber dem Paulsdamm zu. Unser Führer, der nicht sehr zum Reden geneigt ist, wirft hin und wieder ein rätselhaftes Wort in unsere Unterhaltung: „Große Perline", „Jabelundse", „Hechtwinkel", „Hohes Schort". Was soll das heißen? Niemand weiß es, bis uns ein Einheimischer belehrt, daß er die „Borsberge" meint, also die Stellen, wo der Barsch am besten anbeißt. In fröhlicher Fahrt geht es weiter. Plötzlich sagt der Mann am Steuer: „Prost, Herr Oberförster!" und nimmt einen

Schluck aus seiner Flasche. Wieder müssen wir von einem Dritten erfahren, daß an dieser Stelle jeder Segler und Fischer einen Schnaps trinkt. Das Zeichen dazu gibt jener hohe Baum, der weithin die Küste überragt. Man erzählt, daß dieser eigenartigen Sitte eine trübe Liebesgeschichte zugrunde liegt von einer ungetreuen Förstersfrau und dem traurigen Ende eines betrogenen Gatten. Links erscheint jetzt ein ausgedehntes Gestrüpp, das Ramper Moor. Wenn unser Fahrzeug nicht einen solchen Lärm vollführte, würden wir zahlreiche Rohrdommeln hören, denn für diese scheuen Vögel ist hier ein hervorragender Nistplatz. Wenige Minuten noch, und wir sind am Paulsdamm angelangt. Auch dieses Bauwerks ist vorhin bereits gedacht. Es verdankt seinen Namen dem Großherzog Paul Friedrich (1837 bis 1842), der diese wichtige Verbindungsstraße zwischen beiden Seeufern herstellen ließ. Die engste Stelle im See ist dazu ausgewählt, und man muß noch heute bewundern, wie gut es der Baumeister verstanden hat, seine Aufgabe zu lösen. Für uns, die wir von Norden kommen und nach Süden wollen, ist das Hindernis natürlich störend, aber auch dafür ist Vorsorge getroffen, denn wir schlüpfen anstandslos unter einer Brücke hindurch, die eine schmale Zufahrt frei läßt. Wäre unser Kraftboot höher oder gar mit Mast und Segel bewehrt, so würde sich die Brücke drehen und Durchlaß gewähren. Jetzt geht es eine lange Strecke an hohem Walde vorbei, dann erscheint auf einmal Schwerin mit seinem eindrucksvollen Stadtbilde unmittelbar vor uns, und nach kurzer abwechslungsreicher Fahrt wird unser Steuermann mit einem Mal lebendig, denn macht einen kleinen Witz: „Station Schwerin, alles aussteigen!" – Der Ruf verhallt nicht ungehört, denn trotz der schönen Seefahrt ist alles froh, wieder festen Grund unter den Füßen zu haben. Schwerin ist erreicht.

HANS W. BARNEWITZ

Bützow – ein Gang durch sieben Jahrhunderte Stadtgeschichte

In diesem Monat denkt die alte Bischofsstadt Bützow ihr siebenhundertjähriges Bestehen zu feiern.

Schon frühzeitig, im Jahre 1171, wird uns Bützow im Mecklenburgischen Urkundenbuch genannt. Damals bewidmet Pribislav das neugegründete Bistum Schwerin mit dem Lande Butissowe. Das ist eine slavische Vogtei; ihr Vorsteher oder Starost hat wahrscheinlich einmal Budissa geheißen, danach hat seine Burg und dann das ganze umliegende Gebiet seinen Namen erhalten. Die angegebenen Grenzen tragen durchweg wendische Bezeichnungen; manche haben sich erhalten, wie die Flußnamen Warnow und Nebel; auch der Name Lüßnitz für den Abfluß des Sees stammt aus jener Zeit. Das Gebiet um Bützow muß schon in alter Zeit reich bewohnt gewesen sein. Das kam durch den Warnowübergang. Es verrät sich durch Zeugnisse der Vorzeit, von denen der Boitiner Steintanz und die Hohe Burg in germanische Zeit zurückgehen. Spuren der Wendenzeit sind vor allem die Fluchtburgen bei Bützow, von denen Hopfenwall und Kattenburg hier genannt sein mögen; sie sind wohl durch Aufschüttungen auf natürlichen Untiefen des Sees entstanden. Neben den Gewässern mit ihrem Fischreichtum mögen den Wenden die nahen Urwälder als Jagdgebiete hoch willkommen gewesen sein; berichtet doch die Sage, in der Darnow (früher: Tarnow, d. h. der dunkle Ort) hätten die Wenden einst ihre Feste gefeiert. Dazu war ihnen der leichte Boden dieses Gebietes sehr angenehm; die Bezeichnung Peesch (Sand) hat sich sogar als Flurname auf Bützower Feldmark gehalten.

Doch bald ändert das alte Land Bützow sein Wesen vollständig. Der Bischof sah, Schwerin würde ihm nie eine souveräne Stellung ermöglichen, denn dort war der Graf der erste Mann. Deshalb baute er sich auf dem Hopfenwall eine eigene Burg. In jener Zeit wird auch die Stadt Bützow gegründet sein; die systematische Anlage, mit den großen freien Plätzen für Kirche und Rathaus, spricht dafür, daß es sich um eine Gründung „von wilder Wurzel" handelt, nicht um Weiterentwicklung eines vorhandenen Wendendorfes. Deutsche Gewerbetreibende und Ackerbürger werden hier angesiedelt, die Wenden werden auf den „Kietz" am See beschränkt. Im Jahre 1229 wird ein zweiter Priester an der Pfarrkirche angestellt und die Pfarre selbst ausgestattet; danach muß die Anlage der Stadt damals abgeschlossen sein. Und wenige Jahre später wird der Grundbesitz des Ortes verzeichnet; er ist nicht viel geringer als in der Gegenwart. So wurde Bützow in der Hauptsache Bischofsstadt. Den Hauptteil der Geistlichkeit stellte das Domstift, das in Höhe von elf Domherrn nebst einem Propst vom Bischof errichtet wurde. Sie waren meist Angehörige des Landesadels; ihre Häuser werden sie in der Pfaffenstraße gehabt haben, die zusammen mit der Kirchenstraße die „Freiheit" bildete, ein Gebiet, das unmittelbar unter dem Bischof stand und von den üblichen Verpflichtungen gegen die Stadt frei war. Bald wird die heutige Schloßinsel und ihre Umgebung hinzugetreten sein. Denn lange hält sich der Bischof nicht auf dem Hopfenwall; im Kampf mit Pribislav von Parchim wird er gezwungen, seine Burg abzubrechen und sich innerhalb der Stadt neu anzusiedeln. Das heutige Schloß ist so entstanden; ihm fehlt auch die typische kirchliche Sage nicht, von dem unterirdischen Gang, der zum benachbarten Nonnenkloster Rühn führte. (In Kloster Rühn sind die Anfänge eines unterirdischen Ganges tatsächlich zu erkennen, und mancherlei Sagen, von spukenden Nonnen, von der Wunderblume u. a. haben dort ihre Stätte.)

Wohl schied so der Bischof aus der großen Politik aus, aber er lebte in der Stadt desto sicherer. Sie war inzwischen mit Wall und Graben umgeben, drei stattliche Tortürme sicherten die Ausgänge, und mehrere Ausfalltore ermöglichten den Angriff auf Belagerer. Im Osten ist sogar eine „Vorburg", während der Norden durch ein Wachthaus geschützt ist. Infolgedessen kommt es bald zum Aufblühen der Stadt. Zunächst sucht sie Herr im eigenen Hause zu werden und die Rechte fremder Herren auf städtischer Feldmark durch Kauf oder Tausch zu beseitigen. Dann werden benachbarte Dörfer aufgekauft und ihr Acker zu Stadtrecht gelegt, ihre Bewohner innerhalb der Mauern angesiedelt. Die Flurnamen „Up 'n Zernineken" und „Baler Damm" halten dergestalt die Erinnerung an die Dörfer Bahlen und Wendisch Zarnyn wach. Auch in der Umgegend wirkt sich die deutsche Kultur aus, die das Bistum verbreitet; nur wenig ist an wendischen Bevölkerungsresten im vierzehnten Jahrhundert nachzuweisen. Wohl halten sich meist die Ortsnamen auf -in und -ow, aber bezeichnend ist es doch, daß Steinow seinen Namen in Steinhagen umändert.

Den Wohlstand der Stadt zeigen die Mühlen; „Tweigängsch Maehl" und „Up de Viergängen" werden frühzeitig genannt. Sie haben auch Zwangs-Mahlgäste aus der Nachbarschaft. Der Verkehr wurde durch eine Anzahl Brücken ermöglicht; sind unter diesen auch eine „Notbrügg" und eine „Strohdammbrügg", stand man der „Swinsbrügg" auch mit gewissem Mißtrauen gegenüber, weil es dort spuken sollte, im allgemeinen werden sie ihre Schuldigkeit getan haben. – Die verschiedenen Handwerke schließen sich zu „Ämtern" zusammen; die Eisen- und Stahlschmiede sind schon 1407 nachzuweisen. – Ihre eigenen Angelegenheiten verwaltet die Stadt selbständig, unter Leitung eines Bürgermeisters, mehrerer Ratmannen und des Stadtschreibers, sie hat auch das niedere Gericht. Das hohe Gericht und die Rechtsprechung über die Bewohner der Freiheit hat sich der Bischof vorbehalten und übt sie durch seinen Stadtvogt aus. So kennt auch das Mittelalter den Begriff „Competenzkonflikt" schon. Die Entlohnung für amtliche Tätigkeit ist meist die Nutzung von Grundbesitz. Auch der Bischof hat seinen Anteil an der Stadtfeldmark und bewirtschaftet ihn vom „Ziegelhof" aus; der große See ist durch eine Untiefe, den „Weidenbaum" zwischen Stadt und Landesherrn aufgeteilt; ein Busch kennzeichnet sie schon von ferne.

Wie behäbig das Leben der fünfzehnhundert Einwohner sich abspielte, die Bützow um 1500 hatte, das zeigt die Polizeiordnung des Bischofs Petrus, die jedes Jahr an einem bestimmten Tage von der Rathaustreppe verlesen wurde. Da wird bestimmt, daß die Morgensprachen der halbkirchlichen Gilden, die Quartale der Handwerkerämter nicht mit großen Schmausereien gefeiert werden sollen. Da wird verboten, daß an einer Hochzeit mehr als zwanzig Paare teilnehmen und über vier Gerichte gegeben werden, dazu darf die Hochzeit nur einen Tag dauern, und der Bräutigam hat hinterher zu beeiden, daß rechtlich gehandelt ist; andernfalls sind 10 Gulden Strafe verwirkt.

Immerhin wirkt sich der Wohlstand von Bistum und Stadt auch auf anderem Gebiet aus, das zeigt uns die Kirche. Als Dom oder Kathedralkirche wurde sie früher bezeichnet, und ihre Baugeschichte ist ein Zeugnis für die Entwicklung der Stadt. Sie ist die Nachfolgerin des 1229 genannten Gebäudes. Ihr ältester Teil zeigt die Frühgotik des dreizehnten Jahrhunderts. Später wurde sie nach Westen hin erweitert, das ursprüngliche Unterteil eines Turmes wurde mit in die Kirche hineinbezogen und dieser später im Westen von neuem errichtet; dann wurden die drei Schiffe gewölbt. Die Nebenaltäre – siebzehn sind uns allein mit Namen überliefert – werden teilweise in dem Kapellenkranz untergebracht. Andere Kapellen dienen wieder als Erbbegräbnisse, wie die Bülowkapelle, die ihren Namen nach der Familie mehrerer Bischöfe trägt. Leider ist sie, wie verschiedene andere, nicht mehr erhalten.

Auch die Inneneinrichtung ist reich gewesen. Erhalten ist noch der schöne Flügelaltar, der in Malerei und Plastik Szenen aus dem Leben der Heiligen Familie darstellt; dazu gedenkt er der Heiligen, die in Bützow

Bützow, Domturm

besondere Verehrung genossen. Als Kuriosum sei erwähnt, daß hier eine der ältesten Darstellungen eines bebrillten Mannes vorkommt. Auch unter dem Abendmahlsgerät ist manches schöne Stück, so der silberne Belt, ein Sammelbrett, bekrönt mit einer Statue der Madonna. Protestantisch ihrem Wesen nach ist die berühmte Kanzel, im Auftrage des Administrators Ulrich II. wahrscheinlich von Philipp Brandin 1617 in Wismar gearbeitet.

Wie das übrige Mecklenburg schloß sich das Bistum der Reformation an. Der Katholizismus hatte auch in Bützow einen Tiefstand erreicht; von den Domherren heißt es: „sind unflätige Bälge", sie können den Siegeslauf der Reformation nicht aufhalten. Man läßt ihnen ihre Stellen auf Lebenszeit, die freiwerdenden Einkünfte werden dann für Kirchen- und Schulzwecke verwandt. Unter weltlichen Administratoren bleibt das Bistum zunächst selbständig, als dänische Prinzen diese Stellung erlangen, droht sogar die Gefahr, daß es dem Fürstenhause „entfremdet" wird. Die Stiftstage werden weiter gehalten, außer den Städten Bützow und Warin nimmt auch die stiftsgesessene Ritterschaft daran teil, und die Macht der Stände wird immer größer.

Doch dann kommt der dreißigjährige Krieg. Durch seinen dänischen Administrator wird Bützow in die Kämpfe mit Wallenstein verstrickt. Jener flüchtet und nimmt „zur Sicherheit" das bischöfliche Archiv mit; es ist dann in Dänemark verschollen. Die Stadt aber muß dem Friedländer die Tore öffnen. Wenige Jahre später wird er von den Schweden abgelöst (der Roman „Margarete von Bützow" von Sophie Klörß schildert diese Zeit anschaulich). Sie bleiben bis 1649, ihnen hat die Stadt zu danken, daß sie von Ausraubung und Zerstörung verschont blieb. Aber am Schluß des Krieges sind Einwohner und Stadt gleich verarmt; die Stadt hatte gar zu Verpfändungen von Äckern und Wiesen greifen müssen – eine Wiese trug zwei Jahrhunderte den Namen „Speckwiese", weil sie gegen Lebensmittel zur Verpflegung der Wallensteiner weggegeben war. Dabei war die Stadt bei Beginn des Krieges von den Folgen eines großen Brandes noch nicht wieder hergestellt gewesen.

Der Westfälische Friede hatte die Einverleibung des Bistums in das Herzogtum Mecklenburg-Schwerin mit sich gebracht. Doch das war zunächst kein Vorteil. Bützow hatte schwer unter der Politik des Herzogs Christian Louis zu leiden, der durch sein Bündnis mit Frankreich mehrfach Polen und Brandenburger ins Land zog. Schlimmer ist ein anderes Ereignis. 1776 besetzt Herzog Friedrich, der Bruder des Regierenden, mit dänischer Hülfe das Schloß. Er erklärt diesen für verstorben und nimmt die Einwohner für sich in Eid und Pflicht. Doch fälschlich Totgesagte besitzen ein zähes Leben – der Weltkrieg hat es bestätigt – und so nimmt der Herrscher schwere Rache. Der Bürgermeister wird hingerichtet – die Begnadigung zu Stäupung und Landesverweisung kommt einige Stunden zu spät – der Rat wird abgesetzt und Bützow verliert seine bürgerliche Freiheit. Die Folge ist ein starker Rückgang der Einwohnerzahl: 420 Familien sollten vor dem Kriege dort gelebt haben, jetzt waren es nur noch sechzig, „von denen kaum sechs das Leben menschlich fristen können". Erst 1678 wird die Stadt begnadigt. Das bedeutet zunächst die Erfüllung der Bitte um „ordentlich Obrigkeit, da das Polizeiwesen ruinieret". Die beiden neugewählten Bürgermeister, der Stadtsekretär (damals im allgemeinen juristisch gebildet) und die sieben Ratsherren, sind durchweg „Subjecta, so immobilia besitzen oder sich anheischig machen, solche zu erwerben", damit sie mit dem Geschick von Stadt und Land auf Gedeih und Verderb verbunden sind.

Nach einiger Zeit werden in Bützow französische Hugenotten angesiedelt; das geschah im Interesse aller Beteiligten. 1698 und 1703 schließt der Herzog mit französischen Kaufleuten Verträge; es liegt ihm besonders daran, Leute zu gewinnen, die mit der Verarbeitung von Wolle und Flachs und dem Anbau von Tabak Bescheid wissen. Für die Begründung von Industrie im Lande schien Bützow durch seine Lage zu den Seestädten besonders geeignet. Freijahre, Bauholz und andere Vergünstigungen werden versprochen, ein reformierter Prediger wird eingestellt und im Saal des Schlosses finden die Gottesdienste statt. Bald umfaßt die Gemeinde 150 Personen. Die Tuchindustrie kommt zunächst angemessen in Blüte, aber bald fehlt es an Absatz. Das Land kann sich nicht zu Schutzzöllen entschließen wie das benachbarte Preußen, und die Kaufleute wollen ihre geschäftlichen Verbindungen zu Magdeburg und Leipzig nicht aufgeben. So wendet sich ein Teil der Eingewanderten bald dem Tabaksbau zu, um dann über die Landwirtschaft den Eingang in die normalen Berufe der Kleinstadt zu finden. Unter dem Schutz der verwitweten Herzogin Sophie Charlotte entsteht später noch eine deutsche reformierte Gemeinde. Beide bauen mit Hülfe von Glaubensgenossen, vor allem in Holland und England, das stattliche Gotteshaus, und Pastor Finmann, der sich um diese Sammlungen besonders verdient gemacht hat, vereint dann für die Zukunft beide Gemeinden zu einer einzigen, die sich bis zur Gegenwart behauptet hat.

An Krieg und bürgerlichen Streitigkeiten ist auch das achtzehnte Jahrhundert reich, aber trotzdem setzt sich der Aufschwung der Stadt fort. Einen wesentlichen Gewinn bedeutet die Verlegung der Universität. Als sie nach fast dreißigjährigem Verweilen (1760–1789) wieder mit Rostock vereint wird, läßt sich Bützow nicht mehr auf das Niveau einer Landstadt herabdrücken: es wird zu einer Art „Pensionopolis"; frühere Beamte, ehemalige Gutsbesitzer ziehen in die Stadt, die in ihren 300 Häusern reichlich Mietswohnungen enthielt und in den akademischen Jahren doch etwas höhere Kultur gewonnen hatte. Es herrscht ein behaglicher Wohlstand in diesen Kreisen, der dem ganzen Gemeinwesen zugute kommt: in den napoleonischen Kriegen hilft gelegentlich nur ein Darlehn der „Eximierten" über die drückendste Geldnot hinweg.

Das neunzehnte Jahrhundert bringt die Begründung des Kriminalgerichtes, und als dieses 1879 wieder verloren geht, da bleiben doch Strafanstalt und Zuchthaus mit ihrem großen Beamtenkörper zurück. Ging später auch noch das Amt verloren, so scheint doch der Ausbau der einstigen „Höheren Bürgerschule" zu einer Vollanstalt (1863), die Entwicklung der Industrie, die günstige Bahnverbindung, dafür zu sorgen, daß Bützow seine Sonderstellung behält. So kann unsere Heimatstadt mit gutem Zuvertrauen in ihr neues Jahrhundert hineingehen.

ADOLF MONICH

Rehna – aus alter und neuer Zeit

Rehna, im Plattdeutschen „Rehn", auch „Reihn" genannt, ist zwar keineswegs die jüngste, wohl aber die kleinste unter den mecklenburgischen Städten, an Einwohnerzahl wie an Grundbesitz. Fritz Reuter läßt in seiner launigen „Urgeschicht von Meckelborg" den „ollen Mann von den Helpter Barg" zu „Dörchleuchten Japhet I." klagen: „Seihn's Dörchleuchten, ick hür tau de Rehn'schen und wi hewwen so vel as ein Quark kregen, dat Stadtland hadd utkawelt warden müßt." Und in der Tat hat die Stadt nur geringen Grundbesitz, da in älterer Zeit, abgesehen von dem großen Weidemoor, fast alles Land dem Kloster, später dem Herzoglichen Amt oder der Kirche gehörte, die beide zu nochmaligem „Utkaweln" wenig Neigung hatten. Erst in neuerer Zeit hat sich hierin ein gewisser Wandel vollzogen, so daß heute der Kämmereibesitz der Stadt immerhin rund 350 Hektar, die gesamte Feldmark 600 Hektar beträgt.

Die Stadt ist fast auf allen Seiten von sanft gewellten Höhenzügen umgeben und wie in eine Mulde gebettet. Obwohl sie außer dem Mühlenteich, der in älterer Zeit übrigens wesentlich größer war, keinen See und – jedenfalls in unmittelbarer Nähe – auch keinen Wald hat, ist das Stadtbild doch reizvoll. Vor allem bieten sich von den umliegenden Höhen überaus freundliche Ausblicke auf die Stadt mit ihren roten Dächern, ihrem reichen Lindenschmuck und ihren saftig grünen, von der Radegast durchschlängelten Wiesen.

Wann das Dorf Rehna zur Stadt geworden ist, steht nicht zuverlässig fest. Als sicher kann wohl nur gelten, daß Rehna bereits am Ende des sechzehnten Jahrhunderts Stadtrechte besaß. Die Stadt blieb aber vorläufig noch amtssässig.

Als infolge der Wirren unter Herzog Karl Leopold im Anfang des achtzehnten Jahrhunderts über Mecklenburg die Reichsexekution verhängt wurde, besetzten im März 1719 Braunschweig-Lüneburgische Truppen des Generals von Bülow Amt und Stadt Rehna und beide teilten später mit sieben anderen Ämtern das Schicksal, für die Erstattung der Exekutionskosten an Hannover verpfändet zu werden. Die Besetzung der Stadt mit Hannoverschen Truppen dauerte Jahrzehnte hindurch und wirkte sehr ungünstig auf die Entwicklung der Stadt ein. Allerdings verdankt sie der Hannoverschen Verwaltung auch etwas, nämlich ihre erste, natürlich sehr primitive Vermessung und ihre älteste Stadtkarte von 1727.

Im siebenjährigen Kriege hatte die Stadt unter preußischen Beitreibungen schwer zu leiden. Auf Befehl des Generals von Winterfeld sollte sie 15 000 Taler aufbringen und sah sich, da sie hierzu natürlich nicht imstande war, genötigt, ihr Weidemoor zu verpfänden. Die Verpfändungsurkunde mußte nicht nur von Bürgermeister, Rat und Ausschußbürgern, sondern von allen angesehenen Bürgern unterschrieben werden. Preußische Offiziere und Unteroffiziere halfen bei zögernden Bürgern in deren Wohnung mehrfach brutal mit der blanken Waffe nach. Unter den Pfandgläubigern spielte die Hauptrolle der reiche Bürger und Kaufmann Balthasar Ditmar, im Volksmunde „Baltzer Dettmann" genannt, der mit einigen anderen Ackerbürgern das verpfändete Weidemoor viele Jahre hindurch verwaltete, und diesem Umstande verdankt zum größten Teil die vielfach noch heute nicht zu zerstörende Legende ihren Ursprung, daß das Weidemoor „Baltzer Dettmann" gehört und dieser es den Kuhhaltern übertragen habe. „De Weid' hürt uns Ackerbörgers" ist ja auch sonst in mecklenburgischen Kleinstädten eine nicht seltene Anschauung.

Die Amtssässigkeit der Stadt führte in der zweiten Hälfte des achtzehnten Jahrhunderts in immer steigendem Maße zu unerträglichen Mißständen. Die Zuständigkeitsstreitigkeiten zwischen Bürgermeister und Rat einerseits und dem Herzoglichen Amt andererseits, oft genug persönlich zugespitzt, nahmen kein Ende, riefen Prozesse über Prozesse hervor, verwirrten die Verwaltung und verursachten große Kosten. Nach jahrelangen Verhandlungen entschloß sich die Regierung endlich im Jahre 1791, die Amtssässigkeit aufzuheben und der Stadt eine neue Stadtverfassung sowie einen rechtsgelehrten Bürgermeister zu geben.

So trat denn Rehna nun gleichberechtigt in die Reihe der übrigen Städte „leider undotiert und mit keinem Patengeschenk versehen", wie der Magistrat am 18. Januar 1803 der Regierung klagt. Ein Aufblühen der Stadt bahnte sich unverkennbar an. Eine nennenswerte Landwirtschaft konnte sich freilich nicht entfalten, weil die Feldmark eben zu klein war. Dagegen nahm das Gewerbe einen für die kleine Landstadt beachtlichen Aufschwung. Bekannt sind die Rehnaer Schuster, von denen an anderer Stelle dieses Heftes die Rede ist. Ein besseres Schicksal als die Schuster hatten die „Raschmacher" und Tuchmacher, die seit den siebziger Jahren des achtzehnten Jahrhunderts sich besonderer landesväterlicher Fürsorge erfreuen durften. Beide lieferten ihre Fabrikate auch in die weitere Umgebung, vor allem nach Lübeck und Hamburg, und bald hatte Rehna neben Malchow und Parchim die bedeutendste Wollindustrie in Mecklenburg. Freilich machten sich auch hier seit der Mitte des neunzehnten Jahrhunderts die modernen Veränderungen in der Industrie geltend, und das einst

Rehna, Klosterhof

so stattliche Tuchmacheramt nahm an Mitgliederzahl allmählich ab. Einige von ihnen haben es jedoch verstanden, sich den veränderten Verhältnissen anzupassen, indem sie die eigentliche Tuchmacherei aufgaben und sich unter Vergrößerung ihres Betriebes ausschließlich der Anfertigung von Strickgarn und Strickwaren zuwandten. Die Bevölkerung nennt sie aber noch heute nur „Tuchfabrikanten". Die Fabriken von Gammelin, Koch und Lindemann, sind in fast ganz Norddeutschland bekannt und ihre stattlichen Gebäude mit den hohen Schornsteinen geben dem Kleinstadtbild einen etwas modernen Einschlag. Außer diesen drei Tuchfabriken und der von der Firma U. L. Dittmer betriebenen staatlichen Wassermühle ist als einheimischer Großbetrieb noch die Export-Schlachterei der Gebrüder Thiemer zu nennen.

Schweres Unheil brach am 4. November 1806 über Rehna herein, als die preußischen Truppen unter Blücher, verfolgt von den zügellos plündernden Franzosen, durch die Stadt zogen, die tagelang großen Truppenmengen Unterkunft und Nahrung geben mußte. Verzweifelt schreibt Bürgermeister Rudow am 13. November an den Herzog: „Was wir binnen den zehn verlebten Tagen der Angst empfunden und was die arme hiesige Bürgerschaft und sämtliche Einwohner dieser Stadt erduldet, das erkennet nur der Allgegenwärtige, als derselbe es weiß, daß unsere Sprache zu arm sei, um die Not der hiesigen Stadt zu schildern, welche uns alle hier so ganz niedergedrückt hat." Aber mehr als sechs traurige Jahre hindurch währte noch der Druck der Fremdherrschaft, löste eine Einquartierung die andere ab, und als endlich die Stunde der Befreiung schlug, war Stadt und Einwohnerschaft völlig verarmt. Nur 183 Wohnhäuser und 1514 Einwohner zählte sie im Jahre 1814.

Rudows Nachfolger seit 1807, Bürgermeister Bölte, wurde sogar einmal von den Franzosen als Geisel mitgeschleppt und kehrte erst nach Monaten wieder zurück. Seine Tochter Amalie, geboren 1811 in Rehna, machte sich später als Schriftstellerin einen Namen.

Der Zustand der städtischen öffentlichen Gebäude war bis 1833 höchst kümmerlich. Das 1690 erbaute Rathaus lag am Markt. Es ist das jetzige kleine, aber schmucke Fachwerkhaus der Buch- und Papierhandlung von Zeiß. Es war aber nicht nur Rathaus und Stadtgericht, sondern zugleich auch Gefängnis, Predigerwitwenwohnung, Schulhaus und Dienstwohnung für den Rektor! Wie in solcher drangvollen Enge ein Arbeiten überhaupt möglich gewesen sein mag, davon kann man sich kaum eine Vorstellung machen, auch wenn man weiß, daß das Schulhaus nur die „Rektorschule", also die Oberstufe der damaligen Volksschule enthielt.

Nach Bölte wurde im Jahre 1827 Daniel Bürgermeister. Er war ein ungewöhnlich intelligenter Mann, dabei tatkräftig und zäh, allerdings auch rücksichtslos, wo es galt, seinen Willen durchzusetzen. Er hat in der nun beginnenden Blütezeit der Stadt ihr das Gepräge gegeben. Ihm ist es zunächst zu verdanken, daß die Stadt, die jetzt 2451 Einwohner und 227 Wohnhäuser hatte, im Jahre 1833 ein neues geräumiges Rathaus erwarb, das einschließlich des Umbaues 6772 Thl. kostete und noch heute seinem Zwecke dient. Auch der 1842 vollendete Bau eines neuen Schulhauses ist im wesentlichen sein Werk. Es gehörte mit seinen großen und hohen Klassen damals sicherlich zu den besten unter den mecklenburgischen Volksschulen. Sehr unschön wirkten nur die fabrikartigen gußeisernen Fenster, die erst kürzlich auf der Südseite durch freundliche moderne Fenster ersetzt sind. Daniel baute auch das Armenhaus mit einem Verwaltungsgebäude und zwei Flügelanbauten von je sechs Zimmern. Der südliche Flügel ist im Jahre 1909 zu einem Krankenhaus umgebaut, das sechzehn Betten enthält. Das Hauptverdienst von Daniel bestand aber darin, daß er den geringen Grundbesitz der Kämmerei wesentlich vermehrte, indem er von der Regierung nach und nach große Teile der sogenannten Bauhofsländereien zunächst in Zeitpacht, dann in Erbpacht erwarb und den Widerstand, der ihm dabei nicht nur im Bürgerausschuß, sondern auch im Magistrat erwuchs, durch Klugheit und Hartnäckigkeit zu überwinden wußte. Das Revolutionsjahr 1848 setzte der Amtstätigkeit des rührigen Mannes leider zu früh ein Ziel. Er galt als schroff und herrisch und mag es wohl auch gewesen sein. Noch vor einem Jahrzehnt konnten alte Leute von dem „groten braesigen Kirl " und seiner gefürchtet strengen Polizeiverwaltung erzählen. Jedenfalls war er vielfach unbeliebt und mußte darum in jenen unruhigen Tagen weichen. Die Stadt Rehna verdankt ihm aber ganz außerordentlich viel und er verdient deshalb, daß sein Andenken von der einseitigen und ungerechten Beurteilung durch seine Zeitgenossen befreit werde.

Um die Mitte des neunzehnten Jahrhunderts hatte die Blütezeit der Stadt ihren Höhepunkt erreicht und Rehna übertraf an Einwohnerzahl (2600) zeitweise seine Nachbarstädte, hinter denen es nachher zurückgeblieben ist. Der Rückgang ist hauptsächlich dadurch veranlaßt, daß Rehna jahrzehntelang vom Eisenbahnverkehr abgeschlossen blieb. Erst 1897 wurde die Bahnlinie Schwerin – Rehna vollendet, zu spät, um das Versäumte nachholen zu können. Trotzdem ist die Stadt auch in den letzten Jahrzehnten nicht ohne Fortschritte geblieben. Das Jahr 1911 brachte ihr elektrisches Licht und den Übergang der Erbpachtländereien in freies Eigentum. Nach dem Kriege erwarb sie die staatlichen Ländereien zwischen dem Bahnhof und dem alten Burgwall, auf denen sich nun seit einigen Jahren eine freundliche kleine Vorstadt entwickelt. Im Jahre 1925 wurde das stattliche weithin sichtbare Amtskinderheim erbaut, das siebzig Kinder faßt.

1927 wurde die fast hundert Jahre alte Sparkasse den modernen Verhältnissen angepaßt und zog 1930 in ihr neues Heim, die alte Post, am Klosterhof, dem schönen freien Platz vor dem alten Forstgebäude.

Das äußere Bild der Stadt ist das typische Kleinstadtbild. Rote Dächer zwischen grünen Baumkronen, zahlreiche alte Fachwerkhäuser mit zum Teil sehr schönen Haustüren, wenige moderne Bauten, bescheidenes Straßenpflaster, und doch hat die Stadt auch in ihrem Innern viel Anziehendes. Der dreieckige, sehr geräumige Marktplatz, dessen Mitte noch bis zum Jahre 1801 der sogenannte „Kaak" (der Schandpfahl) geziert hat, wirkt durchaus eigenartig. Besonders erfreulich ist, daß die Einwohner immer mehr dazu übergehen, ihre Fachwerkhäuser bunt streichen zu lassen. Stimmungsvoll ist auch der Blick vom Mühlenteich auf die Ostseite der Kirche, vor allem aber der im Jahre 1818 neben einer vierreihigen Lindenallee angelegte neue Friedhof mit seinem schönen, von kundiger Hand zusammengestellten Baumbestand. Unter ihm ragt eine große, prachtvoll gewachsene Fichte hervor, neben welcher die Friedhofsverwaltung 1911 mit Hilfe einer namhaften Spende des Großherzogs eine Kapelle erbauen ließ.

Der schönste Schmuck der Stadt aber sind die vier herrlichen, mehrere Jahrhunderte alten Linden mit einem Umfang von über drei Metern, die am Südeingang paarweise zu beiden Seiten der Hauptstraße stehen und mit ihren gewaltigen Kronen den Platz „Klosterhof" und seine breiten Rasenflächen beherrschen.

Ist es möglich, von einer mecklenburgischen Kleinstadt zu erzählen, ohne „das Fest" zu erwähnen? Wir meinen den Königschuß, der alljährlich Ende Juli drei Tage lang gefeiert wird. Ist er doch für alle mit Radegastwasser Getauften der Angelpunkt des Jahres, und wenn dann die Bürger der Stadt als „Schützenbrüder" in bunten Uniformen, mit wallenden Federbüschen und gezogenen Degen unter unablässigem Dröhnen der Böller durch die reich beflaggten Straßen ziehen, dann ist nicht nur von den Stadtbewohnern Jung und Alt, festlich geputzt, auf den Beinen, sondern auch viele Hunderte von Auswärtigen sehen sich „das Fest" an und – machen mit. Der moderne Mensch lächelt wohl zuweilen überlegen darüber – –

RAIMUND EBERHARD

Güstrow –
Gedanken, Erinnerungen, Ausblicke

„Aus der Jugendzeit…
O du Heimatflur:…"

Wenn ich mich erinnernd in die Tage meiner Güstrower Jugendzeit versenke, so fällt mir immer ein Wort aus Goethes „Götz von Berlichingen" ein. Da rühmt sich Götzens Sohn Karl, daß er in Abwesenheit des Vaters etwas gelernt habe. Der Vater fragt: „Was wird das sein?" Und der Junge antwortet: „Jaxthausen ist ein Dorf und Schloß an der Jaxt, gehört seit zweihundert Jahren den Herren von Berlichingen erb- und eigentümlich zu."

„Götz: Kennst Du den Herrn von Berlichingen?

Karl: (sieht ihn starr an.)

Götz (vor sich): „Er kennt wohl vor lauter Gelehrsamkeit seinen Vater nicht."

So ging es auch uns wohl in unserer Jugend: Güstrow ist eine Stadt im Großherzogtum Mecklenburg-Schwerin, liegt an der Nebel, hat so und so viel Einwohner, ein Schloß und drei Kirchen. Aber, daß diese Stadt eine Fülle der Schönheit und einen Reichtum der historischen Erinnerungen barg, das wußten wir nicht. Unsere Augen waren gehalten, daß wir die Schönheit der Stadt nicht sahen; und von der Geschichte der eigenen Vaterstadt, deren Zeugnisse doch in herrlichen steinernen Monumenten vor uns standen, ahnten wir nichts. Aber doch, ganz so verbildet wie Götzens Junge waren wir Güstrower Jungens damals doch nicht. Wir hielten es mit Götz, der seinem altklugen Sohn schließlich erwidert: „Ich kannte alle Pfade, Weg und Furten, ehe ich wußte, wie Fluß, Dorf und Burg hieß." Ja, auch wir Jungens – und unsere Schwestern, die Güstrower Mädels – wir kannten von frühester Jugend „alle Pfade, Weg und Furten", wir kannten alle Wiesen und Weiden, alle Seen und Wälder, die wie ein reicher Kranz unsere Vaterstadt umgaben. Da waren wir heimisch seit frühester Kindheit. Und wenn wir bei unsern Streifereien auch nicht hätten sagen können, daß dies alles so unendlich schön sei, so verspürten wir doch unbewußt mit unmittelbarer Empfindung die reiche liebliche Schönheit der Landschaft. Da waren vor allem die Wälder, die herrlichen Wälder, rings um die Stadt; davon könnte man ein eigenes Lied singen, das müßte rauschen „wie Orgelton und Glockenklang", und wenn ich an meine Fahrten als Junge durch die Wälder meiner Heimat denke, so klingt mir immer ein Wort des Heimatdichters Friedrich Lienhard in den Ohren: „O Wald, Wald, wenn ich deiner vergäße, so würde meiner Seele vergessen." – Da war das „Rundholz" und dicht daneben die „Rövertannen", wo wir Räuber und Soldat spielten und ganze Sträuße von Anemonen, Blauöschen und buntfarbigem Lungenkraut pflückten. Und weiterhin waren die Heidberge, die damals noch von aller Kultur unberührt, in stillem Waldfrieden träumten und nichts von Kurhaus und Waldhotel und fremden Sommergästen wußten. Da gab es Moesch und Walderdbeeren und im Herbst Brombeeren die Hülle und Fülle, und hinten am Ende des Waldes, da war der „Schabernack" und dicht dabei die „Grenzburg", zwei trauliche Dorfkrüge, wo man für seine paar Pfennige Taschengeld ein herrliches Glas Milch und ein Schinken- oder Wurstbutterbrot erster Güte bekam. Und vorn am Walde war die Gleviner Burg, wohin wir kleinen Knirpse wiederholt mit unserem Lehrer „Charles Foerster" gingen, und wo wir dann auf der Kegelbahn Kegel spielen durften. Heine, weißt du noch: „Schausterhüker" und „ganze Rummelie, fief Penning sünd för mi" und „Quinque" und „de König von sinen Mannen verlaten". Und weiter dann, als die Wonne aller Wonnen, der weite herrliche Stadtwald, der Priemer, mit den Rehbergen, wo unter hoch aufragenden mächtigen Buchenstämmen ganze Felder von Maiglöckchen dufteten, und wo bei „Oevelgönne" mit seinem lieblichen waldumsäumten See sich ein Landschaftsbild von ganz unbeschreiblicher Herrlichkeit darbot.

Zurück ging's dann über die „Priemerburg" und über die blumige Kuhweide mit den friedlich darauf grasenden rot- und schwarzbunten Kühen und zuletzt am Bahngeleise den schnurgeraden „Philippsweg" entlang, der damals von dem unvergeßlichen Bürgermeister Philipp Süsserott angelegt wurde, heim zum Elternhaus, wo wir nach allen Wonnen des Tages den tiefen traumlosen Schlaf der Jugend schliefen, neuen Freuden, neuen Wonnen entgegen. Ja neuen Wonnen! Denn da war noch der Kranz von Seen, der Sumpfsee, der Inselsee, der Parumersee, und dazu noch der merkwürdige „grundlose See", der aussah, als sei unter ihm die Erde weggesackt und als sei er wirklich „grundlos" [1]. Im Sommer, da lud der Sumpfsee zu erquickendem Bade ein – die schöne Badeanstalt in der Nebel mit dem prächtigen Bademeister Kätelhohn gab es damals noch nicht – und im Winter, da lockte der Sumpfsee mit seiner weiten spiegelglatten

---

[1] Hier hat sich tatsächlich 1837 ein „Erdfall", eine Bodensenkung, ereignet. Der See ist geologisch überaus interessant.

Fläche zum Schlittschuhlaufen. Es war unendlich schön. Aber schöner war's fast noch, wenn wir dann bei strahlendem Mondschein unter Vater Heydemanns Führung heimliefen, auf blankem Stahl dahin über den langgestreckten Inselsee, an dessen Ufer die mächtigen schneebedeckten Tannen der Heidberge aufragten, ein unsagbar schönes Winterbild.

Und da war dann noch auf der anderen Seite der Stadt, ein paar Kilometer entfernt, am Parumer See der „Brunnen", ein lauschiger Ausflugsort, der für mich um deswillen merkwürdig war, weil meine alte Großmutter uns Kindern erzählte, sie habe dort als junges Mädchen in der Zeit nach den Freiheitskriegen getanzt. In der Tat zeugten auch die mächtigen alten Linden, der schlichte, aus der Empirezeit stammende Saalbau und der obeliskenartige „Brunnen", aus dem das sogenannte „Mineralwasser" aber nur noch tropfenartig hervorsickerte, von verschwundener Pracht und Herrlichkeit. Uns Jungens aber lockte vor allem im Frühling der bunte Flor süßduftenden „Lerchensporns", Blumen, die es nur hier gab, und im Herbst die Fülle der Haselnüsse, mit denen ich und mein Freund „Mohr" uns wiederholt die Taschen füllten. Später haben wir dann auch manches liebe Mal auf dem Brunnen mit unseren Freunden und Freundinnen große Feste gefeiert, gespielt und getanzt, und all der harmlosen, schwärmerisch-schönen Stunden, wo wir hier die ersten Regungen der Liebe spürten, sei in dankbarster Erinnerung herzlich gedacht. Schade, daß die ganze Brunnenherrlichkeit vorüber ist. Die Wirtschaft ist eingegangen. Die neue Zeit sucht neue Stätten der Erholung und der Freude.

Doch nun, wenn ich im Geiste den Weg vom Brunnen nach der Stadt zurückwandere, so sehe ich vor mir ein herrliches Bild. Rechts von der Schweriner Chaussee biegt der Langendammsche Weg ab, um unmittelbar vor der Stadt wieder in die Chaussee einzubiegen. Prächtige Blicke gibt's da über den Sumpf- und Inselsee, über Wälder und Felder und Höhen und Täler, aber der schönste Blick ist doch der geradeaus auf die Stadt, die sich hier, wo sich der Höhenzug sanft ins Nebeltal herniedersenkt, gar stattlich den Blicken darbietet. Da ragt geradezu das türmereiche Schloß, etwas nach links dann über den Bäumen des Schützenhauses der stumpfe, massige Turm des Doms, weiterhin der herrliche Prachtbau der Pfarrkirche mit seinem grünen Kupferhelm mit seiner offenen Loggia und dann ganz links das Krohnsstift (nach einem reichen, in Güstrow geborenen Amerikaner benannt) mit dem Wasserturm daneben, die von ferne so aussehen als gehörten sie zusammen und als seien sie eine Kirche. Und aus dem Gewirr der Giebel und Dächer ragt prächtig auf der hohe spätgotische Giebel der Hansenschen Brauerei, ein Meisterstück mittelalterlicher Baukunst und ein Stolz und eine Zierde Güstrows.

Überhaupt Güstrow, die Residenz der Herzöge von Mecklenburg-Güstrow, hat viel mehr Zeugen der Vergangenheit aufbewahrt als Schwerin, die Residenz der Herzöge und Großherzöge von Mecklenburg-Schwerin. Gewiß, vom Schweriner Schloß sind noch alte Teile erhalten, aber im großen und ganzen stammt es in seiner heutigen Gestalt doch aus der Mitte des vorigen Jahrhunderts, wo der Großherzog Friedrich Franz II. – er, gleich dem König Ludwig II. von Bayern, ein leidenschaftlicher Bauherr – den jetzigen romantischen Prachtbau herrichten ließ, aus dem nur noch das Auge des Kundigen die alten Teile heraussieht. Dagegen steht das Schloß in Güstrow noch wesentlich unverändert da, wie es Herzog Ulrich von Mecklenburg-Güstrow um 1560 durch den Baumeister Franciscus Parr herrichten ließ. Allerdings, der das Viereck um den Hof herum abschließende Ostflügel ist seit 1794 gefallen, nachdem schon vorher ein Teil des Baues, den im 30jährigen Kriege Wallenstein errichtet hatte, gleich nach dessen Sturz abgerissen war, um sein Andenken zu vertilgen. Denn hier, hier hatte ja Wallenstein als Herzog von Mecklenburg 1628–1629 residiert, Wallenstein, den wir wohl aus dem Geschichtsunterricht und aus der Schillerschen Dichtung kannten, von dem wir uns aber nicht vorstellen konnten, daß er gleich uns und unseren Eltern leibhaftig auf den Straßen und Plätzen Güstrows gewandelt sei.

Ja das Schloß: ist es nicht ein Jammer. Zur Zeit unserer Jugend hausten „die Griesen" darin, die Landarbeitshäusler; es war also zur Strafanstalt herabgesunken, und auch heute noch dient es ähnlichen Zwecken, aber die Pracht des stolzen Baues läßt sich dadurch nicht stören, noch immer ragt es mit seinen Türmen und Zinnen stolz und wuchtig empor, und im Innern die Festsäle, mit ihren herrlichen Stukkaturen an den Decken, die großartige Treppenanlage im südlichen Hofturm, wo ein Reitersmann hinaufreiten kann, und der wunderschöne Hof mit den Galerien und Erkern zeugen immer noch von entschwundenen frohen Tagen, wie sie etwa der treffliche Güstrower Dichter John Brinckman in seiner plattdeutschen Märchen-Novelle „Höger up" geschildert hat.

In der Tat, es waren stolze, fürstliche Fürsten, die diesen Bau geschaffen haben, vor allen der Herzog Ulrich (1527 bis 1603), er, der die Reformation in Güstrow einführte, und der als Renaissance-Mensch allen Künsten aufgeschlossen war. Ließ er sich doch von dem Maler und Lutherfreunde Lukas Cranach ein ex libris zeichnen und in Holz schneiden, wie man es heute noch in seinen Büchern der stattlichen Bibliothek der Güstrower Domschule sehen kann. Noch kann man ihn schauen, aus Marmor gehauen, in dem großartigen Grabdenkmal von Philipp Brandin in der Domkirche, wo er mit seinen beiden Gemahlinnen kniend in großer

Lebensfülle und meisterhafter Vollendung dargestellt ist. Überhaupt, was die Domkirche an Bildwerken und Schnitzereien bietet! Sie steht in dieser Hinsicht der Doberaner Zisterzienserkirche kaum nach. Eine Fülle der schönsten Grabdenkmäler und Epitaphien, der wundervolle Renaissance-Taufstein, die zwölf gotischen eichenholzgeschnitzten Apostel, der prächtige goldstrotzende Hochaltar u. a. m. Wahrlich Güstrow kann stolz sein, einen solchen Reichtum herrlichster Kunstschätze zu besitzen.

Bedauert habe ich immer – nachdem mir endlich die Augen über all die Schönheiten aufgegangen waren – daß man die wundervollen Reste der alten Renaissance-Orgelempore aus dem Dom entfernt und ins Museum zu Schwerin gebracht hat. Könnten sie nicht wieder in den Dom geschafft und dort neu zur Verherrlichung des Gotteshauses verwandt werden, wozu sie doch bestimmt sind? Die jetzige Orgelempore ist geradezu von einer entsetzlichen Nüchternheit und paßt so garnicht zur sonstigen Pracht des ehrwürdigen gotischen Doms, der zudem der heiligen Cäcilie, der Schutzheiligen der Musik, geweiht war. Doch nun schlagen wir noch ehrfürchtig einen Blick in die „Fürstengruft", wo die Güstrower Herzöge der Auferstehung entgegenschlummern, und dann wandern wir der „Pfarrkirche", der Stadtkirche, zu, die in gewaltiger Schönheit sich auf dem Marktplatz erhebt.

Sie ist in den achtziger Jahren des vorigen Jahrhunderts umgebaut und erneuert. Ich erinnere mich noch ganz gut der alten winkeligen fünfschiffigen Kirche, in der unter anderem in einer alten Seitenkapelle die Feuerspritzen untergebracht waren, und auf deren Turm wir Jungens mit Vorliebe kletterten, um von dort aus, beim Turmwächter Vater Schwinkendorf, nach allen Seiten ins weite, weite Land zu sehen. Noch immer spüre ich das geheime Gruseln, wenn wir die dunkle, nie endenwollende Wendeltreppe emporkletterten, noch immer die tiefe Ehrfurcht, wenn wir durch die Glockenstube kamen, und die Glocken dröhnend läuteten, daß uns fast das Herz erzitterte. Noch immer sehe ich die große breite Winde vor mir, womit das Wasser für Mutter Schwinkendorf, die tüchtige, prächtige Frau, die an uns Jungens ihren Spaß hatte, in die Höhe gewunden wurde. Später nach dem Tode der beiden Alten wurden dann auch, wie mir erzählt wurde, ihre Särge mit dieser Winde vom Turm herabgelassen. Mögen beide in Frieden ruhen. Im duftenden Blumengarten des Paradieses meiner Jugend seien auch ihnen zwei freundliche Denksteine errichtet.

Doch über die Turmwächterwohnung ging's noch höher hinauf zur Loggia oder Laterne, wo die Stundenglocke hängt, und wo wir einen noch weiteren und freieren Ausblick hatten. Hier hängt auch die Glocke, die

Güstrow, Dom nach Westen

zum „Bleicherläuten" geläutet wird, im Sommer abends um 9 Uhr und im Winter um 8 Uhr, eine alte fromme Stiftung, gestiftet nach alter Sage zum Dank für die Errettung des vor dem Stadttor im Dunkel verirrten „Bleichermädchens", und heute noch verirrte Seelen rufend aus der Wirrnis, dem Dunkel der Zeit, in die Höhe, ins Licht der Ewigkeit.

Nun aber heißt's beim Betreten des Innern der Kirche in Abwandlung Schillerscher Worte:

„Und in des Gottes Säulenhain
Tritt er mit frommem Schauder ein."

Ein ganz herrlicher und gewaltiger Bau ist's, und Dank sei dem auch noch mir in lebendiger Erinnerung gebliebenen Landbaumeister Koch, der die Kirche zu so stolzer Schönheit umgeschaffen. Sie ist heute eine dreischiffige gotische Hallenkirche mit aufstrebenden Pfeilern, mächtigen Fenstern und Sterngewölbe. Geradezu der Hochaltar, ein Wunderwerk der Bildschnitzerei und Malerei, der zu den berühmtesten Kunstschätzen der Welt gehört. Die flandrischen Meister Jan Bormann und Bernaerdt van Orley haben ihn geschaffen, welch letzterer, aus der Schule von Hubert und Jan van Eyck hervorgegangen, hier in Güstrow in den sechs Bildtafeln Zeugnis ablegt von der hohen Blüte altniederländischer Malerei. Auch dies Altarwerk ist anläßlich der Renovierung der Kirche aus dem Staub und der Verschmutzung der Jahrhunderte zu neuer Herrlichkeit erstanden. Es wurde damals geradezu neuentdeckt, und ich erinnere mich, wie ich als Junge ziemlich verständnislos das Altarwerk anstaunte, das nun mit einem Male so weltberühmt geworden sein sollte. Am meisten interessierte mich der hübsche Windhund, der auf einer der Bormannschen Schnitztafeln zu den Füßen des sich die Hände waschenden Pilatus sitzt, und ferner eben dieser Pilatus, der, ein stattlicher Ritter, sich durch einen prächtig gedrehten Zwirbelbart auszeichnet. So haftet das Auge des Kindes an Nebensächlichkeiten, das aber ihm und seinem engen Gesichtskreise von höchster Bedeutung ist. Erst mit dem Heranreifen des Geistes öffnet sich das innere Auge, um in die Tiefe zu dringen und die Fülle der Gesichte zu schauen. Und so habe ich denn auch erst in späteren Jahren die wunderbare Herrlichkeit dieses Altarwerkes und vor allem dieser geschnitzten Passion erlebt, mich zugleich mit gläubigem Gemüt in die ergreifend dargestellten Szenen aus dem Leiden Christi versenkend.

Gegenüber dem Altar prangt an der Westseite die großartige, aus der Barockzeit stammende Orgelempore, mit zu ihr hinaufführender Wendeltreppe, eine Stätte, die mir darum in lieber Erinnerung ist, weil in meiner Jugendzeit dort als Kantor „Hannes Schondorf" die Orgel spielte, mein Gesanglehrer an der Domschule, eine überaus originelle und ehrwürdige Persönlichkeit, dem ungezählte Generationen Güstrower Schüler ihr Leben lang ein treues, liebevolles Andenken bewahren, und dessen Kompositionen von vaterländischen Männerchören ihn weit über das Gebiet Mecklenburgs, ja Deutschlands hinaus berühmt gemacht haben. Ja, Hannes verstand sich auf die Musik; sein Orgelspiel in der Pfarrkirche klang mächtig und voll, und seine herrlichen Güstrower Gesangvereinskonzerte, die er dirigierte, sollen auch unvergessen sein. Und auch heute noch blüht, dank seiner, die edle Frau Musika in Güstrow.

Doch zurück in die Pfarrkirche. Da gibt's noch viel zu sehen. So der prächtig eingelegte Ratsherrnstuhl; eine treffliche Kunsttischlerei im Renaissancestil, früher mit schmutziger Ölfarbe übermalt, erstand auch dies Werk bei der Erneuerung der Kirche zu neuer Pracht und Herrlichkeit. Ich habe als Junge noch selbst gesehen wie unter dem vorsichtigen Tischlerhobel, der die Farbe wegnahm, zum Erstaunen aller die kostbaren Intarsien hervorkamen. Und dann die schöne aus Sandstein gehauene mit reichem Bildschmuck gezierte Kanzel und die dunkelgebräunte, eichenholzgeschnitzte Tür zur Taufkapelle, wo die beiden fast lebensgroßen Statuen von Moses und Aaron und die beiden Reliefs aus der Geschichte Noahs mir die alten lieben Patriarchenerzählungen des alten Testaments, die jetzt mit einem Male so verketzert werden, lebendig vor die Seele zauberten. Damals allerdings befand sich die Tür an der Außenseite der Kirche. Gut, daß die Tür zum Schutz gegen die Unbilden der Witterung und unnütze Bubenhände, die geneigt sind, überall ihren Namen mit dem Taschenmesser einzuschneiden, in die Kirche gebracht ist.

Heute prangt auch noch ein weiteres Kunstwerk in der Kirche. Es ist das mächtige Triumphkreuz mit dem erhöhten Jesus und Johannes und Maria zur Seite. Ja „stat crux, volvitur orbis". Fest steht das Kreuz, mag auch der Erdkreis sich bewegen! Und heute, wo der Erdkreis sich erschreckend bewegt, gebührt es uns mit Inbrunst aufzuschauen zum Kreuz, daran der „Salvator mundi", der Heiland, nicht nur des einzelnen Menschen, sondern der Völker, der Welt, hängt, er, von dem allein Rettung auch für unser Volk kommen kann. Denn die Seelennot, das ist die größte Not unserer Zeit. Und dort, der am Kreuze, ist der Arzt, der die Not der Seelen zu heilen vermag. Es gilt auch hier: Es ist in keinem andern Heil, ist auch kein anderer Name den Menschen gegeben...

Ja, es ist gut und des Andenkens der frommen Väter würdig, daß das Triumphkreuz wieder an seinen Ehrenplatz gestellt ist. Zu meiner Jugendzeit lag es noch elend zerbrochen und verschmutzt draußen vor dem Tor in der alten Gertrudenkapelle auf dem Gertrudenfriedhof. Das war ein verrufenes, unheimliches altes Gebäude. Die Selbstmörder-Leichen wurden dahin gebracht und Leichen von unter verdächtigen Umständen Gestorbenen dort seziert. Das hielt uns Jungens aber nicht ab, durch die Ritzen der alten verfallenen Tür ins Innere der Kapelle zu lugen. Wir wollten auch wie der Junge im Märchen „das Gruseln lernen". Vielleicht ist es möglich, die Kapelle würdig wiederherzustellen.

Der alte Gertrudenfriedhof, er lag und liegt recht wie ein Gruß längst versunkener Vergangenheit da. Namen von ausgestorbenen oder ausgewanderten Familien prangen auf den Kreuzen und Kapellen, und Großmutter, die gute Alte, wußte aus ihrer Jugend noch von manchen zu erzählen, die dort schlummern.

„Kein Hauch der aufgeregten Zeit
Drang noch in diese Einsamkeit." –

Aufgeregte Zeit? Ja, gab es die überhaupt in meiner Jugend? Feuersbrünste, ja die gab's da mannigfach und bereiteten uns Jungens in ihrer Schaurigkeit mancherlei Aufregung, sodaß wir bei keinem Brande fehlten. Man raunte damals unter uns von böswilligen Brandstiftungen, wie denn auch merkwürdigerweise die Brände nach und nach aufhörten, als 1879 das Schwurgericht nach Güstrow kam und manch ein Brandstifter dort abgeurteilt wurde. So mochte sich denn hier wohl die Abschreckungstheorie als praktisch brauchbar erweisen.

Doch da wir nun beim Schwurgericht sind, so sei auch des stattlichen Amts- und Landgerichtsgebäudes gedacht, das die ganze Südseite des Schloßplatzes würdig und stattlich flankiert. Davor dann die schöne Gedenksäule zur Erinnerung an die Erhebung der Freiheitskriege. War Güstrow doch der Mittelpunkt der Erhebung, und als 1863 zur Feier der 50jährigen Wiederkehr jener mächtigen Zeit die Säule mit ihren gediegenen Bronze-Reliefs eingeweiht wurde, strömten hier begeisterte Scharen alter Veteranen zusammen, und ein alter Freiheitskämpfer, der Rektor Besser, hielt bei dem Dankgottesdienst in der Domkirche eine von Vaterlandsliebe glühende Ansprache, von welcher wunderbaren Szene noch heut und diesen Tag in zahlreichen alten Güstrower Familien Lithographien hängen.

Ich lasse nun das Theater rechts am Schloßplatz liegen – denn auch ein kleines Stadttheater hat Güstrow, und das erste Stück, das ich hier als Junge sah – Preziosa von Weber – hat mir unvergeßliche, unnennbare Wonne bereitet. Weiter geht's dann durch die stille Domstraße, vorbei an der Konditorei von Mutter Kowatsch seligen Andenkens (jetzt Hagemeister) wieder zum Markt, wo überaus vornehme Patrizierhäuser aus der Empire- und Renaissancezeit die Seiten flankieren, und wo, mit dem

Rücken nach der Pfarrkirche zu, das stattliche breithingelagerte Rathaus aufragt, eine überaus harmonische Empire-Fassade, deren Linien jetzt im Sommer durch bunte Pelargonienkästen unter den Fenstern noch kräftiger unterstrichen werden. Schade, schade, daß zwei der schönsten Häuser am Markt, an der Ecke zur Glewinerstraße, vor etwa 25 Jahren dem Brande zum Opfer gefallen sind, das eine mit Galerie und zierlicher holzgeschnitzter Fassade, wo, wie wir Kinder uns zuraunten, Peter der Große von Rußland oder Karl der XII. von Schweden genächtigt haben sollten, das andere ein prachtvoller Renaissance-Treppengiebel, verschwistert dem gegenüber auf der Nordseite liegenden Giebel, der glücklicherweise erhalten geblieben ist, eine Zierde der „Vorderstadt" Güstrow, weswegen man denn jetzt auch den Ratskeller dahinein verlegt hat. An derselben Seite des Marktes erhebt sich auch seit einigen Jahren der schöne stattliche Neubau des Hotels Erbgroßherzog, der Zeugnis dafür ablegt, daß auch die Gegenwart sich wieder zu einem eigenen Baustil hindurchringt.

Und nun zweigen von der wundervollen Marktlage nach allen Richtungen Straßen ab, von denen sich die Glewiner- und die Mühlenstraße durch besonders schöne alte Häuser auszeichnen. In der Mühlenstraße vor allem die schon genannte Hansensche Brauerei und ein Renaissance-Giebelhaus, in dessen Mörtel Glasscherben eingefügt sind, deren Glitzern im Sonnenlichte uns Kinder besonders erfreute. Und dann in der Glewinerstraße, an der Ecke zum Markt, der hohe gotische Giebel, wo zu meiner Zeit der Bäcker Lange wohnte, der die schönsten Zwiebäcke und Maulschellen in Güstrow backte, und weiterhin an der Westseite der Straße das vornehme mit Skulpturen geschmückte Giebelhaus, wo in meiner Jugend Schlachter Scheel (jetzt Karl Müller) wohnte, dessen Knack- und Jauersche Würste mit Recht über Güstrows Grenzen hinaus beliebt waren. Anderswo Knackwürste zu kaufen als bei Scheel wäre in meinem Elternhause geradezu Sakrileg gewesen. Ganz hinten dann die heilige Geistkirche, ein ziemlich unbedeutender Bau ohne Turm, in die in meiner Jugend die „Griesen" geführt wurden.

Und nun, wenn mich der Weg einmal wieder nach Güstrow führt und ich sinnend in Gedanken durch die Straßen schlendere, so grüßen mich überall freundliche harmonische Bilder und legen Zeugnis davon ab, daß hier im Spätmittelalter und in der Reformationszeit eine hohe Kultur geblüht hat. Gemeinsam arbeiteten die Herzöge, die Geistlichen und die Bürger an der Blüte der Stadt. Überall grüßen Zeugnisse des Kunstsinns und des Wohlstandes und das sinnende Auge des Geschichtsforschers und des Kunstfreundes erblickt hier mancherlei Erfreuliches und Bemerkenswertes.

Indessen auch die Gegenwart schreitet rüstig fort. Die alten Mauern und Wälle sind gefallen und nur hier und da ragt ein Stück Stadtmauer mit Bastion auf. Auch das Stadttor an der Glewinerstraße ist abgerissen und nur noch die beiden Torhäuser mit kleinen dorischen Holzsäulen erinnern daran, daß hier einst ein Tor stand. Die Wälle sind geschleift und in reizende Anlagen verwandelt. Der prächtige „alte" und der „neue" Wall mit ihren wunderschönen Baumbeständen – vor allem die Platanen-Allee am neuen Wall längs des Stadtgrabens – die grünen, breiten Rasenflächen und blühenden Büsche – sie alle zeigen, daß Güstrow etwas auf sich hält und rüstig fortschreitet. Davon zeugen auch die neueren öffentlichen Gebäude, die Domschule, das Realgymnasium, das sich an der Stelle des „Nachtigallen-Berges", des letzten von Veilchen überwucherten Restes der alten Festungswälle erhebt, und das Lyzeum mit dem vornehmen Anbau, worin die Turnhalle und der Festsaal untergebracht sind. Und daneben dann das neue „Wollmagazin", das in den sechziger Jahren des vorigen Jahrhunderts als Festsaal für das erste Mecklenburgische Landesmusikfest errichtet wurde, und wo ich im Sommer 1891 als schwärmerischer Primaner ein Landesmusikfest mit Hannes Schondorf als Dirigenten und der Leisinger als Primadonna erlebte, ein Fest, an das ich auch heute noch mit größten Freuden denke. Schade, schade, daß der stattliche Bau jetzt im letzten Winter durch eine mächtige Feuersbrunst völlig zerstört ist. Wie mir auf Anfrage von zuverlässiger Stelle mitgeteilt wird, soll die Halle wieder aufgebaut werden. Voraussichtlich kommen zwei Turnhallen hinein, und zwar in der Form, daß die Zwischenwand mechanisch entfernt werden kann und die Möglichkeit somit wieder gegeben wird, die Hallen musikalischen und sonstigen Zwecken dienstbar zu machen.

Doch nun leitet mich mein Weg vom alten Wall auf die Schanze, eine schattige, schöne Promenade, die längs des Pfaffenteichs um die südliche Seite der Stadt führt. Von hier aus hat man geradezu herrliche Blicke auf die Stadt, vor allem auf den Dom und das Schloß und die Stadtmauern. Es ist eins der schönsten Architekturbilder Mecklenburgs, das sich mir, der ich seit frühester Kindheit hier so oft an der Seite meines trefflichen und schon abgeschiedenen Vaters gewandelt bin, unauslöschlich eingeprägt hat. Mögen die guten Güstrower Stadtväter alles daran setzen, dies Bild in unversehrter Schönheit zu erhalten. Denn schon hat das herrliche Bild einen Mißklang erhalten, indem man da einen überaus häßlichen und störenden Gefängnisbau errichtet hat. Ach ich denke: der Mensch lebt nicht vom Brot allein, er lebt auch von der Schönheit und von der lebendigen, ehrfurchtsvollen Verbindung mit den vergangenen Geschlechtern. Rein aufs Nützliche und Praktische gerichtet, und auf sich und die Gegenwart allein gestellt, verlassen von den guten Geistern seiner ihn segnenden Vorfahren, muß er notwendig verdorren, verwirren und zerschellen.

Weiter geht's nun um die Stadt immer noch auf dem freundlichen schattigen Promenadenwege, vorbei am Stadtkrankenhause und der neuen Badeanstalt in der Nebel, sodann über die rote Brücke und längs der Kuhregel, wo im Sommer morgens und abends die wohlgenährten Stadtkühe gemolken werden, und wo wir Jungens für ein Paar Pfennige manches „kuhwarme", schäumende Glas Milch tranken. Dort sind auch die Filter-Bassins der städtischen Wasserkunst, und von fern her, jenseits der Bahn, grüßt herüber der Judenfriedhof mit seinen uralten, runenbedeckten und verwitterten Denksteinen, Zeugen der Vergangenheit, die wahrlich anmuten wie ein „Märchen aus uralten Zeiten". Und seitlich davon leuchtet freundlich auf die neue Beamten- und Arbeiter-Siedlung „Dettmannsdorf", eine Gründung des Besitzers der „Deutschen Holzwerke Fritz Dettmann" in Güstrow, zuversichtlich hineinweisend aus der schweren Gegenwart in eine bessere Zukunft.

Und wieder geht's über eine Nebelbrücke mit rauschendem Mühlenwehr zur villengeschmückten Bleicherstraße, wo früher in meiner Kindheit die Stadtbleiche war, sich jetzt aber herrliche Park-Anlagen breiten. Am Ende mündet die Promenade dann wieder beim neuen Wall ein, wo von jenseits des Stadtgrabens lindenbeschattet das Denkmal John Brinckmans herübergrüßt, dessen Name neben dem Fritz Reuters leuchtet gleich wie der Vollmond gegenüber der Sonne.

Nun aber biege ich über die Schnoienbrücke, wo sich rechts und links liebliche Blicke über den Stadtgraben darbieten, zum allerneuesten Güstrow mit seinem Villenviertel an der Nebel und mit seinen Fabrikanlagen; denn noch immer blüht der Gewerbefleiß in Güstrow.

Im Jahre 1894 bemerkte Gustav Quade in seiner „Meckl. Vaterlandskunde": „Güstrow, welches immer auf das übrige Mecklenburg eine gewisse Anziehungskraft ausgeübt hat, und wohl die Hauptstadt unserer großen Landwirte genannt ist, ist eine der lebendigsten, nahrhaftesten und gewerbereichsten Städte des Landes. Schon die Lage des Ortes in einer wohl angebauten, fruchtbaren Gegend, an der von hier aus für die Flußschiffahrt zu benutzenden Nebel, und an dem Ausgang einer Reihe von Chausseen und Eisenbahnen konnte nur vorteilhaft auf den Nahrungsstand einwirken... Es hat sich bei einem großen Teil der Bevölkerung ein Wohlstand entwickelt, der auf durchaus solider Grundlage beruht." Dies trifft in erhöhtem Maße jetzt in der Zeit nach dem Kriege zu. Ich nenne da an größeren industriellen Unternehmungen:

Van Tongelsche Stahlwerke, die chemische Fabrik, die deutschen Holzwerke von Fritz Dettmann, die Tür- und Fensterrahmenfabrik H. Böckmann & Co., die Zuckerfabrik, die Gasanstalt, die Wagenfabriken von Milhahn und von Wehrmann, die Maschinenfabriken von Heinrich Voß und von Wilh. Wiechelt. Dazu sind noch zu erwähnen die Ausstellungshallen der Landwirtschaftskammer, in denen alljährlich die wichtigsten Viehversteigerungen des Landes stattfinden. Der oben schon genannte hervorragende Neubau des Hotel Erbgroßherzog ist nach soeben erfolgter Fertigstellung eines dritten Saales als das größte Hotel und Saalunternehmen des Landes anzusehen. Hingewiesen sei schließlich auf das altberühmte Güstrower Ratsherrenbier „Kniesenack", das in der Müllerschen Brauerei „am Berge" gebraut wird. Wie man mir mitteilt, ist die Nachfrage danach auch nach außerhalb Güstrows so groß, daß der Unternehmer außerstande ist, sie zu befriedigen.

Weiter komme ich zur Artilleriekaserne und zuletzt über den Rostokker Platz zum neuen Friedhof, der mit grünen Büschen und Bäumen bestanden, sich freundlich vor den letzten Häusern der Stadt breitet. Hier ruhen alle die, zu denen ich einst als Kind in Liebe und Verehrung aufgeschaut, vor allem meine Lehrer, und wenn ich an ihren Gräbern stehend ihrer gedenke, so ist's mir, als fielen die mancherlei kleinen Schwächen und Unzulänglichkeiten, die als Menschen auch sie hatten, und die ein Kindesauge nur zu schnell entdeckt, von ihnen ab, und mir zieht das Wort aus dem Propheten Daniel durch den Sinn, das auch den Grabstein des Philosophen Fichte schmückt: „Die Lehrer aber werden leuchten wie des Himmels Glanz, und die, so viele zur Gerechtigkeit weisen, wie die Sterne immer und ewiglich."

Doch ich wandere abermals eine Strecke weiter auf der lindenbeschatteten, sanft ansteigenden Chaussee, und indem ich mich am Ende zurückwende, breitet sich wiederum vor mir, nur von der entgegengesetzten Seite her, das herrliche Stadtbild meiner lieben Vaterstadt Güstrow. Stolz, Liebe und Freude schwellen mein Herz, sanft klingen Trauer und Wehmut an, aber aus der Fülle der Empfindungen ringt sich am Ende mit Allgewalt die Hoffnung empor, die Hoffnung, ja die Gewißheit neuen Lebens, neuen Blühens und Gedeihens für meine Vaterstadt Güstrow, mein Heimatland Mecklenburg.

GERHARD BÖHMER

Teterow

Keine der mecklenburgischen Städte ist in ihrer wirtschaftlichen Entwicklung immer wieder durch schicksalhafte Faktoren so gehemmt worden wie die Stadt Teterow, obgleich andererseits die geographischen Vorbedingungen zu solcher Entwicklung bei keiner günstiger liegen wie gerade hier. Wie schwer es ist, gegen uralte und festeingewurzelte Vorurteile anzukämpfen, ist wohl selten einer Stadtverwaltung so bewußt geworden wie der Teterower, die die gesunden Impulse der Vorwärtsentwicklung lebhaft verspürt und doch ohne die durchgreifende und vorurteilsfreie Mitarbeit maßgebender Behörden diesem Emportrieb nicht gerecht werden kann.

Teterow! Taucht nicht heute noch wie vor vielen Jahrzehnten ein Lächeln auf, wenn man den Namen hört? Man denkt an den Hecht und an die übrigen Sagen. In fast allen Sagenbüchern liest man: Teterow, das mecklenburgische Schilda! Damit wird für den Kenner sofort auf etwas Ortsfremdes in dieser Sagenfülle hingewiesen, was in der Sagenforschung notwendiger Klärung bedarf. Den besten Maßstab hierfür liefern die Teterower selber. Wer längere Zeit in Teterow geweilt hat, wird das arbeits-aber auch humorfrohe Völkchen kennen und lieben gelernt haben. Er wird es angenehm empfinden, mit welcher Liebe die Teterower ihre Hechtsage auffassen und pflegen. Das aber ist auch der Schlüssel zum Verständnis: Sie betrachten und erleben diese Hechtsage als ihr Eigentum, als etwas, was der Teterower Heimatscholle entstammt. Sie gehen ungern und nur selten mit derselben übersprudelnden Fröhlichkeit auf die eigentlichen Schildasagen, unechte Lehnssagen, ein. Es sei nur noch vergönnt auf die weniger bekannte, aber heute noch lebendige Burgwallsage von der weißen Frau, der femina Regia, hier hinzuweisen, der kürzlich in „Die Hexe von Teterow" ein neues Gewand gegeben wurde, um sie stärker von den Sagen ähnlicher, meist inhaltloser Art zu unterscheiden. Alle diese Sagen führen uns alsdann zur Geschichte der Stadt. –

Die Geschichte der Stadt ist jung und ohne wesentliche Bedeutung; sprechen wir aber von der Geschichte des Ortes Theterowe, so gehört sie zu dem Ältesten, was Mecklenburg aufzuweisen hat, wie es die prähistorische Forschung mehrfach bewiesen hat. Die historischen Erlebnisse Teterows sind, da die Stadt fast ganz ohne wesentliche Urkunden ist, schnell berichtet. Theterowe war die stärkste Wassertrutzburg Ostmecklenburgs, deren Eroberung im Jahre 1171 dem Dänenkönig Waldemar nur durch einen Zufall gelang. Damals muß dies ein ganz gewaltiges Ereignis gewesen sein, da selbst die dänische Knytlingasage es der Nachwelt übermittelt. Dr. R. Asmus berichtet im Heimatbund ‚Mecklenburg' mit äußerst plastischer Schilderung über diese Vorgänge. Die Stadtgründung Teterow fällt in die Mitte des 13. Jahrhunderts; allerdings ist darüber eine Urkunde nicht mehr vorhanden. Die früheste Urkunde, die durch Zufall erhalten blieb, datiert vom 17. Dezember 1272; hierin wird aber bereits von civitas und oppidum gesprochen. In der Folgezeit blühte die Stadt schnell auf; sie hat sich als Erinnerung daran die schönen Tore von auffallender Höhe getreulich bewahrt. Älter als die Tore ist das Mauerwerk der Pfarrkirche, das den Eindruck größter Gediegenheit macht. Der Chor stammt aus dem Ende des 12. Jahrhunderts, also aus Teterower Dorfzeit; er blickt mithin schon auf ein dreiviertel Jahrtausend zurück. Wir übergehen die ganze Zwischenzeit, die der Stadt in der Hauptsache dieselben Schicksale bereitet wie den übrigen mecklenburgischen Landorten; aber während andere Städte nur ein- oder zweimal von großen Bränden heimgesucht wurden, ist das arme Teterow zwischen 1600 und 1800 viermal fast restlos Opfer des verheerenden Elements geworden. Dadurch erklärt sich der armselige Eindruck, den selbst heute noch manche Straßen der Stadt machen. Seit dem Anfang des vorigen Jahrhunderts hat alsdann ein Aufstieg der Stadt Teterow eingesetzt, der aus den Einwohnerzahlen von 1846 und 1906 erkennbar ist, wo die Stadt von Viertausend auf fast das Doppelte anwuchs. In diesen Jahrzehnten hätte jedoch die Bodenständigkeit der Stadt eine wesentlich stärkere Entwicklung ermöglicht, wenn nicht die Einteilungsmaßnahmen der Behörden ohne Rücksicht auf geographische Impulse jene hemmende Zerschneidung und Einengung des Teterower Wirtschaftskomplexes durchgeführt und beibehalten hätten, die fast wie eine stiefmütterliche Behandlung anmutet. Trotzdem wurde Teterow zur siebenten Stadt des Schweriner Landes, und, da Waren zum Seengebiet Süd-Mecklenburgs zählt, zur größten und wirtschaftlich wichtigsten in Ost-Mecklenburg. Den Nachweis hierfür werden die folgenden Zeilen bringen.

Die Stadt Teterow gehört in die Gruppe der großen Landstädte; sie ist in ihrer heutigen wirtschaftsgeographischen Entwicklung ganz ein Erzeugnis der ‚Mecklenburgischen Schweiz' und deren nördlicher Nachbargebiete. Für Teterow paßt am besten das Wort: Aus eigener Kraft! Bodenständig und wurzelecht durch und durch! Vorbedingungen waren: Landwirtschaft und Landschaft, beide getrennt und vereint wirksam; es dürfte sicher für das gesamte Mecklenburg von Wert und Wichtigkeit sein, solche lokalen Naturimpulse zu pflegen und zu unterstützen, um dadurch diese einzigartige Wechselwirkung von Stadt und Land zu noch größerer Kraftentfaltung zu steigern.

Die Grundmoräne ist durchschnittlich ein fruchtbarer Erdboden; im Osten Mecklenburgs aber erreicht ihr Bodenwert einen nachweislich hohen Grad. Auf diese Art scheint die ‚Mecklenburgische Schweiz‘ noch besonders gesegnet zu sein. Kein Wunder ist es daher, daß auf einer Landkarte sich hier die Ortsnamen viel dichter zusammenscharen, daß die Volksdichte hier über dem niedrigen Durchschnitt des Landes liegt. Jede Landstadt, unabhängig von ihrer Größe, ist Marktort für eine Anzahl von Siedlungen, die wirtschaftlich ganz auf dieses Zentrum angewiesen sind. Sie bilden zusammen einen Interessenbereich und können daher mit Recht als ‚Bereichssiedlungen‘ der betreffenden Stadt bezeichnet werden. Von ihrer Zahl hängt der größte Teil der städtischen Wirtschaftslebendigkeit ab. Die Gunst der Lage der Stadt Teterow findet hierin ihren stärksten Ausdruck. Von allen Höhen der ‚Mecklenburgischen Schweiz‘ besitzt das Land zu ihr hin ein natürliches Gefälle, das den Verkehr natürlicherweise dorthin lenkt. Am günstigsten aber wirkt die große Entfernung von den westlichen und nördlichen Nachbarstädten. So liegt Teterow, wenn auch etwas exzentrisch, in einem Kreise von Bereichssiedlungen, dessen Fläche auf über 500 Quadratkilometer geschätzt werden muß. Die Zahl der Bereichssiedlungen ist zwar stets sehr wechselnd, muß aber mit der überraschend-hohen Zahl von ca. 200 gegeben werden. Etwa 200 Dörfer, Güter und Gehöfte bilden also mit der lebhaften Stadt Teterow im obigen Sinne einen innigen Interessenverband, wozu Bodenwert und Lage geführt haben. Keine Stadt von gleicher Größe ist in Mecklenburg in ähnlicher Weise von der Natur begünstigt worden.

Wenn von der Verkehrslage eines Ortes gesprochen wurde, so traten in den letzten Jahrzehnten naturgemäß die Eisenbahnen in den Vordergrund. Das war jedoch nur in gewissem Sinne zutreffend und wird bald nur noch ganz wenig von Wert sein. Noch dazu in Mecklenburg! Hier reicht ein bequemer Anschluß an die Fernbahnen für landwirtschaftlich eingestellte Orte aus. Liegt der Ort an der Hauptbahn selbst, so ist dies ein Vorzug für die Verkehrsstärke desselben: aber es leuchtet ohne weiteres ein, daß für ein landwirtschaftlich-hochwertiges Gebiet die Chausseen von ungleich größerer Wichtigkeit sind als die Bahnen, zumal heute bei dem wachsenden Bedarf an Kraftwagen aller Art. Wenige Anschlußstationen der Bahn reichen aus, wenn diese von möglichst vielen Chausseen erreicht werden. Auf den Chausseen spielt sich vornehmlich der ganze Verkehr zwischen dem Marktort und seinen Bereichssiedlungen ab. So allein erklärt sich Teterow als der wichtigste Chausseestern Ost-Mecklenburgs. Sechs Hauptchausseen münden direkt nach Teterow hinein, die gerade Durchgangsstraßen Nord-Süd und Ost-West, dazu von Südwest nach Vorpommern und Rügen bilden. Dazu kommen an einmündenden Chausseen, die im Bereichsareal mit der Richtung auf Teterow zusammenlaufen noch weitere sieben; der nordwestliche Winkel gen Schlieffenberg ist noch nicht einmal durch eine Chaussee erschlossen. Auf diesen zurzeit 13 Chausseen des Teterower Wirtschaftskomplexes spielt sich ein überaus lebhafter Verkehr ab, in dessen Brennpunkt Teterow zum wirtschaftlichen Zentrum Ostmecklenburgs werden konnte. Interessant ist die im folgenden wiedergegebene Notiz des „Norddeutschen Korrespondenten" vom 30. Mai 1861, die schon damals den eben besprochenen Wert der Chausseen zu würdigen wußte:

„Es gibt wohl wenig Städte im Lande von so günstiger Lage wie Teterow. Die Stadt bildet den Knotenpunkt von fünf Chausseen (schon 1861!) und hat einen sehr lebhaften Verkehr. In den Tagen vor dem Fest, wo bekanntlich besonders viel Reisens ist, nahm der Verkehr einen wahrhaft großartigen Umfang an. Am Pfingstsonnabend hatte die Posthalterei 20 und einige Fuhrwerke zur Beförderung von Personen zu stellen. Außerdem hatten die beiden Omnibuslinien je 7 Wagen in Cours. Und dazu kommen dann noch die vielen Privatfuhrwerke, welche die Stadt durchkreuzten. Wenn nun aber die Hoffnung an diese Mitteilung geknüpft wird, daß der Verkehr sich noch steigern werde, wenn erst die Eisenbahn fertig, so möchte das am Ende eine Täuschung sein. Die Eisenbahn hebt vielfach nicht den kleinstädtischen Verkehr, sondern tötet ihn. Was war z. B. Boizenburg vordem? Es kommt dabei freilich viel auf die Lage des Ortes und des Bahnhofes an, und in beider Beziehung dürften sich die Dinge für Teterow günstiger als für manche andern Orte gestalten. Die Eisenbahn ist indeß noch in ziemlich weiter Aussicht. Dagegen schreitet der Chausseebau von Gnoien zur Verbindung mit der Rostock–Neubrandenburger Chaussee vorwärts. Durch diese neue Chaussee wird eine reiche Landschaft herangezogen. Ebenso wird eine Chaussee von Malchow nach Ziddorf gebaut. Durch diese letztere kommt Teterow mit der holzreichen Malchowschen Gegend in Verbindung."

Damit hat der ‚Norddeutsche Korrespondent' (Schwerin 1861) fast eine geographische Prophezeiung ausgesprochen, die sich in jeder Weise erfüllte. Heute werden in Teterow bereits über 500 gewerbliche und industrielle Betriebe registriert, die fast alle landwirtschaftlich-bodenständig sind. Heute gilt in noch stärkerem Maße die obige Behauptung. Das beweisen die langen Reihen ländlicher Fuhrwerke, die oft in den Straßen

Teterows halten, das beweisen die zahlreichen Lieferwagen, womit viele Firmen ihre Produkte direkt zu den Verbrauchern bringen, das beweist ferner ein lebhafter stationärer Bahnverkehr auf den beiden städtischen Bahnhöfen. Hinzu kommt ferner ein erheblicher Durchgangsverkehr und ein auffallend wachsender Touristen- und Vereinsverkehr, der sich von diesem zentralen Wegestern aus die rühmenswerten Schönheiten der ‚Mecklenburgischen Schweiz' erschließt. In Wirtschaftskreisen Mecklenburgs und weit darüber hinaus ist dies längst zu einer anerkannten Tatsache geworden, die die früheren Vorurteile wenn auch langsam so doch mit Sicherheit vernichten wird. –

Einige Teterower Firmen konnten längst ihre Bedeutung über die Landesgrenzen hinaus ausdehnen. Mehrere Fabriken erzeugen landwirtschaftliche Maschinen oder führen an solchen fabrikmäßig Reparaturen aus. Andere stellen Drahtwaren und Ackergerätschaften her. Dampfpfluggeschäfte sind vorhanden. Sechs Holzschneidewerke und verschiedene Betriebe für Mühlenbau liegen am Rande der Stadt. Zahlreich ist das Baugewerbe vertreten und weit über Ost-Mecklenburg hinaus tätig. Dachpappen- und Falzziegelwerke arbeiten für Export. Zu großen einheimischen Zentralstellen für den Handel mit den Erzeugnissen der Landwirtschaft gesellen sich verschiedene Filialen von Landesfirmen. Teterow besitzt eins der größten Dampfmühlenwerke Mecklenburgs. Zu einem Industriewerk von überraschender Betriebsamkeit konnte sich auch die Teterower Zentralmolkerei entwickeln, die oft täglich 20000 Liter Milch zu verarbeiten hat. Ein wichtiger Geschäftszweig derselben bildet der Postversand von Butter in die Großstädte und Industriegegenden. Der Molkerei ist eine moderne Käserei angegliedert. Eine andere Abteilung stellt Hartmilchstoff her; Fabrikate daraus gehen ins Ausland. So ergibt sich ein Bild emsiger Geschäftigkeit, das mit dem lebhaften Verkehr zusammen so gar nicht mehr zu dem verträumten Schilda von einstmals passen will.

Eine solche Entwicklung mußte manche Anforderung an die Stadtverwaltung stellen. Das alte Rathaus aus dem 16. Jahrhundert, das noch vielen Teterowern in traulicher Erinnerung vorschwebt, mußte 1908 dem stattlichen Gebäude weichen, das heute den Markt ziert. Alles paßte sich der Entwicklung an; Gas- und Wasserwerke entstanden schon früh, Elektrizität folgte. Das städtische Krankenhaus ist das beste und größte Ost-Mecklenburgs. Ganze Straßenzüge wuchsen aus der kleinen Altstadt heraus. So kommt es, daß die Stadt in der geschlossenen Bauweise ihrer Hauptstraßen kaum noch den Eindruck der landwirtschaftlichen Zentrale macht, die sie nachweislich ist. Große und schöne, vor allem aber lei-

Teterow, Rostocker Tor   *Malchiner Tor*

stungsfähige Geschäfte reihen sich hier aneinander. Es ist leider im Rahmen dieser Arbeit nicht möglich, nach Namen und Firmen zu differenzieren, abschließend sei jedoch erwähnt, daß in Bekleidungsartikeln, landwirtschaftlichen Gebrauchsgegenständen, Haus- und Küchengeräten und anderem eine spezielle Leistungsfähigkeit erreicht wurde, die selbst von Einwohnern der Nachbarstädte erprobt und nutzbar gemacht wird. Man hat es eben nicht nötig, in die Ferne zu schweifen; vorteilhafter und günstiger trifft man es nirgends. Diese Erkenntnis hat den Abnehmerkreis weit ausgedehnt und sie vergrößert ihn dauernd.

Damit kämen wir zu der zweiten, der geographischen Vorbedingung für die triebhafte Vorwärtsentwicklung der Stadt Teterow, die der landwirtschaftlich-praktischen Seite ein ästhetisches Moment liefert: die Landschaft. Wir können uns kürzer fassen und nur auf die Tatsache hinweisen, daß Teterow der Mittelpunkt der ‚Mecklenburgischen Schweiz‘ ist, wie es die geographische Karte klar zeigt.

Je kleiner die Landstädte, desto deutlicher geben sie schon äußerlich ihren landwirtschaftlichen Grundzug zu erkennen. Sie können unmöglich die Straßen und Plätze so pflegen wie eine Großstadt; auch ein Scheunenviertel ist ihnen unentbehrlich. Aber sie bewahren sich andererseits die Eigenschaft, Erholungsstätten für überlastete Nerven und kranke Organe zu bleiben. Mit wachsender Größe tritt der dörfliche Charakter in den Hintergrund. Die nähere wie die weitere Umgebung der Stadt zeichnet sich durch eine besondere Schönheit aus. Auf allen Seiten wird Teterow von hecken- und baumreichen Gärten eingesäumt, die von Villen und Vorstraßen anmutig belebt sind. Auffällig, aber vielleicht als Wirkung der Landschaft erklärbar, sind die zahlreichen kleinen und großen Gärtnereien in Teterow. Wenige andere mecklenburgische Städte sind landschaftlich so reich an wechselvollen Promenaden und Spazierwegen wie Teterow. So wird es begreiflich, daß die Stadt in wachsendem Maße als Sommerfrische und Ruhesitz beliebt wird. Auch hier kommt die Lage der Stadt zur Geltung; der ganze Fremdenstrom, der die ‚Mecklenburgische Schweiz‘ besucht, benutzt die in Lalendorf kreuzenden Bahnen, zu denen der Wegestern Teterow am günstigsten liegt. Die Stadtverwaltung hat diese Werte erkannt und in letzter Zeit ihre mustergültige Ausnutzung vorgenommen, indem sie sich ganz dem landschaftlichen Schönheitssuchen und der Erholungsbedürftigkeit der Großstädter anpaßt. Welche Werte dadurch in die Stadt fließen, läßt sich leicht abschätzen.

Der auswärtige Besucher wird Teterow nicht mit den gleichen Erwartungen betreten wie eine oftgenannte Großstadt. Interessant ist baugeschichtlich der vollständige, kreisrunde Ausbau der Ringstraße in Teterow, die noch ganz ihren eigenen Stil hat und die Altstadt überall abschließt. Die altstädtische Hauptstraße Teterows, einstmals kurz als „Große Straße" benannt, wird durch die beiden hohen Tore, die im Zuge der Ringstraße stehen, malerisch abgeschlossen. Als gotische Bauten des 14. Jahrhunderts sind sie von monumentaler Wirkung. Diese Zeugen früher Blütezeit waren ursprünglich nach hochgotischer Art scharf abgesetzt, wurden aber im 17. Jahrhundert mit den an Renaissance gemahnenden Kurven versehen. Das Rostocker Tor ist übrigens einen Meter aus der Lotrichtung gesunken. Jahrhundertelang waren diese Bauwerke der Stolz der kleinen Bürgerschaft, sie sind auch heute noch ein Stadtschmuck von größtem Werte, der die von allen Beschauern gezollte Bewunderung wohl verdient. Rathaus und Kirche, Petri- und Pauli-Pfarrkirche, wurden bereits erwähnt. Um die Schätze der letzteren hier übergehen zu können, sei an den 5. Band von Prof. Schlie's grundlegenden Werken über die Kunst- und Geschichtsdenkmäler Mecklenburgs erinnert.

Carl August Endler

200 Jahre Neustrelitz

Neustrelitz verdankt wie Ludwigslust oder Karlsruhe seine Entstehung der Neigung des absoluten Fürstentums neben seinen alten Fürstensitzen in reizvoller Umgebung neue Schlösser, deren Bau nicht mehr durch die Rücksicht auf ihre Verteidigungsfähigkeit beeinflußt war, anzulegen. Bei der Gründung von Neustrelitz kam noch etwas anderes hinzu: In der Nacht vom 23. auf den 24. Oktober 1712 ging das Strelitzer Schloß, der Sitz der Herzöge, in Flammen auf. Geldnot verhinderte den sofortigen Wiederaufbau. Reibereien mit der Strelitzer Bürgerschaft ließen es nicht wünschenswert erscheinen, Strelitz als Residenz beizubehalten. 1726–1731 ließ daher Herzog Adolf Friedrich III. sein Jagdhaus Glineke am Zierkersee als Residenzschloß ausbauen. Die Entfernung des Schlosses von Strelitz macht bald die Anlage eines Orts neben dem Schloß notwendig. Zunächst beabsichtigte man, ihn als einen Teil von Strelitz zu erbauen, aber aus verschiedenen Ursachen kam es schließlich zur Gründung einer neuen Stadt. Hierbei war mit maßgebend, daß man für den neuen Ort die Bindung an den Zunftzwang zunächst nicht wünschte.

Nachdem schon vorher die Bewohner umliegender Orte, sich in der neuen Stadt anzubauen, aufgefordert waren, wurde im Mai 1733 ein gedruckter Aufruf verbreitet, in dem die Vergünstigungen für die Neuanbauenden bekanntgegeben wurden. Dieser sogenannte Fundationsbrief ist kein Stadtprivileg im üblichen Sinne: Er enthält nicht die Rechte der Stadt, sondern die Rechte der Einwohner, die freien Bauplatz, freies Bauholz, freie Gewerbeausübung und Freiheit der Religion erhielten. Die Stadtverwaltung leitete ein Bürgermeister, der einem herzoglichen Beamten, dem die Oberaufsicht über das Stadtwesen übertragen war, unterstand. Auf Gesetze und Verordnungen verzichtete man zunächst nahezu ganz und ließ sich alles allmählich aus sich selbst entwickeln. Denn mit Recht schreibt einer der herzoglichen Räte: „Gesetze sind eine Richtschnur, wonach Untertanen ihre Handlungen anstellen sollen. Sie müssen daher so beschaffen sein, daß sie in Ansehung derer Personen sowohl als des Orts ohne Ausnahme zur Exekution gebracht und das Wohlsein des Orts als der Endzweck eines Gesetzes dadurch erlangt werden könne. Es sind oft wenige applikable Gesetze besser als viele."

Die Anlage der Stadt ist charakteristisch für die Zeit ihrer Entstehung. Nur der Wille des Fürsten galt.

Als Grundriß, dessen Planung von dem Erbauer des Schlosses, Loewe, stammt, wurde die Figur eines achtstrahligen Sterns gewählt. Den Mittelpunkt bildete ein viereckiger Marktplatz. Ähnliche Stadtplanungen finden wir in Süddeutschland. Das Auffallendste aber ist die Hineinsetzung dieser Stadtanlage in die Landschaft. Neben dem Schloß und von ihm durch ein Tal getrennt, lagen zwei Hügel, die eine sumpfige Niederung schied. Auf dem Abhang des einen wurde der Markt angelegt, so daß von den acht Straßen, die von ihm ausgingen, sechs gleich schräg nach unten verliefen. Das Ende der heutigen Zierkerstraße stieß dabei an das damalige Ufer des Zierkersees, der im Laufe der Zeit um zwei Meter abgesenkt ist. Auch die übrigen Geländeschwierigkeiten sind allmählich beseitigt oder ausgeglichen.

War der Platz für die Stadtanlage selbst schon ungünstig, so war dies nicht weniger bei der Verkehrslage der Fall. Keine einzige durchgehende Landstraße berührte ihn, selbst nach Altstrelitz bestand noch kein direkter Verkehrsweg; im Bogen führte der Penzlin–Strelitzer Weg um den Ort herum. Erst als 1770 die kurze Verbindung Neustrelitz–Strelitz geschaffen wurde, ging wenigstens eine Hauptstraße durch die Stadt.

Bei dem Bau der Häuser sorgte man dafür, daß zwischen je zwei Häusern eine breite Auffahrt frei blieb, um die Stadt gegen verheerende Brände zu schützen. Auch wurde auf den gleichmäßigen Bau der Häuser, die nur am Markt zweistöckig sein sollten, geachtet. In einzelnen Straßen von Neustrelitz ist diese Bauart noch heute klar zu erkennen.

Als der Gründer der Stadt, Adolf Friedrich III., starb, war die Stadt schon ansehnlich herangewachsen. Aber sie hatte weder Rathaus noch Kirche, weder Schule noch Pfarrhaus. In allen Straßen standen zwar Häuser, aber geschlossene Straßenzeilen fehlten fast ganz. Erst unter Adolf Friedrich IV. entwickelt sich die Stadt rascher. 1757 regelte eine Jurisdiktionsordnung die Zuständigkeit des Stadtgerichts. Im selben Jahr wurde durch die Instruktion für die beiden neu ernannten Bürgermeister die Verwaltung geordnet und die Ernennung von Stadtaltermännern, durch die die Bürgerschaft zur Mitarbeit am städtischen Wesen herangezogen wurde, verfügt.

Endlich wurde 1759 ein Stadtreglement erlassen, das eine wirkliche Stadtverfassung darstellt. Damit war Neustrelitz seiner inneren Struktur nach Stadt geworden. Aber die Aufsicht der Regierung über die Stadt blieb stärker als in den übrigen Städten. An der Spitze der Stadtverwaltung stand ein herzoglicher Beamter: Kanzleirat Gerling, dann der spätere Ministerpräsident Scherpelz. Auf diese folgte als Ratsdirigent der Regierungssekretär Horn, dessen Wirken für Neustrelitz um die Wende des Jahrhunderts äußerst fruchtbringend war. Diese Leitung der Stadtgeschäfte durch die Landesregierung war schon deswegen nötig, weil Neustrelitz für alle größeren Maßnahmen auf die Unterstützung des Landesherrn angewiesen war. In dieser Kontrolle ist auch wohl der Grund dafür zu suchen, daß Neustrelitz nicht die Landstandschaft erhielt.

Äußerlich wuchs sich in der zweiten Hälfte des 18. Jahrhunderts der Ort immer mehr zur wirklichen Stadt aus, 1756 erfolgte die Errichtung einer selbständigen Stadtpfarre, 1757 schenkte der Herzog ein eigenes Schulhaus.

Im selben Jahre sollte auch mit dem Bau der Stadtkirche, für die am Markt ein Platz freigelassen war, begonnen werden. Aber der Ausbruch des Siebenjährigen Krieges ließ dies Projekt zunächst ruhen. 1768 war man endlich soweit, daß der Grundstein gelegt werden konnte, doch die Leere der herzoglichen Kassen ließ die Arbeit immer wieder stocken. In der Krisenzeit 1770 und 1771 kam der Bau völlig zum Erliegen; die fertiggestellten Teile drohten wieder einzustürzen, als es schließlich doch noch gelang, durch Anleihen Geld zu beschaffen. Am 4. November 1778 konnte endlich die Kirche eingeweiht werden; sie blieb äußerlich unverputzt mit unvollendetem Turm stehen, da eine weitere Anspannung des Kredits unmöglich war. Erst 1832 wurde unter Buttels Leitung der Turm hinzugefügt.

Auch für die Stadtverwaltung wurde 1775 ein eigenes Haus beschafft. Es gelang, am Markt ein geeignetes Grundstück sowie in der Strelitzerstraße zwei sich anschließende Häuser zu erwerben. Um das Rathaus äußerlich zu kennzeichnen, erhielt das Gebäude am Markt einen kleinen Turm.

Wenn Neustrelitz auch keine Ackerbürgerstadt werden sollte, so brauchte es doch für das Vieh, das die Einwohner hielten, Weide und Wiesen. Auch mußte Acker vorhanden sein, sollte die Versorgung der Stadt nicht völlig auf fremde Zufuhren angewiesen sein.

Die Landbeschaffung aber war schwierig. War doch Neustrelitz so eng von der Strelitzer Feldmark und der der Peccatelschen Begüterung umklammert, daß an verschiedenen Stellen die Stadt überhaupt keine Ausdehnungsmöglichkeiten hatte.

1752 waren durch Austausch die angrenzenden Teile der Strelitzer Feldmark an Neustrelitz gekommen, eine äußerst günstige Lösung des Problems. Dieser Tausch jedoch wurde nach dem Regierungsantritt Adolf Friedrich IV. für ungültig erklärt. Nach der Erwerbung der Peccatelschen Begüterung war es wenigstens möglich, der Stadt das Gelände für Stadterweiterungen zu geben. Kleine Landzuteilungen in den 70er Jahren linderten die brennendste Not. Aber erst als die Kammer von Strelitz ein Stück am Zierkersee, das Neustrelitz von den Domanialfeldmarken benachbarter Höfe und Dörfer trennte, eintauschte und an die Stadt als Weide gab, war es möglich, größere Flächen Neustrelitz zuzuweisen. 1790 erwarb der Magistrat die Praelanker und Teile der Torwitzer Feldmark von der Kammer. Damit war der Bedarf an Weide und Hauswiesen für die Stadt gedeckt, aber Acker in solchem Unfang, daß wenigstens Schlachter, Gastwirte und ähnliche Berufe ihren Bedarf an Korn und Futtermittel bauen konnten, besaß die Stadt noch nicht. Man wollte die Zierker Feldmark und den diesem Dorf verpachteten Teil von Torwitz haben. Dieser Wunsch aber war schwer zu erfüllen, da die Kammer erst 1786 das verfallene Zierke wieder zurechtgebaut und die Gehöfte an die Bauern verkauft hatte. Die Legung des Dorfes wäre eine unerträgliche Härte gewesen. Erst der Nachfolger Adolf Friedrich IV., Herzog Carl, fand eine Lösung, indem er die Zierker Feldmark in vierzig Parzellen einteilen ließ, so daß vierzig Personen Acker erwerben konnten. Da man außer den Neustrelitzern auch die Zierker Bauern als Käufer zuließ, war auch diesen Gerechtigkeit widerfahren.

Zunächst wurde dieser Acker von Neustrelitz bzw. Zierke aus bewirtschaftet. Doch wurde in der zweiten Hälfte des 19. Jahrhunderts der Aufbau von Gehöften gestattet, so daß auf dem Acker heute eine Reihe von Ausbauten stehen, die zur Stadt gehören.

Der Ackerbau hat in Neustrelitz eine untergeordnete Rolle gespielt. Die Haupterwerbsquelle für die Bürger bildete der Hof, die dazu gehörigen Bedienten und die Beamten der Regierung. Der Gesamtcharakter der Stadt wurde durch diese stark beeinflußt. Der Handwerker in den Städten erwarb fast ausnahmslos, wenn er sich niederließ, ein eigenes Grundstück. Der Bediente oder Beamte entschloß sich meist erst in höherem Alter zum Erwerb eines Hauses. Daher war in Neustrelitz ein starker Bedarf an Mietswohnungen, so daß jeder, der ein Haus baute, mehrere Wohnungen einrichtete. Ein gut organisiertes Hypothekenwesen förderte den Häuserbau ebenfalls.

Bereits bis 1770 waren fast alle Bauplätze des ursprünglichen Stadtplanes bebaut, mit Ausnahme von Stellen mit ungünstigem Baugrund. Man mußte neue Straßen anlegen. Infolge der Senkung des Zierker Sees war es möglich, die Zierkerstraße zu verlängern, auch die übrigen Straßen dehnten sich aus. Zu Beginn des 19. Jahrhunderts wurde schließlich die Tiergartenstraße hinzugefügt. Dann aber stellte man für 50 Jahre fast jede Stadterweiterung ein. Man glaubte, daß Neustrelitz auf die Dauer nicht mehr Einwohner, als es 1816 hatte, ernähren könnte, und suchte möglichst allen Zuzug zu hemmen.

Seit 1750 hatte das Handwerk in Neustrelitz den lang erstrebten Zunftzwang erhalten. Nur für den Handel lehnte man alle Bindungen ab und begünstigte scharfe Konkurrenz, von der man sich für das Publikum Gutes versprach. Die Abhängigkeit des Wirtschaftslebens vom Hofe suchte man durch Errichtung von Manufakturen (Fabriken) zu mildern. Eine Strumpfmanufaktur, die eingerichtet war, um das Land von der Einfuhr aus Preußen unabhängig zu machen, vegetierte nur, trotzdem sie vom Staat Steuererleichterung und „Subventionen" erhielt. Schließlich ging sie ganz ein, obwohl ihr Rohprodukt, Wolle, einen der Hauptausfuhrartikel des Landes bildete. Neustrelitz war eben ein Ort, in dem nur kleinere Gewerbetreibende und Geschäftsleute auf die Dauer fortkommen konnten. Dem ehrbaren Meister bot sich hier gutes Fortkommen. Der Hof verlangte manch gutes Stück. Auch lockten die Hoffestlichkeiten zahlreiche Fremde, die manchen Schilling hier ließen, nach Neustrelitz.

Um die Wende des 18. Jahrhunderts erfuhr das Schulwesen von Neustrelitz eine erhebliche Verbesserung. Herzog Carl ließ hier eine Gelehrtenschule errichten, das Gymnasium Carolinum. Auch eine höhere Mädchenschule wurde aufgebaut und das Volksschulwesen verbessert.

In den Jahren von 1752–1816 hatte sich neben dem Schloß eine wirkliche Stadt entwickelt, die, wenn auch noch in Abhängigkeit vom Fürsten, mehr war als nur ein Wohnort fürstlicher Dienerschaft. Die Folgezeit bringt eine kräftige Vorwärtsentwicklung des Ortes. Es erstarkt in ihm das städtische Wesen, immer mehr löst er sich aus der Vormundschaft des Landesherrn. Nach Horns Tod ist zwar auch noch ein Ratsdirigent ernannt worden, aber er ist zugleich Stadtrichter und hat keine engeren Beziehungen zur Landesregierung mehr. Nach seinem Tode wird der Bürgermeister tatsächlich Leiter des Stadtwesens. Da die Aufgaben der Stadtverwaltung wachsen, erhält er Hilfe, indem um die Mitte des Jahrhunderts aus der Bürgerschaft Senatoren ernannt werden. Noch aber bleibt die Bürgerschaft ohne Einfluß auf ihre Geschicke. Zwar besteht noch das 1759 eingerichtete Institut der Stadtaltermänner, aber ihre Zahl ist bereits auf drei herabgesunken und sie werden nicht von der Bürgerschaft gewählt, sondern vom Magistrat ernannt, vom Landesherrn bestätigt. 1912 endlich erhielt Neustrelitz eine neue Stadtverfassung: Die Stadtverordneten wurden nach einem modifizierten Dreiklassenwahlrecht gewählt, ihre Sitzungen waren öffentlich und sie durften sogar Senatoren auf Zeit wählen, eine in Mecklenburg unerhörte Neuerung. Der Einfluß der Regierung wurde eingeschränkt, wenn auch naturgemäß der Landesherr in seiner Residenz einen gewissen Einfluß haben mußte. Die Neustrelitzer Stadtverfassung von 1913 war seinerzeit eine der modernsten. Nach dem Umsturz 1918 trat an ihre Stelle die durch die Mecklenburgische Städteordnung vorgeschriebene Stadtverfassung, die das Einkammersystem einführte.

Wie ihre Verfassung wurde auch die Stadt selbst im Laufe des 19. Jahrhunderts zur modernen Stadt. Vor allem wurde ihre ungünstige Verkehrslage beseitigt. Schon im letzten Viertel des 18. Jahrhunderts hatte der Verkehr Wege geschaffen, die, ohne Altstrelitz zu berühren, nach Neustrelitz führten. Der Bau der Kunststraßen aber gab ganz andere Möglichkeiten. Sie wurden so gebaut, daß Neustrelitz für den Süden Verkehrsknotenpunkt wurde. Durch den Bau des „Kammerkanals", der unter Benutzung der Havel Zierker See und Ellbogensee, durch den der Elbe-Havelkanal führte, verband, bekam Neustrelitz Anschluß an den Wasserverkehr. Eisenbahnverbindung erhielt Neustrelitz spät. Schon seit den 50er Jahren hoffte man auf die Verbindung Berlin–Stralsund, aber erst 1877 war die „Nordbahn" vollendet. Die Linie hat nie die ihr zukommende Bedeutung erhalten, da Preußen die durch sein Gebiet führende Strecke über Prenzlau bevorzugte. Daher war es von Neustrelitz von einschneidender Bedeutung, daß es 1886 durch den Bau der „Lloydbahn", Warnemünde–Berlin, Bahnstation der internationalen Linie Berlin–Kopenhagen wurde. In den 90er Jahren machte dann der Bau der Friedrich-Wilhelmstraße nach Mirow und Woldegk Neustrelitz auch zum Mittelpunkt des Lokalverkehrs. Zunächst ließen die Eisenbahnen die Bedeutung der großen Verbindungschausseen als nur noch recht niedrig einschätzen. Doch gab die Entwicklung des Autoverkehrs nach dem Krieg den Chausseen ihre alte Bedeutung wieder.

Der Bau der Straßen und Bahnen förderte die Entwicklung der Stadt, so daß sie im Laufe des 19. Jahrhunderts weit über den ersten Stadtgrundriß hinauswuchs. Dieses Wachsen wurde dadurch gefördert, daß seit 1821 in Neustrelitz das neuerrichtete Strelitzer Infanteriebataillon, das „goldene Bataillon" genannt, garnisonierte. Der Bau der Kaserne in den 40er Jahren führte zu einer erheblichen Verlängerung der Strelitzerstraße. Sonst erfolgte im allgemeinen in der Zeit bis 1875, trotz starker Bevölkerungszunahme, keine Anlage neuer Straßen. Man wünschte eine solche nicht, und der nötige Wohnraum wurde durch den Ausbau der einstöckigen Häuser zu zweistöckigen geschaffen. Auch für diese Erweiterungsbauten gab der Großherzog Baumaterial und einen Geldzuschuß. Andererseits war es dadurch möglich, die Bauentwürfe scharf zu kontrollieren und eine erfreuliche Abgestimmtheit der Bauten aufeinander zu erreichen. Nach dem Bau der Bahn aber entwickelte sich eine starke Bautätigkeit.

Mit dem Bau des Gaswerks 1854 erhielt die Stadt moderne Beleuchtung. 1912 ging es in den Besitz der Stadt über. 1898 erhielt Neustrelitz ein

Wasserwerk; 1906 wurde die Kanalisation modern ausgebaut. Das Wasserwerk wurde 1920 von der Stadt erworben und bildet zusammen mit dem Gaswerk die städtischen Werke. Diese wurden 1926 durch ein Elektrizitätswerk erweitert.

Die Nachkriegszeit brachte Verluste: Durch den Tod des letzten Großherzogs 1918 verlor die Stadt den Hof, doch blieb sie, da der Staat infolge der Revolution nicht mit Mecklenburg-Schwerin vereinigt wurde, Sitz der Zentralbehörden. Ihrer zentralen Lage im Bahn- und Straßennetz verdankte die Stadt es, daß 1928 das Landratsamt Strelitz dorthin verlegt wurde. Auf Betreiben der Linksparteien verlor Neustrelitz auch die Garnison. Der Brand des Landestheaters 1924 beraubte Neustrelitz eines wichtigen Kulturfaktors. Zwar wurde das Theater wieder aufgebaut, doch zwang die finanzielle Not 1930 zur Einstellung des Spielbetriebs.

Lichtblicke waren dagegen die Einrichtung einer Reichsbanknebenstelle sowie die Tatsache, daß es gelang, sämtliche Straßen neu zu pflastern und mit Bäumen zu bepflanzen. Eine weitere Möglichkeit zur Entwicklung wurde Neustrelitz durch Eingemeindung von Altstrelitz gegeben.

Die Schönheit der Stadt und ihrer Umgebung veranlaßten in den letzten Jahren ein starkes, durch die Nähe Berlins begünstigtes Anwachsen des Fremdenverkehrs. Neustrelitz ist heute eine Stadt, die sich aus sich selbst behauptet.

KARL WENDT

Neubrandenburg

Schon mit ihrer Gründung (1248) wurde Neubrandenburg die Führung unter den Städten des Landes Stargard zugewiesen. Als seine Vorderstadt wurde ihr diese Stellung durch die ständische Verfassung verbrieft, und heute bewahrt sie sie aus eigener Kraft.

Für die weite Welt war die Stadt an 600 Jahre fast in einen Dornröschenschlaf verzaubert, nur gelegentlich wurden Reisende hierher verschlagen, so der englische Gelehrte Nugent 1766. Er weiß aber ihre Schönheit mit den höchsten Tönen zu preisen und zollt namentlich – das ist für die realistisch denkenden Engländer bezeichnend – ihren Gasthöfen Bewunderung. „Das Wirtshaus am großen Markt ist eins der besten, welche ich in Deutschland angetroffen habe!"

Erst Fritz Reuter erweckte das Dornröschen und trug den Namen Neubrandenburgs in alle Welt. Sie ist eigentlich im wahrsten Sinne des Wortes seine Stadt geworden, der Ort, in dem seine Muse den unversiegbaren Nährboden für seine Betätigung fand. Menschen und Stadt, das richtige Klein- und Spießbürgertum des 19. Jahrhunderts, bilden die Umwelt, in der seine Dichtungen leben. Da er ein echter Neubrandenburger wurde, brauchte der gottbegnadete Dichter nur zu nehmen, was sich ihm ungesucht darbot – und Unvergleichliches war geschaffen. In seinem „Dörchläuchting" hat er unserer Stadt mit allem, was darin lebt und webt, ein unvergeßliches Denkmal gesetzt und in manchem begeisterten Leser den Wunsch wachgerufen, einmal einen Einblick zu tun in die Wirklichkeit des behaglichen Lebens, aus dem der Dichter schöpfte: das Rathaus, das aussieht, „as wenn dat vör langen Johren ut 'ne Wihnachtspoppenschachtel nahmen wür", das Palais mit den vielen Blitzableitern wegen Dörchläuchtings Gewitterangst, und den Marktplatz. Er kann auch plaudern mit den Nachfahren der Männer und Frauen, welche, Meister einer behaglichen Lebenskunst, mit ihrem Dörchläuchting ein so vortreffliches Verhältnis herzustellen wußten. Die resolute Bäckersfrau kann er sogar heute leibhaftig dargestellt auf dem Marktplatz da bewundern, wo sie ihrem durchlauchtigsten Herrn die Rechnung in die Hand zu drücken versucht über Jahre lang nicht bezahlte Frühstückssemmeln.

Freilich das wesentliche Gepräge der mittelalterlichen Innenstadt haben die zahlreichen Brände (1614, 1655, 1676, 1737 und zuletzt noch 1905, 1907) bis auf die Kirche und das Kloster zerstört, nur die Straßenzüge sind so geblieben, wie sie der Plan ihres Gründers Herbord von Raven vorschrieb. Sie führen alle auf ein Tor zu, einen Turm oder die Mauer, quadratische Häuserblocks begrenzend, die ein gefälliges Oval umschließt.

Was in solcher Unversehrtheit wenigstens in Norddeutschland nicht vollkommener anzutreffen ist, das sind die Befestigungswerke unserer Stadt. Ich habe vor mehreren Jahren eine Schar Berliner Jungen geführt, denen ihr Lehrer beweisen wollte, daß es außer der Reichshauptstadt noch etwas Sehenswertes gäbe. Ich zeigte ihnen Wälle, Mauern, Fangelturm, Tore und Wiekhäuser und suchte sie in die Zeit zu versetzen, da diese ihrer ursprünglichen Bestimmung dienten. „Dit globt uns ja keen Mensch in Berlin, det is ja wie in't Mittelalter." Ähnliche wenn auch nicht so drastische Ausdrücke der Bewunderung habe ich oft gehört, wenn ich es versuchte, diese für unsere Zeit toten Bauwerke mit Leben aus vergangenen Tagen zu füllen. Noch zieht sich Wall und Mauer um die ganze Stadt. Der Wall ist freilich zu Spaziergängen hergerichtet, aber unverändert und mit urwüchsigem Baum- und Strauchwerk ebenso regelmäßig bestanden wie vor Jahrhunderten; die Mauer noch heute gekrönt vom wuchtigen Fangelturm und vielen, vielen trutzigen Wiekhäusern, diese zum Teil so erhalten, wie sie als Wachhäuser dienten, zum Teil so, wie sie die Not nach dem dreißigjährigen Kriege zu Wohnzwecken gestaltete. Und die Tore! Die sind hier wirklich noch die einzig fahrbaren Ausgänge aus der Stadt (wenn wir den Mauerdurchbruch bei der Eisenbahn, der unvermeidlich war, außer Betracht lassen). Alles ist in so vollkommener Weise erhalten, daß es wirklich nur geringer Phantasie bedarf, um sich das Leben kriegerisch bewegter Zeit auszumalen. Wer sich in stillem Betrachten in diese Bauwerke vertieft, der vernimmt deutlich das Horn des Turm- und Torwächters, und die Wache schließt das Tor, die wehrhaften Männer eilen auf die Sammelplätze, alles wird zur Verteidigung hergerichtet, und mit Schaudern glaubt er wahrzunehmen, wie der erste brennende Pfeil in die Stadt fliegt, die Strohdächer entzündet, der erste Sturmbock gegen die Mauer rennt, sie in den Grundfesten erschütternd – so reiht sich Bild an Bild, und der Beschauer sieht und fühlt sich mitten im Erleben einer fernen Zeit.

Geh hinaus aus dem Neuen Tor ins herrliche Mühlenholz, zu beiden Seiten des tiefen und breiten Einschnittes, den in Urzeiten gewaltig andrängende Wassermassen schufen. In solchen Massen wälzten sie Sand und Erde vor sich her in die Niederung und formten sie zu einer Scholle, daß die ganze Stadt darauf erbaut werden konnte.

Wenn du aus dem Stargarder oder Treptower Tor die Stadt verläßt, so breitet sich bald vor deinen staunenden Blicken ein herrlicher, weit ausgedehnter See, von grünen Wiesen und bewaldeten Höhen umgeben. Magst du dich versenken in die Geschichte vergangener Tage, so entstehen vor deinem geistigen Auge in dem flachen Vorland wendische Pfahlbauten, ihre Bewohner tummeln ihre beweglichen Einbäume auf den Wellen und stellen ihre Netze auf. Aus den dichten Wäldern bringen sie erlegtes Wild als willkommene Jagdbeute heim. Dort vom Südende des Sees, wo auf der fernen Fischerinsel das sagenumwobene Rethra stand, wo die kriegerischen Redarier sich der Hülfe eines finsteren Gottes versicherten, wenn sie in den Streit zogen, vernimmst du kriegerisches Getümmel, welches das Stöhnen der geschlachteten Christenopfer übertönt, und schließlich wird dein Auge hell lodernde Flammen erblicken, die die Vernichtung des altehrwürdigen Wendenheiligtums durch siegreiche Christenheere verkünden und mit ihm den Untergang der wendischen Herrschaft. Am östlichen Ufer des Sees bauten sich die Ritter des an der Bezwingung der heidnischen Wenden wohl stark beteiligten Johanniterordens ihre Comturei Nemerow. Mit viel Grundbesitz war sie ausgestattet. Sie hat der Zeit ihren Tribut zollen müssen. Eine Klosterscheune und der prächtige Grabstein eines ihrer letzten Comture, des 1620 verstorbenen Ritters Ludwig von der Gröben, jetzt aufgerichtet vor der Terrasse, die einst das stolze Konventhaus trug, sind die letzten Reste vergangener Pracht.

Der moderne Mensch wird sich erfreuen an dem fröhlichen Spiel der Männlein und Weiblein, die sich am Strande des Sees von der Sonne bescheinen lassen, die sich tummeln in kristallklarem Wasser, an dem bunten Bilde, das langsam dahingleitende Ruderboote, schnell fahrende Motorboote darbieten, an dem fröhlichen Gesange, der über die Wellen getragen wird. Er wird auch eins dieser Gefährte besteigen und an der Fahrt über den See seine Freude haben. Vielleicht reizt es ihn, in lauschiger Bucht einen zappelnden Fisch an der Angel aus der Tiefe zu ziehen, vielleicht ist er zufrieden, wenn er am Ufer eine trauliche Stelle findet, wo ihn die Sonne bescheint, von wo er seine Blicke schweifen lassen kann auf die Stadt und ihre herrliche Umgebung. Viele solche Ruheplätze bieten sich ihm an beiden Ufern.

Wer als wahrer Naturfreund eine beschwerliche Wanderung in Wiesen und Sumpf nicht scheut, der steige am äußersten Ende des Sees bei Nonnenhof ans Land. Er findet ein Vogelschutzgebiet, das ein wahres Vogelparadies geworden ist. Auf Nonnenhof und dem darangrenzenden See, der inselreichen Lieps, da zwitschert und ruft und lockt, da rauscht und plätschert es von allen Vogelarten, die unsere norddeutsche Heimat kennt. Über achtzig hat man gezählt.

Wer das Wasser fürchtet, der wandere auf den Uferwegen hinein in die schönen Buchenwälder, die zu beiden Seiten weithin sich dehnen. Wenn er schöne Ausblicke genießen will, er findet sie überall ungesucht, beim Badehaus, bei Augustabad, beim Aussichtsturm auf Behmshöh auf der einen, bei Jacobis Restaurant, beim Buchort, beim Gatschen Eck an der andern Seite, nirgends aber schöner als auf der Höhe von Belvedere. Was dem Ganzen eine besondere Note verleiht, ist die herrliche Lage auf beherrschender Höhe, der des Niederwalddenkmals vergleichbar. Sie gewährt uns einen ungehinderten Ausblick auf den zu ihren Füßen sich ausbreitenden See und auf die Stadt, die im Laufe der Zeit gewaltig hinausgewachsen ist aus dem ursprünglichen Rahmen, den Wall und Mauern ihr gaben. Weithin dehnt sie sich im breiten Tollensetal bis in die Höhen, die es von Ost und West begrenzen. Rauchende Schornsteine und das Geräusch der Werkmaschinen verleihen auch der alten Stadt den Rhythmus der neuen Zeit.

KARL WENDT

Neubrandenburg in alter und neuer Zeit

Der Mode Wert besteht in meinem Ersten
Suchst du des andern Paares Spur,
du findest sie an Felsenufern
in sturmbewegten Wellen nur.
Mein Letzes ruft in deinem Blick
Der Vorzeit Bilder dir zurück –
Mein Ganzes ist ringsum mit Eichenlaub umkränzt
Aus seiner Mitte hoch ein goldnes Kränzlein glänzt,
Ist wie ein Rad so rund, nur einmal in der Welt,
und ewig ist mein Herz ihm zugesellt.

Ja, es gibt nur ein Neubrandenburg, „und ewig ist mein Herz ihm zugesellt." Was der Rätselmann aus innerster Überzeugung sagt, ist nichts anderes als was der Chronist der alten Vorderstadt, Franz Boll, in die Worte
kleidet: „Als eine besondere Gunst des Geschickes habe ich es stets betrachtet, zu Neubrandenburg geboren zu sein und hier mein Leben ver-
bracht zu haben."

Und worin liegt der Zauber verborgen, der alle mit so unwiderstehli-
cher Gewalt packt? Lassen wir einmal die zu Worte kommen, welche
nicht eingeborene und eingefleischte Neubrandenburger sind. Ich weiß
nicht, liegt das an der Zeit oder an den Menschen; alle diejenigen, welche
im 18. Jahrhundert ein Loblied zu Ehren unserer Stadt anstimmen, über-
sehen das, was uns das Eigenartigste, Reizvollste an ihr zu sein scheint:
die mittelalterliche Festung.

Der englische Tourist Nugent, veranlaßt durch die Vermählung der
Schwester des Herzogs Adolf Friedrich, Sophie Charlotte, mit dem englischen König Georg III., hatte eine „History of Vandalia" verfaßt und
unternahm eine Reise nach Mecklenburg, um die Widmungsexemplare
des ersten Bandes den Höfen von Strelitz und Schwerin persönlich zu
überreichen und durch eigenen Augenschein sich eine genauere Kenntnis
des Landes zu verschaffen. Über seine Eindrücke von Neubrandenburg
schreibt er: „Die Gegenden um die Stadt sind überaus angenehm, besonders gegen den Tollensesee hin, denn hier sowohl wie auf den Wällen sind
vortreffliche Spaziergänge… Von dem fürstlichen Vorwerk namens
Broda auf einem nahen Berge hat man den vortrefflichsten Prospekt nach
der Tollense und den umliegenden Anhöhen." Das Lustschloß Belvedere,

welches die plateauartig vorspringende Höhe bei Broda krönt und einen herrlichen Blick auf den See und die Stadt gewährte, wurde erst wenige Jahre später gebaut. Herzog Carl, ein eifriger Freimaurer, ließ es 1794 abbrechen, und zum Gebrauch der Loge wurde es in der Beguinenstraße wieder aufgebaut. Erst 1824 ließ die Herzogin Marie auf der alten Stelle die schöne Attica errichten, die heut noch die Bergeskuppe schmückt.

Außer der schönen Umgebung weiß Nugent – bezeichnend für den praktischen Engländer – nichts weiter zu rühmen als die Vorzüglichkeit des großen Wirtshauses am Markt (er meint die Goldene Kugel). Er preist es als eins der besten, welche er überhaupt in Deutschland getroffen hat.

Auch auf Johann Heinrich Voß, der vom Wohnorte seiner Eltern, Penzlin, aus auf die Gelehrtenschule in Neubrandenburg geschickt wurde, machten die Stadt und ihre Bauwerke nicht den geringsten Eindruck. Drei Jahre war er hier – aber er weiß in seinem späteren Leben nur von Mühen des Schullebens an Alltagen und Erholungsstunden in freier Natur an Sonntagen zu berichten, nur das Schulhaus und der schöne See mit seinen bewaldeten Ufern haften in seiner Erinnerung. Er hatte unter seinen Mitschülern eine literarische Gesellschaft gegründet, die in mehreren Freistunden wöchentlich Griechisch und Lateinisch trieb, auch mit deutscher Literatur sich befaßte und gelegentlich eigene literarische Produkte zum besten gab. Des Sonntags packte man alles, was man sich an deutschen Dichtern verschaffen konnte, zusammen, und hinaus ging's in Gottes freie Natur. An dem Ufer des Sees, unter dem Schatten hoher Buchen suchte und fand man ein lauschiges, verborgenes und stilles Plätzchen, in trauter Unterhaltung flossen die Stunden dahin, und oft kehrten die natur- und freundschaftsbegeisterten Jünglinge erst heim, wenn schon der Mond die Wasserfläche des Sees beschien. Von diesen Stunden hat der alternde Dichter seiner Gattin noch oft vorgeschwärmt. Und wahrlich, für jeden Naturfreund ist es etwas Herzerfreuendes, wenn er an Spätsommer- oder Herbstabenden von einem Plätzchen am Westufer des Sees, etwa von Buchort, den Anblick von Neubrandenburg genießen darf. Aus dem dunklen Eichenkranze, der sich um die Stadt legt, ragen Kirchen, Türme und Tore mächtig hervor, vergoldet von den Strahlen der untergehenden Sonne. So mischt sich in das dunkle, schwermütige Grün ein heiteres Glänzen und Glitzern, das Herz und Auge erfreut – ein Bild, würdig, von dem Pinsel eines Meisters festgehalten zu werden.

Und der Meister hat sich gefunden. Es ist der Romantiker Caspar

David Friedrich (geb. 1794 und gest. 1840 zu Greifswald). In seinen reiferen Jahren zog er vornehmlich aus dem deutschen Mittelgebirge und der norddeutschen Tiefebene großartige Kompositionen. Er starb in Elend und Vergessenheit, und erst in unsern Tagen fanden seine Werke ihre gerechte Würdigung. Unter ihnen ist nicht das schlechteste, welches die irreführende Benennung: „Sonnenaufgang bei Neubrandenburg" trägt, während es die Stadt, beleuchtet von der untergehenden Sonne darstellt.

Der Maler schaute sie freilich nicht vom Seeufer aus, sondern von Osten, etwa vom Datzenberge aus, so daß sie selbst dunkel, zum Teil sogar von Wolken und Nebel umhüllt erscheint. Nur die letzten am Horizont aufschießenden Strahlen der Abendsonne bilden die abschließende Folie. Er sieht die Stadt mit unseren Augen: Eine trutzige Festung des Mittelalters, deren charakteristische Bauten sich wuchtig herausheben über den schützenden Eichenkranz des Walles. Die die Stadt rings umschließende Mauer mit ihren zahlreichen Wiekhäusern blickt nirgends hindurch, nur die beiden Fangeltürme bleiben sichtbar, gewissermaßen von beiden Seiten die Festung flankierend.

In ihren Ausmaßen sich steigernd erblicken wir fast in einer Linie den Zingel mit dem Friedländer Außentor, etwas weiter zurück das Innentor und dahinter, alles überragend die St. Marienkirche, weiter zurück, in schwachen Umrissen angedeutet, die kleinere St. Johanniskirche.

Verweilen wir einen Augenblick bei diesen Bauwerken. Tore zählt Neubrandenburg vier, alle heute noch in ursprünglicher Gestalt erhalten und noch ihrer ursprünglichen Bestimmung dienend. Alle fahrbaren Straßen von dem Innern der Stadt nach außerhalb führen noch heute durch die Tore mit einer einzigen Ausnahme, welche der Verkehr zum Bahnhof erforderte. Sie waren in ihrer Zeit starke Werke. Die älteren Innentore sind wohl gleichzeitig mit der an Stelle eines die Stadt ursprünglich umschließenden Plankenzaunes etwa im 14. Jahrh. entstanden. Die Außentore sind späteren Datums, ebenso wie die vor dem Friedländer und Neuen Tor errichteten starken, halbkreisförmigen Zingel, welche die Widerstandskraft der hier nicht durch die natürliche Beschaffenheit des Vorgeländes geschützten Toranlage erhöhen sollten.

An zwei Innentoren, dem Stargarder und dem Neuen, erblicken wir stadtwärts 9 Jungfrauen, die anscheinend betend ihre Hände und Blicke zum Himmel emporheben; die Deutung dieser meines Wissens einzigartigen Figuren ist bisher nicht gelungen. Der Volksmund freilich weiß sich zu helfen, er nennt sie die „törichten" Jungfrauen, weil sie am Tore sitzen, und Reuter sah in ihnen die 18 Stadtrepräsentanten und wußte auch für die damals herabgefallenen Köpfe einiger eine Deutung. Das sei die Folge vom vielen „Nein sagen" und Kopfschütteln bei Vorlagen des Rates. Das in seinem Aufbau wuchtigste und in seiner Ornamentierung feinste ist das Treptower Tor, welches vielleicht als letztes erbaut ist, eine Zeit behaglicher Ruhe und gesicherten Wohlstandes voraussetzend.

Doch zurück zum Friedrich'schen Bild. Von den Toren zeigt es nur das Friedländer. Es ist von allen vier das älteste und das in heißen Kämpfen am hartnäckigsten umstrittene. Vergeblich berannten es 1469 die Treptower, als sie mit starker Heeresmacht gegen Neubrandenburg gerückt waren. Durch einen Ausfall schafften sich die Belagerten Luft, und obschon sie den Verlust ihres Bürgermeisters Prillenisse zu beklagen hatten, mußten die Belagerer schleunigst von dannen ziehen.

Den starken Belagerungsgeschützen späterer Zeit, überhaupt den Feuerwaffen, konnte diese Art der Befestigung freilich keinen erfolgreichen Widerstand leisten.

In ein paar Tagen zwang Tilly trotz tapferster, sachgemäßer Verteidigung die schwedische Besatzung zur Übergabe. Wieder entbrannte der heißeste Kampf um das Friedländer Tor. Noch heute hält eine Erinnerungstafel an der die Tore verbindenden Mauer das Gedächtnis des schwedischen Kapitäns Pflugk fest, der hier mit seiner ganzen Schar den Heldentod fand. Es lockt, aus diesen schweren Kämpfen und dem, was darauf folgte, Einzelheiten zu berichten, aber es mag die Feststellung genügen, daß der Feldherr und die Soldateska, welche hier im März 1631 Proben ihrer grausamen Kunst zu quälen und zu plündern gaben, dieselben waren, welche wenige Wochen später das unglückliche Magdeburg ihr Meisterstück erleben ließen. „Brandenburgisch Quartier", war die Parole der Schweden, als sie in Frankfurt a. O. noch in demselben Jahre Vergeltung an der kaiserlichen Besatzung übten.

Das Hauptstück auf Friedrichs Bild ist der alles überragende, wuchtige Bau der St. Marienkirche. Sie ist so alt wie Neubrandenburg selbst.

Am 4. Januar 1248 hatte Markgraf Johann von Brandenburg, der damalige Herr des Landes Stargard, in Spandau dem Ritter Herbord von Raven den Stiftungsbrief ausgehändigt, welcher ihn beauftragte, die Stadt Neubrandenburg zu gründen. Noch in demselben Jahre war der erste Spatenstich geschehen, und zu gleicher Zeit legten die frommen Siedler, wahrscheinlich mit Unterstützung der ihnen sonst nicht gerade sehr wohlgesinnten Mönche des nahen Prämonstratenserklosters Broda, den Grundstein zur Pfarrkirche St. Marien. 1271 erhielt der Probst von Broda das Patronatsrecht, welches in der Reformationszeit auf den Landesherrn überging, und 1298 wurde der Hauptaltar durch den Bischof von Havelberg geweiht. Ihre Vollendung in heutiger Gestalt ist das Werk des Hof-

Das Neue Tor in Neubrandenburg, Stadtseite

baurates Buttel in Neustrelitz, eines Schülers Schinkels, der im Auftrage des Großherzogs Georg mit feinem Takt 1832–41 ergänzte, was Zeit und Feuersbrunst zerstört und frühere Baumeister nur unvollkommen geschaffen hatten. Buttels Werk insbesondere ist die Vollendung des Turmes. Auf das vorhandene und früher nur durch einen Fachwerkbau gekrönte Viereck setzte er das heute den Turm abschließende Achteck, dessen feine Formen trotz mancher Mängel der ganzen Anlage das Neue als etwas mit dem Alten zu einer organischen Einheit Verbundenes erscheinen lassen. Auch die Ergänzung des Ostgiebels nach dem Vorbilde des Straßburger Münsters stammt von ihm. Die Kirche selbst zeigt die Gestalt einer Hallenkirche, deren drei Längsschiffe zu gleicher Höhe emporsteigen. Der Eindruck einer einheitlichen Halle wird leider durch die bei der Restauration zwischen die Pfeiler eingebauten Emporen und die kürzlich angebrachten Beleuchtungskörper sehr gestört, und doch vermögen sie nicht die weihevolle Stimmung zu verbannen, die sich unser jedesmal bemächtigt, wenn wir das altehrwürdige Gotteshaus betreten. Vieles, was an vergangene Zeiten erinnert, weist die in grau-braunem Anstrich gehaltene Kirche in ihrem Innern nicht auf, und doch gleiten, sobald wir in ihr weilen, unsere Gedanken unwillkürlich zurück auf die Zeiten der Not und Freude, des Friedens und des Unfriedens in unserer Bürgerschaft, von denen auch das gottesdienstliche Leben in der Marienkirche nicht unberührt blieb.

Die fromme Sage preist die Kirche als eine Stätte, die Frieden bringt. Ein von seinen Verfolgern vor der Stadt arg bedrängter wütender Eber läuft spornstreichs durch das Tor in die Stargarder Straße und von da in die Marienkirche, in der gerade ein feierliches Hochamt gehalten wird. Der Anblick der Monstranz besiegt seine Wut, und er läßt sich geduldig einfangen. – Der Ursprung dieser Sage geht zurück auf einen kunstvoll gearbeiteten Eberkopf, der an einer Tür angebracht ist und die Umschrift trägt: „Ick heyte herman ramt, ick bün tam, zam eyn lam, amen."

Als in dem Getümmel der Tillyschen Eroberung (1631) die Bewohner im heiligen Raum der Kirche Zuflucht vor den wilden kaiserlichen Horden suchten, stürmten die Plünderer rücksichtslos hinein und gebärdeten sich wie die Rasenden. Morden und Brandschatzen machte nicht Halt vor den Stufen des Altars.

Auch die Diener Gottes hielten nicht immer heiligen Frieden im Gotteshause. In heiligem Zorn, dem freilich oft ein ganz Stück unheiliger Gehässigkeit beigemischt war, donnerten sie gegen die städtische Obrigkeit, den Rat und einzelne Mitglieder desselben von der Kanzel. Der gröbste war Ehren Henricus Krause, der um die Mitte des 16. Jahrhunderts als Pfarrherr in St. Marien seines Amtes waltete. Mit Ehrentiteln, wie „Mörder, Ochsen, Fischotter", bewarf er die Ratsmitglieder in der Predigt und wollte darin nicht einmal eine Beleidigung erkennen lassen, denn der Rat selbst besäße als weltliche Obrigkeit dieselbe Macht und Gewalt wie die Ochsen in den Hörnern. Am glänzendsten schüttete er in einer Predigt über Petri Fischzug die Schale seines Zornes auf die gegenüber der Kanzel sitzenden Mitglieder des Rates mit folgenden Ergötzlichkeiten aus: „Und sie beschlossen eine große Menge Fische. Sie fingen ja noch Fische; in unserm Tollensesee müssen weise Fische sein, daß sich nicht mehr fangen lassen, als der Rat und die Bäkherren gebrauchen, und wenn du welche fängst, so haben sie noch Zettel im Halse; damit ja deine Seelsorger und andere Bürger keine Fische bekommen, so nimmst du sie fast alle zu dir, drei Gerichte auf den Tisch: 2 gesotten, 1 gebraten und 2 aufgehäufte Schüsseln für dein Gesinde, die müssen fressen, daß ihnen der Fisch aus Nasen und Ohren wachsen möge, man sollte dir einen Stein an den Hals binden und schmieten dich in die tiefste Tollense hinein, du Fischbauch, und lassen dich so lange fressen, bis du satt wirst." – Und dazu mußten die Angeschuldigten schweigen und durften nicht einmal die Kirche verlassen, wollten sie ihre Stellung in der Bürgerschaft und gegenüber dem Landesherrn behaupten. – Und wenn's zur Klage kam, dann hatte der streitbare Pfarrherr mindestens die Lacher auf seiner Seite.

Für die Instandhaltung der kleineren Schwesterkirche, der St. Johanniskirche, hat man in früherer Zeit wenig getan. Mehrmals wurde sie durch Brand geschädigt, und man stellte sie immer nur sehr notdürftig wieder her, ja nach dem Brande von 1614 sonderte man den östlichen Teil durch eine Scheidewand ab und richtete ihn zum städtischen Magazin her. Er wäre wohl niemals wieder dem gottesdienstlichen Gebrauche zugeführt worden, wenn diese Wand nicht 1887 eingestürzt wäre und so Anlaß gegeben wurde zu einer gründlichen Restauration der ganzen Kirche. So präsentiert sie sich heute in einer so prächtigen Gestalt innen und außen, wie sie sich ihre Erbauer wohl kaum haben träumen lassen. – Vornehme, besonders Ratsverwandte, bestatteten hier ihre Toten und bedeckten die Grabstätte mit Steinplatten, die Namen, Stand der Toten und mancherlei Sprüche tragen. Nicht immer war es freundliche Gesinnung, welche den Toten ins Grab folgte. Von einem wenig liebevollen Reim, der unter einem Bilde gestanden haben soll, weiß ein Chronist zu berichten. Er lautet: Ein karger Geizhals – tut wie die Kröten gleichfalls – deren keine zweimal mehr Erde frißt – denn sie mit einem Fuß abmißt – aus Sorg, daß ihr an Erd' abgeh. – Der Geizhals wird satt nimmermeh – bis so lang er liegt im Grab – und auch das Maul voll Erde hab. –

Auch die beiden Fangeltürme, die auf dem Friedrich'schen Bilde aus dem Eichenkranze hervorragen, wissen mancherlei zu erzählen. Sie dienten der Verteidigung der Stadt und als Gewahrsam für Gefangene, nicht bloß für Kriegsgefangene. Mancher Bürgersmann hat im Laufe der Jahrhunderte Gelegenheit gehabt, in ihrem dunklen Verließ über seinen Ungehorsam gegen die städtische Obrigkeit nachzudenken. Auch mancher harmlose Ruhestörer mußte hineinspazieren, und manche bittern Klagen wurden deswegen bei der Obrigkeit erhoben. Neun volle Tage mußte ein Goldschmiedslehrling im Turm sitzen, weil seine energische Meisterin ihn noch abends nach 9 Uhr an die Luft gesetzt und er seinem Ärger darüber durch Schelten in vermeintlich berechtigter Weise Luft gemacht hatte. Mit 17 Tagen Quartier im Turm mußte ein Hutmachermeister die Ungeschicklichkeit seiner Gesellen büßen, die einen ihm zur Ausbesserung zugestellten herzoglichen Hut am Ofen versengen ließen. Der verzweifelte Meister konnte nicht so schnell einen neuen anfertigen – und wurde vom Ratsdiener eingesperrt.

Selbst die ganze ehrsame Repräsentantenschaft mußte 1599 in den Turm wandern, als sie rebellisch gegen den Rat geworden war und ermutigt durch einen guten Trunk mit Axt und Beil alles das wegräumte, was nach ihrer Meinung unter stiller Duldung des Rates unberechtigter Weise an Ställen, Zäunen usw. die Straßen der Stadt verunzierte. Daß sie dabei eine zu kurze Meßrute genommen, war Pech und erhöhte noch ihre Strafwürdigkeit. Die Geschichte brachte zuerst viel Unruhe in die Bürgerschaft, wurde aber nach Jahren zur allgemeinen Befriedigung beigelegt. –

Nun nehmen wir Abschied von dem schönen Gemälde Friedrichs und von den Gedanken und Erinnerungen, die seine Betrachtung in uns auslöst. Wie eine verzauberte Dornröschen-Burg, die ihre große Geschichte vor dem neugierigen Beschauer verbergen möchte, liegt sie vor uns. Und das war sie auch zu der Zeit, als der Meister das Bild schuf. Noch ziemlich ein halbes Jahrhundert hat sie darin zugebracht. Da kam der Prinz, der sie aus dem Schlafe erlöste, und das war kein geringerer als unser Fritz Reuter. Er hat ihren Namen in die Welt getragen, noch ehe die alles erschließende Eisenbahn ihren Weg zu uns gefunden. „Nigenbramborg und Fritz Reuter" sind ein unzertrennbarer Begriff geworden, und durch seinen Roman „Dörchläuchting" hat er seiner Stadt und ihren Bewohnern ein Denkmal gesetzt, das in jedem Verehrer der Reuterschen Muse den Wunsch rege werden läßt, einmal den Ort zu sehen, wo alles das möglich war, was der Dichter so treuherzig und anschaulich zu berichten weiß. Und er wird nicht enttäuscht sein! Wie Weimar alle Zeit im Zeichen Goethes stehen wird, so wird der eifrige Reuterfreund auch in Neubrandenburg noch heute überall die Spuren seines Dichters finden. Nicht weniger als drei Tafeln zeigen an, wo Reuter seine Dichtungen geschaffen. Es könnten auch mehr sein, denn Reuter war kein seßhafter Mieter. – Noch steht das Palais äußerlich in alter Gestalt mit den unzähligen Blitzableitern, die Dörchläuchtings Gewitterangst vertreiben sollten. Aber noch einen vierten „Grugel" würde der hohe Herr bekommen, wenn er wüßte, was heute darin vorgeht. Das Finanzamt – welches sich in seinen Räumen breit macht – würde er wohl noch verschmerzen, denn er selber hatte nie Geld und würde sicher mit großem Interesse eine Einrichtung begrüßen, die Geld in Hülle und Fülle bringt. Daß aber das Bürgerparlament in seinem Thronsaal tagt, würde er als eine unverzeihliche Beleidigung auffassen müssen, ebenso wie, daß hier eine Reutersammlung ihren Platz gefunden hat. Und doch, glaube ich, würde er sich auch mit ihr aussöhnen in Anbetracht des unermüdlichen und unvergleichlichen Sammlerfleißes eines Theodor Gädertz, der seine Lebensaufgabe darin sah, alles zusammen zu bringen, was Verständnis für den echtesten, wahrhaftigsten Mecklenburger fördern und die Erinnerung an ihn wach halten kann. Denn im Grunde war doch auch Dörchläuchting ein echter Mecklenburger und liebte seine Heimat ebenso wie Reuter. – Nirgends findet ein Reuterverehrer reichere Anregung als in der Gädertzschen Sammlung, die das Wertvollste aus seinem literarischen Nachlaß zusammenfaßt, u. a. die hochdeutsche Urschrift der „Stromtid".

Der Marktplatz zeigt nicht mehr ganz das alte Gesicht. Zwei gewaltige Feuersbrünste haben einen großen Teil der alten Häuser zerstört. – Aber unverändert steht das Rathaus da, und im Ratskeller verkehren noch ebenso fröhliche Gäste als zu Reuters Zeiten. Freilich, ob in ihrer Tafelrunde noch ein ebenso behaglicher Humor noch heute die Würze der Unterhaltung bildet wie damals, wage ich nicht zu behaupten. Die alten Originale, welche mit unserm Dichter zusammen den Becher schwangen, sind längst zur ewigen Ruhe eingegangen, aber immerhin hat sich bei den Stammgästen des Ratskellers der Geist jener Zeit bis vor wenigen Jahrzehnten lebendig gehalten. Von dreien will ich berichten. Der erste sei Luting Sunpke, ein bekannter Pferdehändler, der als wertvolle Reliquie das Hufeisen von dem einzigen Pferd aufbewahren ließ, an dem er kein Geld – verloren hatte. Beim Ankauf eines Reitpferdes trieb er den zögernden Leutnant zu schnellem Entschluß mit den klassischen Worten: „Herr Leutnant, up den'n Vossen kann en General up dodschaten warden", und einen befreundeten Pastor, dem er eine einäugige Rosinante verkauft hatte, tröstete er mit den Worten: „Lat man god sin, Pasting, wat he up den'n Henweg nich süht, dat süht he up den'n Trüggweg, un... in de Bibel lesen sall he jo nich." Eng mit ihm befreundet war der riesengroße, breitschulterige, weit über die Grenzen Mecklenburgs geschätzte Klavierfabrikant Heinrich Roloff, von dem die Neubrandenburger Jugend den Spottvers sang: „Alle Menschen müssen sterben, bloß der dicke Roloff nicht. Wer soll seine Hosen erben? Passen tun sie keinem nicht." Er verstand es meisterhaft, Freischlucker so einzuseifen, daß sie nie wieder den Versuch machten, bei ihm zu nassauern.

Der dritte im Bunde war der stets hülfsbereite Bahnhofsvorsteher August Oberfeld, den nichts aus der Ruhe bringen konnte, nicht einmal ein grober Rüffel seiner Vorgesetzten; über einen solchen setzte er sich mit den Worten hinweg: „Wat de sich woll argert hewwen."

Die neueste Zeit bringt auch bei uns keine Originale mehr hervor. In modernen Weinstuben, Kaffeehäusern und Konditoreien mit Jazz-Musik und Foxtrott ist kein Platz mehr für spießbürgerliche Stammtischgemütlichkeit mit Bier und langer Pfeife, und die Empfindsamkeit unserer nervösen Zeit verträgt keinen derben Scherz mehr, und auf solchem Boden können Originale nicht mehr gedeihen, sie würden als Lümmel gebrandmarkt werden, noch bevor sie sich ganz entfalten können.

OTTO VITENSE

Krakow am See – Geschichte der Stadt

Ein rechtes Wahrzeichen für die Stadt Krakow ist der Jörnberg. Lange
bevor die ersten Ansiedler an die Stätte des heutigen Krakow kamen, hob
er sich schon auf einem Vorsprung in dem See, dem heutigen Stadtpark,
kegelbergartig aus dem Erdboden heraus und überragte in einer Höhe von
30 Metern (78 Meter über dem Meeresspiegel) ringsum das Land weit und
breit. Riesen, so erzählt man sich, sollen ihn einst in grauer Vorzeit aufgeworfen haben. Bewaldet bis zur Spitze bildet er eine landschaftliche
Schönheit, und wenn man von dem auf ihm errichteten Bismarckturm
Umschau hält, so hat man ein nicht minder reizvolles Bild auf Stadt und
Land. Der langgestreckte, vielgezackte, buchten- und inselreiche Krakower See, einst aus mehreren kleineren Seen erwachsen, breitet sich unten
im Tal. Wasser und Wald und zwischen ihnen eingebettet Dörfer und Gehöfte geben der hügeligen Landschaft ein anmutiges Gepräge. Kein Wunder, wenn sich hier, wie es alte Hünen- und Hügelgräber in der Umgebung des Sees kundtun, schon stein- und bronzezeitliche Menschen
wohnlich niederließen und vornehmlich in Jagd und Fischfang ihren Lebensunterhalt fanden.

Zwar wissen wir aus dieser Frühzeit Krakower Heimatgeschichte vor
zwei- bis dreitausend Jahren nichts mehr, und auch im ersten Jahrtausend
unserer Zeitrechnung bleibt noch fast alles in tiefes Dunkel gehüllt. Den
einzigen Anhalt gewährt außer einigen alten Burgwällen hauptsächlich
der Name der Stadt selbst, Krakow. Er ist wendischen Ursprungs, bedeutet in Anlehnung an das slawische Wort kraka soviel als Dohlen- oder
Rabenort und versetzt uns in die Zeit nach der Völkerwanderung, als um
das Jahr 600 die von Osten aus Rußland vordringenden Slawen das ganze
bisher von Germanen bewohnte ostelbische Land besetzten und auch am
Krakower See eine Burg- und Dorfsiedlung anlegten, wahrscheinlich auf
der den Binnensee vom Außensee abtrennenden Halbinsel beim Wäde-
häng. Weder von der Burg noch von dem Dorf ist heute etwas erhalten.
Der Name Krakow aber ist nachher auf die um 1250 westlich begründete
deutsche Stadtsiedlung übergegangen. Das alte Wendendorf wurde von
den niederdeutschen Siedlern Ollendörp (dat olle Dörp) genannt, ist aber
schon um 1350 eingegangen, seine Feldmark zumeist mit Stadt Krakow
vereinigt; nur der Name des Ollendörper Sees erinnert noch an das einstige Wendendorf.

Die uns erhaltene älteste urkundliche Nachricht von der Stadt Krakow ist vom 21. Mai 1298, als Fürst Nikolaus II. von Werle in Rostock die Einkünfte und Erträge aus dem Krakower und dem Ollendörper See für 900 Mark Münze an das Kloster Doberan veräußert. Da nun aber in dieser Urkunde bereits von Freiheiten und Rechten der Stadt gesprochen wird, die ihr früher verliehen sind, so ist das deutsche Krakow schon älter und, wie oben gesagt, wohl etwa fünfzig Jahre früher von Nikolaus I. von Werle als deutsches Gemeinwesen begründet.

Die Stadt war anfangs nur klein und umfaßte den Marktplatz nebst vier Straßen und ein paar Nebengassen. Umschlossen war sie von Mauern, durch die zwei Tore führten, eins nach Norden, das Güstrower, eins nach Süden, das Plauer Tor. Die alten Torbauten sind längst verschwunden, nur als Ortsbezeichnung hat sich ihr Name noch erhalten. Da die Stadt jedoch so ziemlich in der Mitte des Fürstentums Werle-Güstrow lag, so hielten hier die Stände des Landes gern ihre Landtage ab, und ebenso geschahen hier meistens ihre Erbhuldigungen beim Regierungsantritt eines neuen Fürsten. Die Landtage, die gewöhnlich nur einen Tag dauerten, fanden der Sitte der Zeit entsprechend im Freien auf einem weideartigen Gelände am See statt. Die Fürsten hatten als Absteigequartier ihr fürstliches Haus in der Stadt. So sah denn das kleine Krakow manch glänzende Fürsten- und Ritterversammlung, wie zum Beispiel am 10. März 1338 und am 15. Oktober 1340, als es sich um Verbriefung und Besiegelung von Bündnissen und Bestimmungen über den Landfrieden innerhalb der Werleschen Lande handelte. Aber auch manche Not brach in dieser Zeit über Krakow herein, so besonders 1358. Damals wurden die beiden Städte Plau und Krakow, die beide vorübergehend im Pfandbesitz des Herzogs Albrecht von Mecklenburg-Schwerin waren, in die um die Grafschaft Schwerin entbrennenden Kämpfe hineingezogen und von Albrechts Feinden im August 1358 erobert, wobei Krakow sogar in Flammen aufging und ganz niederbrannte.

Das wirtschaftlich und gewerbliche Leben in der Stadt regelte sich in der Hauptsache durch die Zünfte und Gilden, die schon frühzeitig, im 14. Jahrhundert, ihren Anfang nahmen. Von den Zünften der Handwerker waren die ersten die der Wollweber, der Schuster und der Müller. Dazu trat, wie es bei dem Wasserreichtum der Gegend ganz natürlich ist, die Zunft der Fischer. Unter den Gilden waren es vornehmlich die Schützengilde, die um das Jahr 1500 etwa fünfzig bis sechzig Mitglieder zählte, darunter auch Bauern aus den umliegenden Dörfern, ferner die Kaufmannsgilde mit rund vierzig Mitgliedern, von denen eine Anzahl außerhalb Krakows an fremden Handels- und Stapelplätzen wohnte, und schließlich die Begräbnisgilde „Unserer lieben Frauen", von der es heißt: „Wenn einer daraus stirbt, so muß jeder Bruder und jede Schwester zum Begräbnis opfern und haben dazu ewiges Gedächtnis." Meistens zu Pfingsten hielten die Zünfte und Gilden ihre Tagungen und Zusammenkünfte, die gewöhnlich zwei bis drei Tage dauerten und mit Schmausereien und Gelagen verbunden waren.

Mit der Gründung der Stadt entstand alsbald auch die Kirche als ein Übergangsbau vom romanischen zum gotischen Stil in der im Lande damals vielerorts üblichen Form der westfälischen Hallenkirche, dreijochig mit angeschlossenem einschiffigen Chor. Sie ist im Laufe der Zeit innen und außen mehrfach erneuert, zuletzt besonders im Jahre 1852. Als Patronatskirche des Güstrower Doms unterstand sie einem Güstrower Domkirchenherrn, der sie durch einen sogenannten Mietpriester versorgen ließ, und so ist es im ganzen Mittelalter geblieben. Trotzdem erlangte die Krakower Kirche bald einen großen Ruf. Sie erwarb nämlich eine wundertätige Hostie, die besonders an den hohen Festtagen öffentlich gezeigt wurde und Krakow lange Zeit zu einem nicht unbedeutenden Wallfahrtsort machte. Von nah und fern kamen die Leute, um die Wunderkraft der Hostie auf sich wirken zu lassen und dadurch auch von allerlei Leiden und Gebrechen Heilung zu finden. Als im Jahre 1325 eine Anzahl Juden die Kirche erbrach, die Hostie raubte, sie durchstach und in den Schmutz trat, da kam es gegen die Übeltäter zu einer großen Verfolgung. Die Juden wurden ergriffen, zur Stadt hinausgeführt und, wahrscheinlich auf dem Jördenberg, hingerichtet. Aus den ziemlich großen Erträgen der Wallfahrer aber wurde für die wiedergereinigte Hostie eine eigene Kapelle, die Heilige-Blutskapelle, vor dem Güstrower Tor errichtet; sie hat bis 1503 bestanden und ist dann bei einem Gewitter durch den Blitz zerstört und eingeäschert. Die Güstrower Kirchherren von Krakow hatten immer ein scharfes Auge gegen jede Beeinträchtigung ihrer Macht. Darum waren sie auch abgeschworene Feinde der beginnenden Reformation. Nicolaus Oldenschuh drohte seinem Mietpriester in Krakow mit sofortiger Verjagung von der Pfarre, wenn er sich unterstehe, lutherisch zu predigen. Päpstliche Priester und umherziehende Mönche im Dienste der Güstrower Domherren stellten dem Kaplan Joh. Babe, dem eigentlichen Reformator Krakows, als er die neue Lehre einführen wollte, auf jede Weise nach. Erst als der neue Herzog Johann Albrecht 1547 den lutherischen Hofprediger Gerd Oemeke in Schwerin an die Spitze des Güstrower Domkapitels stellte, da wurde auch in Krakow die Bahn frei. Bei einer Erbhuldigung der Stände für den neuen Herzog und seine beiden Brüder am 27. März 1548 in Krakow erbaten die Stände von den Herzögen die Einführung der Reformation im ganzen Lande, und das geschah ein Jahr später auf dem Landtag an der Sagsdorfer Brücke bei Sternberg am 20. Juni 1549. Demgemäß wurde dann in der Superintendenturordnung von 1570 Krakow kirchlich der Superintendentur Güstrow zugeteilt. Während Krakow im Mittelalter als Landtagsstadt des Fürstentums Werle seine politische Glanzzeit hatte, verlor es nach dem Aussterben des Fürstenhauses (1436) als kleine und kleinste Landstadt im Gesamtherzogtum Mecklenburg immer mehr an Bedeutung und versank in eine gewisse Weltabgeschiedenheit. Dabei ward die Stadt in der Folgezeit des öfteren in ihrer Existenz bedroht und hat hart um Sein und Nichtsein ringen müssen. Mehrere große verheerende Brände brachten sie an den Rand des Verderbens, so in der Osterwoche 1609, am 5. November 1673 und besonders am 11. August 1698 und am 21. August 1759, wo beide Male fast die ganze Stadt in Asche gelegt wurde. Dazu kamen die Kriegswirren der Jahrhunderte, von denen auch Krakow nicht verschont geblieben ist, vor allem der Dreißigjährige Krieg, als abwechselnd bald die Kaiserlichen, bald die Schweden im Lande hausten, überall brandschatzten und plünderten und die Bewohner aufs schwerste drangsalierten. So mußte 1637 der Pastor Hagen mit Frau und Kindern vor den entmenschten Horden flüchten. Er flieht nach Güstrow, wo er mit den Seinen alsbald an der Pest gestorben ist. In dem nahen Kirch-Kogel wurde unter anderen Häusern auch die Kirche zerstört, und die Bewohner des Dorfes waren schließlich so sehr zusammengeschrumpft, daß der Pastor sie unter der großen Kirchhofslinde versammeln konnte, wo er dann, in dem hohlen Lindenstamm, Gottesdienst mit ihnen hielt und an einem in dem hohlen Stamm aufgestellten Tisch das Abendmahl austeilte. Ein Jahrhundert später hatte Krakow vor und in dem Siebenjährigen Kriege unter den preußischen Werbungen viel zu leiden. Eine Anzahl junger Leute wurde gewaltsam fortgeschleppt. Als sich einer durch Flucht retten wollte, schossen die Werber gleich drei von ihnen nieder. Ein paar andere, die in ihrer Angst in den See liefen, um so ihren Peinigern zu entkommen, ließ man erbarmungslos ertrinken. Ihre Gebeine wurden später noch im See aufgefunden. Und wieder fünfzig Jahre später folgte 1806 die schlimme Franzosenzeit, in der auch Krakow durch Einquartierungen, Durchmärsche, Verpflegungen, Kontributionen und Lasten aller Art sowie durch das oft rohe und barsche Benehmen der Feinde gegenüber wehrlosen Bürgern den Druck der Fremdherrschaft zur Genüge kennen lernte. Im Blechernkrug nördlich der Stadt war damals eine berüchtigte Diebesherberge, wo gleichsam unter dem Schutz der Feinde das schlimmste Raubgesindel zusammenkam und die ganze Gegend unsicher machte.

Als nach den Befreiungskriegen wieder der Friede ins Land kam, war Krakow mit weit weniger als tausend Einwohnern und mit etwa hundert Häusern die kleinste Stadt im Lande. Dementsprechend war auch das gewerbliche Leben in der Stadt noch recht bescheiden. Am stärksten waren die Schuster mit dreizehn vertreten, dann folgten die Schneider mit fünf, und ebenso stark waren die Brauer. Bäcker gab es vier, Weber ebenfalls vier, Schlächter drei, Kaufleute, Maurer, Tischler und Schmiede ebenfalls drei, Gastwirte und Branntweinbrenner je zwei, Böttcher, Glaser, Sattler, Müller, Stellmacher und andere Gewerbe je einen. Zunächst nahm im Lauf des Jahrhunderts die Einwohnerzahl nur langsam zu, dann aber steigt sie verhältnismäßig schnell an. Im Jahre 1850 beträgt sie bereits 1725, und Krakow ist auch nicht mehr die kleinste Stadt, sondern hat Warin und im Jahre 1871 mit 2109 Einwohnern auch Brüel, Neubukow, Neustadt, Laage und Marlow überholt.

Die Verbindung mit der Außenwelt wurde zu Anfang des 18. Jahrhunderts außer durch private Fuhrwerke sowie wandernde und reitende Boten durch die wöchentlich zweimal von Rostock nach Berlin und zurück fahrende Post hergestellt, die über Güstrow, Krakow, Plau ging. Die Fahrt von Krakow nach Berlin dauerte bei dem schlechten Zustand der Landstraßen und mit einem oft langen Aufenthalt in den verschiedenen Städten von Donnerstag abend bis Sonnabend morgen, also zwei Nächte und einen Tag. Nach dem Bau der Berlin-Hamburger Bahn 1846 wurde die Post nur bis Station Glöwen geführt; sie fuhr dann täglich und infolge des gleichzeitig zunehmenden Chausseebaus (Güstrow-Krakow-Plau u. a.) auch schneller, so daß die Strecke Krakow-Glöwen etwa zehn Stunden dauerte. Zu der Rostock-Glöwener Post trat dann eine zweite Fahrpost von Güstrow über Krakow und Malchow nach Waren bzw. Röbel und eine Karriolpost zwischen Krakow und Goldberg. Das gesamte Postwesen in der Stadt wurde bis 1871 von einem Postbeamten mit der Bezeichnung Postmeister besorgt. Im Jahre 1882 erhielt die Stadt durch den Bau der Güstrow-Plauer Eisenbahn an die beiden quer durch Mecklenburg laufenden Bahnen Hamburg-Stettin und Ludwigslust-Waren-Neubrandenburg Anschluß und wurde somit immer mehr aus seiner früheren Abgeschiedenheit herausgehoben.

Eine solche durch Eisenbahn und Chausseen geschaffene und heute durch den Autoverkehr noch erheblich erweiterte Verbindung Krakows nach allen Richtungen, im Süden besonders nach Berlin und im Norden nach Rostock und an die See, dazu das idyllische Landschaftsbild mit den vielen Naturschönheiten, dem Wechsel von Tal und Hügel, von Wald und Wasser, den vielen lauschigen Buchten und Plätzchen an Seeufern und

Bergabhängen, wo neuerdings auch der Segelflugsport eine Heimstätte gefunden hat, und schließlich nicht zu vergessen die umliegenden alten Herrensitze mit den prächtigen Landschlössern und Parkanlagen, wie z. B. die märchenhaft wirkenden Dobbin und Serrahn: das alles hat die kleine saubere Landstadt mit Recht wieder ans Tageslicht gezogen, sie neu belebt und unter dem Namen „Krakow am See" zu einer Erholung bringenden, friedlich-ruhigen Sommerfrische gemacht.

RICHARD HAMANN
Streifzüge durch das Land Malchin

Das „Land Malchin" ist ein historischer Begriff. Schon vor der Gründung der Stadt im Jahre 1236 gibt es ein Land Malchin. Eine genaue geographische Umgrenzung dieses Raumes ist nicht möglich. Das Land gehörte bis 1236 zu Pommern und war damals „eine Einöde, die hinreichend Raum hatte", ein Land, das nach den Aussagen der Chronisten einer Wüste glich. Heute ist es ein wesentlicher Teil der schönen mecklenburgischen Schweiz. Es sind „Gefilde, in die sich ein Stück des lieblichsten aller Himmelsräume niedergelassen hat". (Mielert.) Uns erfreuen „schimmernde Seenflächen, dunkle Forsten, grüne Wiesen und Felder, durch die sich silberne Bäche schlängeln, in blauen Fernen verdämmernde Höhen". „Das Landschaftsbild ist ein Paradies, groß, weit und vollendet schön in den Formen seiner Hügel und Täler, Wälder und Felder, Baumgruppen und Gartenanlagen, aus denen überall hübsche Dörfer mit Kirchtürmen hervorlugen und in deren Mitte wie eine große blaue Perle der Malchiner See sich ausdehnt." (Schlie.)

Wandern wir einmal zum Steintor hinaus! Bald sind wir im Hainholz. Rechts vom Gielower Weg, kurz vor der Gielower Scheide, liegt der Sporckenkeller. Heute ist es nur eine Vertiefung im Walde von etwa fünfzehn Meter Durchmesser. Vor achtzig Jahren sollen noch eine steinerne Treppe und Mauerreste zu sehen gewesen sein. Die Chronik erzählt, daß der kaiserliche Feldmarschall Sporck in den Kriegsjahren 1659–1660 hier seinen Raub aufgespeichert hatte.

Der Weg nach Basedow führt rechts am Jägerhof vorbei über Gessin. Eine herrliche Aussicht hat man vom hochgelegenen Hainholz aus auf das Peenetal und auf die Chaussee Malchin-Rothenmoor. Unser Auge überschaut weite Wiesen mit weidenden Kühen. Jenseits der Peene steigt das Land zum Panstorfer Holz wieder an. Wir haben ein gewaltiges Urstromtal, genauer ein Zungenbecken der Eiszeit, vor uns. Basedow ist ein großzügig angelegter Herrensitz. Inmitten eines herrlichen Parkes liegt das alte Schloß der Hahns. Die Grafen Hahn sind im 14. Jahrhundert aus der Ratzeburger Gegend hierher gekommen. Sie sind wahrscheinlich nicht wendischen Ursprungs, weil sich bei ihnen schon in ältester Zeit keine wendischen Vornamen finden, wie sie sonst im 13. Jahrhundert viel vorkommen. Lüdeke Hahn auf Basedow ist auch durch den festungsmäßigen

Ausbau der Stadt Plau und die Bekämpfung der brandenburgischen Raubritter im 15. Jahrhundert bekannt geworden. Von der ältesten Burg, die im 14. Jahrhundert erbaut wurde und von einem mächtigen Wassergürtel umschlossen war, stammen die unteren Teile der mittleren Giebel. In ihnen stehen noch die alten Gewölbe. 1513 sind die beiden mittleren Giebel erbaut. Der nördliche ist noch vollständig erhalten, der südliche ist im Dachstuhl abgebrannt und erneuert. 1552 ist der innere Turm auf dem Schloßhof erbaut. 1891 brannte ein großer Teil der 1803 von Stüler-Berlin im Babelsberger Stil errichteten Anbauten ab. Das jetzige Torhaus ist stehengeblieben. 1891–93 ist das jetzige Haupthaus mit dem hohen Turm im Johann-Albrecht-Stil erbaut worden. Die Ruinen hinter dem Schloß sind teils alt, teils neu. Es wird sich kaum um Teile des Schlosses, sondern vielmehr um Stallungen handeln. Hinter dem Schloß dehnt sich der mächtige Park im Rokoko-Stil mit alten Bäumen, mit pyramiden- und kugelartig geschnittenen Hecken, kleinen Gartenhäusern und Pavillons. Im Park können wir auch eins der schönsten jungsteinzeitlichen Hünengräber Mecklenburgs betrachten. Im Saupark bei Basedow, an der Chaussee nach Rothenmoor, befindet sich ein zweites Hünengrab, das jedoch aus einer späteren Zeit stammt. Ehrwürdiges Alter drückt dem Kirchlein des Dorfes sein weihevolles Siegel auf. Es stammt aus dem 13. Jahrhundert. Ungewöhnlich schön ist die Orgelempore und der Orgelprospekt. Es ist ein Kunstwerk der Renaissance. Durch die Zahl und Mannigfaltigkeit der wiedergegebenen Personen fesselt das Epitaph des Grafen Kuno Hahn und seiner beiden Frauen, auf dem außer den drei Erwachsenen noch die 22 Kinder des Kuno, 8 Söhne und 14 Töchter aus beiden Ehen, in kleinen Figuren betend und kniend und wie Orgelpfeifen fein säuberlich nach ihrer Länge geordnet sind. Der Altaraufsatz ist ein reiches Werk der Renaissance des 16. Jahrhunderts aus Sandstein und mit vielen Reliefeinlagen aus weißem Marmor. (Vermutlich aus dem Güstrower Werkstattkreis des Philipp Brandin.) Es erinnert an die Bristower Kirche. Das Abendmahl hat den Hauptplatz erhalten. Nach Basedow muß man zur Zeit der Hirschbrunst gehen. Die Forsten haben einen außerordentlich großen Wildbestand. Vor allen Dingen wird hier Damwild, aber auch Schwarzwild gehegt. Im Herbst pflegt man hier noch die Jagd in alter romantischer Form in schönen Livreen und mit schmetterndem Halali.

Wir verlassen Basedow auf dem Wege nach Seedorf. Hinter dem Teich biegen wir rechts in den Buchenwald ein. Der Weg steigt an. Hier im Saupark von Basedow liegt die „Germanenburg" oder der Burgwal „Langer Berg". Er liegt etwa 40 Meter über dem Spiegel des Malchiner Sees. 1923 wurden hier auf Veranlassung von Pastor Voß unter Leitung von

Schloß Remplin, Hauptfront
(Schloß am Ende des zweiten Weltkrieges total zerstört)

Professor Beltz Ausgrabungen gemacht. Die meisten Burgwälle stammen ja einwandfrei aus der Wendenzeit. Die Burg bildete wegen der steil abfallenden Hänge und des starken doppelten Palisadenzaunes, dessen Zwischenraum mit Erde ausgefüllt war, einen mächtigen Schutz. Diese Mauer mag drei Meter hoch gewesen sein. Sicherlich war sie oben noch durch eine Brustwehr geschützt. In der Erde konnte man deutlich die Spuren der Palisaden erkennen. Drei Tore wurden ermittelt, auf die man durch Aschenreste und vermodertes Holz gewiesen wurde. Ferner konnte man Herdstellen nachweisen. Aufschlußreich waren die Erdschichten, welche Reste von Lehmbewurf und Branderde enthielten. Man fand Knochen, Scherben und Feuersteinwerkzeuge, insbesondere Spindelsteine.

Wenn wir nach Rothenmoor weiterwandern, können wir einen anderen Burgwall besichtigen. Es ist die Wendenburg Sagel bei Rothenmoor am Abhang des tiefen Burgtales, die dort im dunklen Tannendickicht ein verstecktes Dasein führt. 1271 verlieh der Fürst Nikolaus von Werle den Domherrn des 1226 gestifteten Domstiftes in Güstrow vierzig Waldhufen dieses wilden Waldgebietes. Jetzt entstanden hier die Hagendörfer Domherrnhagen und Marquardshagen. Wahrscheinlich wurde an der alten wendischen Tempelstätte, eines Heiligtums der Göttermutter Baba, die Kirche des Dorfes Domherrnhagen oder Papenhagen errichtet. Die Ruine dieser Kirche können wir noch von Rambow aus besuchen. Allerdings kommt man nur vor der Saat oder nach der Ernte dahin. Inmitten des Ackers liegt hier die „Wüste Kirche", ein Feldsteinbau im romanischen Stil. Jetzt stehen noch die beiden Giebelwände und ein Teil der Längsmauern. Alles aber ist von üppigem Baumwuchs umgeben und durchwachsen und von höchstem malerischen Reiz. Das umgebende Grün der Buchen ist im Sommer so dicht, daß, wer nichts von dem Vorhandensein der Ruine weiß, ahnungslos an ihr vorübergehen kann. Um die Mitte des 15. Jahrhunderts lagen die Feldmarken Domherrnhagen und Marquardeshagen bereits wüste. Woher und weshalb wissen wir nicht mehr. Damals brachte jedoch Ulrich von Maltzahn beide Dörfer an sich. Jetzt entstand Ulrichshausen. In der zweiten Hälfte des 16. Jahrhunderts trat dann die Kirche von Rambow an die Stelle der verfallenen Kirche von Papenhagen.

Wir sind ganz in der Nähe von Ulrichshusen. Das Schloß ist im 16. Jahrhundert von den Maltzahns erbaut und 1840 von den Hahns erworben worden. Noch sieht man über dem Portal des Torhauses das Medaillonporträt des Erbauers Ulrich von Maltzahn im Tonrelief und unter diesem das gleichfalls in Ton ausgeführte Maltzahnsche Wappen und die anheimelnde Inschrift: Ulrichshusen ist mein Nahm / wer Herberg in mir will han / der nem vor gut Stube und Gemak / und was Küch und Keller vermag / und nehm den willen vor die That / so wird dem Gaste guter Rat.

Ein anderes Mal wandern wir zum Kalenschen Tor hinaus. Unser Ziel ist Remplin und Panstorf. Über Wendischhagen kehren wir zurück nach Malchin. Sehr zu empfehlen ist auch ein Spaziergang nach Remplin über die Zachowweide und durch das Rempliner Moor. In Remplin wird die Vergangenheit zur Gegenwart. Wo sich vor Jahrhunderten Bauernhöfe befanden, wo das Dorf Lilienberg, welches 1314 zuerst genannt wird, stand, da entstehen heute neue Erbhöfe. Das Gut Remplin, das bisher einem Herzog zu Mecklenburg-Strelitz gehörte, wird aufgesiedelt. – In einem großen Park mit schnurgeraden Alleen, mit Teichen und Wassergrotten, liegt das schöne Renaissanceschloß mit seiner offenen Halle, vor der zwei mächtige Mamorlöwen die Wache halten. Das Schloß gehörte früher auch den Hahns. Um 1700 hat der Obrist Levin Ludwig III. Hahn aus dem öden Dorf einen der schönsten Rittersitze Mecklenburgs gemacht. Hier in Remplin wohnte auch der Landmarschall Friedrich II. Hahn, ein Freund der Gelehrten und Künstler seiner Zeit. Er ließ 1793 die erste mecklenburgische Sternwarte in seinem Park errichten. Noch heute erzählt sie uns aus längst vergangener Zeit.

Der Astronom Friedrich Hähn tat auch viel für die Schulen. Er ließ zweckmäßige Schulhäuser bauen, stellte tüchtige Lehrer an, die er aus dem berühmten Dessauer Philantropin holte, und sorgte für die erforderlichen Lehrmittel. Der Nachfolger des Landmarschalls Friedrich war der bekannte Theatergraf Karl Hahn, der längere Zeit in Remplin ein Theater unterhielt, auf dem vielfach hervorragende Künstler wie z. B. Iffland auftraten. Von diesem Graf, der später in Hamburg völlig mittellos starb, erzählt man sich noch heute die sonderbarsten Geschichten. – Die Besichtigung des Schlosses ist sehr zu empfehlen. Man erstaunt über die Pracht der Säle und Gemächer. Die Wände zieren Gemälde von Herzögen und Großherzögen aus Mecklenburg-Schwerin und Mecklenburg-Strelitz und deren russischer Verwandtschaft. Die Bibliothek und die griechisch-orthodoxe Kapelle, eigentlich alles erinnert an die Zeit, wo russische Großfürstinnen und Großfürsten hier einige Monate oder Wochen des Jahres verbrachten.

Nicht weit von Remplin liegt am Panstorfer Holz Alt-Panstorf. Es ist noch nicht so sehr lange her, da schaute von Alt-Panstorf ein Kirchturm weit ins Land hinaus. Ein Blitzstrahl hat den Turm gefällt. Was können uns die alten gotischen Mauern dieser Kirchruine aus dem 14. Jahrhundert alles erzählen! Sie haben die Moltkes, Nossentins und Hahns kommen und gehen sehen. In alter Zeit hatte die Panstorfer Kirche einen eigenen Pfarrer gehabt. Da kam der furchtbare Dreißigjährige Krieg. Kein Buch schildert den Jammer, der über die Bewohner hereinbrach. Wir wissen nur, daß der Pfarrer fliehen mußte und daß das Dorf 1648 menschenleer war. Es finden sich wieder Menschen an. Das Pfarrhaus wird nicht wieder aufgebaut. Der Pfarrgarten liegt verlassen. Es geht immer weiter bergab. 1811 verliert unser Kirchlein die Glocken, und seitdem 1879 die neue Kirche in Remplin erbaut ist, kommt niemand mehr zum Gottesdienst ins Gotteshaus. Heu und Stroh werden zur Erntezeit hier eingefahren, und der Schäfer hütet seine Schafe über zerbrochenen Grabsteinen. Nun aber ist neues Leben aus den Ruinen aufgeblüht. Vier Siedlerhöfe, die zu Remplin gehören, umstehen jetzt die alte Kirche.

Wir wandern am Fuße des Panstorfer Holzes oder durch den Wald dem Malchiner See zu. Bald haben wir Wendischhagen erreicht. Eine herrliche Aussicht auf den Malchiner See hat man vom Dramberg, zu dem man von Wendischhagen hinaufsteigt. Wo die Peene aus dem Malchiner See fließt, stand früher die Kniepenburg, Besitz der Hahns. Sie ist heute verschwunden. Das auch heute längst verschollene Wendisch-Wargentin lag wahrscheinlich am linken Ufer der Peene. Dort oben, ganz nahe bei Basedow, liegt in der Feldmark die Dorfstelle von Deutsch-Wargentin. Hohe Bäume bedecken heute einen Trümmerhaufen. Dort wird die Kirche gestanden haben. Das Dorf ist erst 1788 ganz niedergelegt worden. Die Feldmark kam damals an Basedow. In Malchin erinnert die Wargentiner Straße an dieses alte Dorf. Die Kniepenburg, Wendisch-Wargentin und Deutsch-Wargentin – unsere Gedanken schweifen zurück in die Zeit der Grenzkämpfe. Wir sehen um 1200 die deutschen Einwanderer mit schweren Wagen, mit Vieh und Ackergerät in unser Land kommen. Man hat ihnen hier an der Peene einen Teil der Dorfmark von Wendisch-Wargentin zugewiesen. Das Dorf war vom wendischen Landesherren 1215 dem Nonnenkloster Arendsee in der Altmark, welches in Mecklenburg die Nonnenklöster Bützow und Sonnenkamp (Neukloster) gegründet hatte, zum Dank für seine Arbeit geschenkt worden. Dieses Kloster wird die Deutschen ins Land gerufen haben. Später sind die Hahns zuerst in den Besitz von Wendisch-Wargentin gekommen. Die Wenden werden anfangs nicht gut auf ihre neuen Nachbarn zu sprechen gewesen sein. Aber man mußte sich mit den neuen Verhältnissen abfinden. Die Deutschen standen ja unter dem Schutz des mächtigen Klosters oder der Ritter, die nun allenthalben hier im Lande saßen. Schließlich konnte man sich auch ganz gut mit den deutschen Bauern vertragen. Man konnte vieles von ihnen lernen. Sie hatten schon den eisernen Pflug. Sie gingen mutig an die Bearbeitung des schweren Bodens und an die Ausrodung des Waldes. Und so wurden denn Wenden und Deutsche verträgliche Nachbarn. Schulter an Schulter sehen wir Slawen und deutsche Kolonisten bald rüstig bei der Waldrodung. Die Wenden haben von ihrem Dorf aus einen „Hagen", eine Neusiedlung in den Wald hinein gerodet. Je mehr man Ackerbau betrieb, um so wichtiger wurde der wendische Hagen dort oben am Holz. So ist Wendischhagen entstanden.Es ist also kein deutsches Waldhufendorf, wie man aus dem Namen „Hagen" zunächst schließen könnte. Das erkennt man auch aus alten Flurkarten. Vor 150 Jahren wohnten in Wendischhagen noch keine Bauern, nur Kossäten. Es waren also gar keine Hufen (120 Morgen) vorhanden, wie man sie in deutschen Waldhufendörfern sonst findet. Die Flur lag hier und da verstreut in Gewannen. Im Hagendorf liegt die Hufe des Bauern in einem breiten Streifen hinter seinem Hof. In neuer Zeit ist durch Zusammenlegung von Hofstellen und Regulierung der Feldmark das alte Dorfbild verwischt worden. So wurde das heutige Wendischhagen. Wargentin aber ging allmählich ein. Im Siebenjährigen Krieg kam es dort und in Basodow zu einem Gefecht zwischen Preußen und Schweden, gerade am Heiligabend 1761. Dabei wurde schon eine Reihe Häuser zerstört, und die Kirche wurde beschädigt. In der Folge brannten noch mehr Häuser ab, auch hatte die Kirche so gelitten, daß man sie abbrach. Nun hörte das ganze Dorf auf und man legte die Feldmark zu Basedow. Die letzte Eintragung ins Kirchenbuch stammt aus dem Jahre 1809. Bis vor einigen Jahren stand dort, wo der jetzige Weg nach Wendischhagen die Chaussee verläßt, noch ein Haus des alten Wargentin. Es war früher Schäferei gewesen und hatte dann als Schnitterkaserne gedient. Wegen Baufälligkeit wurde es im Jahre 1920 abgerissen. Doch immer noch liegt der alte Kirchhof auf der Feldmark, freilich Grabsteine finden sich dort nicht mehr, aber man sieht noch, wo die Kirche gestanden hat. Deutlich zeichnen sich die Gräben ab, aus denen man die Fundamentsteine beim Chausseebau 1899 herausgerissen hat, um sie zu Schotter zu zerschlagen. Deutlich sind auch beim Pflügen die Lehmdielen der alten Bauernhäuser zu erkennen. Von der Kirchstelle geht die Spur eines alten Weges zum See hinunter, wo eine alte Hafenanlage zu sein scheint. Damals stand der See höher als heute. Durch die Kanalisierung der Peene (Dahmer Kanal) im Jahre 1876 wurde der Wasserspiegel um eineinhalb Meter gesenkt. Von der alten Kirche Wargentins ist noch eine Messingschüssel vorhanden mit der Inschrift: „Dies Becken gehört der Wargentinschen Kirche."

Nun geht es ins Kalensche Holz. Zum Harkenberg oder nach Salem wandern die Malchiner im Sommer viel. Vom Aussichtsturm auf dem 108 Meter hohen Harkenberg hat man ein herrliches Gesamtbild der Mecklenburgischen Schweiz. Im Südwesten glitzert und blinkt der Malchiner See, im Nordwesten breitet sich der große Kummerower See in tiefer Bläue aus. Dazwischen liegt in weiter Wiesenlandschaft hinter großen Wasserflächen Malchin. Seitdem auf dem 122 Meter hohen Hardtberg ein 80 Meter hoher Holzturm zur Landvermessung errichtet ist, der weithin das ganze Land Malchin überschaut, wandert man auch gern dorthin durch die herrlichen Wälder an Retzow und Hagensruhm vorbei. Vom Harkenberg aus geht man etwa eine Stunde.

Noch mehr lockt aber Salem. Hier kann man im Kummerower See baden oder den Segelbooten zusehen, die sich hier auf dem See besonders zum Wochenende aus Demmin und Malchin eingefunden haben. Ein herrliches Bild bietet eine Segelregatta vor Salem oder Gravelotte. Man steigt hinauf zum Bataillenberg und wandert auf einem hübschen Kammweg zur Marien- und Friedrich-Franz-Höhe, von wo aus man einen entzückenden Blick auf den See und auf Neukalen genießt. Der Bataillenberg heißt eigentlich Hesterberg. Er hat seinen neuen Namen seit der Schlacht zu Anfang des Jahres 1762 im Siebenjährigen Krieg.

Längst ist der Kriegslärm hier oben verhallt. Der Ginster blüht leuchtend gelb, und die Waldvögel singen. Es ist eine Stätte friedlichster Ruhe. Von unten dringen verhalten nur hin und wieder Geräusche aus Hof und Stallungen zu uns herauf. Still und friedlich liegt auch der See vor uns. Er kann aber auch anders sein. Wenn der Nordwest den elf Kilometer langen und vier Kilometer breiten See aufgewühlt hat, gehört wahrlich Mut dazu, sich hinaufzuwagen. Drüben liegt Kummerow, seit alter Zeit Maltzahnscher Besitz. Auch dies liebliche Dörfchen lag nicht immer so im Frieden da. Hier beherrschte das Raubritterschloß „Kiek in de Peen" der Ritter von Thunen die Gegend. Sie fügten den Fischern aus Demmin, die auf der Peene bis vor das Mühlrad von Malchin hinauf fischten, und den übrigen Fischern großen Schaden zu. Sie störten den Handel im ganzen Land. Wo „Kiek in de Peen" gestanden haben mag? Die einen sagen, die Ruinen des alten Weinbergs in Kummerow stammen daher. Die Demminer Chronik will wissen, daß es in der Krivitz, einer großen Wiese zwischen Kummerow und Malchin, wo früher Holz, Strauch und Buschwerk gestanden, gelegen habe.

ERNST SCHLIE

Malchow, das mecklenburgische Manchester

Aus drei kirchturmhohen Schornsteinen steigen gemächlich dicke, schwarze Rauchschwaden in den klaren Winterhimmel. Sie stammen vonlangen, mehrstöckigen Fabrikgebäuden, welche sich deutlich aus der Reihe der übrigen Kleinstadthäuser am Wasser herausnehmen. Wir erraten leicht, daß hier eine beachtliche Industrie zu Hause sein muß, und in der Tat treffen wir ein Gewerbe, das in alten Zeiten tatkräftig betrieben und in unseren Tagen der Stadt ein besonderes Gepräge gegeben hat: Die Malchower Tuchfabrikation.

Man kann sagen, daß die Tuchherstellung in Malchow bodenständig ist; scheint sie doch schon fast ebenso alt zu sein wie die Stadt selbst. Aus der 1235 gegründeten Stadt wird schon von Tuchgeschäften berichtet, welche 1320 zwei Malchower Bürger mit einem Rostocker Einwohner tätigten.

Im Laufe der Jahrhunderte breitete sich die Tuchmacherei in der Stadt gewaltig aus, so daß in den fünfziger Jahren des 18. Jahrhunderts nahezu hundert Tuchmachermeister gezählt wurden. In ganz Mecklenburg gab es zu dieser Zeit etwa dreihundert solcher Handwerksmeister.

Wie fast allerorts, so wurde auch in Malchow die Tuchanfertigung früher durch Hausindustrie bewerkstelligt. Die Meister hatten in ihren Häusern einen oder einige Webstühle und arbeiteten allein oder mit einzelnen Gehilfen. Manches Mal hatten auch nur einige Meister gemeinsam einen Webstuhl.

Infolge der größeren Nachfrage nach guten deutschen Stoffen im Ausland (besonders Rußland) und der gewachsenen Anforderungen, welche man im Ausland an sie stellte, waren die Malchower klug genug, immer Schritt mit der vorwärts strebenden technischen Entwicklung zu halten und sich, wie im übrigen Deutschland, rechtzeitig auf Großbetrieb umzustellen. 1852 finden wir in Malchow die „Städtische Maschinenlohnanstalt" (früher Hallwachs'sche Maschinenanstalt) und 1866 die auf genossenschaftlicher Basis errichtete „Privatspinnerei". Beide Fabriken wurden mit den modernsten Einrichtungen und Maschinen ausgestattet. Die einzelnen Genossen hatten nunmehr Gelegenheit, unter Wahrung ihrer Selbständigkeit in einer großen Fabrikanstalt ihre Waren maschinenmäßig herzustellen. Bald reichten die vorhandenen Webstühle nicht mehr aus, so daß sich einige Jahre später die erste Privat-Tuchfabrik (Firma Becker &

Co.) gründete, welche ein neues, großes Fabrikgebäude mit zeitgemäßer Ausstattung bezog.

Die Privatspinnerei m. b. H. wurde im Laufe der Zeit zu einer modernen Volltuchfabrik ausgebaut. Die Maschinenlohnanstalt hat im Laufe der Jahre verschiedene Wandlungen erlebt. Heute ist sie, wie die erwähnte Beckersche Fabrik, auch ein Privatunternehmen und im Besitze des Tuchfabrikbesitzers G. Blank.

Die Zahl der einstigen hundert Tuchmachermeister ist durch die technische Entwicklung der Fabrikbetriebe stark reduziert. Heute sind noch etwa ein halbes Dutzend namhafter Firmen dieser Branche in Malchow vorhanden. Alte Tuchmachernamen, wie Becker, Heese, Blank, Mohr, Vetting, Kreynbring und Drewes verbinden sich damit.

Dieselben stetig fortschreitenden Veränderungen, welche die Malchower Fabriken durchzumachen hatten, mußten naturgemäß auch die Erzeugnisse als deren Produkte erleben. Ja, sie sind der Grund für die Verbesserungen der ersteren gewesen. Für die vielseitigen Anforderungen des kaufenden Publikums mußten in der Stadt weitblickende Männer sein, die seinen jeweiligen Wünschen in weitestem Maße Rechnung tragen konnten. Und in der Tat wurden die Aufgaben hervorragend gelöst; die Malchower Industrie ist bisher über alle Krisenzeiten glücklich hinweggekommen und kann heute mit jeglichen Tuchfabriken den Wettbewerb aufnehmen.

Sehen wir also auf die Malchower Erzeugnisse von früher und heute, um uns das Gesagte klar zu machen. Vor fünfzig Jahren fabrizierte man vornehmlich Flanelle, Lamas, Filtertuche, Gaschen (blaue Jacken), Düffel, Uniformstoffe und ähnliche Artikel. Durch den Krieg und die gesunkene Kaufkraft der Nachkriegszeit haben sich die Absatzmöglichkeiten für diese Waren verschlechtert. Die Wollflanelle wurden durch billigere baumwollene Trikotgewebe ersetzt, Futterlamas und Gaschen werden selten verlangt und Heereslieferungen, welche früher in Malchow eine bedeutende Rolle spielten, sind durch unser jetziges Kleinheer stark in den Hintergrund getreten. Da hieß es, sich umstellen. Herren-Paletot- und Ulsterstoffe sowie Damenkleider- und Mantelstoffe wurden angefertigt. Aus kleinen Anfängen wurde bald ein voller Erfolg. Gemessen an der Gesamtlage der deutschen Tuchindustrie kann man von der Malchower sagen, daß sie gut beschäftigt ist und auch gegenwärtig noch zum Teil in Doppelschichten ihre Aufträge erledigen muß.

In diesem Zusammenhang dürfte die Erwähnung interessieren, daß in Malchow gegen einhundertfünfzig Webstühle arbeiten, die etwa dreihundertfünfzig männlichen und weiblichen Angestellten und Arbeitern Verdienst und Brot geben. Auch sind alle Malchower Fabriken Voll-Tuchfabriken, d. h. es werden durch die verschiedenen Fabrikationsphasen aus der rohen Wolle nadelfertige Stücke bereitet.

Um uns den Arbeitsgang in einer Tuchfabrik klar zu machen, uns zu zeigen, wie aus der Wolle der von uns zum Schneider gebrachte Stoff wird, sehen wir uns den Fabrikationsprozeß einer Fabrik praktisch an. Hauptsächlich verarbeitet Malchow hiesige Wollen, welche über Auktionsmärkte als sogenannte Schmutzwolle den Betrieben zugeführt wird. Daneben kommen Kap-, Austral- und südamerikanische Wollen zur Verwendung. Die Schmutzwolle enthält fünfzig bis siebzig Prozent Unreinigkeiten (Fett, Staub), welche durch die Wollwäsche zunächst restlos entfernt werden müssen. Wir sehen die Wolle in großen Bottichen mit Wasser, dem Reinigungsmittel zugefügt sind. Da ist die Quetschvorrichtung, welche die Nässe abquetscht. Da sehen wir die Wolle über den Schweiß- und Spülbottich, in dem gewaltige Gabeln hantieren, in die Zentrifuge wandern und vom Trockenapparat „rohfertig" abgeliefert. Uns erscheint nun die Wolle vollkommen trocken zu sein, doch unser Führer belehrt uns dahin, daß der normale Feuchtigkeitsgehalt der Wolle immerhin noch siebzehn Prozent beträgt.

Zur Weiterverarbeitung wird die Wolle zum Teil gefärbt – wenn es sich um „wollfarbige" Ware handelt – sie bleibt rohweiß, wenn sie später im Stück oder Garn gefärbt werden soll.

Damit kommen wir in die Spinnerei, wo die Wolle zu den gewünschten Spinnpartien zusammengestellt wird. Dort werden verschiedenartige gefärbte Wollen zu Melangen (Militärtuch, Marengos, Tennisstoff) verarbeitet. Sie werden zu dem Zweck durch den „Wolf" miteinander intensiv vermischt. Gleichzeitig setzt man ihnen das sogenannte Spinnöl (Olein) bei, was sehr wesentlich ist, da die Wolle durch die Wäsche vollkommen ihren Fettgehalt verlor. Entfettete Wolle wäre zur weiteren Verarbeitung zu spröde. In unserer heimischen Industrie werden „Streichgarnartikel" hergestellt zum Unterschied von Kammgarnstoffen, welche vornehmlich Aachen und Kottbus liefern.

Die gewolfte Wolle wird den Spinnkrempeln zugeführt. Sie passiert ein Walzensystem, das, mit lauter Kratzen belegt, den Wollflor entstehen läßt. Dieser federleichte mollige Schleier wird an den Florteiler geleitet, welcher, wie der Name sagt, den Flor in viele feine Streifen scheidet. Der Tuchmacher nennt die lose zusammenhängenden Wollfasern das „Vorgarn".

Wie entstehen aber nun die festen Garne, aus denen sich unser Anzug zusammensetzt? Dieses Geheimnis liegt in der Spinnmaschine. Wir sehen in dem Spinnereisaal etwa fünfzehn Meter lange Eisenbänke (Selfaktoren), auf denen sich viele hundert Spulen mit Blitzgeschwindigkeit um ihre eigene Achse drehen. Wenn oberhalb der Spulen das Vorgarn zugeführt wird und die Spule sich dreht, so wird der Faden mitgedreht. Das Ergebnis dieser Arbeiten ist der feste Webfaden.

Nur durch die sinnreiche Präzisionsarbeit des Selbstspinners kann das vorgesponnene Garn mit so größter Genauigkeit zu Fäden jener Stärke geformt werden. Gibt es doch Streichgarne von solcher Feinheit, daß 24 000 Meter ein Kilogramm wiegen! Will man Fäden von außergewöhnlicher Haltbarkeit gewinnen oder einen besonderen Effekt erreichen, so werden durch die „Zwirnmaschine" zwei oder mehr derselben zusammengedreht (Zwirngarn). In der Kettenschärerei wird die Webkette geschärt und dann in den Webstuhl eingelegt.

Welch ein Wunderwerk der Technik ist ein moderner Webstuhl! Eine lange Reihe derselben steht in dem Websaal, aus welchem uns ohrenbetäubender Lärm entgegenklingt. Wir sehen uns die Arbeit eines Stuhles an. Nicht all seine Einzelfunktionen können wir als Laien verstehen, doch wir beobachten das Hin- und Herjagen der Webschützen mit den eingelegten Garnspulen. Mit Blitzesschnelle jagen sie bald von links nach rechts, bald von rechts nach links durch das „Fach", welches von den Kettfäden gebildet wird. Unten wächst der Stoff (Rohgewebe), der auf Trommeln gewickelt wird, Zentimeter um Zentimeter. Auf einmal steht die ganze Maschinerie wie auf Kommando Halt! still. „Ist ein Schaden entstanden, irgendetwas in dem Mechanismus gestört?" Wir ahnen ja nicht, daß die Maschine selbst aufs Schärfste ihren eigenen Arbeitsgang kontrolliert! „Nichts von Belang. Der „Fadenwächter" meldet nur, daß ein Garn (aus diesem für uns unübersichtlichen Gewirr) gerissen ist. „Da muß der den Stuhl beaufsichtigende Weber die Enden schnell zusammenknoten", beruhigt uns der Führer.

Nunmehr wandern die Rohgewebe über die Knoterei, in der die Fehlerstellen im Gewebe verbessert und sämtliche Knoten entfernt werden, in die Wäsche. Hier werden alle bei der Fabrikation entstandenen Verunreinigungen beseitigt. Durch Zusatz von Seife werden die Stücke nach Wunsch verfilzt. Sie erhalten dadurch einen wolligen Griff und eine geschlossene Decke.

Handelt es sich bei den Stoffen um Stückfärber, so werden sie nach einer sogenannten Vorapperatur gefärbt. Um der Ware einen bestimmten Charakter zu verleihen, wird sie in der Apperatur mannigfachen Veränderungen unterzogen. Weiche, wollige Stücke werden gerauht (Flanelle, Flausche), Strichwaren werden mit einer Strichdecke, Anzugsstoffe zum

Schluß mit einer intensiven Presse versehen. Alle Stücke werden gedoppelt und zu Ballen gewickelt, womit sie „versandfertig" sind. So wiederholt sich das tägliche Spiel in der Zauberanstalt Tuchfabrik.

Ein kurzer Ausblick soll noch unsere Gedanken über den wichtigen heimischen Industriezweig weiter spinnen lassen. Die Tuchfabrikation ist Deutschlands zweitgrößte Industrie; sie hat auch in unserer engeren Heimat eine Bedeutung, die nicht allen Landsleuten bekannt sein dürfte.

Die Malchower Erzeugnisse haben in den letzten Jahren sämtliche großen Textilhandelsplätze Deutschlands erobert. Sie stellen in ihrer Eigenart als hochwertige Streichgarnartikel eine Spezialität dar. Hauptabsatzgebiete der Malchower Stoffe sind Berlin, Leipzig, Hamburg, Aachen-Cottbus, die rheinischen Industriestädte, Schweden und die Schweiz. Als Fertigkonfektion werden seine Erzeugnisse vornehmlich nach Norddeutschland, den nordeuropäischen Staaten, der Schweiz und Holland exportiert, wohin zum Teil auch ein direkter Versand stattfindet.

Es wäre zu wünschen, daß durch eine gesunde Handelspolitik auch der mecklenburgischen Tuchindustrie der Auslandsmarkt weiterhin geöffnet würde. Als Mecklenburger aber wollen wir uns über den Aufschwung unserer inländischen Tuchfabrikation besonders freuen, ja stolz darauf sein. Wenn wir alle mit Kennerblick die uns – vielleicht sogar als neueste englische Dessins – verkauften Anzugs- und Kleiderstoffe prüfen könnten, so müßten wir feststellen, daß sie zum nicht geringen Teil in unserer nächsten Nähe und nicht jenseits des Kanals hergestellt sind. Wir dürften auch sicher keinen Qualitäts-, vielleicht aber einen Preisunterschied feststellen.

Adolf Ahrens

An der Recknitz

Der Zug hat die Station Kölzow verlassen und ist auf dem Wege ins Pommerland. Wir aber wandern nach Südosten zu, um ins Recknitztal zu gelangen, dessen landschaftliche Reize uns locken. Landschaftliche Reize im Recknitztal? So mag mancher zweifelnd fragen, der wohl die Mecklenburgische Schweiz, den Plauer See, die Gegend um Schwerin, den Schaalsee als sehenswert anerkennt, einem einfachen Flußtal aber keine Schönheit zuerkennen möchte. Und doch hat unsere engere Heimat mit ihren Flußtälern so manche stille verschwiegene Schönheit, die wert ist, daß man einige Wanderstunden daran wendet. Und auch das Recknitztal hat seine Schönheit.

Die Eiszeit hat unsere Flußtäler, auch dieses Recknitztal geschaffen. Gewaltige Mengen Schmelzwasser schufen ein durchschnittlich einen Kilometer breites Flußtal mit hohen Uferrändern, kurze steilrandige Erosionstäler stoßen an das Haupttal, zahlreiche Sölle und mehrere kleine Seen liegen auf dem Plateau. Die Sohle des Tales liegt nur 5–6 Meter tief, bis zu 50 Meter steigen die Talränder an. In diesem breiten Tal zieht sich in zahllosen Windungen die Recknitz entlang, ihr Name, der soviel wie kleiner Fluß bedeutet, kommt ihr jetzt mit Recht zu. „Mäuse im Käfig eines entflohenen Löwen" nannte recht treffend ein Geologe diese kleinen Wasserläufe in den alten breiten Urstromtälern. Die Ränder des Plateaus sind meist bewaldet, auch mitten im Tal ist wohl eine Wurt, ein Horst stehen geblieben und trägt Gebüsch und Bäume; zahlreiche vorgeschichtliche Grabstätten bedecken beide Ufer der Recknitz, alte Eichen rauschen über diesen Zeugen der Vorzeit, wilde Rosen, Dorngestrüpp, Holunder zwängen sich durch die Zwischenräume der Findlinge. Aus dem Grün der Gutsgärten leuchten weiße Herrenhäuser hervor.

Für den Wandersmann ist es vom Übel, daß die Straße zwischen den Gütern auf dem Plateau läuft, und zwar in größerer Entfernung vom Uferrand. Die vielen kurzen Erosionstäler mögen das verursacht haben. So ist es ihm nur an wenigen Stellen ermöglicht, an den Fluß zu gelangen, wenn er nicht anders einen guten Freund in der Gegend hat, der ihn sonst unbekannte Pfade führt. Von dem hübsch gelegenen Dudendorf aber führt ein Landweg durch das Tal und geht über eine Brücke ans jenseitige Liepener Ufer. Vor zwanzig Jahren stand hier noch ein Gehöft, die Lieper Klappe. Dort wohnte der Zollmann, der für die Benutzung des Dammes und der Brücke einen Zoll erhob. Pferd und Rind mußten 4 Pfennig, Schaf und Schwein 2 Pfennig zahlen. Wegen der Prahmfahrt auf der Recknitz war die Brücke zum Öffnen eingerichtet. „Zu Beförderung und Facilitierung der Prahmfahrt von Unser Sülze nach Tessin hin" war ein neuer Graben und dann eine „Freischleuse" in dem „Recknitzer Strohm" gebaut. So erzählt eine Urkunde des Herzogs Friedrich Wilhelm vom Jahre 1710, in welcher die in der Gegend reich begüterten v. d. Lühes wegen ihrer Sorgen um ihre Recknitzmühle beruhigt werden sollen.

Auf dem Gebiet des Rittergutes Liepen liegen zahlreiche Gräber, teilweise sind sie durch zugeworfene Sammelsteine in ihrer ursprünglichen Form verwischt. Auf der Feldmark des Gutes, nahe am Uferrand, liegt dann noch eine besonders merkwürdige vorgeschichtliche Stätte: die Lieper Burg. Ein Feldweg führt zwischen grünen Saaten hindurch vom Dorfe aus nach Westen zum Wald. Unmittelbar am Waldrande liegt der Burgsee. Ein kleines Schmuckstück im Walde, der Herthasee auf Rügen ist nicht schöner. Und auch die Sage umkränzt ihn mit alten Geschichten. Da kommt in der Johannisnacht die weiße Burgfrau an den See und trägt in ihren Händen die goldene Schüssel. Es sind ohne Frage Reste slavischer Mythologie, die in der Erinnerung des Volkes festgehalten werden. Denn slavisch ist die Höhenburg, die sich wenige hundert Meter südlich vom Burgsee erhebt. Kreisrund umschließt der mehrere Manneslängen hohe Wall eine wohl 130 Meter im Durchmesser messende Fläche. Buchen von 60 bis 80 Jahren bedecken den inneren Raum und den Wall. Zwei Einschnitte im Wall, östlich und westlich sind wohl nicht ursprünglich, sondern später zur Anlegung eines Fahrweges künstlich geschaffen. Die Anschnitte zeigen, daß zahlreiche Findlinge in den Wall hineingearbeitet sind. Die Germanen der vorslavischen Zeit siedelten sich gerne auf den Höhen an, ihre Burgen hatten rechteckigen Umfang. Die einwandernden Slaven benutzten diese leer gewordenen Umwallungen, schufen auch wohl neue, in kreisrunder Form, bis sie dann später aus wirtschaftlichen Gründen von den Höhen herniederstiegen und in den sumpfigen Tälern und an den Ufern der Landseen ihre Burgwälle aufschütteten. Als älteres slavisches Geschichtsdenkmal, von deren Art nur wenige im Lande sicher gestellt sind, kommt unserem Liepener Burgwall eine hohe geschichtliche Bedeutung zu.

Sicher befand sich an der Stätte der alten slavischen Höhenburg auch eine Kultstätte, die Sagen von der Jungfrau im weißen Kleide deuten darauf hin, fast zur Gewißheit wird die Annahme durch den Düwelssee, den wir nach Überschreitung eines kleinen Seitentales erreichen. Die einwandernden Germanen, die das Christentum mitbrachten, suchten den Slaven ihre alten heidnischen Heiligtümer durch allerlei beigelegte Namen zu verekeln. „Düwelssee" ist noch nicht der schlimmste Name. Der See ist ganz von Wald umgeben, ohne oberflächlichen Abfluß und tief in das Plateau eingebettet. Am westlichen Uferrande liegen mehrere Gräber aus der Steinzeit. Wie reich der Wald um den Teufelssee an Findlingen gewesen ist, zeigen allerlei Bänke und Tische, welche die Thelkower Gutsherrschaft aus dem Steinmaterial hat herstellen lassen. Riesige Tischplatten, Tragsteine und Stufensteine sind durch Sprengung geschaffen. Und auch das Fundament der Kirche zu Warnemünde stammt von diesen Findlingen. Ein wenn auch geöffnetes, aber in seiner Form erhaltenes Grab liegt auf dem sich vom Teufelssee nach Norden ziehenden Rücken. Vergebens aber suchen wir den Stein, den ein Riese nach der Kirche in Thelkow geworfen hat, seine Griffspuren zeugen noch von dem Kampf aus den Zeiten, da wenig weiter nach Westen das Christentum sich im Gotteshause zu Thelkow seine Andachtsstätte schuf, während der scheue Slave wohl noch heimlich zu den Ufern des Teufelssees schlich und über allerlei unholden Anschlägen gegen das neue Wesen brütete.

Die Kirche zu Thelkow ist ganz aus Findlingen erbaut, grüner Efeu bedeckt die Vorwand, ein hölzerner Glockenstuhl steht im Westen. Um 1200 herum oder wenig später ist das Gotteshaus entstanden.

Vorüber an freundlichen Siedlungen führt der Weg nach Tessin. Die jenseitigen Höhen des Ufers mit Gnewitz, Zarnewanz schauen über das Tal, bald streckt auch die Zuckerfabrik von Tessin den schlanken Schornstein in die klare Herbstluft, und auf breiter Heerstraße durchqueren wir zum zweiten Male das Recknitztal. An seinem linken Gehänge zieht sich das Städtchen Tessin hinauf, dessen Bewohner am Reichtum der Umgegend ihren erfreulichen Anteil haben.

ERNST SCHLIE

Drei Burgen

Die drei Burgen krönen nicht hohe Berge, sie beherrschen nicht gewaltige Ströme, nicht stand die Wiege stolzer Fürstengeschlechter in ihren Mauern. Dennoch haben sie in ihrem Kreis eine ruhmreiche Vergangenheit – ihre Geschichte. Wer die Gestade des Plauer Sees kennt, wer die ihn umkränzenden Felder und Wälder durchstreift, findet ihre Stätten: Plau, Lenz und Stuer sind die Namen.

Wenn die drei Burgen sich insofern gleichen, als sie mit ihren Wällen und Mauern ihren Bewohnern Schutz gegen ihre Widersacher bieten sollten, so sind doch ihre Aufgaben verschieden gewesen.

Die Burg zu Plau ist in den Jahren 1448/49 durch Lüdecke Hahn auf Basedow zur starken Festung ausgebaut. An ihrer Stelle stand früher ein fürstliches Schloß, welches nach einer alten Urkunde am 6. Mai 1287 vollendet wurde. In den meisten mecklenburgischen Städten besaßen die Fürsten um diese Zeit schon Schlösser. Da wahrscheinlich die Bürger der Stadt mit dem Fürsten Nikolaus Streitigkeiten gehabt hatten, verhinderten sie einen früheren Bau des Schlosses. Als sich das Herrscherhaus am 11. März 1288 mit dem Rat und der Bürgerschaft aussöhnte, wurden die primitiven Befestigungsanlagen der Stadt durch starke Wälle, Gräben und Mauern verstärkt. Auch wurde um die Stadtfeldmark ein kräftiges Landwehrgrabensystem geschaffen, das noch zum großen Teil erhalten ist. Es zeigt uns, mit welchem Geschick man zu damaliger Zeit die Anlegung einer solchen Verteidigungsanlage meisterte. An besonders gefährdeten Stellen wurden Doppelwälle aufgeworfen, deren Mächtigkeit man im Plauer Gehölz bei dem Stadtgut Appelburg und im Burgwald noch heute bewundern kann.

Im 13. und 14. Jahrhundert wurden Stadt und Schloß Plau an verschiedene Herren verpfändet, bis im 15. Jahrhundert der gewaltige Ausbau der Festung erfolgte. Der Grund hierfür war das Überhandnehmen von Raubzügen des märkischen Adels nach Mecklenburg. Am 8. Mai 1442 schlossen die Markgrafen von Brandenburg mit den mecklenburgischen Herzögen „ein Hilfsbündnis zur Unterdrückung der Raubfehden", die besonders im südlichen Mecklenburg durch märkische Raubritter ausgeführt wurden: Innerhalb dreier Jahre unternahmen sie achtundsiebzig Raubzüge nach Mecklenburg. Da die mecklenburgischen Edelleute auch oft Gefallen an so einträglichen Geschäften fanden, wurde es höchste

Zeit, daß die Fürsten durch Anlage fester Burgen ihre Untertanen schützten. Solche Überfälle der Raubritter geschahen in den Jahren 1447/48 besonders oft. So berichtet die Plauer Chronik, daß in dieser Zeit dem Bürgermeister einmal achtundzwanzig Pferde gestohlen und dessen Sohn abgefangen wurde. Einem Bürger der Stadt wurden im Gefängnis die Beine abgeschlagen, bei einem weiteren Raubzug trieben die „Strauchräuber" vierundzwanzig Stück großes Rindvieh aus dem Gehölz fort.

Da die Stadt Plau nach ihrer Lage an wichtigen Straßen und die Schloßstätte wegen ihrer günstigen Lage am Wasser sich besonders gut als Stützpunkt eignete, beauftragte Herzog Heinrich von Mecklenburg den verdienstvollen Ritter Lüdecke Hahn auf Basedow mit dem Ausbau des Schlosses zu einer starken Festung.

Lüdecke Hahn war ein energievoller, kluger Mann, der mit allen ihm zu Gebote stehenden Mitteln an die Arbeit ging. Er ließ von weit und breit Material zum Festungsbau herbeischaffen. Wenn man die heute noch bestehenden Reste der Burg und der gewaltigen Wälle sieht, kann man sich einen Begriff davon machen, wieviel Arbeitskräfte wohl zur damaligen Zeit für einen solchen Bau erforderlich gewesen sind. Insonderheit der als Wahrzeichen der Stadt von weitem sichtbare Bergfried, die Mauern, Gänge und Wallbefestigungen stammen zum Teil noch von dem Festungserbauer Hahn. Als die Trutzburg fertig war, übergab der Herzog sie dem Schöpfer derselben als Wohnsitz. Unter ihrem und der gleichfalls von Hahn erbauten Lenzburg Schutz konnten erfolgreich Züge gegen die räuberischen Ritter unternommen werden. Diejenigen Adeligen, welche Bekanntschaft mit ihrer und der Besatzung Stärke gemacht hatten, stellten die Strauchräubereien ein. So brachte es Lüdecke Hahn dahin, daß Ruhe und Ordnung ihren Einzug in die Dörfer und Städte hielten.

Etwa hundert Jahre später wurde die Burg Plau durch den besonderen Gönner der Stadt, den Herzog Heinrich dem Friedfertigen, modernisiert und der Zeit entsprechend weiter ausgebaut. Der Herzog erkannte, daß die Burg strategisch die wichtigste im Lande sei und trug deswegen Sorge um einen gründlichen Durch- und Ausbau, was in den Jahren 1546–48 durch den Maurermeister Wulf Krebel nach Angaben des Baumeisters Wulf geschah. Insbesondere wurden die Hauptmauern bei einer Länge von sechsundfünfzig Ellen sechzehn Ellen breit und dreizehn Ellen hoch gebaut, ein gewölbtes Tor, gewölbte Keller wurden geschaffen, die Brustwehren wurden erhöht und verstärkt, und ein tiefer Wallgraben umspannte die Burg vom Tor bis an den See. So lag die Befestigungsanlage 1548 bis in alle Einzelheiten der Neuzeit entsprechend ausgebaut da. Ihre kräftige Anlage hatte folgendes Aussehen: Das Schloß mit den Nebengebäuden, insgesamt sieben, umgab einen engen, quadratischen Innenhof. An jeder Ecke stand ein Turm, von deren Mächtigkeit der noch heute stehende Zeugnis ablegt. Sämtliche Gebäude waren von einem hohen Wall umgeben und wurden weiterhin durch vierzehn Fuß dicke Feldsteinmauern geschützt. Die ganze Burganlage war rundherum von Wasser umgeben. Noch heute reicht das Wasser der Maetow, welche früher ein Teil des Plauer Sees war, unmittelbar an die Wälle. Der zwischen Stadt und Burgwall liegende Graben war früher ein Nebenarm der Elde. Sicher ist er künstlich vertieft, doch zeigt er dem Beschauer jetzt noch, wie schwer es war, darüber hinweg an die Burg zu gelangen. Außerhalb der Wälle lagen noch zwei Gebäude, wahrscheinlich die Wasserkunst und Pulvermühle.

Wer sich ein übersichtliches Bild von der gesamten Festungsanlage machen will, besteige den Turm derselben. Man wird für seine Mühe durch einen unvergeßlichen Blick auf den See, die weite Gegend und die Stadt entschädigt.

So war also alle Kunst der Festungsbauer angewandt, um die Plauer Burg so mächtig auszurüsten, wie es zu jenen Zeiten möglich war. Daß die Herzöge sie als den sichersten Ort im Lande ansahen, geht daraus hervor, daß sie ihre Barschaft und Wertsachen in einem Gewölbe der Burg versiegelt unterbrachten.

Nach einer Reihe von Friedensjahren, in denen wesentliche Veränderungen an der Festung nicht vorgenommen wurden, brachen die Stürme des dreißigjährigen Krieges über unser Land herein. Als befestigter Platz, der bald von Freunden, bald von Feinden erobert wurde, hatte die Stadt Plau ganz besonders hart unter den Kriegswehen zu leiden. Acht größere Belagerungen der Stadt wurden vorgenommen. Die Schweden lagen viermal vor der Stadt, im Jahre 1635 waren es die Sachsen, 1636 und 1637 die Kaiserlichen. Im Brennpunkt der Kämpfe stand natürlich immer die Festung, welche man jeweils mit allen erdenklichen Mitteln in die Hand zu bekommen versuchte. „Ein schwedischer Rittmeister hat sogar ein Geschütz auf den Kirchturm schaffen lassen, um von dort erfolgreicher die Burg beschießen zu können, doch hat er zur Eroberung nichts schaffen können." Dafür schossen aber die in der Festung liegenden Kaiserlichen mehrere Löcher ins Kirchendach.

Schwere Drangsalierungen seitens der jeweiligen Eroberer der Stadt hatten die Einwohner zu erdulden. Unter den vielen, erschütternden Berichten über die Greueltaten der fremden Krieger sei folgender herausgegriffen: Im Jahre 1641 fielen die Brandenburger ins südliche Mecklenburg ein. In einer Niederschrift ist darüber folgendes zu lesen: „Am 8. Februar, abends 9 Uhr, da die Leute im Schlafe sich keines Überfalles vermuten gewesen, hat eine kurbrandenburgische Partei vermittelst eines Kahnes, welchen dieselben von Fehrbellin auf einem Wagen sollte mitgebracht haben, durch Verwahrlosung der Soldaten, so die Wache gehalten und geschlafen, mit Gewalt durch merkliche Collusion und Verräterei die Stadt überfallen, sehr tyrannisch mit den Bürgern gehauset und insonderheit nach der Bürgermeister Häusern geeilet, dieselben zu erhaschen, als aber dieselben aus ihren feindlichen Händen kümmerlich barfuß entkamen, hat das Ihrige herhalten müssen und haben ein dreijähriges unmündiges Kind in seiner Mutter Armen jämmerlich ermordet, ja sie haben keine Prediger verschont, indem sie einen mit dem blanken Degen überfallen, ihn zu peinigen gedrohet und ihm Geld abgezwungen, und es ist also jämmerlich in diesem Städtlein gehauset, daß die Bürger ihres wenigen Viehes, Kleider, Viktualien, Leinengerät und was sonst noch jeder an Gold und Silber zum Notpfennig verborgen gehabt, ganz und gar beraubt sind. Der Raub ward auf 3078 fl. berechnet."

So hatte die bedauernswerte Bevölkerung der Stadt Plau durch die Festung mehr unter dem dreißigjährigen Krieg zu leiden als anderer Städte Einwohner. Man kann deswegen ihre Forderung nach Abbruch derselben bei Beendigung des Krieges verstehen. Kaum waren die in der Burg liegenden, herzoglichen Soldaten nach Güstrow verlegt, „da ließ der Rat der Stadt sogleich durch die Bürger die Vorschanze vor der Festung, das Wachthäuslein, die eichenen Sturmpfähle (Palisaden) und die hohen, eichenen Zaunpfähle, welche in den Schanzgräben umher gezäunet standen, schleifen und das Material wegbringen".

Der Herzog war wegen dieser Eigenmächtigkeit unwillig, aber „die Bürger forderten dagegen ihre abgebrochenen Häuser wieder, von denen auf der Festung Baracken und Rundeln erbaut seien".

War einst die Festung zu Plau den Bürgern als Schutz gegen die Raubritter willkommen, so wurde sie ihnen im dreißigjährigen Kriege zum Verhängnis. Im Jahre 1660 wurde sie sodann auf wiederholte Vorstellungen der Stadt durch Herzog Adolf von Mecklenburg-Güstrow geschleift.

Noch heute ist die Anlage im großen und ganzen erhalten. Von den Gebäuden ist zwar nur noch ein Turm vollständig. Dieser und Reste von Mauern, unterirdischen Gängen (von denen einer unter dem Wall hindurch ans Wasser und ein anderer unter der Stadt nach der Kirche führte), die Wallbefestigungen, der Burghof, die Gesamtanlage in ihrer Beziehung zur Stadt und zum Wasser sind sehenswert. Sie geben uns das klare Bild einer mittelalterlichen Burg und damaliger Festungsbaukunst.

Dieselben Ziele, welche durch Herzog Heinrich 1548 mit dem Ausbau der Plauer Burg verfolgt wurden, führten zu der Erbauung der Lenzburg.

Auch sie war eine fürstliche Burg, aufgeführt zum Schutz gegen den Raubzüge unternehmenden märkischen Adel. In Gemeinschaft mit der Plauer Schutzburg sollte durch sie eine strategische Linie gegen das Raubgesindel geschaffen werden. Leider wissen wir über die Burg am Lenz wenig. Aber dennoch lassen sich heute mit Sicherheit auf Grund alter Pläne über die erste Regulierung der Elde und der Ausgrabungen am Lenz Angaben über Lage und Aussehen der Burg machen.

Die Burgstätte befand sich am Ostufer des Plauer Sees gegenüber der Burg Plau. Dort, wo die Elde in den See mündet, erhob sie sich. Da an beiden Seiten des Plauer Sees die wichtigsten Straßen aus der Mark nach Mecklenburg führten, und die Raubritter diese auf ihren Zügen hauptsächlich benutzten, ließ Herzog Heinrich zum Schutze des Landes Malchow hier die Burg errichten. Über Lage und Aussehen der Burg lassen sich folgende Angaben gewinnen:

Bevor die Elde schiffbar gemacht wurde, hatte sie am Lenz zwei Einflüsse in den Plauer See. Zwischen diesen und dem See befand sich ein dreieckförmiges, schlecht zugängliches Stück Land, das allseitig von Wasser umgeben war. Diese Insel wurde als Burgstätte ausersehen. Als dieselbe – ebenfalls im Jahre 1448 erbaut – fertig war, übertrug Herzog Heinrich den Befehl über sie Lüdecke Hahn, welcher somit Plau und Lenz in seiner Hand hatte.

Die Burg selbst hatte einen mächtigen, viereckigen Turm, mit dem die übrigen Gebäude in Zusammenhang standen. Rechts vom Turm, welcher in unmittelbarer Nähe des Eldearmes stand, war der große Burghof. Alle Gebäude waren von einem hohen Erdwall umgeben, welcher wiederum durch ein doppeltes Grabensystem geschützt war. Rechts und links vom Lenz sind natürliche, bis zu dreißig Metern hohe Steilküsten (Endmoränengebilde der Eiszeit), die im Verein mit den Wallgräben, dem Burgwall, dem See und den beiden Eldearmen der Festung eine gut zu verteidigende und schwer zugängliche Lage ergaben. Mit dem Festland war die Lenzburg durch eine Brücke verbunden, welche über den Eldearm führte. Während landseitig an der Brücke das Torhaus gelegen hat, wird die Brücke vor dem Turm geendet haben. Der letzte Teil derselben wird eine an Ketten nach dem Burgtor aufziehbare Zugbrücke gewesen sein.

Als im Jahre 1798 die Elderegulierung durchgeführt wurde, waren von der Befestigung nur noch unbedeutende Reste vom Wall, von dem Turmfundament und den Gräben erhalten. Der jetzige Eldekanal geht mitten durch die einstige Burganlage hindurch. Bei seinem Bau sind noch mancherlei wichtige Waffenfunde gemacht und Reste der einstigen Burg zutage gefördert, welche die alten Angaben bestätigten. Wann die Burg zerstört ist, steht nicht genau fest. Wahrscheinlich wird sie ein Opfer des dreißigjährigen Krieges geworden sein.

Während die Festung zu Plau und die Burg am Lenz durch Landes- und Fürstenmittel zur Sicherung der Bevölkerung und Garantie des Landfriedens erbaut wurden, hat die Burg zu Stuer eine andere Bedeutung: Sie ist eine Familienburg, der Stammsitz der in Mecklenburg alteingesessenen, im Bereich der Eldeseen im Mittelalter bedeutenden Adelsfamilie von Flotow. Die Burg diente also dem persönlichen Schutz der Ritterfamilie, war früher deren ständiger Wohnsitz und sicherte den Besitz an Grund und Boden des Geschlechtes.

Da man bei einer Familienburg schwerlich Wohnung und Bewohnende trennen kann, sei zunächst kurz über das Geschlecht derer von Flotow gesprochen.

Über die Herkunft der Familie herrschen verschiedene Ansichten. Während ein Gutachten den sicheren Beweis erbringen will, daß die Flotows aus der Weserniederung stammen, wo der Name Vloto als Ortsbezeichnung vorkommt, sind andere der Ansicht, daß die Familie wendischen Ursprungs ist. Da der Burgwall von Stuer ursprünglich wohl mit Sicherheit eine wendische Befestigungsanlage gewesen ist, wäre es nicht undenkbar, daß die Familie von altersher hier ansässig war. Es müßte dann allerdings ein urkundlich 1240 erwähnter Ritter Conradus de Stuhre verwandtschaftliche Beziehungen zu den Flotows gehabt haben. In Mecklenburg sind die ersten Flotows Heinrich (1230), Andreas senior (1236) und Gottfried (1241).

Am 29. September 1340 belehnten die Werler Fürsten „ihren geliebten Vasallen Andreas Flotow und seine rechten Erben mit dem Dorfe Stuer nebst der Mühle zu allen Gerechtigkeiten, Freiheiten, Hebungen, auch mit vollem Rechte über Hals und Hand, also mit der hohen und niederen Gerichtsbarkeit. Im April 1344 erfolgte die Belehnung mit Klein-Stuer nebst Mühlen, Suckow, Satow, Rogeez, Sanz, Grabow, Wendisch-Massow und Demzin-Anteil". Von einer Burg ist damals noch nicht die Rede. Man darf wohl annehmen, daß dieselbe erst von Andreas zur Sicherung seiner ausgedehnten Besitzungen angelegt ist.

Bald erweiterte das Geschlecht seine Macht. Im Jahre 1354 verpfändeten die Fürsten von Werle Stadt und Land Malchow an die Flotows.

Besonders uneingeschränkt scheinen die Rechte auf Malchow gewesen zu sein. So heißt es darüber u. a.: „In der Stadt Malchow aber taten sie es der wirklichen Landesherrschaft gleich."

Mit ihrem Machtbereich konnte die ritterliche Familie manchem hohen Herrn die Stirn bieten. So hat Tidecke Flotow (1372–86) Plau überfallen und fürstliche Beamte und Bürger erschlagen. Und als der Herzog selbst einmal durch Flotowsches Gebiet fuhr und seine Kutsche an der des Ritters vorbei mußte, rief er dem nach Platz verlangenden Herzog zu: „Hertog, half Trar!", d. h. halbe Wagentrede, halb weiche ich nur aus. Dann kam die Raubritterzeit. Als die Quitzows und andere hohe Herrn aus der Mark ins Mecklenburger Land ritten, um sich Pferde, Kühe und Schafe zu besorgen, statteten die Flotows ihnen erfolgreich Gegenbesuche ab. So wird berichtet, daß sie auf einem solchen achtzehn Mann erschlugen, siebenundzwanzig griffen und achttausend Schafe, einhundertvierzig Kühe und ein „reisig" Pferd und dreizehn Pflugpferde mitgehen hießen. Besonderes Verdienst haben sich die Flotows dann im 16. Jahrhundert gelegentlich der Ausbreitung der Reformation erworben. Im Jahre 1523 haben sie vor allen anderen mecklenburgischen Edelleuten zur Erziehung ihrer Kinder einen lutherisch gläubigen Geistlichen angenommen, weil „die Pfaffen zu Stuer gar ungeschickt und ungelehrt waren".

Im Laufe der nächsten Jahrhunderte ging die Macht der Ritterfamilie im Lande Malchow mehr und mehr verloren. Der Besitz verringerte sich. Ganz besonders setzten die mecklenburgischen Fürsten alles daran, Malchow in ihren Besitz zu bekommen, was ihnen durch Prozesse, Gewalt und Vergleiche schließlich gelang. Die letzten Flotowschen Rechte auf Malchow sind erst in jüngerer Zeit erloschen. Noch bis 1837 hatten sie vertragsmäßig Einfluß auf Gerichtsbarkeit, Leichenfolge, Begräbnisaufwartung des Magistrats, Sterbegeläute usw. Im genannten Jahre verzichteten sie durch Vertrag auf diese Vorrechte, wofür ihnen bis an den Rand der neuesten Zeit freies Fährrecht über das Malchower Wasser in die Stadt Malchow zugebilligt wurde.

Ein solches Geschlecht gebrauchte zur Verteidigung seines Besitzes und zum Schutz der Familie einen sicheren Wohnsitz. Diesen haben wir in der Burg Stuer, der Stammburg der Flotows, vor uns.

Ihre stolzen Ruinen geben noch heute ein Bild der einstigen starken Befestigungsanlagen. Ist doch die Ruine die besterhaltenste Familienburganlage im Lande. Wer Gelegenheit hat, an den Plauer See zu kommen, versäume nicht einen Besuch der Burgreste. (Dr. Otto Piper hat im Jahre 1887 im Verlag der Brünslow'schen Hofbuchhandlung in Neubrandenburg eine archäologische Studie über die Burgruine Stuer herausgegeben. Seine Aufzeichnungen seien gelegentlich zu Ausführungen benutzt.)

Wenn man auf der Chaussee Plau–Röbel das Dorf Stuer passiert hat, sieht man bald links der Straße inmitten eines Wiesenterrains einen kleinen Waldbestand, der aus mächtigen Baumriesen gebildet wird. Versteckt in ewigem Schatten finden wir die Burgstätte. Wenn wir uns auf dem Wege dorthin vorstellen, daß dereinst statt dieser hier eine Wasserfläche lag, so können wir uns einen Begriff von der sicheren Lage des mittelalterlichen Rittersitzes machen. Der einzige Zugang ist wahrscheinlich in der gleichen Richtung verlaufen, in welcher noch heute der Weg an die Ruine führt.

Es ist anzunehmen, daß der Burgwall schon in der Wendenzeit bestanden hat. Als später die Burg darauf errichtet wurde, ist die Form des Walles in Hinsicht auf den Bau verändert und verstärkt. Die Nachforschungen ergeben, daß insgesamt drei Ringwälle zum Schutz der Burg aufgeworfen waren. Zwei davon sind heute noch gut zu erkennen. Während gewöhnlich die Burgen nur durch einen Wall befestigt sind, war der Stuerschen durch das dreifache Wallsystem ein ganz besonderer Schutz gegeben.

Im Kern dieser Anlage liegt die Ruine. Um den Burghof lagen an der Peripherie desselben in quadratischer Grundform noch eine Anzahl weiterer Gebäude. Diese, wie der Turm, wurden sicher auch zu Wohnzwecken benutzt. Man muß bedenken, daß das ganze Geschlecht, mehrere Familien, auf der Burg wohnte.

Der wichtigste Teil der Befestigung ist der noch ganz erhaltene Turm. Nach der Bauweise darf man mit Sicherheit annehmen, daß er als Wohnung des Burgherrn benutzt ist. Insbesondere deuten die Fenster an, daß es der Palas des Besitzers war. Der Grundriß des Bergfrieds mißt im Quadrat 11,3 Meter. Die Mauern haben unten eine Dicke von 2,3 Metern, die Gemächer eine Seitenlänge von 6,7 Metern. In dem Turm befinden sich mehrere Wohnetagen übereinander. Die untere derselben enthält heute einen Tisch mit einer Anzahl Waffen, welche dereinst von den Rittern geführt wurden.

Östlich von der Hauptburg befand sich noch eine Vorburg, welche durch eine über den Wallgraben hinwegführende Zugbrücke mit der Hauptburg in Verbindung stand.

Wollten die Feinde die Burg erobern, den Burgherrn gefangen nehmen, so mußten sie nach dem Passieren des schlecht zugänglichen Geländes erst die Vorburg in ihren Besitz bringen. Fiel sie, so zogen sich die Verteidiger auf die Hauptburg zurück, dessen Zugbrücke aufgezogen wurde. Als letzte und noch vollkommen selbständige Verteidigungseinrichtung war der Bergfried gedacht, der noch lange Zeit Feinden die Stirn bieten konnte.

Tatsächlich scheint die Burg aber niemals einem Feind in die Hände gefallen zu sein. Ja, selbst die Horden des dreißigjährigen Krieges haben sie nicht bezwungen. Vielmehr steht geschichtlich fest, daß sie einem Brande im Jahre 1658 oder 1660 zum Opfer gefallen ist.

Heute sind die größtenteils noch gut erhaltenen Wälle und der Burgfried stumme Zeugen einstiger Macht. Daneben lassen uns Reste von Fundamenten, Teile eines unterirdischen Ganges und manch andere Spuren ehemaliger Bauten in unserer Phantasie die stolze, mittelalterliche Ritterburg erstehen. Nur der ewig jugendliche Bach, der heute noch seine Wasser über alte Mühlenruinen talwärts in den Plauer See schickt, der noch zu dieser Stunde mit seinen unermüdlichen Tropfen langsam das große Mühlrad dreht, erzählt uns in seiner Sprache von altem Glanz und einstiger Macht.

Sternberg und seine malerische Umgebung

Mit gutem Recht kann man auch das alte Sternberg als die Stadt der Seen und Wälder bezeichnen; ringsum, soweit das Auge schaut, entdecken wir in romantischem Wechsel Laub- und Nadelwälder, weitgedehnte Weiden, Wiesen und größere wie kleinere Seen. Begünstigt wird dieser weite Blick ins Land durch die ungewöhnlich hohe Lage der Stadt selbst, die zu Zeiten unserer Vorfahren eine starke Wehr gegen andringende, plündernde und räubernde Feinde war. Weit in das dreizehnte Jahrhundert reicht die Gründung Sternbergs zurück, trutzige Mauern umgaben einst den sicheren Hort seiner Bewohner, und ein tiefer Wallgraben vergrößerte die Sicherheit innerhalb seiner Tore ganz wesentlich. Gen Westen schützten Sümpfe und Seen vor feindlichen Überfällen. Heute sind nur noch einzelne Reste vergangener Kraft vorhanden, sie legen aber ein beredtes Zeugnis für ihre Vergangenheit ab.

Mehrere Tore, heute nur noch in den Straßennamen erhalten, bildeten die Aus- und Eingangspforten zu dieser Feste; alle sind heute verschwunden bis auf eines, das Mühlentor, das in seiner malerischen Lage und den daran „geklebten" Wohnhäusern den Beschauer immer wieder in seinen Bann zieht. Die Krone dieser Stadtschöpfung bildet die imposante Stadtkirche, die, selbst an der höchsten Stelle der Stadt erbaut, wuchtig die oft zierlichen und romantischen Häuser überragt. Ihre Gründungszeit fällt erst in den Anfang des vierzehnten Jahrhunderts, also ungefähr sechzig Jahre nach Erbauung der Stadt. Weithin schaut man vom Turm dieses Gotteshauses aus ins Land hinein. Zu Füßen die teilweise bemoosten Ziegeldächer der vorherrschenden Fachbauten, gradlinig zweigen sich die Straßen vom Marktplatz, in dessen unmittelbarer Nähe die Kirche steht, ab, und dann der Fernblick! Wohin wir auch sehen, überall gewahren wir in mannigfaltiger Abwechslung Täler mit kleineren und größeren Dörfern, Seen, umstanden von Ellern, Erlen und Weiden, hier und dort eine bewaldete Insel umspülend, sanft sich wölbende Hügel, deren Teppiche in bunter Farbenpracht ihre Fruchtbarkeit verraten, und da oder dort windet sich eine Landstraße durch die schöne Natur. Fast kann man all diese Pracht, dieses Gemisch der lebensfrohen Farben nicht fassen, es ist, als ob hier eine besonders liebende Hand waltend wirkte. Leider hat diese idyllische Landstadt, die so manchen schönen Winkel in sich schließt, ihre einstige Bedeutung verloren, war sie doch zur Zeit eines sagenumwobenen Mittelalters die Residenz Heinrichs des Löwen und bis in unsere Zeit hinein der Sitz des mecklenburgischen Landtags. So erklärt sich auch der wuchtige Bau des Gotteshauses, der in keiner anderen mecklenburgischen Kleinstadt seinesgleichen hat und auch in seinem Innern uns Bewunderung abringt.

Und so wollen wir uns, sei es als Einwohner, sei es als Kurgäste, aufmachen zu Wanderungen und Spazierfahrten in die Umgebung dieser altehrwürdigen Stadt. Es darf dabei nicht unerwähnt bleiben, daß gerade die begünstigte Lage Sternbergs diesen Ort zu einem Kurort im wahrsten Sinne macht. Alles ist hier ja vorhanden, für jeden Erholungsbedürftigen, jeden Ruhesuchenden das, was ihm zuträglich ist. Nadelluft, würziger Wiesenduft, kräftige Seenluft, der Schatten der alten Laubwälder und nicht zuletzt die Ruhe des Städtchens selbst. Mehr als bisher sollte man sich den Reizen dieser Gegend zuwenden, ausnutzen, was die Natur den Menschen überreichlich schenkt. Hier kann man wandern, rudern, angeln, baden und sich von der Sonne bräunen lassen.

Vier bedeutende Landstraßen führen uns von Sternberg aus in die Umgebung. Vorbei am sagenberühmten „Judenberg" gelangen wir auf die kastanienbestandene Brüeler Chaussee, die Gelegenheit bietet, verschiedene Wanderziele der näheren Umgegend aufzusuchen. Wuchtig erhebt sich zur Linken der Wahrsberg, die höchste Erhebung nahe Sternberg, im Winter der Tummelplatz der rodelnden Jugend, im Sommer Schaf- und Gänseweide und nunmehr in Aussicht genommen als Segelflugfeld wegen seiner günstigen Lage und der geeigneten Windverhältnisse. Eifrig ist man schon diesem Projekt nachgegangen, und es steht zu erwarten, daß sich in kurzer Zeit hier reges Leben und Treiben, frohe Tatenkraft junger Menschen entfalten werden. Über die angrenzenden Anhöhen hinweg führt uns der Weg, bald ab-, bald ansteigend, zu den abgelegenen, baumgesäumten „Oberen Seen", die mit ihrem kristallklaren Wasser zur Erfrischung geradezu verlocken, um uns dann im Schatten der Ellern und Buchen Ruhe und Erholung zu bieten. Über den Steinbrink setzen wir unseren Weg fort. Da treten uns uralte, pyramidenförmige Wachholderbäume entgegen, und im Frühsommer leuchtet es hier von unzähligen blühenden Ginsterbüschen, während das tiefe Schwarzblau des nach Norden abgrenzenden Waldes einen kontrastbildenden Hintergrund abgibt. Vereinzelt treffen wir auch alte, knorrige Eichen, deren starke Äste gigantisch gen Himmel ragen. Schließlich sind wir an dem ganz geraden und deshalb besonders eigenartigen Wege nach Kaarz angelangt, und auf diesem nähern wir uns wieder der Landstraße, die wir gleich hinter dem „Judenberge" verließen. Nicht lange mehr, so ist Weitendorf erreicht, das in seiner Schlichtheit und Sauberkeit entzückt. Aber es hat mit noch anderen Überraschungen aufzuwarten. Was ist denn das für ein Strom, der unter der Landstraße hindurchsprudelt, sogar kleine Stromschnellen bildet und sich in unendlich vielen Windungen in der Ferne verliert? Wir befinden uns am Warnowstrand, und ob wir es wollen oder nicht, wir sehen vor unserem geistigen Auge jenen breiten Fluß, an dem Rostock liegt, und der sein Wasser der Ostsee anvertraut, und wir vergleichen ihn mit dem vor uns gurgelnden und schnellen Flüßlein. Da hat man sogar die Kraft des zu Tal fließenden Wassers ausgenutzt, rummelnd und plätschernd dreht sich das Rad einer von Ellern umkränzten Wassermühle. Unterhalb der Stauung bewegen sich majestätisch erhobenen Hauptes schneeweiße Schwäne in der klaren Flut, und dort betreut eine Entenmutter fürsorglich ihre zappelnden, lebenslustigen Kinder. Unser Blick schweift in die Ferne. Wieder und wieder ein steter Wechsel zwischen Feld, Wald und Wiese, Hügeln und Tälern. Hoch über allem, den Horizont beherrschend, erspähen wir das Kirchlein von Sülten. Weitendorf hatte ursprünglich eine große Bedeutung für den Bahnbau; jahrelang hat man hier ungeheure Kiesberge abgetragen, die ein vollwertiges Damm-Material hergaben. Der Reichtum ist heute erschöpft, und so ist nur die Torfgewinnung als lohnender Erwerbszweig übrig geblieben. Nun heißt es Abschied nehmen von dieser Stätte, heimwärts wenden wir uns mit dem Entschlusse, morgen dem Lauf der Warnow zu folgen und an ihr entlang durch das Land zu wandern.

Gemächlich ziehen wir nächsten Tages unsere Straße zum Dorfe Groß-Görnow, wo wir ein gigantisches Hünengrab finden. Wunderhübsch geht dieser Weg durch ein liebliches Tal dahin, in dem sich zur Linken der Lukower See ausdehnt, während rechterhand uns das tiefe Blau des großen Sternberger Sees grüßt. Wir befinden uns von Anfang an wieder im Banne der zauberhaften Pracht allüberall, und hoch über den krausen Wassern thront, aus uralten Linden emporragend, die mächtige Stadtkirche, die uns noch lange das Geleit gibt. Nach einigen Windungen hat unsere Landstraße wieder eine Anhöhe erreicht; wir halten wieder Umschau. In leichten Wellen sinkt das Feld allmählich zu den Seen ab, Baumgruppen, Weidengebüsch und kleine Bäche geben dem Ganzen ein besonderes Gepräge in trautem Verein mit dem Wahrzeichen jener Gegend. Jäh geht es nun bergab, und wir machen auf einer neuen Betonbrücke halt, deren Bogen ein rastlos fließendes Flüßlein überspannt, die ellernumsäumte Warnow, die wir erst gestern bei Weitendorf anschauten. Munter hüpfen die Wellchen dahin, lustig wirbeln da Strudel auf und nieder, umkosen im Wasser aufragende kleine Felsblöcke; ja, und die Brücke, von der wir dies alles beobachten? Keine geringere als die altbekannte Sagsdorfer Brücke in neuem, ansprechenden und verkehrssicheren Gewande, jene Brücke, an der vor Zeiten die mecklenburgischen Landtage abgehalten wurden, und wo seinerzeit die Einführung der Reformation in Mecklenburg beschlossen wurde. Ein von Prof. Greve geschaffenes Bild, das in der Stadtkirche Aufstellung gefunden hat, stellt diesen feierlichen Akt dar und läßt nur zu gut die dargestellten Personen als vielen bekannte Sternberger wiedererkennen. In Würdigung dieser kirchengeschichtlich bedeutenden Tatsache der Reformation wird übrigens neuerdings die Stadtkirche als „Reformationsgedächtniskirche" bezeichnet. Eingeschmiegt in die Warnowniederung, teilweise Schutz suchend am nahen Hochwald, den Sültener Tannen, liegt das Dörfchen Sagsdorf selbst, das reizvoll das Landschaftsbild belebt. Herrlich muß es sein, unter jenen Baumriesen, Kiefern und Fichten, zu wandern und auf weichem Moosboden zu rasten! Doch weiter. Bald gehts durch Groß-Görnow, das einen typischen Charakter erhält durch seinen neuzeitlich eingerichteten Gutshof mit drei riesigen Futter- bzw. Kornsilos und ausgedehnten, imposanten Wirtschaftsgebäuden. Etwas mühsam war unsere Wanderung bisher, ging es doch abwechselnd bergab, bergan. Wieder gilt es eine Anhöhe emporzusteigen, und oben überrascht uns ein kleines, aber altes Stückchen Wald. Märchenhaft muten uns die riesigen „Einfahrtstannen" an, knorrige alte Stämme ringsumher, so recht eine Stätte der Ruhe, des Friedens. Nach kurzer Umschau gehen wir noch einen kleinen Hügel hinauf: Wir sind am ersehnten Ziel, dem gewaltigen Hünengrab. Traumverloren liegt es da, rundum Fichten, Kiefern, sogar Birken. Totenstille um uns, leise rauschen nur die Wipfel der Bäume, neigen sich sanft im Rhythmus des Windes und raunen uns Geschichte und Sagenhaftes aus alten, alten Zeiten zu, versetzen uns in graue Vorzeit, in die Steinzeit, in der man den Toten derart gewaltige Steinkammern als letzte Ruhestatt widmete. In zwei Reihen liegen die ungeheuren Steinblöcke, während zwei andere, noch größer in ihren Ausmaßen, die Decke bilden. Ehrfurchtsvoll verharren wir an dieser Stelle und lassen uns ganz von dem Zauber dieses Anblicks gefangen nehmen. Und dann, von dieser Höhe herab, enthüllt sich uns ein Idyll nach dem andern. Unendlich weit kann das Auge von hier aus über das Land schauen. Sachte geht es auch hier wieder ins Tal hinab in leichten Wellungen. Teppiche in leuchtendem Grün, Braun und Gelb liegen auf den Abhängen, und tief unten im Tal zieht wie eine silberne Schlange die Warnow dahin. Hier von hoch oben erscheinen die verstreut liegenden Dörfer wie aus Spielzeughäuschen zusammengesetzt. Zur Ergänzung da und dort Bäume, Sträucher, kleine Brüche. Gerade vor uns befindet sich hart an die Warnow grenzend, das malerisch gelegene Klein-Raden, jener Wald daneben verdeckt mit seinen dunklen Tannen das niedliche Buchenhof, während wir in der Ferne auf einem Hügel eine Kirche und ihr zu Füßen das Dorf Warnow erkennen können. Aber noch weiter ins Land hinein kann von hier oben der Blick schweifen, wir ahnen andere Dörfer, andere Städte: eine wunderbare Fernsicht über mecklenburgische Fluren. Ein Brausen, eine weiße Rauchwolke steigt aus einer Talfurche empor: Ein Zug jagt mit ratternden Rädern auf der Hamburger Strecke dahin, die dicht unter uns an der Warnow entlang führt. Jener Berg am Horizont scheint uns auch ein alter Bekannter zu sein? Wahrhaftig, da ist wieder einmal der Turm der Sternberger Kirche, der wie eine Warte zu uns herüber guckt, indes wir an seiner eigentümlichen Form und dem buschigen Haupt den Wahrsberg enträtseln können. Dort in der Ferne vermuten wir Weitendorf, hinter jenen Tannen liegt Sülten, dessen keckes Kirchlein wir gestern erspähten, und in jener Tarnower Forst muß Boitin sein, das durch seinen „Steintanz" kulturhistorische Bedeutung erlangte.

Wir halten dann noch Umschau in der Umgegend von Groß- und Klein-Görnow, versäumen nicht, den nahe gelegenen Burgwall, das Kegelgrab zu besichtigen und nehmen nun Abschied von dieser Stätte alter Zeugen, um uns ins Warnowtal zu begeben. Leicht ist es von der nach dem Dorfe Warnow zielenden Landstraße aus zu erreichen, und nun befällt uns ein Entzücken nach dem andern. Dies soll noch Mecklenburg sein? Wenn wir nicht wüßten, daß wir aus Sternberg auszogen, um die Umgebung kennen zu lernen, wir würden uns in den Harz versetzt denken. Jener reißende Strom mit seinen vielen Stromschnellen und den felsübersäten Ufern könnte ebenso gut die Bode sein, zumal zu beiden Seiten, vor allem beim sogenannten Warnow-Durchbruch, die Abhänge steil emporsteigen und mit oft recht großen Felsblöcken über und über bedeckt sind. Der längs dem Flußlauf führende Weg bringt uns durch duftendes Laub- und Nadelgehölz. Bald setzen wir unseren Fuß auf weiches Moos, bald geht es im Bogen um einen jener „Findlinge" herum, und dann lassen wir es uns auch nicht nehmen, einmal auf einer der vielen Felsplatten in und am tollenden Warnowwasser zu „tanzen". Romantisch ist das, was sich uns darbietet, die Perle der Umgebung Sternbergs! Noch im Genusse des Erlebten und Geschauten, treten wir nun den Heimweg an, der uns an saftigen Weiden, fruchtbaren Feldern und grünenden Wiesen vorbeiführt, ein Stück um den Sternberger See herum, bis uns die heimischen Mauern der alten Stadt wieder aufnehmen. Den Abend benutzen wir, um unsere Photostudien, die als sichtbare Erinnerung an alles Schöne gemacht wurden, zur Entwicklung zu bringen. Der nächste Tag soll uns auf dem Wege zum „rauschenden Bach", zu den „Peeschen", dem Holzendorfer See und sogar über Gägelow und Zülow bis nach Witzin finden. Bei lachendem Sonnenschein beginnen wir unsere neue Wanderung, die uns bald wieder vor den Toren Sternbergs, diesmal aber in westlicher Richtung, sieht. Wieder geht's hügelan, hügelab, auf blumenumstandenen Feldwegen vorbei an wogenden Kornfeldern, Kartoffelstauden und Wrukenbeständen. Da taucht vor uns in einer sumpfigen Niederung ein Ellernbruch auf, und ein Plätschern und Murmeln dringt an unser Ohr. Ein munter sprudelnder Bach windet sich in ausgeglichenem Bogen durch den moosreichen, steil abfallenden Grund, bald erglänzt das tobende Wasser spiegelblank, bald nimmt es tiefschwarze Färbung an, die dann und wann durch kleine weiße Schaumkämme an den Strudeln unterbrochen wird. Wir sind am Mühlbach, den der Volksmund ob seines außerordentlich starken Getöses den „rauschenden Bach" nennt. Verfolgen wir seinen Lauf weiter über Berg und Tal, nun entzückt durch prächtige Buchen und uralte Eichen, so gelangen wir zum sogenannten „Aalfang" am Tönning-See, aus dem das Bächlein seinen Ursprung nimmt. Wie malerisch liegt da der See! Auf dem linken Ufer gewahren wir dichtes Laubholz, während sich zur Rechten saftige Weiden und fruchttragende Felder dehnen. Ein Fischer stößt ruhig seinen Kahn durch die Flut, um die Schätze dieses fischreichen Sees immer von neuem zu bergen. Unser Weg führt uns nun abwechselnd weiter durch Kiefern- und Laubwald über Höhen und Tiefen, ringsum wunderbar leicht gewelltes Land, aus dem hier und da ein Haus, eine Scheune, ein Dorf auftaucht. Wir sind mitten in den „Peeschen", jenem beliebten Ziel für sonntägliche Ausflüge, die sich weit, weit erstrecken und uns schließlich bis zum Holzendorfer See bringen. Im nahen schönen Nadelwald mit seinen verschwiegenen und versteckten Pfaden und dem da und dort aufspringenden Wild – manche Jägerkanzel verrät obendrein die hier des Weidmannes harrenden Freuden – steht, von Baumriesen umgeben, ein niedliches, lustiges Sommerhäuschen, die Jagdvilla „Moorhexe", die wohl dazu verlocken kann, hier Quartier zu nehmen und zur Sommerszeit Erholung von des Alltags Last zu suchen. Am Ufer des Holzendorfer Sees entlang kommen wir zum Dorfe Dabel, das mit seinem – man könnte sagen „Kurhaus" – „Roter Strumpf" die beste Sommerfrische bietet. Herrlicher Badestrand mit weißem, feinem Sand verlockt zur Rast; zudem ist der Grund des Sees fest und steinfrei, und weit hinein kann man, auch ohne des Schwimmens kundig zu sein, das kühlende Naß genießen. Wir aber dürfen nicht lange verweilen und setzen unseren Weg über die Dabeler Feldmark fort, auf der uns zwei Burgwälle und Kegelgräber abermals an die Wendenzeit erinnern. Über Gägelow nehmen wir Kurs auf Zülow, und sobald wir eine Anhöhe erklommen haben, ist die liebe Sternberger Kirche unser treuer Wegweiser. Ein großes Gebäude überrascht uns, neuzeitlich erbaute Wohnhäuser sind da, und ein gleichmäßiges Surren von nimmermüden Maschinen dringt zu uns. Da fließt ein breiter Kanal fast bis auf das große Gebäude zu – wir sind am Mildenitz-Kraftwerk angelangt, das die Energien zu Tal strömenden Wassers in Elektrizität verwandelt. Das Werk selbst liegt am Fuße einer Anhöhe von zwanzig Metern. Auf dieser Höhe befindet sich das sogenannte Wasserschloß, bis zu dem ein offener, von der Mildenitz abgezweigter Kanal läuft. Von dort geht das Wasser unterirdisch im Druckrohr zu den Turbinen. Das Staubecken hat einen Inhalt von ungefähr 100 000 Kubikmetern. Der Oberkanal in seiner Länge von vier Kilometern kommt aus dem Rother-See, der zwei Kilometer lange Unterkanal fließt in den Trent-See, einem Abzweig des Sternberger Sees.

Durch die Anlage der Kanäle ist das alte Flußbett ausgeschaltet. Jede der beiden Turbinen des landschaftlich gut eingefügten Werkes leistet 630 Pferdestärken, die Höchstbelastung der Generatoren beträgt 500 Kilowatt pro Stunde, und der ausgeschickte Strom hat eine Hochspannung von 15 000 Volt, eine Niederspannung von 220 Volt; im übrigen erzeugt das Werk nur soviel Strom, wie der Verbrauch erfordert. Interessant ist es, die ganze saubere und lehrreiche Innenanlage zu besichtigen, den Schaltraum, die Ölschalter, Transformatoren u. a. m., doch es würde zu weit führen, auch darüber noch zu plaudern. Erbaut wurde dieser Stromversorger (im Verein mit den Werken in Bobzin und Grabow) Süd- und Westmecklenburgs in den Jahren 1921–24, und die Gesamtanlage wird mit ungefähr zwei Millionen Mark bewertet. Wir danken dem Betriebsleiter für seine vortreffliche Führung, überschauen noch einmal dieses Werk, das trotz allem der Natur keine Einbuße tut. Nach kurzer Mittagsrast verlockt es uns, noch weitere „Entdeckungsreisen" zu unternehmen, und nun geht's bald durch Wald, bald über Feld und Wiesen, über Hügel und durch Täler weiter durch die schöne, unendlich reizvolle Umgebung Sternbergs, bis uns in der Ferne, allerdings nach längerem Marsche, die Häuser Witzins grüßen, über deren roten Ziegeldächern und strohbedeckten Katen und Scheunen sich das uralt anmutende Kirchlein mit seinem spitzen Turm erhebt. Das ganze Massiv dieses Gotteshauses ist aus Felssteinen erbaut, die nur hier oder da einem Fensterchen Platz machen. Rings um die Kirche dehnt sich der von einer Felsmauer eingefaßte Friedhof, um den sich die alten Häuser wie eine schirmende Wehrmauer gruppieren.

Fast allzu reich war unser heutiges Unternehmen und festen Schrittes geht's nun auf der Güstrower Chaussee heimwärts. Noch einmal begegnet uns jetzt die Mildenitz, und da liegt auch der Trent-See, der das Flüßlein mit offenen Armen aufnimmt. Nun zeigt uns die Stadtkirche ihr stolzes Haupt, und nach einer scharfen Kurve vorbei am „Heidberg", dem beliebten Badestrand am jenseitigen Ufer des Sternberger Sees, zu dem eine wundervolle Birkenallee führt, sind wir in die unmittelbare Nähe der Stadt zurückgekommen. Da noch ein Wäldchen, das „Herrenholz", dann wieder eine Kurve – ein letztes eindrucksvolles Bild zieht uns in seinen Bann. Vor uns liegt Sternberg in seiner ganzen Ausdehnung von Süden nach Norden, und riesengleich thront die wuchtige Kirche über den winzig erscheinenden, unzähligen Dächern der Stadt. Die klaren Fluten des Sees kontrastieren idyllisch mit dem Häusermeer und den vorgelagerten Wiesen.

Wohin man auch den Fuß setzen mag, stets gibt es neue Freude, neue Überraschungen, und wer ein echter Naturliebhaber ist, wird in diesem Teile Mecklenburgs überreichlich auf seine Kosten kommen!

Noch ein kurzes Wort über die wirtschaftliche Lage dieser Gegend. Vorherrschend ist infolge der Bodenbeschaffenheit die Ziegeleiindustrie, der wir sowohl in Sternberg selbst, wie auch in Brüel, Blankenberg und Warin begegnen. Zudem liefert der außerordentlich reiche Waldbestand gutes Bauholz, das manchem blühenden Sägewerk neue Lebenskraft gibt. Tagtäglich zu der geeigneten Zeit des Baumschlags trifft man auf den Zufahrtsstraßen Karawanen von Langholzfuhren, die Riesenstämme zur Verarbeitung heranbringen. Auch Torf als Brenn- und Baumaterial steht wegen der vielen Wiesen reichlich zur Verfügung, und nicht zuletzt sei des außerordentlichen Fischreichtums gedacht, der lohnenden Erwerb gewährt und sogar im Sinne der Fischzucht unbedingt hoch gewertet werden muß.

So erleben wir auch in Sternberg und seiner Umgebung einen gesegneten Flecken heimatlicher Erde.

Ludwig Lorenz
Kalen – aus längst vergangenen Tagen

Die Ortsbezeichnung „Kalen" ist slawischen Ursprungs (kal) und bedeutet so viel wie Sumpf, Morast; sie weist also auf das sumpfige Gelände hin, auf dem der Ort steht und das ihn umgibt. Dieses Sumpfwiesengelände erweitert sich im Westen zu dem bis 3 km breiten Peenetal, einem ehemaligen Seeboden; im Osten reicht es bis an den großen Kummerower See, der es früher selbst bedeckte. Die nördlich und südlich des Tales gelegenen Höhen, in der Friedrich-Franz- und Marienhöhe bis zu 67 m über dem Meere ansteigend, treten hier zu einer Brückenstellung zusammen.

Die Anlage des Ortes zeigt ebenso wie die vieler mecklenburgischer Klein- und Mittelstädte den Plan fast aller Kolonialstädte des deutschen Ostens: die kreisförmige – bei anderen Städten länglich runde – Gestalt, von gradwinklich sich schneidenden Straßen durchzogen, an der Hauptkreuzung der viereckige Marktplatz, auf dem Rathaus und Kirche frei in der Mitte stehen. Die beiden Eingangstore zur Stadt, das Malchiner- und das Mühlentor, sowie ein Nebeneingangstor, das Amtstor, sind längst gefallen und dienen heute nur noch als Ortsbezeichnung.

Der Gründungstag der Stadt Neukalen – bis 1848 amtlich Neukalden (Nienkalden) genannt – ist der 5. Juni 1281, an welchem Tage Fürst Waldemar von Rostock ihr das lübische Recht verlieh. Schon um das Jahr 1240 herum hatte der Vater des genannten Fürsten, Fürst Heinrich Borwin III. von Rostock, an Stelle einer bereits früher gebauten eine neue Burg mit einem Turm erbaut und am 11. Februar 1253 die von ihm neben seiner Burg gegründete Stadt – das jetzige Kirchdorf Altkalen (10 km nordwestlich von Neukalen an der Kunststraße nach Gnoien gelegen) – mit dem lübischen Recht sowie der Freiheit vom Schoß und sonstigen Abgaben begnadet. Da diese Stadt aber nicht zu rechter Blüte gelangen wollte, verlegte des genannten Fürsten Sohn Waldemar im Jahre 1281 diese Stadt Kalandt (also Altkalen) „in dat dorp, welker genomet was Bugelmast", und verlieh dieser Stadt „Nienkalandt" und dessen Gliedern alle Gerechtigkeiten und alle vollkommenen Freiheiten, welcher die alte Stadt sich bedient hatte. Die alte Stadt Kalandt sank alsbald wieder zu einem gewöhnlichen Dorf hinab, wurde 1307 an das Kloster Dargun verkauft und kam nach der Säkularisation der Klöster an das Domanialamt Dargun.

Die Gründungsurkunde der Stadt Neukalen ist leider nicht mehr vorhanden, auch nicht in Abschrift, sondern lediglich eine plattdeutsche

Übersetzung derselben, die in hochdeutscher Sprache folgendermaßen lautet:

Im Namen der heiligen und ungetheilten Dreifaltigkeit!

Woldemar, von Gottes Gnaden, Herr von Rostock, wünscht allen Zeitgenossen und Nachkömmlingen, die diese Schrift lesen, Seligkeit in dem Seligmacher!

Damit das, was in der Zeit geschieht, nicht zugleich mit der Zeit vergeht, ist es nützlich, daß die redlichen Handlungen durch wahrhafte Schriften verewigt werden. Darum thun wir zu wissen, sowohl den Zeitgenossen als den Nachkommen, daß wir mit bedächtigem Rathe unserer Hauptleute zugelassen haben, daß die Stadt Kalant in das Dorf, welches Bugelmast genannt war, verleget ist und daß wir der genannten Stadt Nien-Kalant und ihren Gliedern alle Gerechtigkeit und alle vollkommene Freiheit gegeben haben, welcher die alte Stadt sich bedient hat. Wir bestätigen auch alle Privilegien und alle Artikel der Privilegien, welche sie von unseren Vorgängern erhalten hat; wir wollen sie ferner in allen Stücken noch mehr vermehren und nicht verringern: wir haben auch der vorgedachten Stadt Nien-Kalant beigelegt die Hufen, nach der Zahl und der Freiheit der Hufen, welche frei zur ersten Stadt gelegen waren.

Weil wir die oft genannte Stadt Nien-Kalant lieben und Liebhaber ihres Zuwachses sind, so haben wir ihr wohlwissentlich gegeben freie Macht, mit Ausnahme des Wadenzuges, zu fischen in dem See Kummerow und in dem See Wutzelense bis zur Grenze unseres eigenen Gewässers.

Sollte auch dieselbe Stadt durch mancherlei Zuwachs an Reichtum beschließen, das Dorf Warsow mit den dazu belegenen Hufen anzukaufen, so haben wir der gedachten Stadt vergönnet, das vorerwähnte Dorf mit den Hufen in Gebrauch zu nehmen, mit derselben Freiheit, die von den Stadthufen oben ausgesprochen und besagt ist.

Damit aber unsere Handlungen von uns und unseren Erben fest gehalten werden und unverändert bleiben mögen, geben wir der gedachten Stadt Nien-Kalant diese gegenwärtige Schrift, die darüber angefertigt und mit Bekräftigung unseres Siegels befestigt ist, mit den Namen der Zeugen, die dabei gegenwärtig waren, zur Sicherheit.

Die Zeugen sind diese: Johann Moltke, unser Truchseß und Vogt in Kalant; Johann Babbe; Reddach; Friedrich von Kerkdorp; Dietrich, Lippold, Berthold Gebrüder von Kalant; Markward von Rensow; Ritter, Nickel von Pressentin; Nickel, Eggert von Dragen; Hinrich Klobesow; Hinrich Kelle; Albert Niger; Johann Meineke der Sohn; Hinrich Slave; Wolmern und viele andere mehr.

So geschehen und gegeben Ribnitz, im Jahre des Herrn 1281, am 5. Tage des Monats Juni.

Bei der ersten Landesteilung Mecklenburgs im Jahre 1229 kam die Gegend um Kalen herum an die Herrschaft Rostock, die bis zum Aussterben der Fürstenlinie im Jahre 1314 bestand. In diesem Jahre fiel Neukalen (Stadt und Amt) den Herren zu Werle oder Fürsten zu Wenden der Güstrowschen Linie, seit 1436, in welchem Jahre diese Fürstenlinie ausstarb und alle mecklenburgischen Lande wieder in einer Hand vereinigt wurden, den Herzogen zu Mecklenburg zu. Bei der zweiten Landesteilung Mecklenburgs durch die Güstrower Reversalen im Jahre 1621 (Bildung der Herzogtümer Mecklenburg-Schwerin und Mecklenburg-Güstrow) kam die Stadt Neukalen an das Herzogtum Mecklenburg-Güstrow, dessen erster Herzog Johann Albrecht II. war und dessen Fürstenlinie im Jahre 1695 mit dem Herzog Gustav Adolf ausstarb. Bei der dritten und letzten Landesteilung Mecklenburgs durch den Hamburger Vergleich im Jahre 1701 (Bildung der Herzogtümer Mecklenburg-Schwerin und Mecklenburg-Strelitz) gelangte die Stadt Neukalen an Mecklenburg-Schwerin und gehörte seitdem zum Wendischen Kreis des Herzogtums mit der Vorderstadt Güstrow. Die Stadt war bis zum Jahre 1782 amtssässig. Das ursprünglich selbständige Amt Neukalen wurde 1786 mit dem Darguner Amt, zu welchem 1789 noch das Gnoiener Amt hinzukam, zu einem Amt, dem späteren Domanialamt Dargun-Neukalen-Gnoien vereinigt.

Auch an Neukalen sind, wie wohl an fast allen mecklenburgischen Städten, die Kriegsstürme der Jahrhunderte nicht unberührt vorübergegangen. Wenn uns auch genaue Einzelheiten der Kriegsereignisse und Kriegsschäden nicht überliefert sind, so wissen wir doch, daß besonders der 30jährige Krieg auch die Bevölkerung der Stadt und des Amtes Neukalen arg dezimiert hat. 1637 ist die Einwohnerzahl der Stadt von 1500 auf 300 bis 400 gesunken. Am Schlusse des Krieges (1648) waren im Amt Neukalen von 49 Bauern nur drei übrig geblieben. 1662 berechnet die Stadt ihren Kriegsschaden auf die Summe von 26018 Gulden 12 Schilling.

Über ein zwischen Schweden und Preußen im Jahre 1762, also am Ende des siebenjährigen Krieges, in Neukalen und Umgegend stattgehabtes Gefecht berichtet Herr Senator Stüdemann, welcher um die Mitte des vorigen Jahrhunderts hier wohnte, folgendes: „Wie ich von meinem Vater, der 1742 allhier geboren ist, mithin 1762 gerade 20 Jahre alt gewesen, gehört, haben die Schweden und Preußen hinter Malchin sich einander ein Gefecht geliefert, worauf die Schweden nach Malchin zurückgedrängt wurden, die Preußen sich aber davorgelegt haben. Einige hundert preußische Soldaten von dem Kolbergschen Regimente – dasselbige ist dermalen das sechsknöpfige genannt – sind nun nachts bei der Aalbude über die zugefrorene Peene hier durchgekommen und haben sich auf dieser Seite von dem Malchiner Damm gelegt, auch einige Kanonenschüsse nach Malchin hineingetan. Die Schweden, aus Furcht, gefangen zu werden, haben in Stralsund um Sukkurs gebeten, worauf um Neujahr bei hartem Frost 10000 Mann Schweden von dort hierher marschiert sind. Damit solche nicht durch die Stadt Neukalen kämen und in ihrem Marsche aufgehalten würden, haben die Preußen die Scheunen vor dem Malchiner- und vor dem Mühlentor absichtlich in Brand gesteckt, worauf sämtliche hiesige Scheunen bis auf sechs Stück vor dem Malchiner Tor bei der Wallpforte mit allem Inhalte in Asche gelegt sind. Die Stadt hat auch von den Preußen angesteckt werden sollen, allein der Vortrab der Schweden ist schon zu nahe gewesen, und einige derselben sind schon bis zur Mühlenstraße vorgedrungen gewesen, indem selbige über die zugefrorene Peene hinter den in Feuer stehenden Scheunen geritten. Das Hauptkorps der Schweden ist um die Brandstätte weg über die zugefrorene Peene teils bei der Bleiche, teils auf der anderen Seite der Stadt nach dem See zu gegangen. In der Malchinerstraße haben die preußischen und schwedischen Husaren sich zuerst attaquiert, worauf die Preußen aus dem Malchiner Tore nach dem Salemer Weg hin fortgejagt sind, wo sie sich hinter den hohen Gartenzäunen postierten, von wo sie aber bald von den Schweden vertrieben wurden. Die Preußen haben sich nun mit zwei Kanonen auf dem sogenannten Bataillenberg aufgestellt und von dort die Kanonen auf die Brücke in der Landstraße am Ziegenbach beim rauhen Moor gerichtet und im rauhen Moorbruch 50 Freiwillige postiert. Wie nun die Schweden bis zu dieser Brücke vorgerückt und mit Kanonenschüssen empfangen wurden, haben sie sich links nach der Sukower Wiese gewandt und sind so nach dem Bataillenberg hinmarschiert, haben aber die 50 Freiwilligen bald umzingelt und solche gefangen hier eingebracht. Wie sie den Preußen nun zu nahe gekommen, haben selbige ihre zwei Kanonen im Stich gelassen, sich durch das Holz nach Remplin begeben, unterwegs die wenigen diesseits vor dem Malchiner Damm postierten Preußen abgerufen und mit solchen dann weiter über den Wendischhäger Damm gezogen, wohin ihnen die Schweden nicht gefolgt. Die schwedische Besatzung in Malchin hat hierdurch Luft bekommen und ist dann auch gleich mit den anderen schwedischen, ihnen zur Hüfte geeilten Truppen nach Stralsund, und zwar hier durchgezogen. Bei dieser Gelegenheit sind hier nur einige hundert Mann preußische Husaren gewesen. Die Schweden haben hier aber viele Leute verloren, welche auf dem hiesigen Marktplatz demnächst begraben wurden. Der Verlust der hiesigen Einwohner bei einem am Neujahrstage stattgefundenen Scheunenbrande ist sehr bedeutend gewesen und haben die Einwohner im Fürstlichen Franzensberger Forste mit ihrem Vieh die übrige Zeit im Winter wegen fehlenden Futters geweidet. Wie im Jahre 1847 der Ratmannsteich ausgemoddert wurde, fand sich darin eine Kanonenkugel, und habe ich selbst in der Sukower Wiese eine inwendig hohle Kugel gefunden, die ich noch besitze."

Durch Feuersbrünste hat die Stadt Neukalen ganz außerordentlich viel gelitten, nämlich 1364, 1666, 1676, wo nur die Amtsgebäude und der Kirchturm gerettet wurden, 1695, 1700, 1702, 1734, 1762, 1777, 1794. Der letzte größere Brand war der vom 13. September 1844, bei dem 42 Scheunen vor dem Malchiner Tor abbrannten.

Das älteste Bauwerk der Stadt ist die Kirche, ein einschiffiger gotischer Backsteinbau, wahrscheinlich aus dem Anfang des 15. Jahrhunderts, mit einem großen geschnitzten Altar im Renaissancestil mit der Jahreszahl 1610. Draußen, an der Westseite des Turmes, befindet sich eine Inschrift, welche 1439 als das Jahr der Erbauung des Turmes nennt: Anno domini MCCCCXXXIX presens opus turris (consummatum est).

Das Wappen der Stadt Neukalen, wohl eins der schönsten unter den Städtewappen der beiden mecklenburgischen Länder, zeigt als Sinnbild für die Stadt auf silbernem Grunde ein rotes Stadttor, bestehend aus zwei gezinnten Seitentürmen und einer runden Wölbung, auf welcher ein breiter Turm mit Zinnen und spitzem Dach; unter dieser Wölbung steht als Zeichen der Landesangehörigkeit das vollständige Wappen (Schild und Helm) der Rostocker Fürsten, der Gründer der Stadt: auf dem goldenen Schild der gekrönte schwarze Rostocker Stierkopf, darüber der Kübelhelm der Rostocker Fürsten mit einer Rosette von Pfauenfedern. Das älteste uns erhaltene Siegel in dieser Form stammt aus dem Jahre 1283 und befindet sich im Schweriner Archiv. Spätere Siegel zeigen nur das Herrschaftswappen, den Stierkopf; doch ist diese Siegelform – wenigstens ursprünglich – sicherlich das Ratssiegel (secretum consulum) gewesen, wie es in einem Abdruck eines Siegels aus dem Jahre 1399 im Stettiner Archiv erhalten ist. Für die neuesten, nach 1858 gefertigten Siegel ist das erstere Bild mit Recht wieder zur Anwendung gekommen.

RICHARD PAGELS

Neukalen

Nach regenschweren Spätsommertagen, wenn Abendkühle die Luft-
feuchtigkeit in Nebelschwaden verwandelt, zeigt sich uns Neukalern oft
ein wunderbares, traumhaftes Bild. Am dunklen Hang der Hardtberge
wallt es wie ein brandendes Meer, das sich unabsehbar nach zwei Seiten
hin ausdehnt und unser Städtchen in ein Eiland verwandelt, das einem
bergischen Küstenstrich vorgelagert erscheint. Ein Trugbild ist es nur,
und doch spiegelt es eine Wirklichkeit wieder, deren Spuren ungezählte
Jahrtausende nicht beseitigen konnten. Merkmale verschiedener Art be-
kunden, daß der Nordrand der eigentlichen Mecklenburgischen Schweiz
in Vorzeiten von einem gewaltigen Strom bespült worden ist, der vom
Teterower Seebecken kommend, auf seinem Wege zum östlichen Urmeer
einen vorgelagerten Höhenzug durchbrochen hat. Dort nun, wo als
Überrest jenes vorzeitlichen Oberflächengebildes die breite Talmulde der
kleinen Westpeene an die genannten Vorhöhen der Hardtberge stößt und
dann als schmale Senke den Lauf des Flüßchens durch festeren Boden
begleitet, hat am brückenkopfartigen Rande des Tales das Städchen Neukalen seinen Platz gefunden.

Hier werden seit undenklichen Zeiten Grund und Boden eine besondere
Wertschätzung erfahren haben, denn der sich meilenweit ostwestwärts
hinziehende Wiesen- und Sumpfgürtel zeigte als einzige Möglichkeit zur
Überquerung des unwegsamen Geländes nur diese schmale Furt, über die
bis in die neueste Zeit hinein der Landverkehr weiter Gegenden gedrängt
worden ist.

Vielsagende Zeugen vergangener Zeiten erhärten auch die Annahme,
daß um den Besitz dieses Brückenkopfes oft heiß gekämpft wurde und
daß nicht nur einheimisches, sondern auch landfremdes Kriegsvolk blutigen Brückenzoll zahlen mußte. Baggerarbeiten im Flußlauf und sonstige
Bodenbewegungen in der Nähe der Peenebrücken brachten bronzene und
eiserne Speer- und Lanzenspitzen, wendische Hufeisen, Menschen- und
Pferdegebein, Schußwaffen und Geschosse, ja sogar spanische Goldmün-
zen aus der Zeit des Schmalkaldischen Krieges, der sich auch kurze Zeit
über Norddeutschland erstreckte, ans Tageslicht.

Und das, was Mutter Erde späteren Geschlechtern über die Geschehnisse einer dunklen Frühzeit offenbart, wird ergänzt durch geschichtliche
Berichte. Die „Mecklenburgischen Urkunden", die „Mecklenburgischen

Jahrbücher" u. a. erzählen, daß an der Westseite des Sees von Kummerow, „Auf dem Harze", Menschenleben, Hab und Gut oft „billig" gewesen sind. Wenn im Kampfe um das Brückengelände der Peene das Schwert nicht ausreichte, wurde die Brandfackel geschwenkt, und von den in der Geschichte Neukalens berichteten zehn Ganz- oder Teileinäscherungen der Stadt werden auch einige auf kriegerische Ereignisse zurückgeführt.

Es dürften überhaupt wenige Gegenden Mecklenburgs mehr und unmittelbarer mit Kriegen in Berührung gekommen sein, als die nördlichen Hardtlande. Die frühgeschichtlichen Ereignisse des Kampfes zwischen Germanen und Wenden führten 1164 den Sachsenherzog Heinrich den Löwen mit seinen Scharen durchs „Land Kalant", der Spur des auf dem Wasserwege von der brennenden Burg Teterow nach Demmin flüchtenden Wendenfürsten Pribislav folgend. Wenige Jahre später drang der Dänenkönig Waldemar mit seinem streitbaren Bischof Absalon und einem stattlichen Heere über die Peenefurt ins waldreiche Hardtland vor, die Bewohner der Inselburg im Teterower See für ihre Raubzüge ins dänische Hoheitsgebiet Dargon zu züchtigen. – Dauernde Raubüberfälle durch Burgbewohner ringsum hatten auf dem Grund und Boden des nachmaligen Neukalen auch eine Befestigungsanlage, ein „castrum", entstehen lassen, das in den wüsten Zeitverhältnissen des 14. und 15. Jahrhunderts eine Rolle gespielt haben mag, das aber trotz des fortgesetzten Ausbaues der Befestigungen das unsägliche Elend des Dreißigjährigen Kriegs nicht mindern konnte. Hat doch dieser Krieg das selbstsichere, mauergeschützte Städtchen in einen verwahrlosten Häuserhaufen verwandelt, der die von früheren 1500 Einwohnern übriggebliebenen 3–400 verwilderten Menschenkinder kaum zu herbergen vermochte. Als dann in den folgenden „Friedensjahren" die Gegend um Nien-Kahlden wiederholt Sammelplatz und Durchmarschgebiet landfremder schwedischer brandenburgischer, polnischer und kaiserlicher Truppenkörper wurde, stieg die Not der Menschen so sehr, daß das Gerücht von widernatürlicher Ernährung auch dem Herzog Gustav Adolf von Güstrow zu Ohren kam, der Hilfsmaßnahmen einleitete.

Seit dem Dreißigjährigen Krieg ließ der Schreckruf „die Schweden kommen!" Jahrhunderte hindurch in der Bevölkerung die übelsten Vorstellungen von menschlicher Moral entstehen und trieb oftmals die angsterfüllten Städter in die Schluchten der Hardtberge. Für unser Städtchen waren die Schwedenjahre 1676, 1711–16 und 1762 Schreckenszeiten, von denen spätere Geschlechter grausend erzählten. Als Erinnerung an jene wilden Zeiten ruhen noch heute unter dem Steinpflaster unseres Marktplatzes die Gebeine einer Anzahl erschlagener Schweden, die bei bitterer Kälte und kniehohem Schnee des Winters 1762/63 im Handgemenge mit preußischen Husaren ihr Leben ließen und an Ort und Stelle begraben wurden. Ihre Ruhe mußte vor einigen Jahren bei Rohrlegungsarbeiten gestört werden. Auch der „Bataillenberg" an unserer Flurgrenze erinnert an den Kriegslärm von 1762.

Was die Franzosenjahre 1806–13 unserm Städtchen brachten, ist zwar nicht vergessen worden, geht aber wohl nicht über das Maß dessen hinaus, was andernorts auch geschah.

In höherem Grade, als die vielen Kriegsnöte in ursächlichem Zusammenhang mit der exponierten Lage unseres Ortes standen, hingen in ruhigen Zeiten Wohlstand und Machtentfaltung damit zusammen. Für frühmittelalterliche Verhältnisse konnte es darum in weiter Umgegend keinen besseren Wohngrund geben. Und dennoch – hätte fürstliche Gunst zur Entwicklung eines anderswo geplanten städtischen Gemeinwesens genügt, so würde man heute vergeblich nach einer Stadt Neukalen in Mecklenburg suchen. Nur der Mißerfolg, den Heinrich Borwin III., der erste „Herr der Lande Rostock", mit seiner Stadtgründung an der Stelle des heutigen Dorfes Altkalen erlebte, gab ums Jahr 1281 dem Nachfolger des Gründers, dem Fürsten Waldemar, Anlaß, die Stadt Kalant mit allem Bewegbaren, mit Freiheiten und Privilegien, nach ihrem heutigen Orte zu verlegen. Damit war „Antique Kalant" durch „Nova Kalant" abgelöst worden. Zur ersten Bevölkerung gehörten auch viele deutsche Kolonisten mit westfälisch klingenden Namen (s. ältestes Stadtbuch von 1399), die im östlichen Stockwendengebiet (noch auf der Karte von 1675 „Vandalien" genannt) ansässig gemacht werden sollten, da sie zum Grundstock einer brauchbaren Bürgerschaft mehr als kulturfremde Wenden geeignet waren.

Wenn nun auch diesem Städtchen, das nacheinander die Namen Nyghenkaland, Nienkahlden, Nien-Kalden und Neukalen (ab 1848) trug, das Geschick der Mutterstadt insofern erspart blieb, als es seinen Stadtcharakter bis heute behaupten konnte, so führte es doch fast immer ein Dornröschendasein. Auch da noch, als günstige Zeitverhältnisse im letzten Drittel des verflossenen Jahrhunderts unseren Nachbarstädten einen kräftigen Auftrieb brachten, blieb Neukalen bescheiden zurück.

Dem Geschlecht der Gegenwart blieb es vorbehalten, der Heimatscholle im Rahmen des Heimatlandes und darüber hinaus erhöhte Beachtung zu erwerben. Viel mehr als früher wird heute die „Seele der Heimat" als Faktor zur Daseinsfreude und zur Veredelung der Lebensauffassung in Rechnung gestellt. Unser aus weiten Niederungen aufsteigendes Hügelgebiet mit seinen Waldbergen zog in den letzten Jahrzehnten ganze Scharen von Natur- und Wanderfreunden heran und brachte auch frisches Leben in unser kleines Neukalen, das sich freudig den neuen Verhältnissen anzupassen bemühte und allen Heimatfreunden Tür und Tor öffnete.

Wer als kundiger Wanderer unser Neukalen von einem der angrenzenden Höhenränder erblickt, wird lebhaft an die lieblichen mitteldeutschen Bergstädtchen erinnert, die alljährlich tausende von Reiselustigen und Erholungsbedürftigen an sich zu locken vermögen. Wundervolle Fernsichten über den Kummerower See ins weite Pommerland hinein oder in das westwärts sich erstreckende waldumsäumte Peenetal, über Dörfer und stattliche Herrensitze hinweg bis zum welligen Rande der Teterower Heidberge, öffnen sich den staunenden Blicken. Schönheitsuchende Menschen hätten eine derartig reizvolle Landschaft sicher schon früher entdeckt, wenn nicht Neukalen bis zum Jahre 1907 (Bau der Eisenbahn Malchin-Dargun) von der Landseite her nur auf einigen Chausseen und Landwegen hätte erreicht werden können.

Bei weiterer Annährung wird das in der Fernsicht gewonnene liebliche Stadtbild durchaus nicht geschmälert. Sorgfältig gepflegte Anlagen und saubere, mit Ruhebänken ausgestattete Promenadenwege nehmen den Wandersmann auf. Der altertümliche Charakter der Stadtanlage wird bald bemerkbar. Vom schlanken Kirchturm aus, schwach nach allen Seiten hin abfallend, gruppieren sich die roten Ziegeldächer der Altstadthäuser zu einem geschlossenen, einheitlichen Bilde. Darüber hinaus dehnen sich nach zwei Seiten hin Vorstädte. Noch heute sind die Mauerstraßen, Teile der ursprünglichen Stadtmauer und der Umwallung erhalten oder erkennbar. Von zwei früheren Stadttoren ist keines erhalten.

Der Umstand, daß das kleine Neukalen eine der größten Feldmarken unter Mecklenburgs Städten besitzt, war von jeher ausschlaggebend für das Erwerbsleben der Bewohner, und die überragende Geltung der Landwirtschaft konnten moderne wirtschaftliche Strömungen nicht beseitigen. Von der bodenständigen Bevölkerung ist dem Ursprünglichen fast immer der Vorzug gegeben worden. Es haben industrielle Unternehmungen nie recht Fuß fassen können, wenn auch ein strebsamer Gewerbestand neuerdings erfolgreich um erhöhte Anerkennung ringt. Wie in Vätertagen haben die meisten Gewerbetreibenden und auch viele Arbeiter ihre Landwirtschaft nebenher. Hand und Fuß müssen sich rühren, wenn beides bewältigt werden soll; aber unermüdliche Arbeitssamkeit wird belohnt durch eine gesicherte, wenn auch oft bescheidene Lebenshaltung. Neue Zeiten haben nicht ändern können, was Altmeister Goethe als Vorzug kleinstädtischen Berufslebens preist: „Und Heil dem Bürger des kleinen Städtchens, der ländlich Gewerb mit Bürgererwerb gepaaret! Auf ihm liegt nicht der Druck, der ängstlich den Landmann beschränket; ihn verwirrt nicht die Sorge der vielbegehrenden Städter ---."

KLAUS ALBRECHT

Von Zuarin bis Schwerin

Zuarin

Dicht am sumpfigen Ufer eines großen, waldumgebenen Sees lag eine
kleine Insel, von rohbehauenen Palisaden eingezäumt, voll schilfbedeck-
ter Hütten, bewohnt von kleinen Menschen mit breiten, hervorstehenden
Backenknochen und schmalen Augen. Die Wälder ringsum lieferten ihnen ihre Hauptnahrung, das Wildpret, in schier unerschöpflicher Menge,
so zahlreich hausten in ihnen Bären, Wildschweine und Hirsche. In den
rauhen Kehllauten ihrer Sprache hatten sie bald einen Namen für ihre
Wasserburg gefunden: Zuarin = Tierpark, wurde sie genannt, und bald
überragte sie an Bedeutung alle anderen Burgen im Wendenland, wurde
Sitz des Fürsten der Obotriten und Hauptverkehrsplatz des ganzen Landes.

Viel kriegerische Unruhe herrschte ständig. Um das Jahr 1160 erreichte
sie aber einen nie gekannten Höhepunkt, als Herzog Heinrich von Bayern
und Sachsen ins Land einbrach. Mit diesem Kampf beginnt erst die eigentliche Geschichte von Schwerin, mit diesem Zusammenprall zweier großer
Herrschergestalten. Auf der einen Seite stand – schon alternd – Niklot,
der Fürst der Obotriten, der zäheste Vertreter alles dessen, was wendisch
hieß, einer, der die germanischen Nachbarn und ihr Christentum haßte
und verachtete, der alles Heil von der Erstarkung seines eigenen Volkes
erhoffte. Gegen ihn stand, mit dem ganzen Ungestüm seiner besten Män-
nerjahre – er war damals 31 Jahre alt – Herzog Heinrich, den sie um diese
Zeit schon den Löwen nannten. Sein fester Glaube war, daß diese unruhigen Eindringlinge aus dem Osten nur durch die einigende Kraft des Christentums und unter der Herrschaft der Germanen etwas leisten würden.
Heinrichs Kampf mit Niklot ist der tragische Kampf zweier Menschen,
von denen jeder seine Überzeugung wie eine Mission vertritt und mit ihr
entweder siegt oder unterliegt. Niklot unterlag und fiel im Kampf. Seine
Söhne wurden vertrieben, einer von Heinrichs Getreuen, Gunzelin von
Hagen, wurde Statthalter des Obotritenlandes.

Zuarin aber war in diesem Kampf auf Niklots Befehl in Flammen aufgegangen.

Wer sich im 13. Jahrhundert von Lübeck oder Wismar her der Stadt näherte, die Heinrich der Löwe an Stelle der niedergebrannten Wendensiedlung Zuarin gegründet, fand sie ringsum von Wasser eingeschlossen. Von drei natürlichen Wasserflächen, dem Großen See, dem Burgsee und dem Pfaffenteich, von dem Ablauf des Pfaffenteichs in den Burgsee, dem Fließgraben und schließlich von einem künstlich geschaffenen Graben, der vom Pfaffenteich nach dem Beutel lief und die neue Stadt Zverin auch nach der Schelfe hin zur Insel machte. Hinter diesen Wasserläufen erhoben sich hohe Wälle, mit Ausnahme der Seite nach dem großen See zu, die durch sumpfiges Vorland hinreichend geschützt war.

Da lag die Stadt vor dem Fremden, sicher geschützt vor Kriegsgefahr. Er hörte menschliche Laute und Tiergebrüll, aber von Zverin war nicht viel zu sehen. Nur dort, wo der Fließgraben den Pfaffenteich verließ, erhob sich über die Wälle ein sanft gerundeter Hügel, mit Eichen und breitwipfligen Buchen bestanden. Von seiner Höhe grüßte ein stattliches Bauwerk, daß man eben erst notdürftig unter Dach und Fach gebracht hatte, der neue Dom, der bestimmt war zum stolzen Wahrzeichen dieser jungen Stadtgründung zu werden, welcher der Löwe sein eigenes Reiterbild als Siegel verliehen hatte.

Von dem großen Leben, welches die stolzen Handelsprivilegien, die Kaiser Otto der Stadt verliehen, erwarten ließen, verriet sich im Städtchen nichts. Auf engem Gebiet lagen dicht zusammengepreßt, an schmalen, lichtlosen Gassen, die mit Stroh und Schindeln gedeckten Fachwerkhäuser der Bürger. An Leben mangelte es zwar in diesen Gassen nie, liefen doch zwischen den Menschen auch die Schweine und Hühner der Zveriner in Scharen herum. Auch an Gerüchen war kein Mangel. Kein Wunder, wurden doch alle Abfälle einfach auf die Straße geworfen. Vor vielen Häusern verriet außerdem ein stattlicher Dunghaufen die Quelle vom Wohlstand des Besitzers. Leben und Gerüche aber erreichten den Höhepunkt auf dem Markt der Stadt. Vom Markt aus konnte man auch mit ein paar Schritten die Stadt wieder verlassen. In unmittelbarer Nähe lag das Schelftor (etwa am Anfang der heutigen Burgstraße), das auf die Schelfe hinausführte, ein Gebiet, welches die Bischöfe von Zverin sich mit Hilfe von nicht weniger als sieben gefälschten Urkunden endlich erstritten hatten.

Wer aber innerhalb der Stadt Ruhe und frische Luft haben wollte, brauchte nur den Domhügel zu betreten. Hier bot sich ein wunderschöner Blick auf den von Wäldern und Feldern umgebenen Pfaffenteich. Am

Das Schweriner Schloß, Hauptportal

Fuße des Hügels lagen (auf dem Grundstück der heutigen Post) am Fließgraben die stattlichen Häuser der Domherren. Im Dom selbst herrschte den ganzen Tag über regstes Leben. Überall wurde im Bau geklopft und gehämmert, indes die Gläubigen in Scharen zu dem unersetzlichen Schatz des Doms, dem Blutstropfen Christi im Jaspisstein, welchen Graf Heinrich I. von Zverin im Jahre 1222 von einer Pilgerfahrt aus Jerusalem mitgebracht hatte, strömten. Das heilige Blut von Zverin verrichtete Wunder, die selbst in jener wundergewohnten Zeit großes Aufsehen erregten.

Was keine Privilegien der großen Herren vermocht hatten – der kleine, rote Tropfen im gelben Jaspis brachte es fertig: Zwerin erwarb sich eine viel beneidete Stellung unter den nordischen Städten. Bis zum Beginn des 16. Jahrhunderts erhielt sich ihr Ruhm als Stadt des heiligen Blutes, dann zog eine neue Zeit herauf, geführt vom armen Augustinermönch Martinus Luther. Die Reformation stand vor der Tür.

Wie anders präsentierten sich Stadt und Menschen dem Fremden zu Beginn des 16. Jahrhunderts. Statt der Wälle faßten feste Mauern das Stadtgebiet ein. Am Burgsee, neben dem Franziskanerkloster, hatte sich eine Neustadt angesiedelt. Die moorigen Wiesen am Großen See wurden trockengelegt und gleichfalls besiedelt, der Tappenhagen und der Glaisin waren bereits vollständig bebaut. Sogar draußen vor den Toren, auf der Schelfe, erhoben sich stattliche Gehöfte der Domherren. Das Stadtbild aber krönten die mächtigen Mauern des endlich vollendeten Domes. Schon fing Zverins Einwohnerschaft an, über das dritte Tausend hinauszuwachsen, und endlich, endlich regte sich auch in ihr jener Bürgerstolz, der aus eigener Kraft und nicht mehr durch das Wundergeschäft vorwärtskommen wollte.

Inzwischen waren auch die Fürsten erstarkt genug, um, nach dem Fortfall des glanzvollen Wunderzaubers, der Stadt in ihren Hofhaltungen einen neuen Mittelpunkt geben zu können. Auf der Burginsel erhoben sich nun auf sicheren Fundamenten die stattlichen Gebäude einer wirklichen Fürstenresidenz.

Zu Beginn der Reformation regierten in Mecklenburg zwei Brüder, Albrecht VII. und Heinrich V. Albrecht reich begabt, prunkliebend und ehrgeizig, strebte über den Herzogsthron von Mecklenburg hinaus nach der Königskrone von Dänemark. Während der von der Geschichtsschreibung oft als Zauderer verschriene Heinrich zum erstenmal jenen Fürstentyp klar repräsentiert, den die mecklenburgische Fürstengeschichte noch mehrfach aufzuweisen hat, und dem das Land viel verdankt. Heinrich wollte nie mehr, als er auch erreichen konnte. Er stand mit beiden Beinen fest auf dem Boden des Gegebenen, und es ist tief bedauerlich, daß er seine ganze Regierungszeit hindurch einen großen Teil seiner Kraft dazu verwenden mußte, dem phantastischen Bruder und Mitregenten das Gegengewicht zu halten. Unter diesem nüchternen, ja, oft hausbackenen Regenten bekam Zverin endlich das Aussehen einer Bürgerstadt. Eine Reihe wohlerwogener Verordnungen regelten das Straßenleben, und sogar die hygienischen Zustände versuchte der Herzog zu bessern. Aber Heinrich war noch zu sehr mit der Ordnung der Verhältnisse im Lande und vor allem mit der allgemeinen Durchführung der Reformation beschäftigt, um seiner Residenz ein rechter Fürst werden zu können.

Unter seinem Neffen und Nachfolger Johann Albrecht, der Verkörperung des gelehrten, prunkliebenden Renaissancefürsten, vollendete der Niederländer Piloot den sogenannten Johann Albrecht-Bau der Burg. Im Franziskanerkloster gründete der Herzog eine Fürstenschule, aus der das heutige Gymnasium hervorgegangen ist. Vor allem aber versuchte er, endlich jenen Plan zu verwirklichen, der immer wieder in Mecklenburgs Geschichte auftaucht, den Plan, Wismar durch einen Kanal mit dem Schweriner See und weiter über die Elde mit der Elbe zu verbinden. Aber er starb, bevor das Werk vollendet war. Sein Bruder und Nachfolger Ulrich ließ es bald wieder liegen, und Zverins Sehnsucht, durch den Kanal ein wichtiger Handelsknotenpunkt zwischen Ostsee und Binnenland zu werden, blieb ungestillt.

Diese Enttäuschung kam den Zverinern indes gar nicht so recht zum Bewußtsein, denn in diesen Jahren wurde die Stadt von schweren Bränden heimgesucht, welche die Lage der Stadt von Grund auf verändern sollten. 1531 wurde der ganze südliche und östliche Teil mitsamt den Mooren vernichtet. Man hatte sich von diesem Schlag noch nicht wieder erholt, als, im Hochsommer des Jahres 1558, ein furchtbarer Blitzschlag einen zweiten, noch größeren Brand verursachte. Wieder wurde das Rathaus mit dem ganzen Archiv vernichtet und an die fünfzig Privathäuser zerstört. Der ganze Reichtum, den das Wundergeschäft in die Stadt gebracht, war damit endgültig wieder dahin. Es war, als ob das Schicksal nicht wollte, daß die Stadt ihren Aufstieg einer solchen Quelle verdanke. Johann Albrechts prunkvolles Hofleben verschwand wieder, ohne eine Spur zu hinterlassen. Der Dreißigjährige Krieg brach aus und zog auch den letzten Vermögensrest aus der Stadt. Kaum war er beendet, so wütete 1651, furchtbarer denn je, eine Feuersbrunst in der Stadt und machte ein Drittel der Einwohnerschaft obdachlos. Dazu hatten die Mecklenburger einen ebenso stattlichen wie törichten Herzog in Christian Louis, der sich lieber in Versailles als Vasall des Sonnenkönigs lächerlich machte, als sich um die Schicksale seiner Residenz kümmerte. Und als man gerade im ganzen Lande für den Wiederaufbau der Stadt betteln gehen mußte, da brach der letzte Brand (1690) aus. Nun war, bis auf den Dom, tatsächlich fast alles vernichtet, was vom mittelalterlichen Zverin Zeugnis ablegen konnte. Doch auch sonst war alles dahin, der erwachende Stolz, alle Freude, alle großen Pläne. Der siegreich dahinsprengende Heinrich der Löwe im Stadtsiegel deckte jetzt absolute Hoffnungslosigkeit und Armseligkeit.

Swerin

Am 1. Februar 1704 herrschte, trotz Winterkälte und Armut, allgemeine Freude in Swerin. Herzog Friedrich Wilhelm hielt mit seiner jungen Gemahlin, Sophie Charlotte von Hessen-Cassel, feierlichen Einzug in seine Residenz. Noch mußte guter Wille oft die mangelnde schöne Ausführung des Straßenschmucks verdecken und die freudigen Gesichter der Bürger viele schreckliche Lücken im Stadtbild überstrahlen. Dennoch hingen Festons und Guirlanden, Spruchbänder und Apotheosen in Menge über den Straßen, durch die der Zug sich langsam zur Burg bewegte, die nun schon durch eine feste Brücke mit dem alten Garten verbünden war.

Manch wohlgemeinter Vers war von den Residenzlern zu dem feierlichen Anlaß verfaßt worden:

> Gott bewahr
> Immerdar
> Das Fürstenpaar
> Und vermehr es alle Jahr,

leuchtete es der lächelnden Sophie Charlotte entgegen. Ein Lächeln aber zog selbst über die strengen, derben Züge des Herzogs, als er am Haus einer seiner Untertanen las:

> „Wohl mir, mein Herr Friedrich Wilhelm ist gut
> Ich bin vergnügt in seiner Hut."

Tatsächlich war der Fürst eine Wiederkehr jenes Fürstentyps, den wir schon bei der Schilderung Herzog Heinrichs kurz zu umreißen versuchten. Er war ein nüchterner, klarer Resident, beinahe ängstlich darauf bedacht, nie die Grenzen seines Machtbezirks zu erweitern und unverzagt bemüht, diesen Bezirk zu stärken. Ohne Zweifel hatte die Residenzstadt in den letzten hundert Jahren am meisten gelitten. Sein größtes Interesse galt also ihrem Wiedererstarken. Durchgreifende Maßnahmen zur Verhütung neuer Feuersbrünste wurden getroffen. Der Alte Garten wurde eingeebnet und verschönert, der Schloßgarten erweitert. Vor allem aber suchte Friedrich Wilhelm die enge, ungesunde Altstadt durch die Anlage einer planmäßig gegründeten Neustadt auf der Schelfe zu entlasten. Unter seinem tüchtigen Baumeister Reutz entstand hier eine weite, helle Stadt, als deren Mittelpunkt die Schelfkirche gebaut wurde. Mitten im tätigsten Leben starb der Herzog und wurde in seiner Lieblingschöpfung, der Schelfkirche, beigesetzt.

Was er ins Leben gerufen hatte, war so wohl fundiert, daß es sich auch unter der stürmereichen Regierung des Lüdrians Karl Leopold hielt. Und als Christian Ludwig, der Bruder Karl Leopolds, endlich ungehindert regieren konnte, wurde es ihm nicht schwer, das weiter auszubauen, was Friedrich Wilhelm in seinen allzu kurzen Regierungsjahren nur beginnen konnte. Die Werderallee wurde bepflanzt, die Apothekerstraße bis zum Spieltordamm durchgeführt und die verfallene Stadtmauer am Fließgraben und im Verlauf der heutigen Friedrichsstraße, kurzerhand auf Abbruch verkauft. 1752 unternahm der Herzog mit zögernder Beteiligung der Stadt etwas unerhört Neues. Er führte eine Straßenbeleuchtung ein, und innerhalb von zwei Jahren hingen tatsächlich an die hundert Rüböl-Laternen, an eisernen Ketten knarrend, über den Straßen. Daß diese Straßen zum größten Teil immer noch ungepflastert waren, störte niemanden. Auch die Kunst brachte Christian Ludwig zum ersten Male nach Swerin. Das Schloß bekam einen großen Anbau, indem er seine vielen Gemälde – vor allem seine Niederländer – unterbrachte, und in einem andern Saal seiner Residenz ließ er mit Vorliebe deutsche und französische Komödiantentruppen auftreten.

Nach Christian Ludwigs Tode, gab's wieder eine lange Zeit für Swerin, in der die Stadt ganz auf sich selbst gestellt war. Und das war gut so, denn nun hieß es das, was mit Hilfe der Fürsten begonnen war, in ruhiger, gleichmäßiger Arbeit zu festigen und auszubauen. Die Fürsten hatten Sverin gewissermaßen ein neues Gewand gegeben, nun galt es auch hineinzuwachsen. Lange Jahre wurde von nun an die Hauptstadt Mecklenburgs nicht sehr oft von den regierenden Fürsten besucht. Herzog Friedrich residierte in Ludwigslust. Allerdings wurde unter Herzog Friedrich das „Neue Gebäude" auf dem Markt erbaut. Der Herzog ließ es absichtlich so schmal bauen, denn sonst, meinte der fromme Herr, würde doch ein Saal für Vergnügungen dahinter errichtet werden, und Vergnügungen waren nach seiner Ansicht willkommene Anlässe für den Teufel, um auf Seelenfang auszugehen. Auch sonst kümmerte er sich um die Stadt und befahl, daß die Friedhöfe endlich aus der Umgebung der Kirchen fort und draußen vor die Tore verlegt würden.

Sein Nachfolger, Herzog Friedrich Franz, hatte gleichfalls wenig für Schwerin übrig, das sich in den langen Jahren seiner Regierung aber doch, trotz aller napoleonischen Bedrückungen, die zu Anfang des 19. Jahrhunderts gerade die Hauptstadt Mecklenburgs schwer heimsuchten, bis auf annähernd zehntausend Einwohner vermehren konnte.

Anders wurde es erst, als der nunmehrige Großherzog seinem Enkel und Nachfolger, Paul Friedrich, die Hauptstadt als Wohnsitz anwies und dieser wenige Jahre darauf regierender Großherzog wurde.

Schwerin

Wer sich, von Berlin kommend, Mecklenburgs Hauptstadt so um 1840 herum näherte, wurde draußen am Siechenbaum (heute Strempelplatz) von der Torwache empfangen und nach seinem Paß gefragt. Sodann konnte die Postkutsche ungehindert durch die breite Rostockerstraße auf den Kern der Stadt zurollen. Beim äußeren Mühlentor über die Seeke, beim alten Mühlentor über den Fließgraben ging's in die alte Stadt, die Schloßstraße lang, bis fast zum Alten Garten. Hier lag die Post, und von hier aus begann für gewöhnlich der Besichtigungsspaziergang durch die Stadt. War man ein Besuch von Rang und Namen, der ein Empfehlungsschreiben in dem unscheinbaren Palais am Alten Garten abgeben konnte, in dem Großherzog Paul Friedrich residierte, so konnte es einem passieren, daß der hohe Herr, in seinen stadtbekannten grauen Militärmantel gehüllt, höchst persönlich in seiner lebhaften Weise den Führer durch die geliebte Residenz machte.

Das alte Schloß auf der Insel im See hatte sich gar nicht verändert. Dafür war der Alte Garten zum stattlichen Paradeplatz der Garnison geworden. An seinem Rande lagen das Schauspielhaus und das neue Regierungsgebäude. Quer durch die Wiesen ging ein Weg am Seeufer entlang zum Gr. Moor. Die Wadewiese vor dem Gr. Moor hatte man jetzt mit dem Festland verbunden, und Demmler, des Großherzogs Lieblingsbaumeister, erbaute dort einen geräumigen Marstall.

Überall regte sich's in der Stadt. Die einengenden Mauern und Tore waren verschwunden, sogar das alte Rathaus hatte eine neue Fassade vorgeklebt bekommen. Friedrich Wilhelms Stadt auf der Schelfe dehnte sich weiter aus, besonders seit sie mit der Altstadt zu einer Gemeinde verbunden worden war. Auf den unbebauten Feldern am Pfaffenteich entstand sogar schon wieder eine neue Vorstadt, die Paulstadt, welche Bezeichnung Paul Friedrich selber allerdings stets bescheiden ablehnte. Längst war der Inselcharakter der Stadt vollständig verschwunden, sie dehnte und reckte sich nach allen Seiten weit über ihre alten Grenzen hinaus.

Paul Friedrich konnte diese Entwicklung auch nur einleiten, er starb nach kaum sechsjähriger Regierung. Merkwürdig! Es ist wie ein Gesetz des Schicksals, daß keiner von den Fürsten, die entscheidend in Schwerins Geschicke eingegriffen, sich lange der Ausführung seiner Pläne widmen konnte. Heinrich der Löwe erlebte bald, nachdem er die Stadt gegründet, seinen furchtbaren Sturz, Friedrich Wilhelm und Paul Friedrich starben nach wenigen Regierungsjahren.

Aber sein Nachfolger, Friedrich Franz II., hat eifrig am Werden des modernen Schwerin mitgearbeitet und wie seinerzeit Christian Ludwig oft das erst vollendet, was sein Vater begonnen hatte. Der Bau des neuen Schlosses freilich ist ganz seiner eigenen Initiative entsprungen.

Es ist ein weiter Weg durch die Jahrhunderte hindurch von der kämpfeumtobenden Wendensiedelung Zuarin bis zur friedlichen, schönen Landeshauptstadt Schwerin. Eine Stadtgeschichte war zu berichten, deren wichtigste Abschnitte von Einzelpersönlichkeiten und nicht von unabhängigem Bürgersinn bestimmt wurde. Eine Geschichte, die lange nicht alle Blütenträume reifen ließ. Und doch, eins wurde in allem Auf und Ab der Zeiten und Geschehnisse: ein starkes, festgefügtes Gemeinwesen, das jetzt ruhig und sicher sich selbst einer Zukunft entgegensteuern kann, die fragenvoll vor ihm liegt.

WILHELM FRANZ

Schwerin

Die Rauchfahne des davonbrausenden D-Zuges zerflattert in der Ferne. Ein unbestimmtes Gefühl, als sei das irgendwie ein Abschied. Man weiß nicht recht, wovon und weshalb.

Macht es dieser klein-ländliche Bahnhof? Seit die Hast des D-Zuges daraus verschwunden, hat er ein so ganz anderes Gesicht. Und – nicht wahr? – jetzt hat er ganz deutlich gehujahnt. Nicht gegähnt. So mit lässig vorgehaltener Hand. Beileibe nicht. Das wäre Reminiszenz aus dem Speisewagen. Und hier ist Mecklenburg. Da hujahnt man mit kräftiger Muskelbewegung und nimmt einen Anlauf: „Na, denn man to!"

War's wirklich, wie sie sagen, unverzeihliche Kurzsichtigkeit oder nicht doch weise Einsicht, daß vergangene Zeiten fein säuberlich die großen Verkehrsstraßen um die weiland Residenz des Mecklenburger Landes herumführten? Da steht der Fremde – vor ein paar Stunden noch im brausenden Leben der Großstadt, Berlin, Hamburg oder Kopenhagen – kaum eine halbe D-Zug-Stunde vor Schwerin auf dem ländlich anmutenden Bahnhof von Ludwigslust, Hagenow oder Kleinen und hört sich zu seinem eigenen Verwundern mit fremden Zungen reden: „Na, denn man to."

Mutter Mecklenburg hat ihn bedachtsam in ihre Arme genommen.

Hab' einen gekannt, den die Welt draußen dreißig Jahre umgetrieben und dem das Fieber dieser Welt bis zuletzt das Blut peitschte. Als er auf Bahnhof Hagenow-Land zur Schweriner Abfahrtsseite hinüberging, fiel alles von ihm ab, und er lächelte wie ein Kind: „Nu bün ick wedder tohus."

Und dann stieg er mit den Bauersfrauen und ihren Butter- und Eierkörben in den prustenden Bummelzug. Drinnen war's familiär-gemütlich. Man rutschte en Enn betto und klöhnte weiter. Kleinstadtratsch und Kleinstadtklatsch.

Draußen zog das Mecklenburger Land vorüber, aus dem jene seltsame Doppelstimmung aufstieg, die wohl nur der Eingeborene nachzufühlen vermag: Schollengeruch schweißhafter Arbeit und grüblerische Mystik erdnaher Naturverbundenheit.

Breit gesungene Namen kleiner Stationen mitten im Felde läuten Heimatglockenklang. So ruckelt man mit gemächlicher Geschwindigkeit ins Land hinein.

Dann aber gleißt spiegelndes Gold der Abendsonne auf feld- und waldgesäumten Wasserflächen. Flatternde Krikenten ziehen leuchtende Spur in die stille Spiegelfläche. Schwerin sendet ersten Gruß durch seine Seen. Der hochragende Dom winkt den zweiten herüber – und von öden, ärmlich-frostigen, kahlen Häuserwänden widerhallt das Poltern des stampfenden Zuges. Blicke in trostlos langweilige Straßen von Maurermeisters Gnaden reißen auf und schlagen zu. Wo bleibt die Stimmung der Vorfreude aus Seenschönheit und Abendfrieden? Aber Mecklenburg kann nicht jeden Heimkehrenden im Festkleid empfangen.

Es wird keinen geben, der nach diesem ersten Eindruck von Schwerin beim Verlassen des Bahnhofs nicht unbewußt verstimmt den städtebaulich leider mißratenen Luisenplatz zum erstenmal betritt. Straßenführung und Platzanlage, dazu die Verlagerung des Bahnhofsgebäudes verringern die Wirkung dieses für residenzliche Verhältnisse riesigen Platzes. Er ist ein Musterbeispiel jener städtebaulichen Sünden einer gewissen Zeit, deren Wirken gerade der Schweriner selbst am meisten heute bedauert.

Die ländlich-ärmliche Kleinstadt des Mittelalters konnte keine Bauten starken bürgerlichen Eigenlebens entwickeln. Selbst wenn nicht drei große Brände sie fast ganz in Asche legten. Und als die Stadt, an dem Interesse ihrer Fürsten erstarkt, im vorigen Jahrhundert sich langsam zu dehnen begann und hinauswuchs – räumlich und geistig – über die Palisadengräben ehemaliger Unwallung, da fehlte jegliche Tradition. Selbst die aus der großen Initiative der Fürsten entstandenen, viel bewunderten repräsentativen Monumentalbauten der Residenz gaben kaum ein Beispiel, an das bürgerliches Bauen sich anschließen konnte. Dazu fehlte in den entscheidenden Jahrzehnten die bestimmende Persönlichkeit eines großen Baukünstlers. So verschrieb man sich am Ende der nüchternen Betriebsamkeit des Maurermeisters, der nach Wunsch die kahle Mietskaserne oder die verzieratete Protzenhaftigkeit der „Villa" lieferte. Und ganze Stadtviertel sind gleichsam stumme Mahner dafür, wie man es nicht machen soll. Das ist der stille Kummer der Schweriner selbst.

Auch vor dem, der heimkehrt draußen aus den Städten alter, in sich ruhender Kultur, gibt es da kein Vertuschen. Der kennt die bezwingende Stimmung der beiden mecklenburgischen Hansestädte Wismar und Rostock. Der ward sich der Geschlossenheit städtebaulicher Eigenart eines Ludwigslust mit starker Freude bewußt. Der weiß, welch ein Zauber um Markt und Gassen einer mecklenburgischen Kleinstadt webt und wirkt. Und steht zunächst enttäuscht vor Schwerin.

Bis auch er allmählich in die eigene Atmosphäre Schwerins wieder hineinwächst und verstehen und darnach auch lieben lernt. – Da steigt er herab vom Bahnhof zur Stadt. Verdämmernder Sommerabend. In Lindenduft gehüllt, gluckst entschlummernd das Wasser des Pfaffenteichs an der schnurgeraden Bordmauer. Der Bürger wandelt geruhsam und korrekt durch Duft und Stille der Doppelbaumreihe. Es wäre eine Dissonanz, wenn er sich neben dieser seltsam abgezirkelten Binnenalster Schwerins anders gehaben wollte.

Sie, die einst ein ins Stadtmaß vergrößerter Dorfteich mit wuchernden, malerischen Ufern war, ist künstliches Werk aus seinem Geist. Was ihr Fürst, Herzog Paul Friedrich, dem Schwerin gar so viel verdankt, mit der Schüttung des Dammes der Alexandrinenstraße am Westufer begann, das setzte ergebener und zugleich doch unternehmender Bürgersinn eines einzelnen auf der anderen Seite nachahmend fort. Schwerin hat manchmal den Kopf geschüttelt über Bosselmann, der hier sein Vermögen und Ansehen um seiner Idee willen opferte. Es begriff ihn nicht. Ebensowenig wie Nachgeborene aus seinem Geiste, die immer wieder selbst Hand anlegten unter Opfern und selbstloser Hingabe, wo eine in ihren Mitteln allzu beschränkte Stadtverwaltung versagen mußte. Der Geist des sich selbst sein Ziel setzenden, stolzen Bürgerbewußtseins war dem Schweriner damals nicht gegeben. Er schaute immer in etwas schülerhafter Abhängigkeit nach dem Schlosse hinüber und nahm von dort Beispiel und Weisung. Es gab Kreise, die das schmerzhaft empfanden; aber bezeichnender Weise prägte man hier in Schwerin das Wort „Hofliberalismus".

Hier am Pfaffenteich erlebt der Heimgekehrte sichtlich dieses Wesen – und seine innere Rechtfertigung.

Die puritanisch nüchterne Häuserreihe der Alexandrinenstraße – ein Bau reiht sich schmucklos an den andern – hat sicher nichts von den ästhetischen Reizen der Straßen unserer Bürgerstädte Mitteldeutschlands. Doch erklingt hier nicht auch ein harmonischer Akkord, wenn auch in anderer Tonart? Bescheidenes Gleichmaß, das nicht über sich hinausstrebt und sein Sein, stille Zurückhaltung, die sich nicht vordrängt vor dem andern, und auch eine Verschlossenheit, die sich nicht all und jedem laut anpreisen mag, fand ihr Abbild in dieser merkwürdig schweigsamen Straße. Wer aber einen Sinn und ein Empfinden für die Wesensart der Residenz des Mecklenburger Landes hat, vor dem bleibt sie nicht stumm. Und für den wird sie auch ihre Schönheit haben im Zusammenhang des ruhig atmenden Wassers des Pfaffenteichs mit der duftenden Lindenreihe und den geruhsam lustwandelnden Bürgern. Denn jedwedes Ding, das fest in sich ruht, hat seine Schönheit aus sich selber.

Mit bunten Papierlaternen ziehen singende Kinder die Straße entlang, und der Dom, das Wahrzeichen der germanischen christlichen Siedlung im alten Obotritenlande, schaut hoch und still hinein in die verdämmernde Tiefe.

Ein lustiges Kichern weckt dich aus der Versunkenheit. Schlank und rank wirbeln drei junge Schwerinerinnen vorbei. Ihre Augen blitzen lachendübermütig: „Guten Abend, Herr Träumer! Glücklich aufgewacht?" Ach wohl, sie haben recht! Versonnenes Versinken in Sommerabend und Vergangenheit darf uns nicht in violette Fernen verlocken.

Das eben ist ein glücklicher Charakterzug der Schwerinerin: Sie schwärmt auch wohl ein wenig, und ihre Augen weiten sich in sehnsüchtigem Glanz der erwartungsfrohen Jugend, wenn die Linde duftet in der Sommernacht. Doch komme ihr nicht sentimental! Den schmachtenden Ritter von der traurigen Gestalt kann sie ganz und gar nicht leiden. Mit einem kecken Witzwort wird sie ihn aus seinen Wolkenhöhen höchst unsanft wieder in die Schweriner Gegenwart zurückversetzen.

Die Schwerinerin ist hübsch. Aber sie weiß es auch und tut das ihre dazu, daß andere es wissen. Darin ist sie eine rechte Enkelin ihrer Urahne, von der ein Reisender vor mehr als hundert Jahren berichtet, daß sie völlig „im Gefolge der holden Göttin Mode" ging und „einen Aufwand, eine Zierlichkeit und Mannigfaltigkeit in der Kleidung und im Kopfputz" entfaltete, die „gewiß alle Forderungen der Modejournale und Zeitungen für die elegante Welt befriedigt" hat. Sie gibt damals wie heute dem geselligen Leben Schwerins einen Schuß „leichter Regsamkeit und Munterkeit", der dem residenzlich abgegrenzten Leben sonst kaum eigen wäre.

Sie gehört mit in das Bild Schwerins. Sie ist gleichsam die zierliche Kadenz über der gemessenen Grundmelodie. Doch auch nicht mehr. Sie zu wandeln, hat auch sie nicht vermocht. Die Geistigkeit der Residenz hat sie nie oder doch nie bestimmend beeinflußt, weil ihr eigentliches Wesen nicht eben zur Geistigkeit hinneigte. Sie ist munter und frisch und liebenswert wie Wolken und Wald und Wasser des schönen Erdenfleckens, das ihrer Heimat. Sie ist mütterlich und hat die weiche, warme Hand, die Schmerzen lindert und Tränen stillt.

Deshalb mag sie wohl jeder gern haben, und keiner, der heimkehrt, wird nicht lachenden Gruß und Huldigung ihr gewähren.

Auf die Frage vom Wesen und Sein Schwerins doch muß ein anderer Antwort geben.

Wie du eines Freundes Züge nach langer Trennung durchforscht, daß sie dir sagen, wie er war und wurde, so liest wohl, wer zu sehen gelernt hat, im Antlitz der Stadt ihre Geschichte und ihren Charakter.

Beredte Sprache spricht der Marktplatz. Von wachsendem Wohlstand, gefesteter Bürgerkultur und Bürgerstolz erzählt der eine, von zähen Kämpfen und hartem, trotzigem Behaupten der andere, vom stillen Bescheiden und in sich ruhendem Behagen der dritte.

Von hastigem Wollen, hinter dem nicht die Beharrlichkeit des Vollbringens stand, von den unzureichenden Kräften eines Gernegroß, der noch nicht ganz dem Bakel seines Präzeptors entwachsen, von bürgerlicher Enge und ein gut Teil Spießbürgertum plaudert der Markt von Schwerin allzu redselig dem Fremden seine Geheimnisse aus.

Hier steht das einzige Gebäude von künstlerischer Bedeutung aus der Zeit des werdenden Schwerins, das rein kommunalen Zwecken diente. Es ist nicht das Rathaus, vor dessen alter Giebelfront Demmler 1835 eine „Schürze" in seinem beliebten englischen Burgenstil hochzog, dem wir ähnlich am Arsenal wieder begegnen. Es ist der klassizistische Bau des „Neuen Gebäudes".

Man mag gegen diesen, gerade auf Mecklenburger Boden recht artfremden Stil einwenden, was man will. Er schuf in Ludwigslust eines der eigenartigsten Städtebilder fürstlicher Residenz, und das „Neue Gebäude" selbst ist vielleicht gar eines seiner glücklichsten Produkte überhaupt. Baudirektor Busch aus Ludwigslust, dem Erbauer, ist es hier sogar gelungen – vermutlich ohne Bewußtsein –, die hoch anstrebenden gotischen Formen des Domes, des überragend herrlichen Bauwerkes von Schwerin, mit dem auf anderer Ebene in der Geschlossenheit des Eindrucks nur noch die Schelfkirche wettzueifern vermag, in einem, dem Verstandesmäßigen widerstreitenden Zusammenklang mit der klassizistischen Säulenfront seines Baues zu bringen.

Doch interessanter noch als dies künstlerische Problem ist für uns die Baugeschichte dieses „Neuen Gebäudes". Auch dieser bedeutendste kommunale Bau ist kein Werk der Stadt, sondern – des Herzogs. Lächelnd lesen wir in den dickleibigen Aktenbündeln des 18. Jahrhunderts, die naturnotwendig als Widerhall aus fleißiger Bürostube entstehen, wie sich die Rolle des Rates einer wohllöblichen Residenz wesentlich auf ein Feilschen und Zackerieren mit dem fürstlichen Bauherrn um jeden Taler beschränkt. Bis Herzog Friedrich einmal die Galle überläuft; er spitzt sich einen neuen Federkiel und bläst dero Liebden in aller Offenheit den Generalmarsch. Ein köstliches Kulturbildchen aus dem werdenden Schwerin von der Wende des 18. zum 19. Jahrhundert. Und ein aufschlußreiches zugleich. Wenn da der weise Rat mit dem Dank für das fertige Bauwerk gleich wieder eine Bitte verknüpft, nun auch das Rathaus aufzustocken, so sieht man blitzhaft, wie Schwerin doch nur war und wurde unter der Gnadensonne seiner fürstlichen Gönner.

Und sie wärmte gut, so daß man nach und nach doch zu einigem Wohlstand und Ansehen gelangte. Da tat man sich denn etwas, wie das in kleinen Residenzen wohl zu gehen pflegt, und fing an, selbst mehr Bedacht auf sein äußeres Ansehen zu nehmen. Der Rat gab das Beispiel mit der Burgfassade zum Rathaus. Nun war auch dem Bürger der anheimelnd kleinbürgerliche Rhythmus der Giebelhäuser nicht mehr fein genug. So entstanden jene Kästen, die den Schweriner Marktplatz so gar unpersönlich und eigentlich eintönig machen. Und weil sich das so gehört, setzte man, einmal im Zuge, sich seinen Bismarck leider mitten zwischen die Blumen und Kohlköpfe des Wochenmarktes und ließ sich schließlich als Schmuck vor die hohen nackten Mauern einen Marktbrunnen stiften, der überall vor grüner Laubwand, nur nicht hier, eine Zierde der Stadt bedeuten würde.

Lieb' Freund Schwerin, aus diesem deinem Antlitz spricht in rührender Offenheit die Geschichte einer kleinen stillen Residenz. Mühsam hast du dich aus ärmlichen Verhältnissen einer reichlich trüben Vergangenheit, in der du oft Spielball des Machtwillens Stärkerer warst, hinaufarbeiten müssen zu eigener bürgerlicher Geltung. Und wenn nicht alles vollkommen ward – auch Menschlichkeit wirkt versöhnend.

Da wendest du dem heimkehrenden Freunde dein anderes Gesicht zu, und sein Lächeln wandelt sich in bewundernde Liebe. Er steht auf dem „Alten Garten" und überschaut, was in Wahrheit den Klang des Namens Schwerin erfüllt.

Im Sommersonnenglast träumt durchsichtig klar inmitten des weiten saphirblauen Wassers smaragdgrüne Insel. Weiße Segel stehen still davor, als liege Mann und Boot im verwunschenen Schlaf. Und hoch steigt in des Sonnenflimmers Kimmung goldenes Kornfeld fern am Horizont.

Oh Wasser, oh Sonne, oh funkelnde Weite! Oh grünes Märchendunkel flüsternder Wälder! Oh Schwerin, du köstliches Juwel in niederdeutschen Landen! Deine Schönheit ist Heimat den durstenden Sinnen, deine Wälder und Felder und Seen wirken wunschlose Andacht vor dem Ewigen. Wie im Schoß der alliebenden Mutter fühlt sich der Rastlose in dir geborgen. Du führst ihn mit gütiger Hand zurück in das verlorene Land heiterer Jugend. In dir ist Einkehr, in dir ist Frieden.

So sprach der Heimgekehrte…

Im Purpurglanz des scheidenden Tages leuchtet ein Märchenschloß mit Zinnen und Türmen und goldener Kuppel. Dahinter blaut der See und grünt der Wald. Es ist wie das Titelbild zu einem romantischen Geschichtenbuch, das so recht eigentlich gar nicht zu unserer sinnierenden und doch kühl-klaren niederdeutschen Art zu passen scheint. Doch wer das Schweriner Schloß nur einmal im Stimmungszauber dieser Landschaft erlebte, dem sind alle Verstandeseinwände, alle ästhetisch-kritischen Betrachtungen gleichgültig; denn er fühlt, daß hier in diesem Bilde – es ist schwer zu sagen wie und warum – gleichsam in einem Siegelsymbol das Wesen Schwerins beschlossen ruht. Hier vereint sich schwesterlich residenzliches Prunkenwollen und romantischer Gefühlsklang, Streben zum Monumentalen und Hang zur pittoresken Einzelheit, so ein bißchen gespreizte Überheblichkeit und verschämtes Eingeständnis seiner Unvollkommenheit, ein Zug ins Große und ein Verhaftetsein im kleinen Ich, kühl-klare Überlegung und verborgene Herzenswärme. Anlehnung an Fremdes, wohin man schaut, und doch in seiner Gesamtheit ein Eigenes, trotz aller übernommenen Elemente im Einklang mit seiner Welt.

Als Friedrich Franz II. in einer Zeit, die wahrlich nicht fruchtbar war an künstlerisch-schöpferischen Ideen, dies Schloß erbaute, da gab er dem residenzlichen Schwerin für lange seine sichtbare Krönung.

Weit schaut es hinaus über See und Wald und das schöne Land, und wie seine Gefolgsmannen lagern sich zu seinen Füßen um den „Alten Garten": Museum und Theater, hoch geachtete Zeichen einer Kunstpflege, die starke Akzente in das Schweriner Leben trug; das Alte Palais, das von bescheidenen Anfängen in patriarchalischer Zeit erzählt, und die Regierung, in der gemessenen Ruhe ihres Schinkel-Stils fast ein ein Erinnern an ein selbstsicheres ständisches Regiment. Hier ist das zweite Gesicht Schwerins.

Noch zehrt die Landeshauptstadt von dem Pfunde, das ihm aus seiner Fürstenzeit überkommen. Sie brach allzu jäh ab, als daß Schwerin, plötzlich auf eigene Verantwortung gestellt, nicht erst lernen müßte, seine neuen Wege zu gehen. Es ist etwas Zwitterhaftes in sein Leben gekommen. Der Ton aus der Vergangenheit hallt noch immer – denn er war zu stark und dominierend – laut klingend nach, und seine Wellenschwingungen brechen sich manchmal schrill an den tastend gesuchten neuen Akkorden.

Ein Beispiel im kleinen dafür gibt das Landestheater. Das Schweriner Hoftheater hatte seine Geltung als Kulturfaktor weit in deutschen Landen. Die Erinnerungsschatten einer reichen Vergangenheit ziehen mit den

Namen bedeutender Bühnenkünstler herauf. Unter dem Zeichen Wagners feierte das Hoftheater Triumphe. Als erste Bühne nach Bayreuth ging hier die Walküre am 7. Januar 1878 in Szene. Extrazüge aus Mecklenburg, Lübeck, Hamburg und Berlin führten Hunderte und aber Hunderte von fremden Besuchern nach Schwerin. Selbst die gefürchteten Berliner Theaterkritiker schrieben begeisterte Lobhymnen. So besaß das Hoftheater lange Zeit eine Bedeutung wie selten die Bühne einer kleinen Mittelstadt. Was es war, ward es wiederum durch Gunst und Willen seiner Fürsten. Als aber die Zeit des Hoftheaters gegen Ende des Jahrhunderts sich zu erfüllen begann, als sie zurückblieben hinter dem sich regenden neuen Wollen und Streben, da ging auch Schwerins Wirkung zurück. Noch immer blieb es der Ausgangspunkt manches weltberühmten Bühnensterns, seine Gesamtbedeutung aber verblaßte, weil es mehr und mehr im Hoftheatermäßigen zu erstarren begann.

Und dann ward es über Nacht ein Landestheater. Das Publikum wurzelte fest in der Tradition des Hoftheaters, die man ihm in langen Jahrzehnten zwangsweise anerzogen, und als die junge Landesbühne vorsichtig Kurs zu nehmen versuchte zum jenseitigen Ufer, zur lebendig in unserer Zeit wurzelnden Volksbühne, da fand sie kein Echo. Man versagte ihr glatt die Gefolgschaft. So schwebt sie jetzt, ein Zwitterwesen, ohne rechtes Ziel zwischen Vergangenheit und Gegenwart.

Und ähnlich in manchem Schwerin, die Landeshauptstadt. Allein es ist ein starker Wille lebendig, die Brücke zu schlagen zwischen Einst und Jetzt. Niemand fühlt das wohl stärker als der, der heute mit der Erinnerung an die residenzliche Atmosphäre um die Jahrhundertwende in die Heimat zurückkehrt. Schwerin und die Schweriner, die ehedem immer ein wenig auf die Hilfe von oben warteten, beginnen sich ihrer eigenen Kräfte bewußt zu werden. Dies Bewußtwerden ist grundverschieden von dem Sichfühlen früherer Zeiten. Standesdünkel und Kastenüberheblichkeit bröckelt darunter ab. Es will und nach und nach bedünken, daß Leistung und Können entscheidet. Und man sucht, wo man sie finde.

Noch ist alles im Fluß der Entwicklung, die unter den Nachwehen einer schweren Zeit leidet. Nicht hat man aber in häßlicher Selbstüberhebung gebrochen mit der eigenen Vergangenheit. Man weiß gar zu gut, was wir ihr schulden. Vorsichtig und klug knüpft man die unterbrochenen Fäden wieder an und spinnt sie in neuer Richtung weiter.

Nach zielbewußtem Plan will sich in Zippendorf, dem alten Kämmereidorf am Großen See, nach der endlich erreichten Eingemeindung, die Wandlung Schwerins von der Residenz zur schönen Fremdenstadt anbahnen. Man bringt Opfer für seine Ausgestaltung zum Kurort, die in den kommunalen Wirtschaftsnöten doppelt schwer wiegen. Aber man bringt sie, weil man will.

Das Wirtschaftsleben Schwerins, das einst leider – wie wir heute sagen – allzu sehr um die zentrale Sonne des Hofes kreiste, sucht Anschluß an das Draußen. Gewiß nicht ohne Zwang und zum Teil aus dem Trieb der Selbsterhaltung. Aber aus ihm wachsen Pläne, die in eine Zukunft weisen. Der Industrie, um die man früher, nicht ganz nur aus eigenem Wunsche, einen großen Bogen machte, baut man jetzt eine Werkstatt.

Und wenn nicht alle Pläne zur Wirklichkeit reiften, weil die eigene Kraft doch noch nicht dafür ausreichte, es liegt auch im Planen eine Verheißung. Eine Jugend wächst heran, der Schwerin mit dem Erbe der Vergangenheit einem neuen Willen überantworten wird. Und wenn sie dann vielleicht neben dem Wahrzeichen der Residenz, dem Schloß, den stolzen Bürgerbau der Landeshauptstadt errichten wird, dann wird die Angleichung vollzogen sein.

Und das wäre dann Heimkehr nach Schwerin.

ALFRED RÜTZ

Neukloster in der Geschichte

Wer sich von Süden her mit der Bahn Neukloster nähert, gewahrt als erstes die blaue Fläche des Sees und links davon den Klosterbezirk mit der schlanken Kreuzkirche, dem massigen Glockenturm und dem Treppengiebel des einzigen erhalten gebliebenen Klostergebäudes. Er sieht das Kloster Sonnenkamp, das dem Orte den Namen gegeben hat. 1219 ist es errichtet worden, „Campus solis" wird es in der Stiftungsurkunde genannt. Mit Fug und Recht hätte Neukloster also schon vor zwölf Jahren eine Siebenhundertjahrfeier festlich begehen können. Aber die Siedlung als solche ist noch weit älter. Ein slawisches Dorf Kussin wird in der Urkunde von 1219 als der Ort genannt, in dem das Kloster begründet sei. Der Name ist später verloren gegangen. Zahlreiche Funde aus geschichtlicher und vorgeschichtlicher Zeit sind in der näheren und weiteren Umgebung gemacht worden, geben aber keinen Anlaß zu ausführlicher Besprechung.

Die Gründung des Klosters Sonnenkamp fällt in die zweite Phase der Kolonisation Mecklenburgs. Die erste Welle der Besiedelung hatte unter Heinrich dem Löwen eingesetzt und die westlichen Landschaften Mecklenburgs bis zur Linie Wismar–Schweriner See erfaßt. Dort war sie nach Prisbislavs Wiedereinsetzung 1167 zum Stehen gekommen, denn als slawischer Fürst setzte Prisbislav der Germanisierung großen Widerstand entgegen, wenn er auch die Einführung des Christentums dulden mußte. Doch waren die Erfolge dieser Christianisierung für mehrere Jahrzehnte gering. Das von deutschen Missionaren gebrachte Christentum fand in der slawischen Bevölkerung nur einen sehr geringen Widerhall. Nach Prisbislavs Tod verhinderten die schweren Wirren und Kämpfe, von denen das ganze Land erschüttert wurde, kolonisatorische Tätigkeit. Erst nach 1200 trat unter der Dänenherrschaft eine gewisse Festigung aller Verhältnisse ein. Prisbislavs Sohn, Heinrich Borwin, wandte sich jetzt der Aufgabe zu, in den Gebieten Mecklenburgs östlich vom Schweriner See die innere Kolonisation tatkräftig zu fördern, eine nach der Erschütterung durch die Wirren der vorhergehenden Zeit unabwendbare Aufgabe. Die Kolonisation aber war unter den obwaltenden Verhältnissen gleichbedeutend mit energischer Christianisierung und ist wohl auch mit einer starken deutschen Einwanderung verbunden gewesen. In diesen Zusammenhang gehört also die Gründung des Klosters Sonnenkamp.

Eine Frage von entscheidender grundsätzlicher Bedeutung muß hier gestreift werden, da sie sich auf unsere Gesamtanschauung über Eigenart und Verlauf der ostelbischen Kolonisation bezieht. Es handelt sich um die neue Ansicht über die Besiedlung Mecklenburgs im 13. Jahrhundert, welche der russische Historiker Jegorov in seinem großen zweibändigen Werke vorgetragen hat. Unabhängig von C. A. Endler, der im April 1931 die Leser der Mecklenburgischen Monatshefte mit Jegorovs Forschungen bekanntgemacht hat, habe auch ich mich bei den Vorarbeiten für diese Studie über Neukloster mit den Thesen Jegorovs beschäftigt. Da Endler über den Inhalt des neuen Buches unterrrichtet, kann ich ihn als bekannt voraussetzen. Die Behauptung des russischen Historikers, es habe keine Germanisierung Mecklenburgs im 12. und 13. Jahrhundert gegeben, hat auch mich nicht überzeugt. Zwar erkenne ich an, daß viele der von ihm geäußerten Ansichten beachtlich sind und die Forschung zu einer gründlichen Überprüfung bisheriger Theorien führen werden. Denn sein Werk ist überhaupt besonders stark in dem kritischen Teil, in welchem schablonenmäßig gewordene Auffassungen in Frage gestellt werden. In dem auffallend schwachen aufbauenden Teil dagegen kommt der Verfasser in vorschneller Verallgemeinerung von Einzelergebnissen, die selbst nicht unbedingt gesichert sind, zu in sich widerspruchsvollen und unglaubhaften Hypothesen.

Ein Eingehen auf das Jegorovsche Werk ist aber auch für die besonderen Zwecke der vorliegenden Arbeit nötig, zieht doch Jegorov an vielen Stellen die Urkunden für Neukloster zur Bestätigung seiner Auffassung heran. Hatten wir bisher in der Gründung des Klosters Sonnenkamp eine wichtige Maßnahme nicht nur zur Christianisierung, sondern auch zur Germanisierung gesehen, so leugnet Jegorov das zweite völlig. Es sind nach ihm slawische Kreise, die hinter der Gründung stehen, und diese dient nur der „inneren Kolonisation". Schon Bischof Brunward von Schwerin, der sogleich 1219 das neue Kloster bestätigt und ihm die Zehnten verleiht, ist nach Jegorov von Abstammung Slawe. Alberich, den ersten Probst von Sonnenkamp, leitet er aus einem alten slawischen Geschlecht her, das in Barnekow bei Wismar ansässig war. Und weiter bringt er es fertig, fast alle übrigen in der Urkunde als Zeugen erwähnten Geistlichen und Laien zu Slawen zu machen.

Gewiß werden am Schluß der Zeugenliste unzweifelhaft Slawen genannt; es dürften in der Nähe ansässige Edle gewesen sein. Die Namen sind sprechend: Raulinus, Dummamir, Wartis, Pribus, Zise, Nacon, Newoper, Janich, Merezlaf. Aber vor diesen stehen anders klingende Namen weltlicher Großer: Detlev von Gadebusch, der in jener Zeit nach dem

Zeugnis vieler Urkunden eine hervorragende Rolle gespielt haben muß, Ludolf von Ganzow, Heinrich von Holstein und ein sonst nicht bekannter Heilard von „Vifle". Außerdem werden noch Geistliche aus dem Schweriner Domkapitel und dem Doberaner Kloster erwähnt, dazu Priester aus den umliegenden, erst kurze Zeit bestehenden Missionskirchen: Owo aus Lübow, Friedrich aus Neuburg, Walter aus Bukow und dazu Stephan aus Rostock. Jegorov will diese alle als Slawen ansehen. Seine Beweisführung überzeugt aber nicht. Eine ins einzelne gehende Auseinandersetzung mit ihm würde den Rahmen dieser Arbeit sprengen.

Die Gründung des Klosters war eine wohlüberlegte Maßnahme, bei der geistliche und weltliche Große aller Art mitwirkten, mit dem Ziel, einen neuen Stützpunkt für die Christianisierung des Landes zu schaffen. Genau genommen, darf man übrigens nicht von einer ganz neuen Gründung sprechen, denn schon einige Jahre vorher hatte Heinrich Borwin in Parkow bei Westenbrügge in der Kröpeliner Gegend ein Nonnenkloster errichtet, das jetzt nur an eine neue Stätte verlegt wurde. Warum das geschah? Die dortige Gegend war damals wohl noch zu wenig erschlossen, als daß sich das Kloster hätte halten können. Jetzt wurde es näher an die schon christianisierten Gebiete herangerückt und bildete eine Art Vorpostenstellung. Daß das slawische Heidentum auch hier noch lange nicht überwunden war, lehrt unter anderem eine Urkunde von 1236. In dieser verleiht Bischof Brunward das in seinem Besitz befindliche Bäbelin dem Kloster Sonnenkamp, weil er selbst von Schwerin aus „wegen der Verwüstung durch die einst von dort vertriebenen Slawen in mehreren Jahren nicht zur Besiedlung des Dorfes mit Bauern imstande gewesen sei", eine Stelle, die deutlich gegen Jegorovs innerslawische Kolonisation spricht.

Die als so wichtig angesehene neue Gründung bedurfte natürlich der materiellen Sicherstellung. Eine ansehnliche Menge an Grundbesitz und Gerechtsamen wird dem Kloster gleich 1219 übertragen, allerdings nicht in geschlossener Lage, sondern über das Land verstreut. Drei Gegenden heben sich heraus: der Westen (Minnow, Wohlenhagen, Moidentin), die eigene Umgebung des Klosters und das Gebiet von Kröpelin bis nach Rostock hin (Parkow, Jördenstorf, Malpendorf, Wichmannsdorf, Brunshaupten, Klein-Schwaß u. a.). Die Verwaltung des Klosters hat in den folgenden Jahrzehnten zielbewußt daran gearbeitet, durch Kauf, Verkauf und Tausch die weit abliegenden Güter abzustoßen und einen abgerundeten Besitz zu schaffen. Vergrößert wurde dieser noch durch die Rodungen. Schon 1219 gibt Bischof Brunward dem Kloster den Zehnten in allen Siedlungen, die es auf bisherigem Waldboden anlegen werde, woraus die Absichten der Gründung besonders deutlich hervortreten. Und als 1235 das Kloster noch einmal bestätigt und seine Rechte aufgezählt werden, begegnen zum ersten Male die Namen „Lübberstorf (Lutbrechtisthorp) Lüderstorf (Luderesthorp) und Reinstorf (Reineresthorp)". Wir meinen, daß die Dörfer in ihrem Namen die Leiter der Ansiedlung, die „Lokatoren" bewahrt haben. Für Jegorov freilich, der die Tätigkeit solcher Lokatoren leugnet, sind es slawische Große, denen das Gebiet der neuen Dörfer zum Besitz gegeben war. Der deutsche Name stört ihn nicht. Hier wird man ihm am wenigsten folgen können. Außer den drei Rodungsdörfern nennt die Liste von 1235 noch mehrere Dörfer der Umgegend als dem Kloster zehntpflichtig, vor allem Perniek und Revern; Rakenstorf wird schon 1213 als Besitz erwähnt.

Der schöne Name „Sonnenkamp" freilich hat sich nicht lange erhalten. Nach 1250 wird das Kloster und der aus dem alten Kussin erwachsene Ort überwiegend, später ausschließlich als Novum Claustrum oder Nigenkloster bezeichnet, worin wohl die Erinnerung daran fortlebt, daß das Kloster ursprünglich an anderer Stätte errichtet war.

Die Zeit der Gründung gab Anlaß zu aufschlußreichen Ausblicken in größere Zusammenhänge. Die Jahrhunderte der ruhigen Weiterentwicklung von Kloster, Klosterbesitz und Ortschaft werden nicht so leicht allgemeiner Anteilnahme begegnen. Über dreihundert Jahre umschließt diese Zeit. Erst das 16. Jahrhundert brachte große Wandlungen im Zusammenhang mit der Zeitgeschichte. Durch die Einführung der Reformation wurde 1555 das Kloster Sonnenkamp nach längerem Zwischenzustand endgültig aufgehoben. Sämtliche Liegenschaften gingen in den Besitz des Landesherrn über. Die Dörfer und Höfe in der Umgebung wurden zu einem Amte Neukloster vereinigt, das entsprechend dem frühzeitlichen Behördenaufbau durch einen Amtshauptmann verwaltet wurde. Das Patronat über die Kirche wurde selbstverständlich durch den Landesherrn ausgeübt.

Noch einmal spielte Neukloster dann eine wichtige Rolle in der allgemeinen Geschichte, als es im Westfälischen Frieden mit Wismar und Poel an Schweden abgetreten wurde. Die Leiden des dreißigjährigen Krieges hatten viel Schrecken mit sich gebracht. 1627 war Rakenstorf, damals einer der blühendsten Orte der Umgegend, völlig zerstört worden. Verglichen mit anderen Gebieten Mecklenburgs scheint Neukloster aber noch verhälnismäßig gut weggekommen zu sein.

Offen bleibt die Frage, was Schweden dazu bewogen haben kann, ausser Wismar und Poel das Amt Neukloster für sich zu fordern. Kirchenrat Stahlberg, der im Jahre 1900 eine heute allerdings völlig veraltete, auch im Buchhandel vergriffene Geschichte des Kirchspiels Neukloster veröffentliche, trägt hier eine ganz ansprechende Vermutung vor. Er meint, der Reichtum des Amtes Neukloster an Brennholz und Bauholz, vor allem Schiffsbauholz, sei die Ursache gewesen. Bei Wismar habe der Wald gefehlt oder die dort liegenden Güter seien Rittergüter gewesen und daher nicht für die Abtretung in Frage gekommen.

Die Zeit der schwedischen Herrschaft brachte kaum eine Verschlechterung für die Einwohner mit sich. Ein königlich-schwedisches Gericht in Neukloster, das dem Tribunal in Wismar unterstellt war, sorgte für die Rechtspflege, nach den Wirren des Krieges eine besonders wichtige und schwere Aufgabe. In den vielen vorhandenen Berichten aus der Schwedenzeit wird nach Stahlberg niemals eine Klage über Rechtswesen und Verwaltung geführt. Die Erlasse und Entscheidungen sind gerecht und wohlwollend. Viel wird über die sittliche Verwilderung geklagt; erst nach Jahrzehnten sind wieder bessere Zustände eingetreten. Auch auf dem Gebiet der Kirche und des Schulwesens hat die schwedische Regierung Tüchtiges geleistet.

Wie sah Neukloster damals aus? – In Merians berühmter Topographia Saxoniae Inferioris, die 1653 erschien, zeigt ein Kupferstich eine Ansicht der Kirche und des Klostergebietes von der Ostseite her. Wie weit sie der Wirklichkeit entspricht, mag dahingestellt bleiben. Der Ort war jedenfalls recht klein. Noch für das Jahr 1803, als die schwedische Herrschaft Wismar an Mecklenburg zurückgegeben wurde, nimmt Stahlberg nur etwa 450 Einwohner an. Außer dem Amte mit seinem Personal, außer der Pfarre mit Küsterei und dem Forsthof bildeten 17 Büdner den Hauptteil der Bevölkerung. Sie alle betrieben neben ihrer Büdnerei ein Handwerk oder eine Gastwirtschaft. Der eine von den drei Gastwirten hatte auch ein Kaufmannsgeschäft, damals das einzige im Orte. Zu den angesessenen Büdnern kamen noch „Einlieger" verschiedener Berufe und Hoftagelöhner, die in mehreren Strohkaten wohnten. Gepflasterte Straßen gab es nicht, die erste, der Steindamm durch den ganzen Ort von dem heutigen Bahnhof bis zum neuen Kirchhof, ist 1848 angelegt worden. Das Eichholz wurde erst nach 1830 bebaut, ebenso die sogenannte Schäferkoppel. Belebt wurde der ländliche Ort durch seine Lage, führte doch die Straße von Wismar nach Güstrow über Neukloster. Viele Frachtwagen mit Gütern aller Art passierten ihn. Ein früherer Gastwirt hielt sich acht und mehr Pferde, um für die schweren Lastwagen den Lübberstorfer oder den Düsteren Berg hinauf Vorspann zu leisten. 1829 verlor Neukloster die Amtsverwaltung, die nach Warin verlegt wurde. Der Amtshof wurde verpachtet.

Neue Bedeutung gewann Neukloster erst durch die Verlegung des Lehrerseminars von Ludwigslust 1862 und durch die Begründung der Blindenanstalt 1864. In dem sandigen Gelände rechts von der Bützowerstraße ganz im Osten des Ortes erwuchsen die stattlichen Anlagen der beiden Anstalten, für die damalige Zeit wirklich großzügige und gut ausgestattete Schöpfungen. Durch ihre Begründung gewann Neukloster eine Bedeutung für ganz Mecklenburg. Das wirtschaftliche Leben des Ortes wurde befruchtet, so daß sich eine stark anwachsende Bevölkerung ernähren konnte. Viele Existenzen können sich auch heute nur durch die Aufträge halten, die durch die beiden großen staatlichen Anstalten erteilt werden. So ist es für den Ort ein großes Glück, daß schon vor der Aufhebung des Lehrerseminars 1927 an seiner Stelle die Staatliche Aufbauschule begründet wurde.

Für den Verkehr wurde Neukloster seit den siebziger Jahren des 19. Jahrhunderts durch mehrere Chausseebauten und durch die Anlage der Eisenbahn Wismar–Karow erschlossen. In neuester Zeit hat es immer mehr verstanden, Fremde hierher zu ziehen. Für Sommergäste, die wirkliche Erholung suchen, bietet Neukloster mit seinem See und seinen Wäldern einen sehr geeigneten Aufenthalt. Auch für das mit Wald so wenig gesegnete Wismar bedeutet das Klasbachtal ein beliebtes Ausflugsziel.

WALTHER ZANDER

Insel Poel und die Wismarsche Wasserkante

Sonnenuntergang auf dem Hohen Schönberg! Im leichten Dunst schwebt die rote Kugel, rasch sinkt sie auf die holsteinische Küste nieder; noch einmal, wie im Abschiedsschmerz, flammt die See auf – dann verhüllt sich die Königin des Tages und stirbt den Feuertod. Bläuliche Schatten zucken über die Landschaft und mahnen zum Aufbruch. Komm, Fremdling, nimm deinen Rucksack! Nicht trennen kannst du dich von diesem Licht- und Farbenwunder? Dein Blick hängt an der unendlichen Wasserfläche und den fernen Türmen Wismars. Aus Thüringen kamst du? Dann tut sich eine neue Welt vor dir auf, die Sehnsucht weitet deinen Blick: erleben möchtest du das Meer und die Wasserkante. Komm, Freund, morgen ist auch ein Tag! –

Strandwanderung!

Hier und da kauert ein Fischerdorf am Strande. Vor Anker liegende Boote und zum Trocknen aufgehängte Netze lassen erkennen, daß lebhafter Fischfang betrieben wird. In der Zierower Bucht, die sich durch besonders feinen Seesand auszeichnet, pflegen die Wismarschen Sandböter ihre Fahrzeuge zu füllen. Hinter dem Fliemstorfer Baum, einem weithin sichtbaren Schifferzeichen, taucht Hoben auf, ein malerisches Fischerdörfchen. Der Seewind trägt die Klänge von Handharmonikas und Triangel über die spiegelglatte See. Die Fischer sind ein sangesfrohes Völkchen; Musikliebe ist ein unverlierbares Erbe der Wasserkante.

Vom hohen Ufer grüßt uns das kleine Seebad Wendorf, das tägliche Ziel der Wismarer Ausflügler. Es besitzt hübsche, parkartige Anlagen, und von der lindenbeschatteten hohen Terasse des Kurhauses bietet sich dir ein überraschender Rundblick auf die Bucht und Insel Poel. Ein noch schöneres Küstenbild genießt man droben auf der freien Höhe bei Mittel-Wendorf, wo die altersgraue Bank steht. – Lange Jahre hauste drunten am Strande in seiner Klause „Vater Suhr", der Einsiedler. Unvergeßliche Stunden waren es, wenn wir zu ihm auf Schlittschuhen über die Bucht kamen, die aufgetürmten Eisschollen überkletterten und Einlaß begehrend an die Hütte pochten. Doch hieß es, sich in vorsichtigem Bogen um die Tonne zu pürschen, worin der getreue Philar schlief. Wenn dann „Vater Suhr" im Türrahmen erschien: „Wat will'n ji all wedder?!" so ertönte es im Chorus: „Uns is de Seel infroren! Einen Kognak, Vadder Suhr, einen Köm!" Worauf ein verständnisvolles Schmunzeln das Gesicht des Alten verklärte: „Denn kamt man rin!" Und er zog mit geübtem Griff die Flasche mit Rostocker Doppelkümmel unter dem Mooslager hervor! Köstliche Stunden! – Unvermerkt sind wir durch das Lübsche Tor geschritten. Im Hintergrund türmt sich die mächtige Steinmasse von St. Marien und Georg vor dir auf. – Wir treten in ein prächtiges gotisches Giebelhaus, „Alter Schwede" liest du über der Tür und die Jahreszahl 1320. Rings auf dem Gesims altes Metallgerät, an den Wänden und Pfeilern Steinschloßflinten, Hellebarden, Eisenhauben, Reiterpistolen und schöne, alte Stiche. – Dämmerung umspinnt draußen das grüne Tempelchen der Wasserkunst und die breiten Lindenkronen, St. Marien schaut geruhsam aus seiner Höhe auf das niedere Dächergewirr herab…

Jetzt leuchten Hunderte von roten, gelben und grünen Lichtern auf an Masten und Rahen der Fregatten und Koggen, die von der geschwärzten Decke herabhängen. Entschlossen hängst du den Rucksack an den Haken. Recht so, Freund! Es hilft nichts, fünf oder sechs Tage wird dich der Zauber einer versunkenen Zeit in diesen Mauern festhalten.

Pfingstmorgen

Blanke Sonne auf roten Dächern, von den Türmen rufen die Glocken. Frischgrüne Maien leuchten an den Fenstern. Am alten Hafen, wo das Wassertor nachdenklich in die Flut blickt, drängen sich die sonnenhungrigen Stadtmenschen, um hinauszufahren in die blaue, lockende Ferne. Die Wimpel flattern im Seewind. „Insel Poel" ist zur Abfahrt bereit. Schwarze Rauchwolken entquellen dem Schornstein. Komm, Freund, das schmucke, weiße Schiff wird uns zu dem Eiland tragen, dessen Turm von fern übers Meer grüßt. Ein kurzer Ruf des Kapitäns ins Sprachrohr zum Maschinenraum hinauf – die Schraube beginnt zu arbeiten, das Heckwasser schäumt auf, und wir gleiten hinaus; vorüber an Holzstapeln, Speichern, Schuppen. Kohlenberge und die hohen Eisengerüste der elektrischen Kohlenentlader bleiben hinter uns zurück; jetzt sind wir am Lotsenhaus, nun werden die beiden „Schwedenköpfe" passiert – dann sind wir in der offenen Bucht. – Stahlblau wölbt sich die Himmelsglocke über die Flut. An der Küste tauchen Fischerdörfchen auf und weit draußen der Fliemstorfer Baum. Jetzt passieren wir den Walfisch, ein Inselchen aus steinigem Geschiebemergel; es trägt eine Leuchtbake, verschwindet aber jedes Jahr ein wenig mehr in der Flut.

Immer kräftiger hebt sich das saftige Grün der Insel aus dem Meer. Einen herrlichen Anblick gewährt sie, wenn der Raps blüht; man glaubt, es seien schwere golddurchwirkte Decken über das Eiland gebreitet, und Wolken süßen Honigduftes lagern dann über dem Wasser. In Jahren, wo der Feuermohn die Herrschaft über das Getreide an sich reißt, hat man den Eindruck, als bluteten die dunkelgrünen Felder aus tausend Wunden. – Klar tritt die Küstengliederung hervor: in der Mitte der tiefeinschneidende Kirchsee, der Faule See bei Brandenhusen, rechts der „Breitling", der Poel vom Festland trennt. Siehst du die lange Holzbrücke, die zur Insel hinüberführt? Bei Fährdorf erheben sich malerische Reihen von Spitzpappeln, die auch sonst charakteristisch sind für die Poeler Landschaft. – Wir laufen in den Kirchsee. Die Niendorfer Mühle erscheint zum Greifen nahe, die alten Festungswälle bei der Kirche tauchen auf. Zahlreiche Fischerboote ankern im Kirchsee. „Stopp!" – „Rückwärts!" Bald liegen wir an der Brücke fest.

Wir erklettern den hohen Wall, hinter dem die uralte Inselkirche aufragt. Goldregen umduftet sie, schattige Lindenpfade umgeben den ehrwürdigen Bau. Auf schmalem Steig gelangt man zu dem zweiten Wall. Hier und da lugen Reste von Mauerwerk aus dem Rasen. Deutlich erkennst du am Wall noch die mächtigen Einschnitte für die Kanonen; Poel war zur Schwedenzeit nicht nur der Wellenbrecher für den Wismarschen Hafen, man hatte es gleichzeitig zur starken Wasserfestung ausgebaut, um die Einfahrt zum Hafen gegen feindliche Angriffe zu schützen. – Eine Decke von weißen Maßliebchen und goldigem Hahnenfuß bekleidet die Abhänge. Ungemein lieblich sind die Wälle im Juni, wenn Hunderte wilder Rosenbüsche sich mit zartem Rot schmücken, wenn die Weißdornbüsche sich unter der Last des Blütenschnees neigen. – An einem schönen Sonntagmorgen kannst du weihevolle Stunden zwischen den Wällen erleben. Orgelklang und ein Chor heller Kinderstimmen mischen sich in den Lerchengesang, der über den blühenden Hängen schwebt. Und wenn eine Pause eintritt in dem Jubilieren, dann fällt die prächtige Stimme des Pfarrers ein und füllt die Inselkirche... Welch eine Andacht im weiten Naturdom unseres Herrgotts! Welche wundervolle Harmonie von Licht, Farben und Tönen!

Malerisch in hohem Grade ist auch der Kirchsee, auf dem sich zahlreiche Boote wiegen. Im Hochsommer baden dort häufig Dutzende von Fischerkindern splitternackt vom Boot aus. Kreischend und sich bespritzend jagen sie sich umher, daß die Wassertropfen mit den Sonnenfunken um die Wette tanzen. Kein Wunder ist es, daß Künstler, vor allem Maler, von der Insel angezogen werden. – Seltsames kannst du bisweilen erleben, wenn du in die Kirche trittst, um ihren schlichten Schönheiten nachzusinnen. Plötzlich läßt dich lautes Brüllen zusammenfahren: die Kuhherde hat den Kirchenwall erklommen und steht nun schweifschlagend da und blickt von oben durch die Kirchenfenster, von Zeit zu Zeit brüllend, daß die Scheiben klirren!

Manchen altehrwürdigen Bau findest du noch im Dorf. Idyllisch schön ist das Pfarrgehöft am Dorfteich, halb versteckt unter mächtigen Bäumen, hinter blühenden Weißdornhecken und Obstgärten. Wo der Strandweg abbiegt, liegt das strohbedeckte Schulhaus zwischen Rapsfeldern. Auf der Höhe einer Bodenschwelle erreicht der Strandweg den „Schwarzen Busch", ein Wäldchen, das aus windzerzausten Eichen und Tannen besteht. Es ist das einzige Gehölz der Insel und dient als Schifferzeichen. So bleibt es unberührt von der Art, die den übrigen Wald hinraffte; sei es, daß die Schweden zum Holz für den Schiffbau verlegen waren oder, was wahrscheinlicher ist, daß die Bewohner den äußerst fruchtbaren Boden der Insel lieber für Weizen, Raps- und Kohlbau nutzen wollten. – Ein paar Minuten abwärts erhebt sich auf hoher Düne, die eine großartige Fernsicht aufs offene Meer gewährt, ein stattliches Kurhaus und ein neues Pensionat. Die Seeluft ist sehr weich und staubfrei, die Badeeinrichtungen sind gut und neuzeitlich, so daß Poel wie geschaffen ist für Erholungsbedürftige, die ein ruhiges und billiges Leben wünschen. Auch in Kirchdorf selbst stehen reichlich Privatwohnungen, Gast- und Unterkunftshäuser zur Verfügung. – Der Badestrand besteht aus feinem Kies und Seesand. Früher bedeckten Steine und Geröll den Strand, seitdem aber die neue Chaussee auf der Insel gebaut wird, ist damit ziemlich aufgeräumt. Trotzdem findet man noch genug stattliche Felsblöcke, zum Teil zottig bewachsen von grünem Moos und von Algen. Vielerorts ist der Strand bedeckt mit Tang und Seegras. Seltsame Formen hat das Wasser oft gebildet in den angeschwemmten Massen: häufig ähneln sie stumpfen Kegeln, zuweilen erinnern sie an grünseidene Thronsessel; wer weiß, vielleicht liegt nächtlicherweile der Meeresgott darauf und schaut geruhsam auf das Heer der unablässig herandrängenden Wogen. – Unter dem spärlichen Pflanzenwuchs des Strandes herrschen salzliebende Arten vor: Stranddistel, Strandhafer, Stranddorn u. a.

Die steile Uferwand, der sog. Klint, erhebt sich auf Poel gegen 15 Meter hoch. Er besteht meist aus Geschiebemergel, der oben gelb, unten grau ist. Oft ist auch Sand eingelagert. Der Klint zeigt oben eine auffallend dicke schwarze Humusschicht. Zuweilen leidet er stark unter Abbruch und Landverlust infolge Unterspülung und Verwitterung, durch Abbröckeln und Abrutschen des Mergels. Oft sind die Wände von Regenrinnen tief zerfurcht, auf weiten Strecken fallen sie fast senkrecht herab; andernorts zeigen sich flache Böschungen, die mit Gras und Buschwerk, meistens Standdorn, bewachsen sind. An den Blöcken, die aus der Wand hausgefallen sind, kann man deutlich den Grad des Abbruches erkennen. Der jährliche Landverlust ist sehr verschieden, er schwankt zwischen 0,8 bis 0,3 Meter. – Insel Poel ist außerordentlich fruchtbar. Mißernten sind so gut wie ausgeschlossen auf dem schwarzen, milden Boden. Weizen, Raps und Rübsen, Zuckerrüben und Kohl gedeihen vortrefflich. In neuerer Zeit ist der Kohlbau zurückgegangen, jedenfalls wegen Transportschwierigkeiten. Der Poeler Weißkohl war früher berühmt. „Der Ruf Pöööler – Pöööler – Kooohl!" – bald elegisch hingehaucht unter viel Aufwand von Selbstlauten, bald kurz abgehackt und bedrohlich hervorgestoßen, liegt mir heute, nach langen Jahren, noch ungemein deutlich im Ohr vom Parchimer Martini-Markt her", äußerte sich jemand humorvoll. „Welches der beiden Temperamente dem Wesen und der inneren Struktur der Poeler Weißkohlcharakterköpfe entspricht, ist mir leider nicht klar geworden. Es ist auch möglich, daß der Weißkohlkopf, abgeklärt durch die Seeluft, jenseits von Temperament und Affekt seinen Charakter bildet." Mit dem letzten Satz ist zweifellos die Wahrheit getroffen. – Neben dem Ackerbau treibt der Poeler Landwirt natürlich Viehzucht, während die ärmere Schicht ihren Unterhalt durch Seegraswerbung und Fischerei findet. Vor allem werden Dorsch, Aal, Steinbutt und Hering gefangen, in der Wismarschen Bucht auch die Krabbe; am wertvollsten ist die Ostseekrabbe, die sich durch rosenrote Färbung auszeichnet, aber seltener geworden ist. Nicht unerheblich wird die Fischerei erschwert durch zahlreiche Findlingsblöcke, die am Meeresgrunde ruhen.

Infolge der Abgeschlossenheit ist die Bevölkerung ziemlich unvermischt geblieben. Durch die Abgeschlossenheit haben sich die Poeler viel Eigenartiges erhalten. Manches Haus birgt prächtige alte Möbel, Schnitzereien, Kupfer- und Stahlstiche und ähnliche Schätze. Wir werden uns gelegentlich eingehender damit befassen. – Bei offenem Wasser hat die Insel in der Regel dreimalige Dampfverbindung am Tage, bei starkem Frost dagegen und bei Sturm ist der Verkehr auf die lange Holzbrücke angewiesen, die zwischen Fährdorf und Strömkendorf über den Breitling führt. Bei ruhiger See kommen natürlich auch Kähne und Fischerboote in Betracht. – Die Poeler Kost ist derb und gut. „Kartüffeln, en gaudes Stück Fleisch, 'n schönen Spickaal un 'n origen Köm – denn hollen wi dat ut; denn kann kamen, wat will." So sagt der Poeler. –

Das Meer ist meistens flach und weist wunderbare Farbentöne auf: schmale, blaßgrüne Streifen wechseln mit kräftigem Dunkelblau, vermischen sich und gehen in zarte violette Tinten über. – Alt Gaarz, das an der

Wurzel der Halbinsel Wustrow liegt, ist in Luftlinie nicht fern. Es ist ein kleines, freundliches Ostseebad auf hohem Klintufer. Der Strand ist vorzüglich. Die See hat klare, grüne Färbung und sehr kräftigen Wellenschlag. Bei Dunkelheit würden wir hier Gelegenheit haben, das rote Blinkfeuer des Bastorfer Leuchtturms zu bewundern. Unser letzter Besuch auf der Insel gilt dem Timmendorfer Leuchtturm, dem Zollhaus und dem Lotsenhaus. Das Zollhaus wird bewohnt von den Beamten, die den Strandschutz ausüben. Das Lotsenhaus birgt die Boote, worin die hier stationierten Lotsen sich zu den einfahrenden Schiffen begeben, um sie in den Hafen von Wismar zu „lotsen". Wir steigen die Treppe des Leuchtturms hinauf bis zur Galerie, die oben rund um den Turm läuft und einen prächtigen Rundblick über die Insel gestattet. Poel ist 42 qkm groß und hat 14 Ortschaften mit etwa 2000 Einwohnern. – Vielleicht lohnt es sich, den erdgeschichtlichen Ereignissen in der Vorzeit ein wenig nachzuspüren. Ein Blick auf die Seekarte zeigt uns in der Wismarschen Bucht eine Menge kleiner Inseln, die mählich verschwinden. Es sind Reste untergegangenen Landes. Walfisch, Lieps, Untiefe „Hannibal", die Platte, der Schweinskötel – sie alle sind nichts weiter als die höchsten Punkte der früheren Küste, die vom Tarnewitzer Huk in östlicher Richtung läuft. Noch heute sind Lieps und Tarnewitzer Ufer durch ein Steinriff verbunden. Wohlenberger Wiek, Fahrtrinne und Krakentief dagegen sind tiefere Becken im hinabgesunkenen Gebiet.

Der weiße Dampfer führt uns heim nach Wismar. Nachdenklich schweigst du. Es ist wahr: Poel ist keine laute, aufdringliche Schönheit; doch ein heimlicher Zauber geht von ihr aus, dem sich niemand entziehen kann.

Die Hafenlichter blitzen auf. Leb wohl, mein Freund! Grüß mir Jena! Und wenn dich im nächsten Sommer die Sehnsucht faßt nach der weiten, blauen See, so komm wieder! Du sollst uns willkommen sein an der Wasserkante.

RICARDA HUCH

Wismar

Es wird Abend und das Boot nähert sich der Küste. Graue Wolken haben sich gesammelt und die Inseln hinter mir verschlungen, in der Nacht wird es regnen; die Bootsleute halten inne, lassen das Wasser von den Rudern tropfen und blicken gedankenlos auf die Stadt, die aus dem Meere steigt. Seltsames Bild, wie hingemalt von den Fingern eines Träumenden an den Horizont. Die allzuhohen Türme, die aneinandergedrängten Dächer haben nichts Körperliches, und der kühle Hauch, der von der Erscheinung ausgeht, kündet Geisternähe an. Ist das Vineta, von der die Chroniken dunkel berichten? Hat die schaurige Stunde geschlagen, in der, einmal vielleicht in hundert Jahren, das Begrabene und Versunkene auftaucht? Ja, aus dem Meere kommt diese Fabelstadt, eingehüllt in die Feuchte der unerforschten Tiefe, die das Glutrot ihrer Steine dämpft. Kein Lärm dringt aus den Gassen oder vom Hafen her, wo es sonst in Seestädten so ausgelassen zugeht. Ein altes Tor mit hochgerecktem Stufengiebel winkt zum Eintritt; darf man ihm trauen? Was geschieht dem Lebendig-Sterblichen, der den Zauberkreis betritt? Rieselt und rauscht es nicht dahinter? Vernahm ich nicht ein grelles klirrendes Geschrei und dazwischen süße Akkorde, wie wenn Meerweiber sich vergnügten? Sie locken die Irdischen in die Stadt und um Mitternacht müssen sie mit ihr hinunter, den gefräßigen Fischen zur Beute.

Wie erklärt sich die Schwermut, die über Wismar liegt? Verbirgt sich ein Geheimnis ihrer Geschichte dahinter? Die Geschichte zeigt es uns als von Anfang an im Besitz der mecklenburgischen Herren wendischen Ursprungs, die durch Kaiser Karl IV. in den erblichen Reichsfürstenstand erhoben wurden. Die deutschen Ansiedler, namentlich Friesen und Westfalen, die den Ort bevölkerten und rasch zur Blüte brachten, suchten sich der Landesherren nach Möglichkeit zu erwehren. Während Herzog Heinrich der Pilger im Heiligen Lande verschollen war, zog der Rat von Wismar nicht nur eine Mauer um die Stadt, sondern auch eine zwischen der Stadt und der Burg, wo die Herren residierten, sie von der Stadt gleichsam ausschließend. Als nun Herzog Heinrich nach mehr als zwanzigjähriger Gefangenschaft aus dem Morgenlande heimkehrte, war er darüber sehr ungehalten, und es entspann sich ein Streit, der durch Lübecks Vermittlung in der Weise beigelegt wurde, daß Wismar dem Herzog seine Burg abkaufte, ihm aber eine andere zwischen den Kirchen Marien und

Georgen baute. Die Stadt bedang sich aus, daß die Burg nie befestigt werde, und daß Verbrecher kein Asyl dort finden, noch Bürger der städtischen Gerichtsbarkeit entzogen werden dürften. An Stelle der neuen gotischen Burg errichtete Herzog Johann Albrecht I. zur Feier seiner Hochzeit im Jahre 1555 einen Renaissance-Bau, den Fürstenhof. Der Herzog war ein Liebhaber der Baukunst und insbesondere der Renaissance; er bekümmerte sich eingehend um das Werk und ließ sogar ein Franziskanerkloster in Schwerin abtragen, um die Steine dazu zu benutzen. Den berühmten Leiter der größten Formziegelei in Lübeck, Statius von Düren, bewog er, seine Tätigkeit dem Schloßbau in Wismar zu widmen. Der Längsbau mit stattlichen Portalen, reich dekoriert mit Faunen, Girlanden, Fruchtkränzen, Cäsarenköpfen und einem den Trojanischen Krieg darstellenden Fries verrät mehr den deutschen Charakter der Erbauer als den des italienischen Musters. Durch neue Wiederherstellung ist die Ursprünglichkeit des alten Baues mißverständlich ausgeglättet.

Gegen das Ende des 14. Jahrhunderts brachte Wismar wesentliche Regierungsrechte an sich, nämlich die Vogtei, das Gericht und die Münze, obwohl es sie nur pfandweise erwarb, hat es sie doch 500 Jahre, bis zum Ende des 19. Jahrhunderts, behalten. Ebenso glückte die Ausschaltung der Geistlichkeit. Der Bischof von Ratzeburg, zu dessen Diözese Wismar gehörte, mußte auf das Patronatsrecht der Schulen verzichten, das ein Herzog ihm schenkte, nachdem dessen Mutter es bereits dem Rat von Wismar abgetreten hatte. Ferner erhob der Rat zum Gesetz, daß weder ein Bischof, noch eine geistliche Bruderschaft, noch irgendein Geistlicher eine Wohnung in der Stadt kaufen oder sonst erwerben dürfe, und die Klöster, die damals schon Höfe in Wismar besaßen, mußten sich verpflichten, keinen Herren, Ritter oder Verdächtigen zu beherbergen, und wenn sie verkauften, es nur an Bürger zu tun.

Im Jahre 1259 schlossen Lübeck, Rostock und Wismar das denkwürdige, gegen Seeräuber gerichtete Bündnis, das ein Ausgangspunkt der Hansa wurde. Innerhalb der Hanse gehörte Wismar zu den wendischen Städten, von denen es die schwächste war. Der Wohlstand der Bürger, der eine Zeitlang bedeutend war, beruhte auf der Schiffahrt, auf der Brauerei und der damit verbundenen Böttcherei, auf der Wollenweberei; auch Akkerbau wurde betrieben. Der Handel beschränkte sich hauptsächlich auf die Ausfuhr des Bieres und auf die Ausfuhr der Heringe; soviel wie möglich blieben Erzeuger und Verbraucher in unmittelbarer Beziehung. Der wirtschaftliche Niedergang um 1500 betraf alle Städte, Wismar aber besonders durchgreifend. Die Brauerei, die, was die Häufigkeit des Brauens und den Verbrauch an Malz betraf, von der Obrigkeit abhing, wurde um die Mitte des 15. Jahrhunderts von 182 Bürgern betrieben, gegen Ende des 17. Jahrhunderts noch von 85, am Ende des 18. Jahrhunderts noch von acht Bürgern; jetzt ist sie ganz eingegangen.

Ebenso ging die Wollenweberei zurück. Unter schwedischer Herrschaft litt Wismar sehr unter Kriegen, um endlich durch den Siebenjährigen Krieg völlig ausgesogen zu werden. Allmählich beginnt es wohl, seine Verarmung zu überwinden, aber nicht die Schwermut seiner Erscheinung.

Mehr als die Daten der Geschichte verraten uns Wismars Bauten über sein Schicksal. Gewaltig ragen die drei Hauptkirchen aus der Stadt empor, St. Marien und St. Georg in der Nähe des Marktes, St. Nikolaus am Hafen, dem Patron der Schiffer geweiht. Herausfordernd hingeworfen, wie um sich untereinander und alle Kirchen der Nachbarschaft zu übertrumpfen, deutet ihr Übermaß um so mehr auf unbeherrschten Übermut, als Wismars Reichtum und Stellung so stolzen Plänen nicht entsprach. Sie erwecken den Gedanken an sagenhafte Städte, deren Bewohner frevelmütig ihre Straßen mit Gold deckten, bis der Zorn Gottes sie schlug und in Berg oder Meer versenkte. Turm und Chor der Ratskirche St. Marien beherrschen den Markt, obwohl sie etwas abseits davon liegt. Umgeben von der malerischen Gruppe der Pfarrei und andern alten Bauten, tritt der gotische Backsteinbau dem Näherkommenden überraschend entgegen. Seine Einfachheit bei allem Zierat farbiger Glanzziegel, Bänder und Fialen macht, daß die architektonische Idee packend und interessant, wie das Skelett eines riesigen Urgeschöpfes hervortritt. Vom Markt aus muten die auf den Chor gestützten Strebepfeiler an wie die Beine einer versteinerten Riesenspinne. Wohltuend ist die sanftglühende Farbe des Backsteins im Innern, das dadurch, trotz der großen Verhältnisse, nicht kalt und leer wirkt. Der Umstand, daß, wie in allen Kirchen nördlicher Seestädte, der Boden mit Grabplatten bedeckt ist, läßt uns ihre Bedeutung für die damaligen Menschen nachfühlen. Die Namen der Geschlechter, unter denen oft das Bild eines Schiffes eingegraben ist, haben für uns einen fernher rauschenden, seltsamen Klang; damals, so klein wie jene Städte waren, riefen sie Wohlbekannte: Brüder, Freunde, Feinde, Nachbarn ins Gedächtnis. Die Kirche war der Friedhof, die Stätte der ewigen Ruh und der dereinstigen Aufererstehung; an das Mysterium des unentrinnbaren Todes knüpfte sich die frohe Botschaft des unsterblichen Gottes und seiner Himmel voll ewigen Lebens. Sie war das Haus Gottes und das Haus aller, eines jeden Bürgers zweites Haus neben dem vergänglichen, das er nur flüchtig besaß, das, wo er bis zum Jüngsten Tage ruhen würde. Grabsteine und Epitaphien erfüllen die weite Halle, besonders die Zeit des Barock weiß eine Fülle von Symbolen, Engel, Posaunen, Lanzen, Trommeln, Blumen und Früchte zu prächtig dekorativen Werken der Kleinkunst zu verschlingen. Zwei bedeutende Grabmähler aus verschiedenen Jahrhunderten bewahrt die Marienkirche: die Bronzefigur der Herzogin Sophie, die an Werke des Vischer erinnert, und die in Holz geschnittenen und bemalten Figuren des schwedischen Generals Wrangel und seiner Frau.

Durch ein überreich verziertes, reizendes Barockportal, das die Grabkapelle abschließt, sieht man die auf hohem Unterbau zunächstliegende Gestalt des Mannes und sein Gesicht im Profil, scharfgeschnittene, imponierende Züge. Das Ganze übt die eigenartige Wirkung aus, die die zugleich naturalistische und stilisierte Kunst des Barock hervorbringt.

Die Georgskirche liegt der Marienkirche überraschend nah. Bei einer Erweiterung der Stadt nach Westen wurde das Hospital für die Aussätzigen, das in Wismar, wie in jeder mittelalterlichen Stadt vor den Toren lag, in das Gebiet innerhalb der Mauern eingezogen und mußte weiter hinaus verlegt werden. Das alte wurde abgebrochen, und da man die geweihte Stelle nicht zu weltlichen Zwecken gebrauchen mochte, errichtete man darauf die Kirche für die neue Stadt. Die Leprosenhäuser waren fast immer dem heiligen Georg geweiht; so wählte man ihn auch zum Patron der neuen Kirche. Die, welche wir jetzt sehen, stammt aus dem 15. Jahrhundert; von der um hundert Jahre früher erbauten ist der Chor stehengeblieben, da die Mittel das in ungeheuren Maßen angelegte Gebäude zu vollenden, der verarmenden Stadt ausgingen. Anstatt des Turmes, auf den ebenfalls verzichtet werden mußte, sitzt auf monumentalen Unterbau ein mit spitzer Kappe gedecktes Geschoß, das sich nur wenig über die Höhe des Daches hebt. Der verhältnismäßig kleine Chor und das Fehlen des Turmes lassen den Rumpf des Kolosses desto gewaltiger hervortreten. Das Kircheninnere ist besonders schön bewegt und die Ausstattung reich. Die Wände weisen zum Teil Malerei auf; die beiden Titularheiligen St. Georg und St. Martin auf weißen Pferden, der eine den Drachen tötend, der andere seinen Mantel mit dem Bettler teilend. Über einem reichgeschnitzten Altar mit der Krönung Mariens schwebt hoch oben das von goldenen Flammen umzüngelte Triumphkreuz. An den Figuren begegnen einem oft Augen mit wunderlich kaltem, blankem Blick, wie die seelenlosen Meerwesen ihn haben mögen.

Die Nikolaikirche war bestimmt, die Marienkirche zugleich zu wiederholen und zu übertreffen. Ein Sturm im Jahre 1703 riß die hohe kupfergedeckte Spitze des Turmes ab, die im Sturz das Dach des Mittelschiffes zerschlug und Triumphkreuz, Lettner, Orgel und Chorgestühl zertrümmerte. Da keine Mittel vorhanden waren, das Zerstörte gleichwertig zu ersetzen, blieb das Innere seines edlen Schmuckes beraubt. Von den Backsteingiebeln der gotischen Zeit, wie sie auf alten Stadtbildern Wismars sich einer an den andern reihen, sind nur wenige übriggeblieben, breiter, schmuckfroher als die sachlich-kühlen Lübecks. Ein Kleinod, wie es wenige Städte aufweisen können, ist die Alte Schule, ein freistehender Langbau mit Giebeln an den Schmalseiten, der im Zierat bunter glasierter Backsteine prangt. Bewundernd sucht man sich vorzustellen, wie eine Stadt ausgesehen haben mag, in der alle Gebäude soviel anmutiger Pracht und solcher Monumentalität entsprachen.

Die beiden Punkte, wo man Wismar am besten in sich aufnimmt, sind der Hafen und der Markt. Wenn der Schleier der Dämmerung darüber fällt und das Grün des Kupferdachs der reizenden Wasserkunst kaum noch durch die silberne Luft schimmert, wenn der feste, kantige Turm der Marienkirche zum flachen Schatten wird, glaubt man ein Traumgesicht zu sehen, das in die Nacht zerfließen wird.

WILLY KROGMANN

Der Name der Stadt Wismar

Die bisherigen Erklärungsversuche des Namens „Wismar" ermangeln durchgehends einer gesicherten Grundlage. Wir brauchen auf sie nicht einzugehen. Nur darauf ist hinzuweisen, daß bereits P. Kühnel 1882 in seiner Abhandlung „Die slavischen Ortsnamen in Mecklenburg" zu einem Ergebnis gelangte, das sich mit dem unten vorgetragenen berührt. Übergehen können wir auch die geographischen Bedingungen der Stadt Wismar. Aus ihnen lassen sich keine Schlüsse ziehen. Es genügt, festzustellen, daß der Name „Wismar" nicht zuerst von der Stadt, sondern schon früher von einem Wasserlauf gebraucht wurde, der heute zum Mühlenteich aufgestaut ist. Daneben wird, allerdings erst um 1260, ein Dorf Alt-Wismar erwähnt, das aber sicher den Namen schon ebenso lange wie der Bach trägt. Nach ihm wird die Stadt genannt sein, da ist ihr als „Alt-Wismar" entgegengesetzt ist. Einer richtigen Erfassung dieser Verhältnisse stand bisher ein Mißverständnis entgegen. Aus der häufig auftretenden Wendung „stad to der Wissener", die man mit „Stadt an der Wismar" übersetzte, schloß man, daß die Stadt von dem Wasserlauf ihren Namen erhalten habe. Dies ist falsch. Das „to" wird wie das mittelhochdeutsche „ze" in „diu bure ze Bechelaren" u. a. gebraucht. Ähnlich heißt es z. B. „stad to Lubeke, gud tu Redewysch, stad to Robele, land to Rostock, dorp to demme Jordenshaghene, stedeken to dem Brulen".

Für die Deutung des Namens „Wismar" ist es nun erforderlich, die älteste erreichbare Form zu gewinnen. Hierfür ergeben die Urkunden, wenn man von den Latinisierungen absieht, „Wissemer". In dieser Gestaltung tritt uns der Name zuerst in einer 1211 bestätigten, gefälschten Urkunde entgegen, die auf das Jahr 1171 ausgestellt ist. Die Formen auf „mar" sind wahrscheinlich durch gelehrte Angleichung an Ortsnamen entstanden, die auf diese Endung, die vermutlich mit dem lateinischen „mare" = „Meer" in Verbindung gebracht wurde, ausgingen. Der Erklärung muß die Namensform „Wissemer" zugrunde gelegt werden. Bevor wir aber zu ihr selbst übergehen, ist es notwendig, die Kardinalfrage zu entscheiden, ob der Name germanischen oder slavischen Ursprungs ist. Hierfür ist es wichtig, alle gleichlautenden Ortsnamen zu einem Vergleich zusammenzustellen.

Wenn wir uns auf die deutschen Vorkommen des Namens beschränken und von polnischen und russischen wie „Wyschomersh" und „Wysmershize" absehen, so findet sich der Name „Wismar" noch an vier Stellen. Bei Strasburg in der Uckermark liegt ein Dorf Wismar, bei Rohrberg in der Altmark finden sich die Ortschaften Groß- und Klein-Wismar, bei Naugard in Pommern tritt uns das Kirchdorf Wißmar und schließlich bei Gießen im Kreis Koblenz das Dorf Wißmar entgegen. Mit Ausnahme des letzten Namens könnten die Benennungen, rein siedlungsgeschichtlich gesehen, sowohl slavisch als auch germanisch sein. Der Name des Dorfes Wißmar aber läßt die beiden Möglichkeiten nicht zu, da dieses auf einem Gebiete liegt, das höchstens sehr früh auf kurze Zeit von Slaven besiedelt gewesen sein könnte. Hier wäre demnach germanischer oder u. U. auch keltischer Ursprung anzusetzen. Diese Scheidung wird durch die Namensüberlieferung bestätigt. Auch in dieser Hinsicht weicht der Name des Dorfes Wißmar von den übrigen ab, die jetzt durch eine Zusammenstellung mit Namen wie „Wissecuru (Wischuer), Wyssebor, Wyssegrod" zwingend als slavisch betrachtet werden müssen. Wenn auch in bezug auf die Ortschaften Groß- und Klein-Wismar und das Kirchdorf Wißmar wegen der verhältnismäßig späten Überlieferung keine sichere Entscheidung gefällt werden kann, so spricht die Anzahl der in der Nähe liegenden slavischen Ortsnamen doch für eine Zuordnung zur slavischen Gruppe. Zu dieser mag übrigens auch noch der Name des Dorfes und Gutes Weßmar bei Gröbers im Kreis Merseburg gehören. Auf jeden Fall aber ergibt sich für die Namen der Stadt und des Dorfes Wismar slavischer Ursprung. Mit beiden haben wir uns von nun ab in der Hauptsache zu beschäftigen. Auf ihre Erklärung kommt es uns jetzt an. Den Namen des Dorfes Wißmar wenigstens scheiden wir aus unserer Betrachtung aus.

Die slavischen Ortsnamen zerfallen in zwei große Gruppen. Entweder werden sie aus Gattungsnamen gebildet, oder aber sie gehen, was bei der Mehrzahl zutrifft, auf Personennamen zurück. Betrachten wir zunächst die erste Gruppe, so ist festzustellen, daß die ihr zugrundeliegenden Begriffe Boden, Wasser, Farben, Pflanzen, Tiere, Umzäunung (Haus), Beschäftigung, Werkzeuge, politische und religiöse Einrichtungen betreffen. Diese Bildungsart ergibt aber für den Namen „Wismar" nichts. Es könnten für „-mer" höchstens zwei Wörter herangezogen werden, die aber beide sonst nicht in Ortsnamen nachgewiesen sind. Auch ist das eine aus dem Arabischen, das andere aus dem Illyro-Romanischen entlehnt. Beide kommen so schon aus geographischen Gründen nicht in Betracht.

Ergiebiger ist es, „Wismar" als Personennamen zu fassen. Die Personennamen, auf die die slavischen Ortsnamen zurückgehen, werden auf verschiedene Weise gebildet. Für unsere Betrachtung ist nur die an sich kleinere Gruppe der zusammengesetzten Personennamen ins Auge zu fassen. Auf Grund einer genauen Vergleichung dürfen wir dabei annehmen, daß dem zweiten Gliede des Namens „Wissemer" die Bedeutung „Ruhm, Ansehen" zukommt. „-mer" ist demnach mit dem althochdeutschen „-mar" in Namen wie „Hlodomar, Volkmar", verwandt, das sich noch in „Waldemar" u. a. findet.

Betrachten wir nun den ersten Bestandteil des Namens „Wismar", so sind zwei Möglichkeiten vorhanden. „wisse" bedeutet entweder „hoch" oder „all, ganz". In beiden Fällen wird „mer" also durch das hinzutretende Wort verstärkt. Eine Entscheidung zwischen ihnen ist nicht möglich. Auch die Tatsache, daß, während die Namen der Stadt und des Dorfes Wismar weiblichen Geschlechts sind, z. B. der Name der Ortschaften Groß- und Klein-Wismar männlich auftritt, ist ohne Belang, da je nach dem zu ergänzenden Hauptwort alle drei Geschlechter verwendet werden können.

Da sich so nicht der geringste Anhalt bietet, eine der beiden angegebenen Möglichkeiten auszuscheiden, so müssen wir darauf verzichten, die hier offen bleibende Frage zu lösen. Wir müssen uns damit begnügen, festzustellen, daß der Personenname „Wissemer" entweder als „wissemer" = „der Hochberühmte" (vgl. althochdeutsches „Hohmar") oder als „wisse-mer" = „der Allberühmte" (vgl. althochdeutsches „Alamar") zu fassen ist, der Ortsname „Wissemer" aber entweder „Ansiedlung des ‚Hochberühmten'"(vgl. „Hohmareshusen") oder „Ansiedlung des ‚Allberühmten'" bedeutet.

OTTO KAYSEL

Kröpelin

In ältester Zeit, heißt es, war Mecklenburg von deutschen Stämmen bewohnt. Als dann aber im vierten Jahrhundert die Völker unruhig wurden und allerlei Krieg das Land entvölkert hatte, drang aus dem Osten slavisches Volk ein, und im Norden und Westen des Landes setzten sich die Obotriten fest. Einer ihrer Gaue wird als das Land Cubanz bezeichnet, zu welchem auch Kröpelin gehörte. Nach dem Tode Niklots siedelte dann Heinrich der Löwe deutsche Einwanderer aus Westfalen und anderen Gegenden in Mecklenburg an, wahrscheinlich auch in Kröpelin. Gegen das Ende des zwölften Jahrhunderts war die Feldmark des Dorfes Kröpelin jedenfalls schon wieder von Deutschen besetzt. Die vertriebenen Wenden waren indes nicht allzu weit gezogen, sondern hatten sich am Rande des großen Waldes, der zwischen der Güldenbäk und dem Althäger Bach lag, niedergelassen. Diese neue Niederlassung, „Wendland" genannt, ist später der Stadt Kröpelin zugelegt worden, und zwar durch eine Urkunde des Fürsten Borwin vom 25. August 1250, in dieser Urkunde erscheint Kröpelin zuerst als Stadt, während die Bezeichnung als Dorf nach 1232 in den Urkunden nicht mehr vorkommt. Zwischen 1232 und 1250 wird also die Stadt gegründet sein, und wenn die Kröpeliner das 700-Jahrfest der Stadtgründung feiern und wegen des Datums halbwegs sicher gehen wollen, so empfiehlt es sich vielleicht, den Tag des Festes auf den 25. August 1950 zu legen. Allen Teilnehmern wünsche ich dazu eitel Sonnenschein und viel Vergnügen. Ich werde dann 107 Jahre alt sein, und meine Kröpeliner werden es daher entschuldigen, wenn ich zu Hause bleibe.

Woher die Stadt den Namen hat? Eine alte Geschichte erzählt, es sei einmal ein König gewesen, der habe einem armen Krüppel zugesagt, daß er soviel Land zu eigen haben solle, wie er an einem Tage umkriechen könne. Der Lahme aber war ein Schlauberger, schnallte sich Rollen unter die Knie und an die Hände, und damit kroch er los und erkroch sich ein artiges Stück Land, und baute Häuser darauf und nannte es Kröpelin. Diese hübsche Sage hat im Jahre 1306 der Stadt zu ihrem Wappen verholfen. Für die Deutung des Namens gibt sie nichts her, dieser hat mit dem deutschen Wort Krüppel nichts zu tun, der Name ist, wie die Stadt, wendischen Ursprungs. Und nun sagen einige, „Kröpelin" das heiße Wachtelfeld. (Krepel, die Wachtel.) Was mir auch nicht einleuchtet: wenn manchmal in ihren notdürftig bestellten Feldern neben Kuckucksruf und Lerchensang auch eine Wachtel ihr „Fürchte Gott" hören ließ, sollten diese braven Seeräuber ihr lyrisches Herz entdeckt und prompt ihren jungen Ort „Wachtelfeld" getauft haben? Nicht zu glauben. – Andere meinen, einer der Ersten und Reichsten im Dorfe sei Kropala gewesen und nach ihm heiße der Ort. Vielleicht ist es auch Herr Kropala gewesen, der als Kind in jener goldenen Wiege lag, von der vor langen Jahren eine uralte, märchenkundige Frau mir zu erzählen wußte: wenn im Sommer die ganze Weide hellgrün in der Sonne leuchtet, dann geh' hin, wo hinten die sieben großen Eichen stehen, da ist ein kreisrunder Platz, ein besonderes, dunkelgrünes Gras wächst darauf, „dorunner steiht dei gülden Weig".

Eine hübsche Stadt ist Kröpelin, am Abhang der Diedrichshäger Berge gelegen, ringsherum breitet sich hügeliges, fruchtbares Ackerland, im Süden vom Stadtholz begrenzt, nordwärts gegen den Zugriff des Seewinds durch den Hundehäger Wald geschützt. Meine Mutter behauptete immer, sie könne auf dem Markt manchmal den Salzgehalt der Seeluft schmecken. Warum auch nicht? Wie der Vogel fliegt, ist es kaum eine kleine Stunde bis zum Strand. Und wenn die Kröpeliner sich entschließen könnten, durch die Forst von Hundehagen eine Fahrstraße zu bauen, könnte die kleine Stadt ein Seebad werden.

Auf luftiger Höhe liegt das geräumige Viereck des Marktplatzes, zu dem von drei Seiten leidlich breite Straßen hinaufsteigen. Hinter dem Rathause ragt die im dreizehnten Jahrhundert gebaute Kirche, die 1885 einen neuen Turm erhalten hat, und ein paar Schritte höher schaut reizvoll aus alten Bäumen das Pfarrhaus hervor. Der Pastor, der in diesen hübschen Hause wohnt, bekam seit alten Zeiten von unterschiedlichen Gehöften der Stadt und der eingepfarrten Dörfer Würste geliefert, deren vorschriftsmäßige Länge nach Ofenkacheln gemessen wurde. Die Länge mochte manchmal nicht stimmen, und wenn dies die Pastorsleute merkten, und Sonntags die eine Kirchenglocke in etwas klingelndem Rhythmus läutete, legte gutmütiger Spaß diesem Glockenspiel das Verslein unter: Dei korten Würst, dei mag ik nich, dei lang'n, dei lang'n!

Die Lieferung der Zehntenwürste hat aufgehört, und auch andere Gefälle, die für die Kirche und ihre Einrichtungen gezahlt wurden, sind abgeschafft. Im Jahre 1387 schenkte der Ritter Heidenreich von Bibow dem Armenhause zu St. Jürgen vor Kröpelin „to seligkeit miner sehlen und miner fruwen twe lubische Mark to ewige tiden, uptohörende alle Jahr to St. Martensdage an deme Dörpe to Parchow, ut dem erwe, dor klaws Runge up Mahnet, by der bäke". Abgeschafft und vergessen. Die Nachfahren von Klaus Runge zahlen nicht mehr. St. Jürgen muß sehen, wie es ohne das Bibow'sche Jahrgeld von zwei Mark Lübisch durchkommt.

Zwei Mark Lübisch. Es scheint uns nicht viel. Vor ein paar hundert Jahren war es aber gar nicht wenig. Hatte man nicht viel einzubrocken, so verstand man es, mit wenig hauszuhalten und das Angebot entbehrlicher Dinge war ja auch in den kleinen Städten nicht allzu verführerisch. Ich weiß es noch, wie wir Kinder staunten, wenn um die fünfziger Jahre Julius Pinkus von der Leipziger Messe seiner Familie zwölf Apfelsinen mitbrachte. Und noch viel bescheidener war man im achtzehnten Jahrhundert; dem damals regierenden Bürgermeister Hiller wurde 1765 sein Jahresgehalt auf 40 Thaler N.⅔ festgesetzt. Und die Mitglieder des Bürgerausschusses erhielten für jede ihrer Zusammenkünfte aus der Kämmereikasse je acht Schilling, wenn die Sitzung von morgens acht bis abends sechs Uhr währte, sogar sechzehn Schilling ausgezahlt.

Übrigens blühte damals Handel und Gewerbe, gestützt namentlich durch die Kaufkraft einer wohlhabenden Bauernschaft, die um Kröpelin herum auf fruchtbarer Scholle saß. Besonders zahlreich waren die Schuhmacher, deren eine beträchtliche Zahl in Mecklenburg früher auch die Stadt Hagenow aufzuweisen hatte. Aber Kröpelin war ihr über. In der Zunftrolle für 1867 sind verzeichnet 120 Meister, daneben 10 selbständige Schuhmacher, die keine Meister waren, und außerdem noch 50 Gesellen. Heute hat die Schuhmacherinnung nur noch 13 Meister.

Die Schuhmacher sind ja meist nette, besinnliche Leute; die Kröpeliner hatten dazu noch Standesbewußtsein, Machtstolz, vielleicht auch ein wenig Humor. Als einmal der Großherzog Friedrich Franz der Zweite mit seiner Gemahlin – ich glaube, es war die Großherzogin Anna – die Stadt besuchte, und der Bürgermeister Karrig im Namen der Bürger begrüßende Worte gesprochen hatte, stieg eine Abordnung der Schuhmacher, zwei Mann hoch, die breite Freitreppe zur Rampe des Rathauses hinauf und begrüßte das Großherzogliche Paar noch extra, einen kleinen silbernen Schuh überreichend, der die Gravierung „Kröpelin" und innen ein Riechfläschen hatte. Wenn ich manchmal in Ludwigslust das Schloß besuchte, habe ich mir zu meiner Freude immer den kleinen Schuh angesehen, in einer Eckborte stand er.

Eine große Sache war es, als der Großherzog vor dem Rathaus stand, und wir Jungens, vom Rektor geführt, mit Trommeln und Pfeifen, in Sektionen vorbeimarschierten. Aber ich kann mir nicht helfen, noch imposanter schien es mir, wenn an einem schönen Sommertag der Zieglermeister Carls, als Kommandeur, mit der Schützenzunft vom Marktplatz in das Stadtholz zog. Wie es der erste Friedrich Franz 1805 in der Zunftrolle angeordnet hatte: ein graues und ein schwarzes Korps, ersteres in grauer Joppe mit grünem Kragen, Kommandeur und Älterleute mit

blauseidenden Schärpen und Federbusch, die Schwarzen in Frack, Zylinder und weißer Weste, geziert mit dem Stadtwappen als Ordensabzeichen. Musik, Tambourmajor vorauf. Donnerwetter, schön war's!
Indessen es sind nicht immer Feste gewesen, die die Kröpeliner auf die Beine gebracht haben. Manchmal, reichlich oft hat sie auch Schlag und Unglück aus den Betten geschreckt und auf die Straße getrieben. Viel Feuersbrünste hat die Stadt erlebt: 1377, 1398, 1560, 1580. Und dann ist 1738 ein ganz großes Feuer gekommen, ein Spaß hat es zuwege gebracht. Ein Musketier, sich die Stunden zu vertreiben, schießt nach Spatzen, der Schuß geht in ein Strohdach und über ein kleines steht die Stadt in Flammen, 92 Häuser liegen in Asche. Sorgenvolle Jahre kommen. Aber die Kröpeliner bauen schlecht und recht ihre Häuser wieder auf. Und tragen ihre Sorgen weiter. Junge werden alt, fast ein Menschenalter ist vorübergegangen, andere Junge sind da, mit Mut gerüstet und starken Armen, Lasten zu tragen. Auf sie hat das Schicksal böse gelauert: am 24. September 1774 bricht aller Besitz, kaum gefestigt, in verheerendem Feuer wieder zusammen. Zum Gedächtnis dieses Unglückstages wird alljährlich noch heute in der Kirche ein Brandbettag gefeiert.

Soviel ich habe feststellen können, ist durch diesen letzten Brand auch das Rathaus zerstört worden, bald nach 1774 wurde ein neues gebaut, und dieses ist dann im vorigen Jahrhundert gegen Ende der siebziger Jahre wesentlich umgebaut und erweitert worden. Auch eine neue Fassade hat es erhalten, aber die alte, die einen blauen, mit Glasscherben reichlich gespickten Kalkbewurf hatte, – ich sage ja nicht, daß sie schöner war, aber origineller sah sie aus.

Das Originellste und Spaßigste war aber, wenn ich meine jugendlichen Eindrücke richtig behalten habe, vor dem Rathaus – die Spritzenprobe. Wir Jungens waren nämlich dazumal der Meinung, daß die Spritzen bloß zu unserem Vergnügen probiert wurden, nebenbei vielleicht auch, um uns alljährlich einmal die hygienische Wohltat einer regelrechten Dusche zu verschaffen. In diesem Glaubenssatz bestärkten uns zwei Gründe. Erstens wurde eigentlich nichts weiter naß gespritzt als Jungens, und zweitens wurde, als einmal keine Jungens dagewesen waren, weil sie hatten in der Schule sitzen müssen, ein angesehener Mann, der auch ein Spaßvogel war, beim Rat vorstellig, und in der Folge wurden die Spritzen nur an einem schulfreien Nachmittag probiert. Sie wurden auch immer in einer Jahreszeit probiert, in welcher das sanitäre Wohlwollen des Magistrats sich den kräftigsten Effekt versprechen konnte, nämlich an irgend einem wunderschönen Sommertage, wo wir nichts als Leinewand auf dem Leibe hatten. Heinrich Nase hieß, glaube ich, der Mann, der das Rohr führte.

Wir nannten ihn Schnut. Wenn die Bäume an der Spritze sich hoben und senkten und das Wasser in den Schlauch kroch, dann stand er, mitten auf dem Marktplatz wie ein Denkmal, wie ein König, der von seinem Postament gestiegen ist, das blank geputzte Rohr wie ein Szepter vor sich haltend, einen Fuß vor, die Augenbrauen hochgezogen und die kleinen Augen nach rechts gedreht, wo der Bürgermeister stand. Wir hatten uns derweil zu einer dichten Masse geballt in dem äußersten Winkel des Platzes aufgestellt. Und harrten des großen Moments. Da, der Bürgermeister winkt, der Daumen gleitet von der Mündung des Rohres und der Strahl fällt auf eines der niedrigen Dächer. Jetzt rücken wir vor, irgend ein Waghals löst sich von dem Rudel ab, Schnut blinzelt ein wenig, sein struppiger Schnurrbart läßt ein listiges Lächeln frei, aber seine Waffe bleibt gradeaus gerichtet, als wäre es seine einzige Aufgabe, von Uhrmacher Bands Dach das Moos und die Schwalbennester darunter wegzuputzen. Ein Tirailleur wird dreister, auch anderen kommt der Mut, ein ganzer Trupp rückt näher, der Ruf wird laut: Hierher, Schnut, hierher! Und der Spritzenmann läßt die buschigen Brauen über die Augen fallen, kehrt sein rötliches Gesicht den Rufern zu, den Strahl von den Schwalbennestern ab, und ein Dutzend begossener Leinwandkittel muß sich zurückziehen. Gelächter und Geschrei. Auf Schnuts breiten Backen spielt der Schalk, er lacht nicht, aber etwas wie Siegeslächeln, ein Triumphleuchten geht über seine Züge. Die Spritze steht still, und mit einer Feldherrnpose hebt er den Kopf, die Lippen rüsselartig vorgeschoben, den Schnauzbart zu beiden Seiten weit hinaus, – und senkt das Rohr. Dann neues Pumpen und das Spiel geht wieder los. Es war großartig. –

Kröpelin ist klein. Aber für Jungens bedeutet die kleine Stadt die Welt, und wenn sie auf dem Markt Dreifangelball, im Rodenhagen Versteck spielen, ihre Karl-May-Fahrten durch den Säg, über den Kamp in die Kuhweide ausdehnen, oder in dem kleinen Stadtholz sich herumtreiben, verirren, nach fünf Minuten wieder zurecht finden, – so sind das Ergötzlichkeiten und Erlebnisse, die den großen Zug von damals bis in die weiteste Altersferne behalten, und die die größte Großstadt nicht kennt.

Wenn der Mensch alt und manches um ihn herum dunkel und unverständlich wird, dann bekommt es ihm gut, wenn er sich in Frohmut und Liebe die hellen Tage seiner Kindheit zurückruft, nicht allzuviel um das Künftige sorgt, sondern gelassen und einigermaßen freundlich der Gegenwart zulächelt. Mein liebes Kröpelin, ob du so klein bleibst, wie du bist, oder zunimmst an Ansehen und Geltung unter den Städten des Landes, – auf dein Wohl! Ich vergesse dich nicht, und wenn ich 107 Jahre alt werde. –

GERHARD RINGELING

Bad Doberan, Heiligendamm und Brunshaupten-Arendsee

Die alten Landstraßen unserer Heimat sind wie halbverwitterte Runen auf den graubemoosten Heidensteinen. Ihr Lauf erzählt von den Bahnen, in denen damals in vergangener Zeit Handel und Wandel dahinfloß, von den Stätten, in denen geistiges und wirtschaftliches Leben des Mittelalters pulsierte. Unsere hetzigen grauen Chausseen und der stählerne Schienenstrang durchschneiden das Land wie Linien auf totem Papier. Die Niederung durchquert der künstliche Damm und tief in den Hügel gräbt sich der künstliche Durchstich. Der alte Landweg ist etwas Lebendiges. In gemächlicher Windung schmiegt er sich lindenüberschattet der Gestalt des Bodens an, und wer einmal die alte Salzstraße von Lüneburg bis Wismar offenen Auges gewandert ist, der lernt mehr Heimatkunde und Heimatgeschichte, als wer mit der Bahn 3 Wochen kreuz und quer durch das Mecklenburger Land hetzt. Vor allem aber eins: die Bahn berührt nur die Städte. Weit draußen an der Peripherie liegt der Bahnhof, die Karawanserei des modernen Nomaden, traditionell, stillos, ohne organischen Zusammenhang mit dem lebendigen Leib der naturhaft gewachsenen Altstadt. Die alten Straßen aber münden, wo die ragenden, wehrhaften Stadttore stehen, und bergen sich im Schoß der alten Märkte im Schatten der Kirchen und hochgegiebelten Rathäuser und Kaufmannsspeicher.

An der alten Landstraße von Rostock nach Wismar, 3 knappe Wegstunden von der Warnowstadt, liegt die ehemalige Zisterzienserabtei Doberan. Von dem fruchtbaren Hügelgelände von Althof, wo das erste vom Fürsten Pribislaw gegründete Kloster stand, und wo 78 Blutzeugen in den Wirren des Jahres 1179 dem Haß der wendischen Priesterschaft zum Opfer fielen, stieg der zweite Konvent, den das Mutterkloster Amelungsborn von den Weserbergen in das Wendenland entsandte, hinab in das quellige Sumpfgebiet des sogenannten alten Warnowtales, das sich hier hart heranschiebt an die Moränenhügel von Althof. Die Sage berichtet, daß Herzog Borwin das Kloster dort zu erbauen gelobte, wo er auf der Jagd den Hirsch strecken würde. Als er nun im öden Bruch vor dem Tier stand und zweifelnd die Wildnis betrachtete, da sei ein Wildschwan aufgestiegen und habe Dobr, Dobr gerufen, was wendisch „gut" bedeutet. Das habe er als göttlichen Wink betrachtet und so habe das Kloster Stätte und zugleich seinen Namen bekommen.

So erklärt sich das Volk in der Sage die ihm unbegreiflich anmutende Lage des Klosters. Wir wissen heute, daß sie gewählt wurde im Sinne dieses um die Landeskultur ungemein verdienstvollen Ordens, der die intensive Bewirtschaftung und insbesondere die in Flandern ausgebildete Entwässerungstechnik als Kulturpioniere in die Olstelbischen Lande übertrug.

Es ist kolonialer Boden, auf dem wir stehen. Niedersächsische Zähigkeit und Energie, gepaart mit dem kühlen rationalen Denken dieses reichbegabten Volksstammes, bildet sich in den dünnbevölkerten weitflächigen Landen jenseits der Elbe rasch zu einem neuen Typus um. Aus einer alten traditionellen Gebundenheit herausgelöst, auf sich selbst gestellt inmitten einer unterworfenen Bevölkerung, entwickelt er zuvörderst alle jenen auf weite, wirtschaftliche Expansion gerichteten Charakterzüge, vor denen die weicheren musischen Züge zunächst zurücktreten. Es ist das gleiche Bild, ob wir den hansischen Kaufmann betrachten, mit der harten Monopolherrschaft seiner Kontore von Nowgorod, Wisby und Bergen, oder den Ritter, der früh in den ostelbischen Landen seine Bauern legt, weil er selbst seine Güter zu modernkapitalistischer Erwerbsform umstellt, als im 14. und 15. Jahrhundert der Kornpreis steigt. Ist es endlich nicht der gleiche weitschauende rationale Wirtschaftsgeist, der aus dem Werk der großen Hohenzollern spricht, die nach den Nöten des 30jährigen Krieges ihr Land mit eiserner Energie und zähem Wirtschaftssinn zusammenfassen und emporzwingen? Auch die Kirche trägt auf ostdeutschem Kolonialboden die gleichen Züge, der deutsche Ritterorden so gut wie die Zisterzienser. Da ist kein behagliches, genüßliches Leben wie am Rhein in des heiligen deutschen Reiches Pfaffengasse. Unter der klugen, weitschauenden Politik der Äbte, die durchweg dem wahrhaften Adel des Landes entstammen, wird zäh und zielbewußt die wirtschaftliche Macht des Klosters erweitert. Doberan ist reich, vielleicht die größte Grundherrschaft der Ostseelande. Von Lüneburg bis nach Westpreußen erstreckte sich der wohlverwaltete Streubesitz des Klosters und seine Infuläbte tragen den Bischöflichen Stab.

Von Reichtum und Macht erzählt auch, was aus der Vergangenheit herüber in die Gegenwart dauerte. Treten wir von der Rostocker Landstraße, die in scharfer Kurve sich eng an den steilen Hügel des Buchenbergs anschmiegt, durch die Ostpforte in den weiten, mauerumfriedeten Klosterbezirk, so bietet sich unseren Augen ein traumhaft schönes Bild. Die geschickte Hand des Gartenbauarchitekten hat vor einem Jahrhundert den weiten grünen Plan, auf dem nach der Reformation die ausgedehnten Anlagen des Klosters allmählich in Trümmer sanken und als bequemer Steinbruch benutzt wurden, mit schonender Sorgfalt in einen Park verwandelt, der dem altwürdigen Münster einen Rahmen schafft, wie ihn nur wenige Stätten einer großen Vergangenheit besitzen. Eine berauschende Symphonie von Goldgrün, schilfumgürtelte Teiche, in denen sich die dunklen Kronen der Baumgruppen spiegeln, klare Bäche, die murmelnd vorüberrauschen, weite sonnenüberglühte Wiesenflächen und über dem allen das tiefe Blau des Himmels, aus dem der helle Ruf des Turmfalken klingt, der droben im alten Gemäuer horstet. Und mitten darin die stolze, kraftvoll-anmutige Schönheit des Gotteshauses, in der klaren, ruhevollen Ausgeglichenheit seiner Formen, der malerischen Bewegtheit seines Kapellenkranzes, der stolzen, durchaus männlichen Kraft seiner kühnen Pfeilertürme an der West- und Nordseite, und der machtvollen Ruhe seiner wuchtigen Giebelflächen und Fenster.

Überwältigend ist auch der Eindruck des Innenraumes, der seine leuchtende Buntheit sich auch durch die Zeit des Rationalismus, der alle Kirchen weiß antünchte, bewahrt hat. Gewaltige Pfeiler in enger Ordnung, klares Absetzen des Querschiffes, bewußtes Betonen der horizontalen Linien und eine verhältnismäßig flache Wölbung geben einem Raumgefühl Ausdruck, das sich grundsätzlich von dem der französisch-flandrischen Gotik unterscheidet. Dort eine Auflösung aller Pfeiler in sich immer stärker differenzierende Bündel von schlanken Rippen, ein Verschwimmen des Flächenhaften, ein Sich-zusammen-raffen des ganzen Baues in steinerne Kraftlinien, ein Zerflattern der Türme im à jour Bau in steinerne Kaskaden von Knäufen und Fialen, eine Erdgelöstheit, ein ekstatisches und doch durchaus rational gebundenes Verdampfen in das Unendliche. – Hier eine bewußte Erdverwurzeltheit in den mächtigen Pfeilern, der wuchtigen Flächenwirkung, eine klare Raumbegrenzung, aber symbolische Verinnerlichung durch das Element des Malerischfarbigen, Melodie statt Rhythmik, statt Scholastik Mystik. Und wirkt nicht der Raum des Doberaner Münsters wie ein steinernes Symbol des mittelalterlichen Weltordnungsgedankens, wie ihn Ruisdal in die Worte fast:

In Ordnung, in Einklang und in Zahl
Schuf Gott die Dinge allzumal,
Drum laßt uns leben nach reinlichem Plan,
Dann wird über Vernunft schauendes Leben Dir aufgetan.

Die Kirche, wie sie nach der Restauration durch Möckel im Jahre 1893/94 sich darbietet, ist am 4. Juni 1368 geweiht. Das ist die Blütezeit des Klosters, das zu Macht und Reichtum gekommen, das alte Gotteshaus aus der Gründungszeit, das ohnehin durch Brand beschädigt oder zerstört war, durch ein neues prächtigeres ersetzte. Von dem ältesten Bau zeugen nur noch die wuchtige Ruine des romanischen Kreuzganges, sowie an der Westseite der heutigen Kirche der niedrige, abgestufte Giebel mit der schweren romanischen Rundbogentür und dem aus durchschnittenen Halbkreisen in unglasierten Ziegeln gebildete Fries über ihr. Die ärmlichen Ausmaße des alten Gotteshauses, das knapp bis zum Mittelschiff gereicht haben mag, gegenüber der heutigen Kirche, lassen den raschen Aufschwung eindrucksvoll hervortreten. Aus dem 14. Jahrhundert, dieser Zeit eifriger Bautätigkeit, stammt die Mehrzahl der noch erhaltenen Gebäude, die sogenannte Brauerei, das Hauptwirtschaftsgebäude des Klosters, die malerische Ruine der Wolfsscheune, wie der Volksmund die alte Wollscheune bezeichnet, und, wenig jünger, das heutige Schulhaus. Wir haben den Eindruck einer Zeit friedlicher Kulturtätigkeit und reicher künstlerischer Blüte. Es ist, als ob nun, wo der Drang nach wirtschaftlicher Machtentfaltung gesättigt ist, der koloniale Eroberer sich zum Schöpfer einer rein geistig-künstlerischen Lebenskultur wandelt. Doch dieser Schein trügt. Eben in dieser Zeit höchster künstlerischer Blüte, durchtobt den Doberaner Konvent ein innerer Parteikampf zwischen den Wenden (d. h. den Mönchen ostelbischer Herkunft und den Sachsen, d. i. den Mönchen des westlichen Landes) von einer blutigen Heftigkeit mit Ausbrüchen des Hasses und der Roheit, der sein Gegenstück eben nur in dem wilden Parteihader der italienischen Renaissance findet. Hier wie dort ist das Reich der Kunst eben doch nur das Reich des schönen Scheins, der leuchtende Regenbogen, der sich über dem brausenden Gießbach spannt, in dem die dunklen Gewalten der großen Leidenschaften dieses Lebens jählings den Abgründen zurollen.

Wir verlassen den grünen Plan der Abtei, vorüber an dem breit behäbig gelagerten Wirtschaftsgebäude des Klosters mit seinen malerischen Ecken, vorbei an dem alten Schulhaus, wo blonde Buben und Mädchen unter dem Schatten einer großen Vergangenheit fröhlich im Sonnenschein spielen, und gelangen an das Südtor der Klostermauer. Noch ein Blick rückwärts, dann nimmt uns der kühle Schatten des Wallbaches auf. Dieser Damm mit dem munter plätschernden Bach ist sicherlich das älteste Werk der Mönche, die Lebensader, die überhaupt erst die ganze Anlage möglich machte. Einst war die weite flache Senke zu unserer Rechten, deren einen Teil der heutige Prinzengarten einnimmt, während seinen nördlichen Teil fruchtbare Obstgärten füllen, wilder Sumpf und Bruch, in den der von Stülow kommende Bach sich durch breite Kolke ergoß. Und eben in dieses Bruch sollte das Kloster gebaut werden. Da fing der kluge Klosteringenieur den Bach da ab, wo er in die sandige Kuppe des Drümpels einschneidet. Die Fronarbeit der grundholden Bauern aus dem ärmlichen Dörfchen am heutigen Jungfernberg schuf den mächtigen Damm am Rande der flachen Mulde, und auf ihm fortgeführt, behielt der Wallbach annähernd sein gleiches Niveau, so daß er am Kloster noch Gefälle genug besaß, eine Mühle zu treiben und dann durch die Doberwiesen der See zufließt. Das trocken gewordene Bruch aber fraß das Feuer, und der von der Asche gedüngte Boden lohnte unter der fleißigen Hand des gartenkundigen Mönches mit reichen Ernten.

Wir verlassen den Pfad längs des Baches, und als wir aus dem Schatten rotblühender Kastanien hinaustreten in die sonnige Helle des Alexandrinenplatzes, da ist es, als träten wir in eine ganz andere Welt. Versunken hinter uns die schwermütige Schönheit der Gotik, und auf dem weiten Platz, den buchengrüne Hügel umschließen, grüßt uns die klare Grazie der weißen klassizistischen Bauten, mit denen Severins Meisterhand den weiten Plan einfaßte. Das ist das Bad Doberan, die Schöpfung des Großherzogs Friedrich Franz I.

Doberan hat sich stets des besonderen Interesses der mecklenburgischen Herzöge erfreut. Sind doch in seinem Münster die meisten Fürsten zu letzten Ruhe gebettet. Doch als nach der Reformation das Kloster verfiel und die schweren Nöte des 30jährigen und des nordischen Krieges über unser Land gingen, da sank der Flecken in Bedeutungslosigkeit. Daran änderte auch die Tatsache nichts, daß die Herzöge mehrfach hier residierten und in dem späteren alten Amtsgebäude ihre bescheidene Hofhaltung hielten. Erst 1793 geschah die Wendung, die das ärmliche Dorf neu emporblühen ließ. Auf Anregung seines Leibarztes Vogel, der sich mit seiner ganzen wàrmherzigen Persönlichkeit für die neue Sache einsetzte, gründete der Herzog nach dem Vorbilde englischer Seebäder das Seebad Doberan-Heiligendamm. Und dem glücklichen Umstand, daß er in Karl Theodor Severin einen überaus feinsinnigen Künstler der Berliner Schule gewann, sowie der Tatsache, daß der Ort selber gewissermaßen leer war, verdankt Doberan seine künstlerische Geschlossenheit, die sich dank der Stellung Severins als Organ der Baupolizei auch auf die schlicht anmutigen Kleinbürgerhäuschen erstreckt.

In rascher Folge entstehen hier das herzogliche Logierhaus (Kurhaus), das Schauspielhaus (an der Stelle des heutigen Gymnasiums), das Salongebäude (das heutige Rathaus, das leider später durch die überladenen Gesimse in seiner Fassadenwirkung erheblich gestört wurde), und das herzogliche Palais. Der sandige Kamp erhält seine entzückenden Baumanlagen, in die sich die graziösen Pavillons in dem damals beliebten chinesisch-klassizistischen Mischstil anmutig einfügen. Am Südende des Platzes erheben sich das Prinzenpalais (das heutige Amtsgebäude), ihm gegenüber eine Reihe stattlicher Herrenhäuser, darunter das Haus des Künstlers selber, und weiter rückwärts aus dem dunklen Grün des Quellholzes leuchtet das Stahlbad, noch heute schön, trotzdem auch hier die Fassadenwirkung durch den Aufbau des 2. Stocks beeinträchtigt wird. Es ist die klare Anmut des Goethestils, die Doberan seinen Rahmen schafft. Eine unendlich feine ruhige Abgewogenheit der Maße, eine kühle Schlichtheit und Zurückhaltung in den Ausdrucksformen, eine Lichtfreudigkeit und spielende Bewegtheit der sparsam verwandten Ornamente verleiht fast allen Werken des Meisters eine stille vornehme Schönheit von seltenem Zauber. Unvergeßlicher Anblick, wenn das leuchtende Tagesgestirn hinter dem Quellholz untergetaucht ist, wenn die hohen Kronen der Bäume sich dunkler gegen den dämmernden Seidenglanz des Himmels abheben und nun das satte Leuchten der weißen Bauten anhebt, und die weite Runde des Kampes mit Silber füllt.

Und nun die Krone des Ganzen: der heilige Damm. Auf dem Hintergrund dunkelnder Buchenwaldungen Severins Meisterwerk: das Kurhaus. Unter dem breiten Giebel, der das flache Dach fast verdeckt, die Terrasse mit den schlanken dorischen Säulen, die herabgrüßt zu den leis flutenden smaragdenen Wogen der Ostsee, weite Rasenflächen und im hellen Grün der Bäume weißschimmernde Villen. Ein Hauch südländischer Schönheit liegt über dem Bilde, das der Hochwald mit seinen dunklen Armen schützend umfaßt hält.

Doberan-Heiligendamm hat seinen Ruf als heilkräftiger Badeort und als Stätte vornehmer-grandseigneuraler Geselligkeit bis in die Gegenwart bewahrt. Die Moor- und Stadtbäder Doberans erfreuen sich einer Beliebtheit, die weit über die Grenzen deutschen Landes hinausreicht, und die wundervolle Umgebung, die Wälder, deren grüner Kranz die Stadt umhegt, bietet für jeden Tag des Kuraufenthalts einen neuen Spaziergang. Für eine bequeme Verbindung nach der See sorgt die Kleinbahn, die fröhlich klingelnd durch die sauberen Straßen fährt und freundliche Bürgerquartiere erlauben auch denen einen Kuraufenthalt, deren Börse den Besuch der großen Bäder verbietet. Im kommenden Jahre wird ein lang gehegter Wunsch sich erfüllen: ein neues Bad, das allen Anforderungen der Neuzeit genügt, wird die alten Heilquellen neu und in erweitertem Maße erschließen. Heiligendamm aber hat in den beiden letzten Jahren einen Ausbau erfahren, der ihm den Charakter eines Weltbades verleiht. Ein umfassender Durchbau hat den ganzen Gebäudekomplex mit allem erdenklichen Komfort der Neuzeit ausgestattet, neu angelegte Golf- und Poloplätze, internationale Tennisturniere, sowie die Nähe der bekannten Doberaner Rennen, geben ihm eine sportliche Bedeutung, die weit über alle übrigen Ostseebäder hinausgeht. Für künstlerische Darbietungen und gesellige Veranstaltungen ist in entsprechender Weise gesorgt.

Doberan-Heiligendamm ist Deutschlands ältestes Seebad. Tradtion und Stil geben ihm seine besondere Note. Als aber die Ostseeküste einmal entdeckt war, da wuchsen überall die verträumten Fischerdörfchen zu Bädern heran. Zunächst entwickelte sich eine gemütlich-patriarchalische Sommergästewirtschaft, bis, dem Zuge der Zeit folgend, ein moderner Kur- und Badebetrieb einsetzte. Mit großer Energie und bemerkenswerter Zielbewußtheit haben sich die beiden Fischerdörfer Arendsee und Brunshaupten in moderne Badeorte umgewandelt. Und eins hatten sie vor dem Damm voraus: den sandigen Strand. Die wundervolle hügelige Waldkette der Kühlung bleibt dem Strand auf eine halbe Stunde fern. Doch energisch ging man daran, die sandige Dünenlandschaft in Anlagen umzuwandeln und den Fichtengürtel mit bequemen Waldwegen zu durchschneiden. Eine Strandterrasse entstand mit breiten, gepflegten Promenaden, die Villen und Pensionen schossen wie Pilze aus der Erde, Wasserleitung, Kanalisation, eigenes modernes Schulhaus kamen hinzu, und heute ist Brunshaupten-Arendsee einer der beliebtesten Badeorte der mecklenburgischen Küste. Seinen besonderen Zug erhält es durch seine Anlagen als Gartenstadt. Überall schlingt sich üppiges Grün um das freundliche Weiß seiner Häuser und seine Wege und Straßen ducken sich unter wiegende, dunkle Baumkronen.

Es ist ein heller, hurtiger Lebensrhythmus, der hier klopft, etwas von der frischen Unbekümmertheit, die das Leben zu packen versteht, die der Zukunft vertraut, unbekümmert um das Alte, was zur Seite muß. Denn die alte Zeit ist tot. Verschwunden der stille Zauber der Strandeseinsamkeit, mit silbernem Dünenhafer und der stolzen Schönheit der Stranddistel. Verschwunden die malerischen alten Fischerkaten, mit ihrem mächtigen Walmdach, den dunkel gebräunten Eichenbalken, die die Abendsonnenglut tiefviolett aufglühen ließ. Nur abseits, hinter die Dünen geduckt, träumt noch ein altes Fischerhaus, seine Grootdör ist offen, aus dem Dunkel der Diele zieht feiner, bläulicher Herdrauch und treibt sacht herüber, dahin wo die Musik der Kurkapelle lockt und im Dämmern die ersten Lichter aufglühen: so schaut das dunkle Auge der Greisin still und gelassen in das lärmende Heut!

GERHARD RINGELING

Bad Doberan

Wo die wellige Moränenkette des Hütter Wolds sich an die flache Senke des alten Warnowtales heranschiebt, liegt der alte Residenzflecken Doberan. Buchenwälder umkränzen ihn mit schirmenden Armen, die Hügel rücken nah an einander und wie in einem thüringischen Tal liegt mit weißen Häuserreihen, grünen Wiesenflächen und dunklen Baumkronen das freundliche Städtchen, weiträumig und ein wenig lässig in die anmutig wechselnde Landschaft eingefügt.

Unsere kleinen mecklenburgischen Residenzstädtchen haben recht eigentlich alle ihre ganz persönliche Note. Schwerin, ein wenig grau und verschlafen, das alle seine Schönheit um die heitere Bläue seiner Seen sammelt, dessen prächtiges Schloß wie eine stolze Schöne nicht müde wird, verliebt sein Bild im Spiegel zu betrachten, Ludwigslust, ganz eingetaucht in die dunklen Kronen seiner Alleen und von der feuchten Atmosphäre seiner rinnenden Wasserläufe überhaucht, vornehm, vielleicht ein ganz klein wenig zopfig, und neben beiden Doberan in der anmutigen, klaren Heiterkeit seiner weißen Landhäuser und Palais, die kokett und ein wenig leichtsinnig den grünen Kamp einfassen, eine richtige Sommerresidenz, die sich am schönsten präsentiert, wenn am blauen Himmelszelt die großen, lichten Sommerwolken fern und leicht dahinwandern, wenn Flieder und Goldregen ihre Blüten entfalten und der Wind von der See her den frischen Salzgeruch herübertreibt. Landleben, nur ganz leicht in das Städtische stilisiert, graziös, frisch gelaunt, schöne Frauen mit ihren Kavalieren, edle Pferde, schnittige Wagen viererlang unter dem laubigen Bogen der Dammchaussee, offene Tafel im Kurhaus, bei der der Herzog selber präsidierte, Landpartien am Nachmittag und abends ein bißchen Jeu, wo die Taler klapperten und die Goldfüchse klangen. Das war Alt-Doberan.

Heute, nun Gott behüte, heute ist Doberan solide geworden. Freilich, es ist auch nicht mehr wie einst das bescheidene Ackerbürgerstädtchen, das nur für einige kurze Wochen zur Sommerresidenz aufblühte und dann in seinen stillen Schlummer zurücksank. Es hat lernen müssen, auf eigenen Füßen zu stehen, und als längs der deutschen Ostseeküste ein Badeort neben dem andern aufblühte, als nach der Umwälzung der regelmäßige Besuch des Hofes fortfiel, da hat das Bad, das in diesem Jahre sein 50jähriges Jubiläum als Stadt feiert, schwer zu kämpfen gehabt, um sich neben den andern Bädern behaupten zu können. Und von dem lustigen, grandseigneuralen, leichtlebigen Alt-Doberan ist nicht viel mehr übrig geblieben. Wir waren vielleicht schon ein klein wenig verspaakt, hatten mehr Tradition und Stil als Komfort der Neuzeit. Es ist aber männiglich bekannt, daß letzterer leichter und bequemer zu erwerben sei als Stil. Und daß wir uns mit Erfolg dem Rhythmus der Gegenwart anzupassen vermochten, das tritt dir imponierend entgegen, wenn du den Bahnhof verläßt. Vier Autos parken unter den grünen Linden, bereit dich zu entführen, wohin dein Herz begehrt. Du brauchst auch nicht mehr viererlang zum Damm fahren. Ebenso sicher bringt dich die Dammbahn, die schnaubend und bimmelnd die Anhöhe zum Bahnhof hinankeucht, zum Ziel. Wir aber lassen Auto und Eisenbahn und wandern gemächlich den Damm, der die grüne Wiesentrift durchschneidet, dem Alexandrinenplatze zu. Zu deiner Rechten reckt sich die steile Kuppe des Drümpels empor mit seinen Rasenflächen und silbergrauen Buchenstämmen. Der Wind treibt den Duft der blühenden Fliederhecken herüber und dunkel und versonnen ragt eine riesige Tannenkrone in das lichte Grün. Und dann stehst du auf dem weiten Rund des offenen Alexandrinenplatzes, den rings die weißen Gebäude umschließen, die Severins Meisterhand erschuf. Sieh, das ist Bad Doberan, die Schöpfung des alten Friedrich Franz, und das ist etwas, was uns kein anderer moderner Badeort nachmacht, die so einzigartige Geschlossenheit eines Stilwillens, der noch ruhig und sicher in der klaren Heiterkeit und anmutigen Grazie der Goethezeit wurzelt. Alles erscheint selbstverständlich, Natur, – – – und alles ist doch feinste Berechnung eines klar gestaltenden Kunstwillens. Wie sich der Platz lässig öffnet und an die waldige Hügelkette anlehnt, wie seine Flanken in leichtem Rhythmus ausschwingen, bewegter im Nordosten, wo sich die Häuser an den Hang des Jungfernberges anschmiegen, ein wenig lässiger im Südwesten, wo ihre Front dem Rand der flachen Senke folgt, aus dem die dunklen Kronen des malerischen Prinzengartens sich erheben. Wie die Straßen leicht gekrümmt hereinfließen (die Kröpeliner Chaussee ist leider später gerade gelegt), alles das ist mit einer seltenen Feinfühligkeit in die Gestaltung des ganzen architektonischen Raumes einbezogen. Freilich, der Künstler fand ungewöhnlich günstige Verhältnisse vor. Er baute in einen an sich leeren Raum, denn der Kamp war die alte Kuhweide, und man brauchte auf Vorhandenes keine Rücksicht zu nehmen. Das damals recht armselige, durch den nordischen Krieg zerrüttete Dörfchen lag am Hang des Jungfernberges und konnte außer Berechnung bleiben, und als dann neu entstandene Kleinbürgerbauten sich einschoben, unterstanden auch diese seiner baupolizeilichen Genehmigung und empfingen von ihm ihre architektonische Gestaltung.

Und nun zu den einzelnen Gebäuden! Immer wieder stehst du sinnend davor, deine Augen freuen sich an der anmutigen Schlichtheit, der spielenden Bewegung, der graziösen Zurückhaltung, hinter der doch eine gezügelte Lebendigkeit zuckt, freut sich der ruhigen Abgewogenheit der Maße, die zusammen mit der Lichtfreudigkeit bei sparsamster Verwendung aller Ornamente allen Schöpfungen des Meisters den seltenen Zauber stiller, vernehmer Schönheit gibt. Jeder Platz hat seine besondere Stunde: die des Alexandrinenplatzes ist der Spätnachmittag. Unvergeßlicher Anblick, wenn das leuchtende Tagesgestirn hinter dem Quellholz untergetaucht ist, wenn die hohen Kronen der Bäume sich dunkler gegen den dämmernden Seidenglanz des Himmels abheben und nun das satte Leuchten der weißen Häuser anhebt und die weite Runde des Raumes mit Silber füllt.

Wenn aber die Sonne hell und flimmernd auf den sandigen Platz herabbrennt, dann flüchtet man wohl gerne in das schattige, kühle Grün des Kamps, in den der Alexandrinenplatz nach Norden ausschwingt. Ein längliches Dreieck, das sich mit seiner Basis an die hohe Häuserfront des Lindenhofes und der alten Posthalterei anlehnt. Von einem doppelten Laubengang breitkroniger Linden und Rüstern eingefaßt, birgt es in seinem Innern den grünen Samt seiner Rasenflächen mit den graziös-koketten chinesischen Tempel-Pavillons. Hier spielt Sonntags unsere Badekapelle, auf dem Rasen jagen sich die Kleinen und auf den Alleen, die mit bunten Sonnenflecken übersät sind, lustwandeln die Alten, zweimal herum, dreimal herum, dann steuern sie quer über den Damm ins Kurhaus, wo es einen spritzigen Mosel, einen milden Portwein und viele andere angenehme Sachen gibt. Da sitzt man dann auf der Terrasse, oder wenns zu kühl ist, in der Glasveranda, schaut auf das fröhliche Treiben und spijökt über die Vorübergehenden. In dem hübschen, dämmerigen kleinen Saal zur Linken war einst die Goldbank, aber das ist lange her – und wie gesagt –, wir sind ganz solide geworden im Bad Doberan.

Just gegenüber dem Logierhaus, wo sich der Philosophenweg – oder wie der Doberaner schnöde sagt – der Petersilienweg hinabsenkt, lag einst das Schauspielhaus. Ein Musentempel steht auch heute da. Doch statt der leichtgeschürzten Schwestern regiert heute hier die strenge Athene, denn es ist das Gymnasium, was dir entgegenschaut. Sehr glücklich war der Gedanke vielleicht nicht, in die leichte Anmut des Klassizismus, die den Platz umkränzt, die strenge Schulgotik einzufügen. Doch der Jugend, die sich in dem sonnigen Park des Prinzengartens tummelt, scheint dieser Stilbruch nicht zu schaden, und die Verba auf mi- verlieren auch in dem stilvollen Prinzenpalais, wohin ein Teil der Klassen übergesiedelt ist, wenig von ihrem Schrecken.

Auf der anderen Seite des Logierhauses liegt das Rathaus, einst das Salongebäude, hinter dessen später nicht sehr glücklich umgebauten Fassade niemand den wundervollen Gartensaal vermutet, wo einst die Mittagstafel abgehalten wurde. Hier mischte sich in zwangloser Weise der Herzog unter seine Gäste und wählte bald an diesen, bald an jenem Tisch seinen Platz. Von dem Balkon mit dem zierlichen schmiedeeisernen Gitter herab klang die Musik, und durch die hohen schmalen Fenster grüßte das Grün des Parks.

Die Herzogliche Hofhaltung befand sich im Palais, vielleicht dem anmutigsten Gebäude Severins, das an das Rathaus stößt. Nachdenklich stehst du vor dem zierlichen und doch kraftvollen Bau. Wie schlicht das alles ist! Immer wieder fragst du dich, worin die Schönheit dieser Bauten denn eigentlich steckt, eine Schönheit, die unnachahmlich und wie selbstverständlich vor dir steht. Und immer wieder drängt sich dir die Einsicht auf, daß es nur die Maße sind, die den geheimen Zauber ausströmen. Und seltsame Gedanken kommen dir: Ist es nicht eigentlich etwas unserm heutigen Bauwillen nah verwandtes, was hier geschaffen ist? Schlicht, sachlich und sinnvoll schön – sucht nicht etwa Tessenows Kunst etwas ähnliches mit ähnlichen Mitteln?

Doch wie dem auch sei – wir nehmen Abschied von dem heiteren Rund des Platzes, scharf rechts führt uns der Weg, eine hohe, wuchtige Mauer taucht auf, und dann treten wir durch ein enges Tor in den alten Klosterbezirk. Da ist es, als ob wir in eine andere Welt träten. Vor dir liegt ein weiter, lockergestellter Parkraum. Dunkle Baumkronen und weite sonnenüberglühte Wiesenflächen, Teiche, die im Perlmutterglanz ihrer Spiegel die schwermütige Schönheit der Sommerlandschaft einfangen, rieselnde Bäche, die sich murmelnd in den Schatten der Bäume ducken und darüber das tiefe, satte Blau des Himmels, aus dem der Wanderfalk seinen klingenden Schrei herabruft. Und all das schwellende Grün, gehegt von der bergenden Klostermauer, der Rahmen, der eine große Vergangenheit umfaßt, die schwermütige Schönheit der gotischen Welt. Kein stärkerer Gegensatz zweier Stilrichtungen als Empire und Gotik. Hier eine diesseitsfrohe Hingabe an Welt und Leben, plastische Begrenzung und Formung, Abweisung des Unendlichen – hier ein das Diesseits und Jenseits gewaltig verbindender und zur Ewigkeit hinaufsteigernder Formwille, eine gewiß auch weltbejahende, freudige Harmonie, die aber ihre Freudigkeit wie ihren tödlichen Ernst aus dem Wissen um den Weltplan des Schöpfers nimmt, dem sie sich in Kraft und Demut einordnet.

Davon redet das Münster eine eindringliche Sprache. Sieh, wie sich der Westgiebel in stolzer, adeliger Kraft und Schönheit aufreckt, wie seine

Pfeilertürme freudig emporjubeln, schlank, männlich kraftvoll, eigenwillig, in ihrer Unsymmetrie, erdverwachsen, sich wenig verjüngend, die Front mit sich emporziehend. Und in gleicher stolzer Pracht die Nordfassade des Querschiffes, die sich am schönsten dem Blick darbietet, wenn du weit zurücktrittst, fast bis an die Klostermauer und den Bach. Fast noch stärker ist hier der Eindruck geschmeidiger Kraft, den du empfängst. Schade nur, daß der Dachreiter, den Möckel umbaute, zu groß und wuchtig geraten ist und die Giebelfelder nicht eben sehr geschickt überschneidet. Zu der emporjubelnden Kraft der Pfeiler fügt sich die ruhige Ausgeglichenheit der Flächen, mit ihren gewaltigen, schlanken Fenstern. Sparsame Ornamentik, klare Gliederung, bewußte Hervorhebung der Horizontalen: So betont die norddeutsche Backsteingotik das Erdverwurzelte, behält im Gegensatz zur rheinisch-französischen ein starkes Element des Malerischen und der Farbigkeit, schon im Ton der violettbraunen Ziegel, die sich in gleicher Schönheit jedem Spiel der Atmosphäre anpassen, dem grauen, nebelverschleierten Novemberabend wie dem Leuchten des Hochsommermittags. Wie aber der Baumeister graziös zu spielen vermag, das zeigt der anmutig bewegte Kapellenkranz, der leicht und musikalisch schwingend den Ostchor umkränzt, zeigt das zierliche, achteckige Türmchen des alten Ossariums im Norden des Münsters, das heute als Taufkapelle dient.

Und wenn du nun eintrittst in das Innere, wenn du unter der Führung des Küsters, der seine Kirche kennt und eifersüchtig liebt, alle die Schätze der Vergangenheit vor deinen Augen vorüberziehen läßt, die Altäre, das entzückende Sakramenthäuschen, das braune Chorgestühl mit seinen stets wechselnden Rosetten, die Renaissancegrabmäler und Skulpturen, die schnurrigen Grabinschriften und alles was es sonst gibt: Es rauscht an dir vorüber, der du zu einem kurzen Besuch gekommen bist, und Zahlen und Daten fallen bald ins Leere. Was aber bleibt, was du nicht wieder los wirst, was mit dir geht und in stillen Stunden plötzlich wieder vor dir steht, ist der unbeschreibliche Zauber des ehrwürdigen Münsterraumes mit seinem beredten Schweigen, der farbigen, dämmernden Weite, dieses Glaubensbekenntnisses in Stein und Erz längst verronnener Jahrhunderte. Und wenn du das mitgenommen hast, so hat dir der alte Bau genug gesagt.

Die Kirche in ihrer heutigen Gestalt stammt aus dem 14. Jahrhundert. Damals war der Orden reich und mächtig geworden. So ging man daran, den bescheidenen romanischen Bau durch einen neuen, prächtigeren zu ersetzen. Von dem alten Klostergebäude zeugt noch der verfallene, epheuumrankte Kreuzgang, der sich gebückt und ein wenig müde an das Gotteshaus anlehnt, und ein romanischer Torbogen am Westportal. Im übrigen ist die Mehrzahl der eigentlichen Klosterbauten heute verschwunden. Der

Dreißigjährige Krieg ging mit schweren Hufen auch über Mecklenburg. Seit der Reformation mögen schon viele Gebäude leer gestanden haben. Später brach man ab, um Ziegel und Stein anderweitig zu verwenden, und die Natur überzog mit üppigem Grün den weiten Plan. Der wurde dann im 18. Jahrhundert zu einem Park englischen Stils umgestaltet, als die mecklenburgischen Fürsten zeitweise im heutigen alten Amtshause ihre bescheidende Hofhaltung hielten. Die malerische Ruine der Wolfsscheune an der Nordseite blieb vielleicht absichtlich erhalten, liebte es doch der Gartenkünstler, das Symbol der Vergänglichkeit als eindrucksvolles Motiv seiner Schöpfung einzufügen. Außer ihr erhielt sich das Küsterhaus, sowie die heutige Schule, beide zu den Wirtschaftsgebäuden des Klosters gehörend, und endlich die alte Brauerei, ein mächtiger, dreischiffiger Bau mit schweren, wuchtigen Gewölben. Auch ihn überhaucht eine leise, malerische Verwitterung. In die Spalten und Ritzen seiner Mauern drängen sich Grasbüschel, Rankrosen spinnen einen feinen Schleier über die Fenster und Luken und droben auf der einen Giebelwand, ein wenig unterhalb des Adebarnestes hat ein tapferes Holunderbäumchen die maiengrüne Fahne des ewigen Neuwerdens aufgepflanzt über den Trümmern der Vergangenheit.

Gotik und Empire – Kloster und Palais, das sind die beiden Kerne Doberans, zwischen die das 19. Jahrhundert seine Bürgerhäuser schob. Der feste Baugrund war spärlich. Ringsum Wiesen! So folgen denn die Häuserzeilen zunächst den alten Landstraßen, die auf den Höhenzügen dahinliefen. Wo der breite Promenadenweg zum Damm emporstieg, entstand ein Viertel, das mit weiten, parkähnlichen Grundstücken und mächtigen Gebäuden an Gutshäuser gemahnt. Je weiter sich aber die Häuser hinausschieben, je jünger sie füglich werden, um so mehr nehmen sie Landhaus- und Villencharakter an. Pensionierte Beamte, Rentner haben sie in der wohlhabenden Zeit vor dem Kriege errichtet. Ähnlich, wenn auch ein wenig bescheidener, wurde die Landstraße nach Kröpelin und die alte Landstraße Schwaan–Rostock (die früher durch die heutige Friedrich-Franz-Straße ging) bebaut, und endlich schuf man einen zweiten Zuweg nach der Dammchaussee durch die Wiesenniederung mit der Bismarckstraße, durch die sich auch der Schienenstrang der Bäderbahn zieht. Überall liegen die Häuser eingekuschelt im Grün ihrer Gärten, und wenn die Obstbäume ihren weißen Schimmer aufleuchten lassen, wenn Flieder und Goldregen blühen und beim ersten Feuer des Rotdorns die Mauersegler mit hartem Ruf durch die feuchte Bläue schießen, gibt es wohl niemanden, der sich dem Reiz des Städtchens zu entziehen vermag.

Nach dem Kriege aber war der bisherige Stadtgürtel abermals zu eng geworden. Vor allem der alte Dorfkern am Jungfernplatz bot keine Wohnungen in genügender Zahl. Trotz Inflation und sonstiger Nöte griff man das Werk an. Und diesmal mußte man ein gutes Stück hinausrücken, um festen Baugrund zu finden. Ein paar hübsche Villen zwar erheben sich auf der waldumkränzten Höhe des Stülower Weges, die „Siedlung" aber schob man hinaus vor dem Buchenberg am Parkentiner Weg, der alten Landstraße nach Rostock. Baugeld war knapp, und die Kosten stiegen ins Schwindelhafte. Da nahm man die Arbeit selbst in die Hand. Handwerker und Bauarbeiter waren es zunächst, die sich hier anbauten. Und es war ein fröhliches Bild, wenn nach Feierabend mit freund-nachbarlicher Hilfe hier der Siedler am Werk war, mauerte und Brunnen ausgrub oder mit dem Zimmermann zusammen das Dach richtete. Und schaut man heute von der Höhe des Buchenberges in die weite Wiesenniederung hinab, so freut man sich des schmucken Stadtteils mit seinen Häuschen und Gärten an breiten Fahrwegen. Wo einst der Wind über ein dürftiges Roggenfeld ging, blühen Obstbäume, und in heckenumsäumten Gärten spielen Kinder im hellen Sonnenschein. Eine zweite Siedlung, nicht so bunt, sondern aus größeren Häuserblocks bestehend, ist noch weiter hinaus am Althöfer Weg entstanden. Und schon geht man daran, auch den alten Klosterbezirk zwischen Mauer und Rostocker Straße zu umbauen. All die Häuschen inmitten freundlicher Gärten zeugen von dem Reiz, den das alte Bad heute noch auf die Menschen ausübt, von dem Lebenswillen, der in dem einst so verschlafenen Städtchen pulsiert. Droben auf dem Tempelberg steht der Turm der Wasserleitung, die endlich doch kam, die Anlagen am Wallbach sind wieder schmuck und gepflegt: es regt sich an allen Ecken und Enden.

Und heute wie einst grüßt dich jenseits des grünen Buchenwaldgürtels, der auf der steilen Küste den Winden trotzt, der Heiligedamm. Severins Meisterwerk, das Kurhaus, mit breiter Terrasse sich der smaragdgrünen Flut entgegenneigend, weiße Villen im dunklen Grün des Hochwaldes, ein Hauch südländischer Schönheit und stiller Vergangenheit, der dem ältesten Badeorte an der deutschen Ostseeküste immer noch eigen. Und ist Doberan schlicht und bürgerlich geworden, freilich ohne seine Anmut zu verlieren, der Damm, den wir lieben und auf den wir doch ein ganz klein bißchen eifersüchtig sind, hat sich etwas von seiner vornehmen Exklusivität bewahrt. Wie eine schöne Frau lächelt er dich an, aber es ist ein wenig Überlegenheit in seinem Lächeln und sein Gruß klingt lockend und doppelsinnig.

Heic Te Laetitia Invitat Post Balnea Sanum.

ANNELISE HARNACK

Satow – Geschichte und Landschaft eines mecklenburgischen Dorfes

Zwanzig Kilometer von Rostock entfernt, an der Chaussee nach Wismar, liegt das Dorf Satow. Es ist ein Ort von tausend Einwohnern, kaum berührt vom Fremdenverkehr, wenig beachtet und wenig bekannt, und doch lohnt es sich, hier zu verweilen, um ein charakteristisches Fleckchen Mecklenburger Landschaft und ein Stück Mecklenburger Dorfgeschichte kennen zu lernen.

Die Satower Gegend ist schon in vorgeschichtlicher Zeit besiedelt gewesen. Man hat am und im Satower See zahlreiche Geräte aus der Steinzeit gefunden, darunter einen Streithammer aus Hornblende, eine Lanzenspitze und mehrere Keile und Messer aus Feuerstein. Sie werden mit verschiedenen hier gemachten Funden aus der Bronzezeit im Schweriner Museum aufbewahrt.

Der Name Satow wird zum erstenmal erwähnt 1219, danach unter wechselnder Schreibweise in Urkunden von 1224, 1226, 1232, 1233 – in diesem Jahre erstmals „Satow". In den anderen Schriftstücken aus damaliger Zeit ist auch von „Zathowe" und „Satowia" die Rede, doch findet sich danach immer wieder die ursprüngliche, noch heute gebräuchliche Namensform Satow. Man hat vergebens versucht, diesen Namen zu erklären oder zu übersetzen.

Aus späterer Zeit vernehmen wir den Namen z. B. in dem Bekenntnis einer 1584 zu Rostock hingerichteten Hexe, die mit ihrem Manne „thor Satow" getraut worden war.

Vieles spricht dafür, daß hier einst ein heidnisches Heiligtum gestanden hat. Wahrscheinlich war es dem Wendengotte Radegast geweiht, nach dem ein benachbartes, um 1200 erstmalig als Radegoust erwähntes Dorf benannt ist. Um 1219 schenkte Borwin I. dem westfälischen Kloster Amelungsborn das Gut Satow und damit wird in die bisher wendische Gegend germanische und christliche Kultur getragen. Es mag dies keine leichte Aufgabe gewesen sein, denn in einer Urkunde von 1224 heißt es von dem Ort: „ubi quondam locus erat horroris et vaste solitudinis." Es war ein Ort des Grauens und wüster Wildnis.

Doch die Amelungsborner Mönche gingen unverzagt ans Werk. Bischof Brunward nennt sie in einer Urkunde „Gründer des Glaubens und

Vertilger der Götzen im Wendenland". Gleich nach der Schenkung begannen sie wahrscheinlich auf der Stätte des alten heidnischen Heiligtums unten im Grunde am See ihre Kirche zu bauen. Im Jahre 1224 ist der Bau im Gange. Von den Klosterbauten in Satow ist nichts übriggeblieben als die Ruine dieser alten, 1871 abgerissenen Kirche. Sie ist im Übergangsstil vom Rundbogen zum Spitzbogen aufgeführt. Eigenartig ist das Portal des Langhauses, das ganz mit dem Südportal des Güstrower Domes übereinstimmt. Wie dieses zeigt es sog. Schaftringe, eine Verzierung, die in Mecklenburg sonst nicht vorkommt. Das Altarbild der Kirche befindet sich jetzt in der Kirche zu Russow.

Neben dem Kirchenbau begannen die Mönche unter Leitung des hochangesehenen Priesters und Mönches Stephan mit der Kolonisierung der Gegend. Die Namen der benachbarten Dörfer legen noch heute Zeugnis davon ab. Neben den alten Wendendörfern Radegast und Rederank entstanden die fünf „Hagen" Gerdshagen, Jürgenshagen, Heiligenhagen, Miekenhagen und Steinhagen als neue mit Sachsen besiedelte Kolonien auf aufgerodetem Waldboden. Satow selber führt in seinen einzelnen Ortsteilen die Unterbezeichnungen Oberhagen und Niederhagen.

Aus den damaligen Urkunden geht hervor, daß Satow zu Beginn des 13. Jahrhunderts von ungeheuren Wäldern umgeben war, die sich auch nach eifrigster Urbarmachung durch die Mönche viel weiter erstreckten als heute. Immerhin hatten die Mönche in der Kultivierung der Gegend Außerordentliches geleistet: Besitz und Wirtschaft in Satow waren geordnet.

Trotzdem hatten die Mönche noch mit vielen Schwierigkeiten zu kämpfen. Die Forderungen der Fürsten und Nachbarn nahmen kein Ende, obgleich Fürst Borwin den Satower Besitz ursprünglich frei von allen Lasten verschenkt hatte. Dazu kamen die häufigen Fehden und Kriege, von deren Auswirkungen damals alle Klosterhöfe betroffen waren. Kriegsvölker trieben sich verwüstend und zehrend herum. Die Fürsten nahmen mit ungeheurem Reitergefolge auf den Höfen Quartier, um Schlachtpläne zu machen oder Frieden und Bündnisse zu schließen. Hiervon wurde Satow in besonderem Maße betroffen, weil es nahe der Grenzen vieler Landesteile lag, nämlich der Herrschaften Mecklenburg, Werle, Rostock und des Bistums Schwerin. Besonders schwierig wurden die Verhältnisse um 1300, als König Erich von Dänemark durch den letzten Rostocker Fürsten mit in die Fehden hineinbezogen wurde und ebenfalls in mecklenburgischen Landesteilen seine Ansprüche geltend machte. Das Kloster Amelungsborn trat den Satower Besitz infolge dieser Mißlichkeiten am 2. Februar 1301 an das Doberaner Tochterkloster ab.

Vom Kloster Doberan wurde Satow solide und musterhaft, dabei energisch und tatkräftig verwaltet. Vor allem versuchte man, die auf Satow ruhenden Lasten abzuwerfen. Insbesondere bedeuteten die vielen Reisen der Fürsten eine große Belastung und mögen manche Erbitterung ausgelöst haben. Im Mai 1330 wurde auf dem Hofe Satow der Schildknappe des Fürsten Albrecht, Johann von Plate, vergiftet. Der Giftmord galt eigentlich dem Fürsten selbst, der sich dort befand und nur durch einen Glücksfall dem Tode entging.

Im Jahre 1552, bei der Säkularisierung des Klosters Doberan, ging Satow mit den übrigen Gütern des Klosters zu den Domänen über.

Daß in einem Dorf mit so alter Vergangenheit allerhand Sagen und Spukgeschichten gedeihen, ist wohl selbstverständlich. Insbesondere wurde die alte Kirchenruine Mittelpunkt von sagenhaften Überlieferungen. Noch heute erzählt man sich von dem unterirdischen Gang, der von der alten Kirche unter dem See hindurch bis Hof Satow führte. Der Rest eines verschütteten Gewölbes im alten Kirchenraume wurde als Eingang zu diesem Gange angesehen. Wir haben noch als Kinder mit abenteuerlichem Gruseln vor dieser Höhlung gestanden, die wahrscheinlich der Überrest einer alten Gruft ist.

Auch an manchen anderen Stellen ist es nach dem Volksmund nicht geheuer. Im Gebüsch an einem Weg in Satow-Niederhagen spukt ein Mann ohne Kopf, in einem Wasserloch sitzt nachts um 12 eine Frau und spinnt, auf einem Berg in Satow-Oberhagen hausen Unterirdische, in einem Sumpf zwischen dem „Sackholz" und dem „Bärenwinkel", zwei benachbarten Wäldern, ist ein Franzose mit seinem Pferd versunken und treibt dort nachts sein Wesen.

Wie immer, so ist auch hier das Sagen- und Spukhafte irgendwie an die Landschaft gebunden, an diese Landschaft, die früher „ein Ort des Grauens" war. Heute zeigt sie uns ein anderes Gesicht. Das Dorf selber ist langgestreckt, weit ausgebaut und in einzelnen Teilen überaus reizvoll. Da ist in Satow-Oberhagen der „Arrebarg", so benannt nach den früher hier häufig vorkommenden Kreuzottern. Man gelangt dorthin vom neuen Friedhof aus über den „Kirchbarg", der einen herrlichen Rundblick gestattet. Der Arrebarg bietet uns ein Stück unverfälschtes altes Mecklenburg mit seinen einsamen, strohgedeckten Häusern, die leider im übrigen Satow vielfach Neubauten gewichen sind.

Der schönste Teil von Satow-Niederhagen ist die Gegend um den Pfarrberg, auf dem 1864–1867 die neue Kirche erbaut wurde, deren hoher, schlanker Turm weit ins Land hinaus grüßt. Um die Kirche streckt sich der neue Friedhof. Ich habe selten– nicht nur in Mecklenburg, sondern auch im übrigen Deutschland – einen Dorffriedhof gefunden, der die hervorragend schöne Lage mit dem neuen Satower Friedhof teilt. Er liegt nicht eng und eingeschlossen an einem abgelegenen Winkel, sondern frei und licht über den Häusern des Dorfes, keine dumpfe und drückende, eine helle und würdige Stätte der Toten.

Der alte Friedhof, der die Kirchenruine umgibt und für die Bestattung der Toten längst zu klein war, hat jetzt durch Umpflanzung und Einebnung einen gartenähnlichen Charakter bekommen. Nur einige schöne alte, geschmiedete Grabkreuze erinnern an längst vergessene Tote.

Neben der neuen Kirche liegt – fast ebenso hoch – die Pfarre mit dem schönen, alten Pfarrgarten. Das jetzige Pfarrhaus steht 155 Jahre, seit das frühere, das seit Jahrhunderten an der gleichen Stelle stand, durch Brand zerstört wurde. Ein Laubengang – 45 Stufen, von Weißdorn überdacht – führt vom Pfarrhaus durch den Garten zum See herunter. Im Vorfrühling bietet der Abhang des Pfarrgartens einen besonders schönen Anblick durch die neben den Schneeglöckchen in üppiger Fülle wuchernden Eranthis hiemalis (gelbe Winterlinge), die im Norden sonst außerordentlich selten sind und in alten Naturgeschichtsbüchern als Besonderheit des Satower Pfarrgartens erwähnt werden.

Auch die nähere Umgebung Satows zeigt uns nichts mehr von „der wüsten Wildnis" alter Zeiten. Heute überrascht uns der vielfache Wechsel des Landschaftsbildes, das hier als lieblich bewaldetes Hügelland an Thüringen, dort mit seinen Wiesen und Heckenwegen an eine englische Parklandschaft erinnert. Der kleine Dorfsee, malerisch eingebettet zwischen Wiese und Wald am Fuße des Pfarrberges, läßt keinen Gedanken mehr aufkommen an das unwirtliche Sumpfgelände, das die Amelungsborner Mönche hier einst vorfanden. Nur das einzige Wahrzeichen dieser ersten Zeit germanischen Fleißes und Geistes, die uralte, efeuumrankte Kirchenruine, steht da als ein Stück herben, norddeutschen Mittelalters. (Die geschichtlichen Ausführungen sind zum Teil entnommen aus den mir von Apothekenbesitzer Duncker-Satow zur Verfügung gestellten Aufzeichnungen des Archivars Dr. Krause und des in Satow geborenen, im Weltkriege gefallenen Lehrers Hans Wulff. – Eine Geschichte von Kirche, Dorf und Hof Satow vom 12. bis 16. Jahrhundert, dazu Urkunden, gibt schon Lisch in den „Meckl. Jahrbüchern" X, 1845, XIII, 1848, ff.)

Rostock – Bilder einer Stadt

I

Das Leben der Stadt findet zwar Grundlage und Rahmen in Boden und Landschaft; sie reizen zu tätiger Entfaltung, schaffen Möglichkeiten und grenzen sie ab; aber Blut und Geist der Menschen, welche die Gegebenheiten erkennen und den Kampf mit der Natur aufnehmen, bestimmen die Art, in der sich das Leben entwickelt, schichtet und abrundet. Für die Art und Zusammensetzung der Rostocker Bevölkerung ist die Zuwanderung des 12. und 13. Jahrhunderts entscheidend. Etwa 30 vom Hundert der Bewohner Rostocks sind in dieser Zeit, wie die Namenforschung bezeugt, unmittelbar aus Nordwestdeutschland zugewandert, besonders aus Westfalen und Nordniedersachsen. 54 vom Hundert der Bewohner stammen aus mecklenburgischen Orten, und daher wohl mittelbar aus Nordwestdeutschland. Man sieht welche starke Anziehungskraft gerade das schnell aufblühende Rostock auf das Hinterland ausübte. Nordwestdeutschland wird in erster Linie die Großkaufleute gestellt haben, die mecklenburgische Zuwanderung großenteils die Handwerker. Die Zahl der Slawen dagegen war wohl sehr gering. Bald verschwinden ihre Spuren ganz. Es ist dabei aber zu bedenken, daß eine Kaufmanns- und Gewerbestadt eine ausgesprochene deutsche Siedlungseinheit darstellt, welche Slawen, auch in den späteren Jahrhunderten, zu den meisten Zünften nicht zuließ. Nur Fischer, Küter und vielleicht Leineweber der Frühzeit werden Wenden gewesen sein, während die Kaufleute, Krämer, Knochenhauer, Wollenweber und Wandschneider allezeit deutschblütig sein mußten.

Betrachtet man die Geschichte Rostocks vom Standpunkt der wachsenden Stadt, so sind es die großen Kaufmannsfamilien, die dem Gemeinwesen das Gepräge gegeben haben. Ihr Streben ging aus auf Verwaltung der Gemeinde nach eigenem Recht, Handelsfreiheit in den Reichen ringsumher, ungehinderten Besitz des Stromes und seiner Mündung und Erwerb von Land und Gerechtsamen in ihrer Nachbarschaft. Auf die direkte Steuer, die Bede, freilich verzichteten die Landesherren nicht. Die Geschichte Rostocks ist bis in die neueste Zeit ein fast ununterbrochener Kampf dieser großen Ratsgeschlechter gegen andere Gewalten, die auf das Schicksal dieses Stadtkörpers einwirken: die Landesherren, die Schweriner Bischöfe, die Könige der nordischen Reiche, die Kaiser und Päpste. Es ist erstaunlich zu sehen, wie sehr eine deutsche Ostseestadt am Rande des

Reiches in dem Brennpunkt politischer Kräfte stand. Um die Mitte des 13. Jahrhunderts wurde zur Selbstergänzung des Rates durch Zuwahl noch eine größere Anzahl von Bürgerfamilien hinzugezogen; jedoch der Kreis der Geschlechter, der Bürgermeister und Ratsherren stellte, verengerte sich bald, und es entwickelte sich ein festgefügter Stand, der fast ausschließlich aus seinen Reihen die Ratsliste füllte. Es sind in der Zeit von 1250 bis gegen 1400 besonders die Witt und Töllner, die Rode, Kröpelin, Koppmann, Frese, Wilde, von Gothland, von der Aa, Baumgarten und Nachtrabe. Unter ihnen finden Ehen hin und her statt. Sie treiben nicht Landwirtschaft oder ein Gewerbe, sondern sind am besten als Unternehmer und Großkaufmannsfamilien zu bezeichnen. Sie erwarben städtischen und ländlichen Grundbesitz, Anteile an Salinen, Ziegeleien, Mühlen, Fischereirechte, Grundherrschaften und Gerechtsame. Sie übernahmen die Ausbaggerung des Flußbettes, Bau von Kanälen und Hafenanlagen. Vielfach waren mehrere von ihnen zu Gesellschaften vereint, die Handelszüge und Flotten ausrüsteten und geleiteten; sie beteiligten sich an Kriegslieferungen, wobei schriftliche Aufträge nicht selten die persönliche Anwesenheit ersetzten. Der jährliche Wert des Außenhandels Rostocker Patrizier betrug in der Zeit des Stralsunder Friedens von 1370 über eine halbe Million Mark heutiger Währung. Gesellschaften der Bergenfahrer, der Oslo-, Flandern-, Riga-, Schonen- und Bayen-Fahrer (Frankreich und Spanien) waren die wichtigsten. Bis Nowgorod und Moskau gingen ihre Warenzüge. Der Großhändler verschmähte es dabei nicht, den Kleinhandel nebenher mitzubesorgen. Auch Geldverleih an Genossen, die Stadt oder Ritter und Fürsten fiel in ihr Geschäft und erbrachte durchschnittlich 10 vom Hundert. Der Hauptgewinn aber wurde durch Aus- und Einfuhr erzielt, wobei mit 25 vom Hundert gerechnet wurde. Dieselbe Kaufmannsgesellschaft handelte: Tuche, Pelzwerk, Lederwaren, Holz, Bier, Wein, Salz, Fische, Getreide, Hopfen und Metalle. Das Streben dieser Patrizier ging durchaus frühkapitalistische Bahnen. In späterer Zeit häuften sich bei der Geldentwertung die Kapitalanlagen der „Stadtjunker" in Grundbesitz; gelegentlich wurden ganze Grundherrschaften und Dörfer mit Gericht und Bede erworben. Renteneinkünfte einer Familie von jährlich über 50000 Mark heutiger Währung kommen vor. Aber trotz des Erwerbs von ritterlichen Leben und von Hoheitsrechten und trotz der Nachahmung ritterlicher Lebensführung und gelegentlicher Ehen mit ritterlichen Geschlechtern bildete sich kein eigentlicher patrizischer Geburtsstand heraus. In der Steuerzahlung gab es keinerlei Vorrechte, und auch im Wehrdienst blieben sie den einfachen Bürgern gleich. Selbst Ratsmannen wurden zum städtischen Wachdienst herangezogen.

Die Bürgerschaft Rostocks war von Anfang an reich gegliedert. Ende des 13. Jahrhunderts bestanden bereits 77 verschiedene Handwerks- und Gewerbearten. Es gab Brauer, d. h. Bürger, die für ihr Haus eine Braugerechtigkeit besaßen, Kaufleute, die in erster Linie Einzelhandel betrieben, z. B. den Zeugverkauf (Wandschneider), Fischer und Handwerker. Die Handwerker waren meist in Zünften zusammengeschlossen. Das Wort „Zunft" allerdings ist hochdeutsch und in Rostock nicht gebräuchlich gewesen. Hier nannte man die Zusammenschlüsse, die oft wechselten, sich bald zu einer größeren Körperschaft vereinigten, bald in Sonderkorporationen trennten, Ämter, Brüderschaften oder Kumpaneien, auch Gewerke. Diese Genossenschaften der Handwerker sind wohl als fertige Gebilde aus Altdeutschland übernommen worden. Um 1270 waren bereits zunftmäßig zusammengeschlossen: die Schmiede, Gerber, Pelzer, Schuhmacher, Wollenweber, Böttcher, Knochenbauer (Schlachter), Bäkker und verschiedene Krämer. Im 14. Jahrhundert kamen hinzu: die Reper (Reifer oder Seilwinder), Goldschmiede, Speckschneider, Bartscherer; erst im 16. Jahrhundert sind die Straßenfischer und die Bruchfischer bezeugt. Im Laufe des Mittelalters treten 44 Zünfte auf. Jede Zunft besaß ihre eigenen Ordnungen, die Rollen, in denen das Verhältnis der Mitglieder zueinander, ihre Rechte und Pflichten bestimmt waren. Die Zunftsatzungen wurden in den sogenannten Morgensprachen verfaßt und geändert und bedurften zu ihrer Gültigkeit stets der Genehmigung des Rates. Die Ordnung im Innern der Ämter überwachten die Älterleute, aber die Gerichtsbarkeit über die Zünfte stand allein den Gewettherren des Rates zu. Die Älterleute wurden von den Ämtern gewählt, mußten aber die Bestätigung des Rates nachsuchen und galten dann als „Beamte" der Stadt. Wer als Lehrling die Aufnahme in eine Zunft begehrte, mußte ein Eintrittsgeld bezahlen und nachweisen, daß er „echte und rechte geboren is van guden düdeschen eltern".

Die erste bestimmende Tat der alten Kaufmannsgeschlechter, der Pioniere des ausgehenden 12. Jahrhunderts, war es, daß sie sich von ihrem Landesherrn, Fürst Heinrich Borwin I., am 24. Juni 1218 das lübische Recht bestätigen ließen. Dieses gewährte ihnen eigene Verwaltung im Innern und Zollfreiheit im ganzen Lande der Obotriten. Um die Mitte des 13. Jahrhunderts bereits, als die drei Stadtkerne mit ihren vier großen Pfarrkirchen entstanden, ließ sich der Rat ein Handelsprivileg vom dänischen König ausstellen. Auf Grund besonderer Schutzzusicherungen erschienen Rostocker Kaufleute in Livland, Schonen, Schweden, Norwegen und England. In der gleichen Zeit erwarben sie, das Geldbedürfnis des Landes ausnutzend, durch Kauf das weite Gebiet der Rostocker

Heide, das bis auf den heutigen Tag eine der Hauptgrundlagen für den Reichtum der Stadt bildet. Im Jahre 1278 erfolgte die Erwerbung der Hundsburg, die den freien Zugang zum Meere vom linken Warnowufer aus stören konnte; damit wurde die Zusicherung verbunden, daß eine Meile beiderseits des Stromes keine fremde Macht eine Burg erbauen durfte, welche dieser Verkehrsader der Stadt hätte bedrohlich werden können. Zwei Generationen später wurde das Dorf Warnemünde zu Eigentum erworben und das Recht der Strandfischerei von der Ostgrenze der Heide bis zur Westgrenze Warnemündes. Blieben so auch einzelne Teile der Unterwarnow, besonders das Gebiet von Gehlsdorf, im Besitz des mecklenburgischen Fürstenhauses, so hatte sich Rostock doch bereits bis 1322 ein so großes Landgebiet beiderseits der Unterwarnow erworben, daß darauf in unserer Zeit durch Abrundung die großzügige Industrieplanung aufgebaut werden konnte.

Trotz seiner weitgehenden Selbständigkeit und Freiheit auf Grund des lübischen Rechts und der großzügigen Landerwerbung ist Rostock doch keine freie Reichsstadt geworden, wie denn überhaupt seit der Kolonisationszeit im ostdeutschen Raume vollfreie Reichsstädte nicht mehr entstanden sind. Als 1348 Rostock, wie die übrigen mecklenburgischen Länder, durch Kaiser Karl IV. zu einem Lehen des Deutschen Reiches erklärt wurde, war damit seine Geschichte stark in die des Reiches verwoben. Doch durch die Gewinnung der vollen Gerichtsbarkeit des Rates über alle Liegenschaften und Personen im Gesamtbereich der Markscheiden wuchs seine Macht. Diese selbstherrliche Stadt ordnete sich in einen Bund gleichgestellter Städte, den Hansebund, ein. Der „düdische Kopmann" wurde dadurch eine Großmacht im Norden Europas. Als Rostock 1257 die Nikolaikirche als vierte große Stadtkirche baute, trat auch äußerlich in die Erscheinung, welchen Rang es einnahm, „daß es sich zwar mit der Königin der Ostsee, dem siebenmal gekrönten Lübeck, nicht messen könnte, daß es aber doch mehr war, als Lüneburg und Wismar, Stralsund und Greifswald, Riga und Reval, die alle nur mit drei großen Kirchen die Ferne grüßten". Damals bereits begründete Rostock den Bund der wendischen Städte, die Grundlage der Hansa. Rostocker Ratsherren waren als Führer kriegerischer Koggen Kapitäne und Feldherren des Meeres, während die Stadtbürger die Schiffsmannschaft bildeten. Zeitweise haben Rostock und Wismar zusammen ein Viertel der Truppenmacht des hansischen Bundes gestellt.

Doch solcher Glanz reizt die Begehrlichkeit der Nachbarn. Die gefährlichsten Kämpfe hatte Rostock zu bestehen gegen das dänische Königtum. Als zu Beginn des 14. Jahrhunderts Erich Menved von Dänemark sich mit Heinrich dem Löwen verbündete, mußte Rostock einen Kampf um Sein oder Nichtsein durchfechten. Sieg und Niederlage wechselten. Nur die Wachsamkeit und der entschlossene Abwehrwille der Stadt ließen sie die Probe bestehen. Damals wurde der geschlossene Mauerring mit den sieben starken Landtoren und den sieben Wassertoren erbaut. Noch drohender wurde die Macht Dänemarks, als der gewaltige Waldemar die Stadt Wisby auf Gotland, den Mittelpunkt der hansischen Kaufmannschaft, 1361 überraschend nahm und den mehrjährigen Krieg um die Vorherrschaft auf der Ostsee eröffnete. Der Kampf nahm für die deutschen Städte zunächst einen unglücklichen Ausgang, bei dem Rostock, als das Haupttor zur nordischen Welt, am stärksten zu leiden hatte. Doch die Niederlage spannte die Kräfte der Hanseaten bis zum äußersten und führte zu dem ruhmreichen Frieden von Stralsund (1370) und zur unbestrittenen Herrschaft des Kaufmanns auf der Ostsee.

Als zwei Jahrzehnte später Herzog Albrecht von Mecklenburg sich zum König von Schweden wählen ließ, da schien es für kurze Zeit, als sollte der Norden ganz unter deutschen Einfluß geraten. Rostocker Bürger und mecklenburgische Ritter wurden tonangebend in Stockholm. Doch der Norden erwachte, schloß sich zusammen und gewann unter der Königin Margarete seine Freiheit.

In diesem Ringen griffen die Seestädte zu anfechtbaren Mitteln, um dem in Stockholm eingeschlossenen König Albrecht die Zufuhr sicher zu stellen. Rostock und andere Städte gaben jedermann, der den mecklenburgischen Fürsten unterstützen wollte, das Recht auf freie Seeunternehmungen durch sogenannte Kaperbriefe, und bald entwickelte sich ein wechselvoller Seekrieg und allgemeine Seeräuberei von Calais bis in die finnischen Gewässer. Die Seeräuber, die dem König Zufuhr (Viktualien) bringen wollten, hießen im Volk Vitalienbrüder. Ihre bekanntesten Führer waren Claus Störtebecker und Goedicke Micheel.

Es mag sein, daß die führenden Geschlechter dieser Zeiten nicht immer scharf zwischen dem Wohl des Gemeinwesens und ihrem eigenen Nutzen schieden und daß sie auch gelegentlich mit ihren Maßnahmen fehlgriffen. Und wo viel Macht und Glanz ist, da gibt es auch Haß und Mißgunst. Solch Übelwollen keimte auch in den Familien, die als Brauer und Kleinkaufleute, als Handwerksmeister und Fischer Wohlstand und Bedeutung erlangt hatten, aber vom Stadtregiment ausgeschlossen waren. Leicht wurde ein Unglück im Kriege oder ein Fehlschlag in der Finanzverwaltung der Stadt der Anlaß zu Unruhe und Aufruhr. Wie in Lübeck, so stellten auch in Rostock (1408) die Handwerksämter und Bürger einen Ausschuß von 60 Mann auf, die Sechziger, und trotzten dem Rate einen

„Bürgerbrief" ab, der ihnen Unabhängigkeit in Zunftsachen und Teilnahme an der Verwaltung der Stadt durch Ratsherren aus ihrer Mitte verschaffen sollte. Das erste Mal behielt der Rat den Sieg, aber beim nächsten Kriegsunglück, zwanzig Jahre später, wurden die Forderungen wieder aufgegriffen und ein neuer bürgerlicher Rat eingesetzt. Jedoch König Sigismund und die Kirchenversammlung zu Basel taten die gegen ihren Rat aufrührerische Stadt in Acht und Bann. Schließlich vermittelten die wendischen Städte einen Frieden, der beide Räte vereinigte.

Inzwischen hatte der alte patrizische Rat mit Unterstützung des Herzogs und des Bischofs von Schwerin vom Papst im Jahre 1419 die Errichtung einer Universität erreicht, die zur Hälfte landesherrlich, zur Hälfte städtisch war. Es folgte die Zeit der fürstlichen Machtbefestigung und der Erweiterung ihres Einflusses im öffentlichen Leben. Als mit dem Versuch, an der Rostocker Jakobikirche ein Kollegiatstift zu begründen, der Herzog Magnus in der Stadt größeren Einfluß zu gewinnen strebte, wehrte der Rat voller Mißtrauen den Plan ab. Aber während das Stadtregiment ziemlich gemäßigt vorging, trieben radikale Elemente unter der Führung des wilden Hans Runge es so weit, daß schließlich ein allgemeiner Kampf ausbrach, indem der Rat sich gegen Landesherrschaft und Geistlichkeit auf der einen und die Ämter, die wieder Sechziger gewählt hatten, auf der anderen Seite wehren mußte. Auswärtige Fürsten wurden als Schiedsrichter in die Rostocker Angelegenheit gezogen. Es ging nicht ohne Blutvergießen, Verbannungen und Demütigungen ab. Schließlich mußte sich unter der Vermittlung der wendischen Städte der Rat dem Landesherrn beugen; das Domstift, aus dessen Einkünften der Landesherr ihm ergebene Professoren und Geistliche besolden konnte, blieb bestehen. Der Aufstand flammte nochmals auf, Runge und Genossen aber wurden gefangen und hingerichtet. In aller Stille bauten in dieser so sturmerregten Zeit die Brüder vom gemeinsamen Leben an der Schwaaner Straße ihr Haus mit der Michaeliskirche. Ihre eifrige Betätigung im Abschreiben und Druck von Büchern wurde eine Ruhmestat im Geistesleben Norddeutschlands.

Wie die Stadt eine Brücke bildete zu den nordischen Ländern, so im besonderen ihre Universität, die drittälteste Deutschlands. Im ersten halben Jahrhundert ihres Bestehens sind an der Rostocker Hochschule annähernd ebensoviele Skandinavier eingeschrieben gewesen, wie an sieben anderen deutschen Universitäten zusammen. Bis zum Jahre 1536 sind fast 1500 Nordländer als Studenten in Rostock nachweisbar. An der Universität wirkte zur Zeit der Domfehde Albrecht Krantz, vielseitig und gründlich als Theologe wie Geschichtsschreiber, eine selbständige Persönlich-

keit in der Zeit der Fegefeuerangst, des Ablaßhandels und der lebens-
feindlichen Jenseitsfrömmigkeit und der Pfründenjägerei. Dann schlug
die Reformation Luthers in ersten Wellen nach dem Norden. Einzelne
Wanderprediger, Prädikanten, tauchten auf und verschwanden wieder.
Der Boden war vorbereitet, als 1523 der Magister Joachim Slüter, ein
Mecklenburger von Geburt, eine Vikarstelle an der Petrikirche erhielt.
Dieser rastlose Mann, gelehrt und volkstümlich zugleich, führte im Sturm
das Luthertum zum Siege durch die Glut seiner Predigten, zu denen die
Hörer aus allen Stadtteilen und von den Dörfern herbeiströmten, so daß
die Kirche die Menge nicht faßte. Im Sommer predigte Slüter oft von einer
Linde des Friedhofes herab. Durch ihn bekam die Rostocker Kirchenbe-
wegung noch ein besonderes, bodenständiges Gepräge. Die Kirchenord-
nung, der Katechismus und das Kirchengesangbuch wurden in plattdeut-
scher Sprache verfaßt, und seine Predigten waren so stark in heimischer
Art und heimischem Denken verwurzelt, daß man geradezu von einer
Wiedergeburt niederdeutsch-eigenständiger Art sprechen kann. Slüters
wertvollster Helfer war der Ratsyndikus Dr. Johann Oldendorp, ein
Schüler von Krantz, der in gelehrten Abhandlungen auf natürliche, dem
Gewissen und dem Gerechtigkeitsgefühl des Menschen entsprechende
Grundlagen zurückführen wollte. Diese Männer treten als die ersten selbständigen Persönlichkeiten nordischer Seelenhaltung, Heimat und Volkstum zugetan, aus dem gebundenen Mittelalter heraus. Die noch katho-
lisch gebliebene Universität verödete nach 1526 durch den Fortzug der
Studenten für einige Jahre völlig. Der Rat verhielt sich der Reform gegenüber zunächst ablehnend, dann vermittelnd, stellte sich aber schließlich
auf die Seite der Volksbewegung. Der Schwung der geistigen Bewegung
verlor sich in den folgenden Jahrzehnten in unerquicklichen Streitigkeiten. 1571 wurde ein Landeskonsistorium unter dem Vorsitz des bekannten Gelehrten David Chyträus gebildet und zwei Jahre darauf die Besetzung der Rostocker Pfarrstellen geregelt. Der Rat bekam das Recht des
Vorschlags, die Kirchgemeinde das der Auswahl, der Landesherr, als
Oberbischof, das der Bestätigung oder Ablehnung; der Rat sprach die
endgültige Besetzung aus. Die Pfarrgeistlichkeit bildete bald ein geistliches Ministerium als Kirchenbehörde, arbeitete aber mit dem Rat meist
in gutem Einvernehmen. So wurde die hansische Überlieferung der
Selbstverwaltung gewahrt, aber aus der Volkskirche wurde eine Pastoren-
kirche, eine Stadtkirche im Stadtstaat. Gemeinsam riefen sodann Rat und
Geistlichkeit eine städtische Fürsorge ins Leben, verbesserten die Spitäler
und gründeten ein Armenhaus im ehemaligen Katharinenkloster. Auf Betreiben Oldendorps wurden 1534 die bisherigen Kirchenschulen ge-

schlossen. Die deutsche Schule im Michaeliskloster blieb bestehen, und im Johanniskloster wurde die lateinische „Große Stadtschule" begründet. Die Bürgerschaft aber wollte von der Neugestaltung nicht ausgeschaltet sein. 1583 erwählten die vier Gewerke der Schuster, Schmiede, Bäcker und Tuchmacher je einen Vertreter. Die vier Erwählten nahmen drei Brauer und drei Kaufleute hinzu, und von diesen zehn Personen wählte eine jede neun weitere Personen. Auf diese Weise wurde das Hundertmänner-Kollegium gebildet, das durch einen Ausschuß an dem Stadtregiment teilnahm.

Mit dem Erstarken des Landesfürstentums und dem Aufkommen der neuen Seemächte sank die Macht der Hanse von ihrer alten Höhe stetig herab, und Rostocks Geschichte wurde ein Teil der Landesgeschichte. Das zeigte sich besonders im Dreißigjährigen Kriege. 1628 wurde Rostock durch einen Handstreich Wallensteins genommen, nachdem es eine hohe Kriegskontribution geleistet hatte. Die Zeit, wo eine Bürgerstadt sich selbständig gegen ein starkes Feldheer mit Geschützen und Belagerungspark verteidigen konnte, war vorbei. Vier Jahre darauf besetzten die Schweden die Stadt und den Hafen Warnemünde und errichteten dort einen Zoll. In dem Kriege Brandenburgs gegen Schweden wurde es vom Großen Kurfürst vorübergehend genommen, mußte aber wieder an die Schweden herausgegeben werden. Rostock war schon durch dreijährige Besetzung mit 3600 Mann, eine Pest und den Schwedenzoll arg zurückgekommen. Da vernichtete noch 1677 ein großer Brand binnen 24 Stunden fast das ganze Petrikirchspiel und die nördliche Hälfte des Marienkirchspiels. 700 Häuser mit Vorräten und Besitz brannten ab, und die Stadt verfiel völliger Erschöpfung. Zu Anfang des 18. Jahrhunderts wurde Rostock in die Wirren des Nordischen Krieges gezogen. Die Herzöge Friedrich Wilhelm und Karl Leopold erbauten ein Palais und einen Festsaal in der Stadt und legten Truppen in die Stadt. Karl Leopold ließ an Rat und Stadt in unerhörter Weise seine Willkür aus. Da im Siebenjährigen Kriege Mecklenburg sich den Feinden Friedrichs d. Gr. anschloß, wurde Rostock von den Preußen durch Kontributionen völlig ausgeplündert. Zu all dem Elend kam noch ein tragikkomisches Ereignis. Wegen der Ablehnung eines von ihm berufenen pietistischen Professors verlegte der Herzog den landesherrlichen Teil der Universität nach Bützow, so daß zeitweise zwei lebensunfähige Universitäten, vier Meilen voneinander entfernt, sich gegenseitig bekämpften. Daneben lief über 20 Jahre lang ein Prozeß am Reichsgericht wegen des Hundert-Männer-Kollegiums. Durch ein landesherrliches Regulativ wurde es dann aus 50 Brauern und Kaufleuten sowie 50 Deputierten der vier Gewerke und Ämter zusammengesetzt. Kam eine Einigung zwischen Rat und den beiden „Quartieren" nicht zustande, so mußte die Entscheidung des Landesherrn eingeholt werden. Im Jahre 1853 erhielten die Quartiere Einfluß auf die Ratswahlen. An der bisherigen Stellung des Rates jedoch wurde nichts geändert. In zurückhaltender Weise glich Rostock sich den Verfassungsformen der Zeit an: 1887 trat eine „repräsentierende Bürgerschaft" an die Stelle der Hundertmänner, und 1909 wurde von den „Vollbürgern" eine „Bürgervertretung" nach dem Dreiklasenwahlrecht gewählt. Diese mußten in wichtigen Angelegenheiten gefragt werden.

Bis 1918, im ganzen über 700 Jahre, leitete der Rat die Geschicke Rostocks. Doch inzwischen war aus dem Erbe der Väter ein Wirtschafts- und Geistesleben herausgewachsen, vielgestaltig und glanzvoll, vorwärtsstürmend, voller Triumphe, aber auch voller Gefahren.

II

Straßennamen können Wegweiser in die geschichtliche Vergangenheit sein, auch wenn sie natürlich in erster Linie den Zweck der Orientierung haben. Diese Zweckbestimmung, die mit der Zunahme des Verkehrs im allgemeinen und dem schnellen Anwachsen der Städte im besonderen an Bedeutung zunahm, führte jedoch im Laufe der Zeit dazu, daß die ursprüngliche Beziehung zwischen der Straße und der Straßenbezeichnung fast völlig verloren ging.

Spätere Bezeichnungen sind oft vollkommen willkürlich und unmotiviert von der Stadtobrigkeit gewählt worden. Ludwig Krause, der hochverdiente Kenner der topographischen Verhältnisse unserer Stadt, muß gestehen, daß es ihm „bei einer Reihe der nach Vornamen von Privatpersonen benannten Straßen nicht möglich gewesen ist, zu erfahren, auf wen diese Namen zurückgehen". Krause schreibt: „Zwei Lesarten gibt es über die Entstehung dieser Namen. Nach der einen soll der Rat die Straßen nach den Vornamen seiner damaligen Mitglieder benannt haben."

Bei dem Versuch, die Namen auf ihren geschichtlichen Ursprung zurückzuführen, stößt man auf mancherlei Schwierigkeiten. Wie die Orts-, Flur- und Familiennamen sind auch die Straßennamen im Laufe der Zeit „verwittert"; sie sind durch den Volksmund umgedichtet, abgeändert, teilweise verstümmelt. Das kann uns nicht wundern! Vermochte man mit dem Namen einen Inhalt nicht mehr zu verbinden, so bog man den Wortklang um, bis sich ein gewisser Sinn ergab. Noch heute zeigen die Straßenschilder Namen, die ihre volksmäßige Umformung nicht verleugnen. Dem volkserziehlichen Interesse dürften diese Schilder kaum dienen. Gilt es nicht, zu erwägen, ob man in der heutigen Zeit, die der Heimatpflege eine besondere Bedeutung beimißt und bei der Wahl der Bezeichnungen für Siedlungen und Straßennamen so bodenständig und zeitnahe verfährt, für die Straßenschilder eine Beschriftung wählt, die die ursprüngliche Bedeutung der Namen ohne Schwierigkeit erkennen läßt. Hildesheim z. B. hat der Straßenbezeichnung eine kurze Erklärung über den Namen und seine Herkunft angefügt.

Die im folgenden berücksichtigten Straßennamen gehören zu denen, deren Bedeutung am meisten umstritten ist.

Hinter unserem altehrwürdigen Rathaus befindet sich eine Straße mit der Bezeichnung „An der Hege". Selbst der bekannte hansische Geschichtsforscher Karl Koppmann scheint irriger Ansicht zu sein, wenn er sagt: „Vermutlich benannt nach einer hier früher befindlich gewesen lebenden Hecke, von der wir freilich nicht mehr wissen, was sie eingeschlossen haben mag." Wir schließen uns der Ansicht von Erwin Volkmann an, daß diese Straßenbezeichnung zurückgeht auf die räumliche Abgrenzung, die Einhegung des Platzes, auf dem das „echte" wie das „gebotene" Ding, also die Gerichtsversammlung abgehalten wurde. Sie war öffentlich und fand nach altem deutschen Recht unter freiem Himmel statt. Die Abgrenzung des Dingplatzes geschah mit Zweigen oder durch Pflöcke, die durch ein Seil verbunden waren. Später entstanden dann, bedingt durch die klimatischen Verhältnisse, offene, aber bedeckte Hallen, die sog. Gerichtslauben, unter denen, allen zugänglich und offensichtlich, das Ding gehegt wurde. Noch heute ist die Bezeichnung „Laube" für den Vorbau an unserm Rathaus durchaus geläufig. (Vgl. Hegede in Wismar.)

Sprachlich verwandt mit „hege" ist „hagen", das in unserm Katthagen wiederkehrt. Gerade uns Rostockern tritt dieser Wortstamm in „Hägerort" und in den vielen Dorfbezeichnungen auf „hagen", den Hagendörfern, so mannigfach entgegen. Diese Dörfer sind alle in der Kolonisationszeit entstanden. Die Kolonisten trafen überall Wald an, den sie durch Rodung urbar machten und dann durch eine leichte Umzäunung einhegten. „Hagen" bedeutet also zuletzt ein größeres Stück umhegten Landes. In Familiennamen kehrt dieses Grundwort häufig wieder. Zum Beispiel: Hagemann, Hagemeister. Viel unklarer blieb der erste Bestandteil der Bezeichnung „Katthagen". Sehr bald wurde „Katt" als niederdeutsch angesprochen und dahinter das vierbeinige Haustier vermutet. Selbst Koppmann gibt sich mit einer ähnlichen Deutung zufrieden. Klarheit in diese dunkle Angelegenheit brachte dann der besondere Umstand, daß alle Katthagen, die von Holland bis Stralsund – auch als Kattregel – so häufig vorkommen, in unmittelbarer Nähe der Stadtmauer festzustellen sind. Mit der Wallmauer als Wehranlage mußten die „Katten" etwas zu tun haben. Erst die Überlegung, daß man mit „Katzen", niederdeutsch „Katten", als Sammelbegriff alle schwereren Kriegswerkzeuge des Mittelalters bezeichnete, brachte des Rätsels Lösung. Der Katthagen bzw. Kattregel, wie er beispielsweise in Güstrow anzutreffen ist, ist also der abgeschlossene Aufbewahrungsort für die mittelalterlichen Katapulte, Schleudermaschinen, Sturmböcke usw.

Mit der mittelalterlichen Wehranlage hat sicher auch unser „Blauer Thurm", der auch in Stralsund vorkam, etwas zu tun. Dafür spricht schon seine Lage. Abwegig ist die Behauptung, daß man ihn „nach der blauen Färbung seines Schieferdaches" benannt hätte. Die Bezeichnung ist zweifellos einem Geschütznamen entlehnt. Bekanntlich trugen die mittelalterlichen Geschütze alle Namen. Ein Geschütz hieß eben „blauer Thurm". Für Lübeck läßt sich dieser Geschützname urkundlich nachweisen. Ein Geschütz aus dem Jahre 1565 schoß 40 Pfund Eisen und warnte:

„De blaue Torn do ik heten,
Beckergrowen heft mi laten geten,
un de mi will benaden (nahen!),
de möt mi wol betahlen."

An Rostocks Bedeutung als Schiffahrts- und Handelsstadt erinnern insbesondere die Namen „Lastadie" und „Auf der Huder". „Lastadie" ist viersilbig zu sprechen; es hängt zusammen mit Last, Ballast, und bezeichnet die Stelle, wo Schiffe ihre Ladung einnahmen und ausluden. Diese Plätze waren oft nicht klein. Die Rostocker Jungen fanden nach Brinckman dort „up dei Ballaststäd" Platz genug, die Schlacht bei Abukir zu spielen und das türkische Admiralschiff in die Luft zu sprengen. Später verstand man unter Lastadie den Platz, wo Schiffsbau betrieben wurde.

Die Straße „Auf der Huder" hieß ursprünglich „uppe der Hude", also ohne das sinnentstellende „r" am Schluß. Man bezeichnete damit einen kleinen Hafen oder eine Anlegestelle.

Ein Teil der Straßennamen verrät uns einstmalige alte Gewerbe, die es heute nicht mehr gibt. Angehörige derselben Zunft wohnten vielfach zusammen in einer Straße oder es lag dort auch wohl das Zunftgelaß. Danach erhielten die Straßen ihre Bezeichnung. So wohnten in der Lohgerberstraße die Gerber, die die Felle mit Eichenlohe bearbeiteten, während die Weißgerber Alaun verwendeten und weißes Leder herstellten.

In der Kistenmacherstraße wohnten die Handwerker, die insbesondere

Alte Rostocker Straßen:
Wollenweberstraße

Kistenmacherstraße (im zweiten
Weltkrieg teilzerstört)

Lastadie (teilzerstört; im
Hintergrund der Blaue Turm,
ebenfalls zerstört im zweiten
Weltkrieg)

Handwerkerzeichen der
Kerzenhersteller am Haus
Kistenmacherstraße 25 (ebenfalls
kriegszerstört)

die Kisten und Truhen anfertigten. An dem Hause Nr. 24 befindet sich übrigens noch ein altes Handwerkerschild, das der Lichtwerker. Von den ursprünglich vier Lichtgußformen haben drei dem Zahn der Zeit zu widerstehen vermocht.

Das Gewerbe der Grapengießer, das in Rostock schon um 1235 erwähnt wird, hatte sein Zuhause in der Grapengießerstraße. Die Grapen waren metallene, dreibeinige Kochtöpfe, die über dem offenen Herdfeuer aufgestellt wurden.

Dem Bedürfnis der körperlichen Sauberkeit entsprachen die Bader. Die älteste Badestube in Rostock wird um 1260 erwähnt und lag bei St. Peter hinter der Burg. Gegen Ende des 13. Jahrhunderts bestand unweit des Bramower Tores (Grünes Tor) eine Badestube, nach der dann die Straße benannt wurde. Die Bader beschäftigten sich übrigens nicht nur mit dem Bart- und Haarschneiden, sondern auch mit der Wundarzneikunst. Im Jahre 1284 wurde bereits ein Chirurg mit Namen Bertram zu Rostock als Bürger aufgenommen.

Wohlhabende Städte leisteten sich für Festlichkeiten wohl besondere Köche, die mit gekochtem oder gebratenem Fleisch, mit Fisch oder Geflügel handelten und Garbräter genannt wurden.

Groß ist die Gruppe derjenigen Straßen, die nach Familiennamen benannt sind. Einige davon seien kurz aufgezählt: Bliesathsberg, Hartestraße, Koßfelderstraße, Mönchenstraße, Eselföterstraße, Schnickmannstraße, Sperlingsnest, Wokrenterstraße. Zu dieser Gattung gehört übrigens nicht die Lagerstraße. Ludwig Krause führt die Bezeichnung auf laag, läg, „niedrig" zurück. Die Lagerstraße bildete eine nasse Sumpfniederung, die die Mittelstadt im Westen nach der Neustadt zu begrenzte. Die Verlängerung der Lagerstraße, die „Faule Grube", die fast keinen Abfluß hatte und „ful Water" führte, bestätigt die Annahme von Krause.

Auf eine ähnliche örtliche Voraussetzung geht auch die Goldstraße zurück. Mit dem Edelmetall hat die Bezeichnung nichts zu tun. Krause vermutet dahinter das mittelniederdeutsche „gole" (goel) = Sumpf oder Bruch. Diese Niederung bei der Kleinen Goldstraße ist noch heute leicht erkennbar. Sie bildete die Südgrenze des ältesten Stadtteils.

Die Viergelindenbrücke wird noch heute viel „umgedichtet". Ursprünglich benannt nach einer an der Grube gelegenen Doppelmühle, die vier Mahlgänge oder Grinden besaß, also Viergrindenbrücke, bringt der Volksmund sie heute mit „Linden" oder „Geländer" in Beziehung. Die immer rege Volksphantasie hat sogar eine „Vigelinenbrücke" daraus gemacht und den in der Nähe wohnenden Schuster und seine „Besohlanstalt" zum „Vigelinenschauster".

Damit soll der Streifzug durch das Gebiet der Straßennamen zuende sein. Unsere jetzige Stadtverwaltung hat mit vollem Recht auf alte Flurnamen (Hasenbäk) zurückgegriffen und hat auch sonst durch die Straßennamen praktische Volkstumspflege getrieben. Katen und Kirchen, Tore und Türme, Straßen und Wege sind voll der Erinnerungen an die Menschen, die sie bauten; ihr Geist lebt in ihnen fort. Mit jedem Stück aber, ganz gleich, ob es ein großes oder kleines Kunstwerk ist, ob es Flurnamen oder Straßennamen sind, verschwindet der Zusammenhang zwischen dem Menschen und dem Boden, auf dem er geboren, aus dem er herausgewachsen ist. Auch durch die Pflege der Straßennamen wird die Verbindung wieder aufgenommen zwischen uns und unseren Vorfahren, mit denen wir einer Art sind.

III

Das Lebenselement des alten Rostock ist die salzene See, Schiffahrt und Überseehandel ihre ältesten und vornehmsten Gewerbe. Sobald die Bürgergemeinde sich aus der Fessel fürstlicher Herrschaft gelöst hat und Herr ist im eignen Hause, beginnt ein 500jähriger Kampf um die Beherrschung des Breitlings und der Warnowmündung. Das ist die Lebensader der Stadt, die eine Bürgerburg ist am Rande des Meeres, von der aus der wagende Kaufmann auszieht auf seine Fahrt, und die Ostsee in schwerem Ringen zu einem deutschen Meer macht. In Dänemark, in Schweden und Norwegen, ja weit bis ins Baltikum hinein liegen die Hansekontore, Vorburgen der Schiffahrt treibenden Kaufherren. Von hier aus hält man den Eigenhandel der nordischen Länder nieder, hier sammeln sich die Güter, die nach der Heimatstadt oder nach dem Westen verfrachtet werden. Dies Hanseimperium aber steht und fällt wie das englische mit der Überlegenheit der deutschen Seegeltung. Der Spruch: Seefahrt ist not! ist von den Hanseschiffern viel früher gelebt als in Worte gefaßt worden. Seeschiffahrt aber ist eine Frage des Menschenschlages. Nicht zufällig weisen Spuren darauf hin, daß das friesische Element in der Städtegründungszeit eine besondere Rolle gespielt hat – Warnemünde ist vielleicht eine alte Friesenkolonie –, und immer wieder hat die Schiffahrt aus dem sich allmählich mit Menschen füllenden Lande die Männer in die Seestädte gezogen, denen Wagemut und Fernsehnsucht im Blut saßen. Heute noch ist der Mecklenburger der Küste und der Seestädte ein anderer Mensch, quicker und lebendiger als der Binnenländer. Brinckman hat ihn gezeichnet, der selber einer alten, ursprünglich Warnemünder Schiffersippe entstammt.

Es ist nicht leicht, sich von der Schiffahrt der älteren Zeit, der eigentlichen Heldenzeit der Hanse, ein Bild zu machen. Nur zu leicht schieben sich die Vorstellungen unserer Zeit ein mit ihren Riesenreedereien und den ungeheuren Ozeandampfern. Man muß sich klar machen, daß in der ältesten Zeit die Schiffe viel kleiner waren, daß Schiffer und Kaufmann in weitem Umfange zusammenfiel. Die ältesten Hansekoggen haben etwa einen Rauminhalt von 30 Registertonnen, der bis zur Mitte des 14. Jahrhunderts auf etwa 70 bis 80 Registertonnen steigt. Nur weiterhin im Osten baut man Schiffe, die bis zu 275 Registertonnen Größe erreichen. Die Baukosten dieser Schiffe betrugen um 1400 etwa 260 Gramm Silber die Registertonne.

Noch um 1800 beherrschen die Galjassen weitgehendst die Schiffahrt in der Ostsee, gehen aber auch bis nach Holland und England. Diese Galjassen entsprechen in ihrer Ladefähigkeit etwa den Hansekoggen und Snicken. Wenn auch der mittelalterliche Handel mit diesen kleinen Schiffen zu rechnen hat, so wird er doch so ergebnisreich, weil die Frachten ganz ungeheuer hoch sind. Die Salz- und Getreidefracht von Preußen und Flandern beträgt 60 bis 67 Prozent des Preises am Lieferort. Holz erzielt um 1400 eine Fracht von 280 Prozent. Und es ist klar, daß ganz bedeutende Beträge durch den Handel in die einzelnen Städte strömen. Der Schiffer ist meist Inhaber von einem Viertel oder auch einem Achtel des Fahrzeuges. Der Erwerb daraus genügt zum Unterhalt seiner Familie. Da es im Norden keine Seeversicherungen gibt, verteilt man das Eigenvermögen auf eine ganze Anzahl von Schiffen, um sich gegen Verlust des Gesamtvermögens zu schützen. In dieser Zeit ist nautische und kaufmännische Tüchtigkeit des Schiffsführers ausschlaggebend für den Gewinn. Ringsum drohen Gefahren. Die Ostsee ist ein tückisches Meer. Nur wer von jung auf die Wetterzeiten kennt, kann es befahren. Hart ist das Strandrecht. Ein Schiff, das auch nur den Boden berührt, ist mitsamt seiner Ladung dem Küstenanrainer verfallen, oder muß sich mit schwerer Buße lösen. Wenn auch die Hansestädte weitgehend Verträge über Strandrecht mit den umliegenden Ländern abgeschlossen haben, so zeugen doch die vielen laufenden Prozesse davon, daß diese Verträge sehr mangelhaft gehalten wurden. Zu den Gefahren, die See und Land bieten, kommt noch die Seeräuberei hinzu. Gegen sie schützen sich die Schiffer dadurch, daß sie in Geleitszügen fahren. So entstehen die Genossenschaften oder, wie man sie damals durchweg nennt, die Gelage der Schonenfahrer, der Riggenfahrer u. a., in denen sich die Schiffer, welche gewohnheitsgemäß die gleichen Fahrten machen, unabhängig von der Ladung, die sie führen, zusammenschließen. Späterhin finden sich die einzelnen Schifferkompanien zu einer Genossenschaft zusammen, welche die Interessen ihrer Mitglieder oft in brutaler Rücksichtslosigkeit vertritt. Sie sind, gegen eine weitsichtige Politik des Rates, vor allem bestrebt, fremde Schiffer, die das Bürgerrecht nicht besitzen, aus den heimischen Gewässern fern zu halten. So hat ja auch Rostock die einstmals blühende Schiffahrt Warnemündes völlig lahmgelegt und die dort ansässigen Schifferfamilien gezwungen, nach Rostock zu ziehen und das Bürgerrecht zu erwerben.

Die Besatzung dieser Schiffe war hoch, ganz wesentlich höher als im 18. Jahrhundert, einmal, weil die Segeltechnik noch nicht so entwickelt war, zum anderen, weil man die Mannschaft auch als Krieger im Kampf gegen Seeräuber und Konkurrenten zur See rücksichtslos einsetzte. Überhaupt war in der damaligen Zeit jedes Handelsschiff mehr oder weniger auch Kriegsschiff. Die Kämpfe gegen die Dänen, Schweden sowie auch gegen die Landesfürsten wurden nicht allein mit Kriegskoggen geführt. So war ein großer Teil der Rostocker Bürgerschaft unmittelbar an der Seeschiffahrt beteiligt. Um 1380 hatte Rostock 10875 Bürger in seinen Mauern. Auch von den Kaufleuten, die nicht zur See fuhren, nur handelten und reedeten, waren die meisten in jüngeren Jahren Schiffsfahrer gewesen, kannten die fremden Länder, nach denen sie handelten, und hatten gelernt, die Steuerpinne zu führen wie das Schwert. Darüber hinaus aber griff die Schiffahrt entscheidend in das Wirtschaftsleben der Stadt ein. Denn alle die Fahrzeuge, welche jahrein jahraus um Ostern herum durch den Breitling hinausfuhren in die eisfrei gewordene See und um Allerheiligen zurückkamen, waren in Rostock erbaut, von Rostocker Handwerkern, Zimmerleuten, waren hier getakelt, empfingen hier ihre Segel, ihren Schmiedebeschlag und was immer so ein kunstvoller Bau in sich barg. Werften und Werftarbeiter in unserem Sinne gab es damals nicht. Alle diese Schiffe waren Handwerksarbeit. Und wievielen Menschen sie Brot und Nahrung gaben, davon zeugt die Zahl der Segelmacher, Reepschläger, Seiler, Schiffsschmiede, Schiffsbauer, der Brettklöver u. a. mehr. Und dieser Schiffsbau vefügte über eine höchst achtenswerte Handwerkskunst. Davon zeugen die Fahrten der hochbordigen Koggen, die wir verfolgen können. Davon zeugen die Bilder, die uns diese kunstvoll getürmten Hochseeschiffe zeigen, und besonders die Tatsache, daß der Schiffsbau bis in das 18. Jahrhundert hinein so ausgezeichnet getrimmte Fahrzeuge zu bauen verstanden, wie sie nur eine lange Tradition und ein genaues Vertrautsein mit Material und den Fahrbedingungen entstehen läßt. Ein großer Teil dieser Handwerker gehörte ja auch mit zur Schiffsmannschaft oder hatte in jüngeren Jahren zu den Fahrensleuten gehört. Holz zum Schiffsbau bot die Rostocker Heide, der wertvollste Besitz der alten

Seestadt. Dort schlug man bei fallendem und steigendem Saft, je nach der Verwendung, die Hölzer, die sich der Schiffszimmermann am liebsten selber aussuchte. Seit dem späten Mittelalter bieten die gesamten Ostseestädte von der Hafenseite aus gesehen, den gleichen Anblick. Überall türmen sich die mächtigen Holzstapel empor, kunstgerecht und zünftig geschichtet, der Stolz des Schiffszimmermannes, aber gleich stark eine schwere Gefahr bei Feuersbrünsten. Mindestens acht Jahre mußte das Holz liegen, ehe man es verwandte. Auf der alten Reeperbahn schritten Meister und Gesellen unter dem Grün der hohen Buchenkronen und drehten Trossen, Seile und laufendes Gut. In den weiten dunklen Buden hockten Segelmacher, schnitten zu, nähten und steppten und faßten die Segel in Lieken. In der Heide standen weit verteilt die Hütten der Teerschwäler, und in den Werkstätten glühten die Essen und klang der Amboß wieder von den Hammerschlägen der Schmiede, die den Beschlag für Steuer und Belagbolzen anfertigten. Es muß ein lustig Bild gewesen sein, wenn im Frühjahr nach der Schneeschmelze der frische Westwind durch die hohen dunklen Gassen stürmt und nunmehr die große Sinfonie der Arbeit ihr Singen und Klingen anhebt, der Duft von Teer und frischem Holz über die ganze Hafenbreite strömt.

Die Waren, welche die Hanseschiffahrt befördert, sind in der Frühzeit und im Hochmittelalter nun nicht etwa Erzeugnisse des heimischen Gewerbefleißes, sondern es sind die Rohstoffe, die der Norden und Osten liefert. Sie gehen nach dem wirtschaftlich höher entwickelten Westen, nach Flandern und Frankreich. Als Rückfrachten werden dann Tuche und Webwaren, Weine, Gewürze und Spezereien geladen und vor allem in der Loiremündung das für den Heringsfang unentbehrliche Salz. Natürlich gehen bald auch Handwerksgüter der Heimat mit, Waffen, Kessel und andere Schmiedewaren, später in steigendem Maße Bier. Die Güter des Ostens und Nordens sind Pelzwerk, Häute, Felle, Leder, Flachs, Hanf, Pech, vor allem Holz zum Schiffsbau aus Rußland und den Gebieten des deutschen Ordens. Letzteres ging vorwiegend nach Flandern und Holland.

Die Grundlage aber für die reiche Blüte Rostocks und der Hanse überhaupt war die Monopolstellung, die der deutsche Kaufmann und Schiffer in dem gesamten Raum der Ostsee und Nordsee besaß. Die Macht des Geldes und des Schwertes – beide verstand der Kaufmann einzusetzen, um den Handel der übrigen Meeranrainer niederzuhalten und sich seine Privilegien und seine Vormachtstellung zu erobern und mit herrischer Hand zu wahren. Er war der erste gewesen an den Küsten der Meere, die er befuhr, damals, als der Norden noch zersplittert war, und er gedachte,

diese Stellung zu halten. Als dann aber im natürlichen Lauf der Entwicklung in Skandinavien und England nationale Reiche entstanden, als der
Osten erwachte, da wurde die Großmachtstellung der Hanse unsicher,
denn hinter ihr stand kein geeintes Reich, und selbst in den Städten gab es
Hader. So zieht der Dreißigjährige Krieg nur den Schlußstrich unter eine
Entwicklung, in deren Verlauf die Gewalten von Landesfürsten eigentlich
schon vorher die Grundlage der Hanse zerstört hatten. Das erstaunliche
und für die Lebenskraft des niederdeutschen Kaufmanns Bezeichnende
ist, daß die Schiffahrt bis zum Dreißigjährigen Krieg hin nicht nur nicht
geschrumpft ist, sondern sogar noch etwas zugenommen hat. Freilich, sie
wird im 15. und 16. Jahrhundert überschnitten von der Schiffahrt der nordischen Länder, Englands und Hollands.

Der Dreißigjährige Krieg brachte Rostock den furchtbaren Absturz.
350 000 Goldgulden erpreßte allein Wallenstein aus der Stadt, und als der
Friede kam, saß der Schwede in Warnemünde, 80 000 Taler pro Jahr nahm
er aus der Rostocker Schiffahrt anfänglich ein. Dabei war die Bevölke-
rungszahl auf die Hälfte, auf 5000 Seelen zurückgegangen. Von 113 Schiffen im Jahre 1654 sank die Zahl auf 31 im Jahre 1712.

Der Dreißigjährige Krieg ist die stärkste Belastungsprobe für unser Land
gewesen. Nichts sollte uns mit stärkerem Stolz erfüllen als der stille und
zähe Kampf, den das Geschlecht jener Zeit führte und mit so beispiello-
sem Erfolg führte. Zum zweitenmal wuchs schier aus dem Nichts eine
Rostocker Flotte empor, wiederum flatterte der Greif im goldenen Feld
an ihren Masten und zog weit hinaus zu fernen Küsten. Diese zweite Blüte
Rostocker Schiffahrt aber erwuchs aus einer neuen Wirtschaftsgrundlage,
hinter ihr stand die heimische Scholle, der Kornacker und die Viehwirt-
schaft.

Im Jahre 1700 führte der Oberlanddrost von der Lühe auf seinem Gute
Pansow bei Wismar die Holsteinsche Koppelwirtschaft ein. Ein halbes
Jahrhundert später schon steht Mecklenburg an der Spitze der Weizen-
produktion im Ostseegebiet. In den letzten vierzig Jahren des 18. Jahrhunderts haben sich die über Rostock verfrachteten Getreidemengen ver-
vierfacht. Holland, Frankreich und England, mehr und mehr auf dem
Wege zur Industrialisierung, hungern nach dem Getreide der Ostseestaa-
ten. Das Wettrüsten der europäischen Marinen bringt eine starke Nachfrage nach Schiffsbauholz. Der Gewinn aus dem amerikanischen Frei-
heitskrieg allein soll eine Million Taler erbracht haben.

Freilich in den Schoß gefallen ist dieser Reichtum den Rostocker Schif-
fern nicht. Er mußte in zäher Arbeit errungen werden. Alles lag an der

kaufmännischen und nautischen Tüchtigkeit des Kapitäns, der damals selber zugleich Schiffer und Kaufmann war. Wieviel hier kluge Voraussicht und Entschlußkraft zu erreichen vermochte, zeigt die von dem Schiffer Rohde um 1730 begonnene Obstausfuhr nach Petersburg. In sieben Jahren wurden in und um Rostock für etwa 276 500 Taler Äpfel aufgekauft, und der Gewinn der Schiffer belief sich auf 100 Prozent.

Mit der Schiffahrt hob sich der Schiffsbau, der wiederum, wie in der Hansezeit, vielen Rostockern Brot gab. Daß auch die Landwirtschaft aufblühte, zeigte die Tatsache, daß Bauern und Gutsbesitzer an der Partenreederei eifrig Anteil nahmen und daß sich das Fischland aus eigener Kraft aus einem ärmlichen Fischerbezirk zu einem der reichsten und wohlhabendsten Landschaften Mecklenburgs entwickelte. Seine Flotte lag in Rostock und Stettin und machte zeitweise über die Hälfte der von Rostocker Kapitänen gefahrenen Schiffe aus.

Neben dem Getreide wurde auch Wolle in steigendem Maße ausgeführt, auch Butter, Fleisch und Tabak. Glas aus den heimischen Glashütten und Salz aus den Salinen von Sülze fielen mehr und mehr aus, seitdem infolge des Raubbaus das Brennholz knapp wurde. Dagegen blieb der Bier- und Essigexport nach Skandinavien erheblich.

Diese zweite Blüte Rostocker Schiffahrt unterscheidet sich also grundsätzlich von der ersten, der Hansezeit, dadurch, daß sie ganz allein auf der Tüchtigkeit des Schiffers und Kaufmanns beruht und auf der Wirtschaft des heimischen Bodens. Hinter ihr steht nicht, wie früher, eine politische Macht, die mit kriegerischen und kapitalistischen Machtmitteln Monopole und Ausnahmebegünstigungen für ihre Bürger erzwingt. In schwerer mühsamer Konkurrenz muß alles aufgebaut werden. Wiederum zeigt sich die Wahrheit des Satzes, daß Seegeltung eine Frage des Menschenschlages ist. Nur dem zeigt sich die salzene See gewogen, der ihr Rauschen im Blute trägt. Seemann ist man, man kann es nicht werden.

Es ist schade, daß wir die Geschichte dieses zweiten Aufstiegs noch nicht genau genug kennen, daß das Material, das unsere Archive bergen, noch nicht so verarbeitet ist, wie man es wünschen muß. Das Wachsen und Werden der neuen Entwicklung läßt sich vielleicht von den Verschiebungen in der Schiffsgröße ablesen. Zu Anfang überwiegen die Galjassen in ihren verschiedenen Formen. Das sind kleine Fahrzeuge, die ungefähr der Größe der späten Hansekoggen entsprechen. Daneben kommen dann mehr und mehr die Schuner und Briggs auf, und im neunzehnten Jahrhundert werden die Barkschiffe führend. Von 1850 bis 1870 fällt die Zahl der Galjassen von 56 auf 7, steigt die Zahl der Barkschiffe von 11 auf 137, hält sich die Zahl der Briggs zwischen 140 und 200. Bei allen Fahrzeugen nimmt die Größe um ein geringes zu. Man spürt, wie die Schiffahrt im 18. Jahrhundert in engen Grenzen mit geringen Warenquanten betrieben wird, wie dann der Gewinn zäh und enthaltsam immer wieder in Neubau von Schiffen angelegt wird, bis ein bescheidener Wohlstand aufgebaut ist. Erst dann, um die Jahrhundertwende, ist in Rostock jene Behäbigkeit entstanden, von der uns die köstlichen Schiffergeschichten John Brinckmans erzählen. In der gleichen Zeit ergibt sich auch für das Fischland eine gleiche Höhe des Lebensstandards. Dann beginnen aus den Kreisen der Schiffer einzelne weitere Fahrten zu machen. Es sind die Unternehmenderen, die sich nicht mehr auf Ost- und Nordsee beschränken. Freilich schon mit den Galjassen hat man gelegentlich weit ausgelangt. Aber erst als die Brigg sich durchsetzt, erscheint die Rostocker Flagge auch am Schwarzen Meer, greift aus bis nach Indien und nach Nordamerika.

Die Notzeit der französischen Besetzung und der Kontinentalsperre hat diese Entwicklung zwar gehemmt, hat aber den Unternehmungsgeist der Seeleute nicht brechen können, hat ihm im Gegenteil nur einen weiteren Schwung gegeben. Man fährt jetzt unter neutraler Flagge, man bleibt zeitweise jahrelang fort und treibt Handel in den nord- und mittelamerikanischen Gewässern, und eins der eindrucksvollsten Beispiele für Wagemut und Draufgängertum ist die Sprengung der dänischen Blockade von Warnemünde, die der kühne Lotsenkommandeur Gerdes auf eigene Faust mit Lotsenjollen und Fischerewern unternimmt. Daraus entwickelt sich ein fröhlicher Kleinkrieg, der erst durch das Eingreifen der hohen Alliierten in Wien abgestoppt wird.

Nach der Franzosenzeit kommen zunächst schwere Jahre. Es sind die Krisenjahre der englischen Industrie, welche zusammenbricht, als sie das ganze Festland mit den aufgestapelten Waren überschwemmt hat. Der Absatz stockt plötzlich. Doch auch diese Zeit wird überwunden, und als in den dreißiger und vierziger Jahren die englischen Kornzölle abgebaut werden, steigt die Schiffahrt und der Schiffsbau gewaltig an, so gewaltig, daß er über den gewohnten Rahmen hinauszuwachsen beginnt. Die Tonnage wird so groß, daß der Export der heimischen Scholle mehr als gedeckt wird. War ehemals der Frachtraum knapp, so beginnen nun die Frachten knapper zu werden, und ein Teil der Schiffe ist gezwungen, sich in den eigentlichen Welthandel einzufügen. Der Auftrieb im Schiffsbau erhält nun einen besonderen Anstoß durch den Krimkrieg und wird damit weit über das Maß dessen, was Rostock an Schiffsraum gebrauchen und verwerten kann, hinausgetrieben. Schon vom Jahre 1849, wo die Navigationsakte, welche die Einfuhr in England beschränkte, aufgehoben wird, bis zum Jahre 1853 sind neun neue Werften entstanden. Dabei muß man bedenken, daß mit den Werften auch die Ausrüstungsfirmen und alle mit dem Schiffsbau zusammenhängenden Handwerkszweige mächtig anwuchsen. Längst war man zum Bau bekupferter oder kupferfester Schiffe übergegangen. Fast ein Drittel der Rostocker Schiffe war im Jahre 1855 tropenfest. Der Krimkrieg brachte nun für die Rostocker Flotte eine ungeheure Hausse. Zwei Drittel der Schiffe standen im Dienst Frankreichs und Englands, und auf Jahre hin waren die Mittelmeergewässer eine Domäne der Rostocker Schiffahrt. Solche Rostocker Schiffe, welche für die in Sebastopol eingeschlossenen Russen blockadebrechend Proviant und Munition fuhren, konnten 240 Prozent und mehr Dividende ausschütten. Aber auch der Durchschnitt der Flotte, der meist unter neutraler Flagge und englisch-französischem Schutz segelten, verdiente trotz großer Ausgaben für Neuausrüstung und Bekupferung bis zu 25¼ Prozent.

Der Krimkrieg ist in mehr als in einer Beziehung ein Wendepunkt in der Entwicklung der Schiffahrt Rostocks, wenn seine Auswirkung auch erst später in die Erscheinung tritt. In den kommenden Jahrzehnten nämlich begannen sich die wirtschaftlichen Grundlagen für die bisherige Blüte entscheidend zu verschieben. Bisher war Rostock gewissermaßen die einzige Öffnung eines großen Bassins, aus dem die Warengüter, und zwar in diesem Falle das Korn, ausströmten. Ursprünglich hatte dieses Bassin nur die Landwirtschaft Mecklenburgs umfaßt. Dann war der Getreideüberschuß der gesamten Ostseeländer hinzugekommen. In größerem Maße exportiert werden konnte dies Getreide eben nur zu Wasser. Denn Eisenbahn und Kunststraßen gab es in diesem Raume nicht, und die gesamten, zum Export gelangten Getreidemengen mußten auf Landwegen mit Fuhrwerk herangebracht werden. Von der Ernte bis Ende Oktober fuhren täglich in Rostock 700 bis 1200 Wagen vom Lande ein zum Hafen, wo das Getreide verladen wurde. Später einlaufendes Getreide ging in die Speicher, deren durchschnittlicher Lagerbestand 120000 Zentner Weizen und bis zu 50000 Zentner Roggen hielt. Man kann also leicht ermessen, was es bedeutet, wenn dieser Raum durch Eisenbahnen, die überdies für Getreide einen besonders günstigen Frachttarif entwickelten, erschlossen wurde. Das hat etwa die Wirkung, als wenn in das erwähnte Bassin mehr und mehr Löcher eingebohrt werden, durch welche der Inhalt abfließt. Und diese Entwicklung beginnt in einem Augenblick, wo an sich schon der Frachtraum Rostocks über Gebühr vergrößert ist. Dazu kommt als zweites, daß in steigendem Maße mit der sich ausbreitenden Industrialisierung und Verstädterung Deutschlands der Exportüberschuß an Getreide überhaupt abnahm. Und endlich als drittes, daß in der gleichen Zeit das ausländische Getreide aus den Kolonien auf den Markt zu strömen begann. Damit wurde die heimische Schiffahrt nun aber vor Aufgaben gestellt, denen sie nicht ohne weiteres gewachsen war. Denn die Rostokker Flotte war auf ganz bestimmte, in langer Entwicklung gewachsene Verhältnisse zugeschnitten, und die neu entstehende Weltschiffahrt führte für die neuen Erfordernisse einen neuen Schiffstypus ein – das Dampfschiff. Zu diesen äußeren Gründen des Niedergangs gesellt sich ein innerer, die immer größer gewordenen Mißstände im Reedereibetrieb. Die Partenreederei war in Mißkredit gekommen, weil ein Teil der Korrespondentreeder, welche die Verwaltung der Frachten zu besorgen hatten und gleichzeitig die einlaufenden Gelder verwalteten, ihre Stellung mißbrauchten. Ihr Anteil an dem Geschäft war ein Prozentsatz des Bruttogewinns ebenso wie das Kapplaken des Kapitäns, und gewissenlose Geschäftsführer sorgten nur dafür, daß eine möglichst hohe Frachtenrate herauskam, ohne Rücksicht zu nehmen auf den Reingewinn des Unternehmens. Überdies vermochten diese Partenreedereien überhaupt nicht mehr die hohen Kapitalsummen aufzubringen, welche die großen Dampfer erforderten.

So gibt es von den sechziger Jahren an eine langsame, aber unaufhaltsam fortschreitende Abbröckelung. Am härtesten betroffen werden die Werften und Ausrüstungsfirmen, welche häufig gezwungen waren, einen Teil der Parten zu übernehmen. So werden die Werften in den Zusammenbruch der Reedereien mit hineingezogen. Den Abschluß dieser ganzen Entwicklung bringt der Krieg von 1870/71. Mit der Gründung des kaiserlichen Deutschland trat Mecklenburg in den deutschen Zollverein ein. Damit war es an höhere Tarifsätze für die Einfuhr gebunden und wurde in die große Wirtschaftskrise der Gründerjahre hineingezogen. Während des Krieges war ein gut Teil der Schiffsverbindungen von anderen Nationen erobert worden und konnte von den Rostockern trotz aller Anstrengungen nicht wieder eingeholt werden. Der Kernpunkt des Niedergangs aber lag in dem völligen Rückgang der Getreideausfuhr. Die Weltgetreidepreise waren seit den siebziger Jahren unter die deutschen Produktionskosten gesunken, und die höchsten Preise erzielte der mecklenburgische Landwirt auf dem inneren Markt. So sog das Eisenbahnnetz Rostocks alte Produktionsgebiete nach dem mitteldeutschen Industriegebiet ab, so daß der Export aus Rostock völlig zum Erliegen kommt.

Ende der siebziger Jahre falliert die große Reederei und Getreidegroßhandlung Witte mit 22 Schiffen, und in den Jahren 1883/84 lösen sich 14 kleinere Reedereien als unrentabel oder zahlungsunfähig auf, 1885 bis 88 kommen neun Reedereien unter den Hammer, darunter drei Getreidegroßfirmen mit 52 Schiffen. Was übrig bleibt, kämpft sich mühsam durch die nun folgende Notzeit hindurch. Von 1880 bis 1900 sinkt die Zahl der Rostocker Schiffe von 354 Fahrzeugen mit 104 283 Reg.-Tonnen auf 54 mit 23 893 Reg.-Tonnen. Das ist das Ende der alten Rostocker Segelschiffe.

IV

Schnell rauscht die Zeit dahin und verwischt alle Spuren. Schon nach sechzig Jahren muß man zu den Erzählungen der älteren Menschen oder zu Büchern und vergilbten Briefen greifen, wenn man wissen will, wie es damals in einer Stadt aussah, wie die Menschen in ihr lebten. Worin – fragt der Wißbegierige – bestanden etwa ihre Freuden, die ihnen Entschädigung bieten sollten für mancherlei harte Arbeit und vielerlei Enttäuschung, da es doch noch nicht Sitte war, große Reisen zu machen und auch Auto, Radio, Kino, Sport noch gar nicht oder kaum geboren waren?

Rostock vor sechzig Jahren! Heute die jüngste Großstadt, war es damals eine etwas über 30000 Einwohner zählende Stadt, die noch in der Hauptsache innerhalb der Stadtmauern lag, und in deren Straßen die alten Herren feierlich ihre schwarzen und grauen Zylinder trugen. An Stelle des brausenden Lebens, das heute den Doberaner Platz nicht zur Ruhe kommen läßt, träumte eine Wiese mit offenem Wasser. Vor den Häusern standen Bänke, auf denen abends die Familien und Angestellten zum fröhlichen Plausch saßen. Viele Gärten, die inzwischen verschwunden sind, grünten. An den Brunnen holte man sich selber das Wasser, und keine Wasserleitung brachte das melodische Geräusch des Pumpenschwengels zum Verstummen. Ein großes Ereignis war ein Feuer. Dann stellte der Turmwächter auf St. Marien sein gemütliches Blasen ein und hängte in Richtung des Feuers eine rote Laterne aus. Die Nachtwächter zogen ihre gewaltigen Knarren hervor und drehten sie hundertfältig im Kreise, dazu tuteten sie mißtönend auf ihren Hörnern. Eine Art Schlachtmusik vollführten auch die Schlachtergesellen, die das Privilegium hatten, auf eine große, extra diesem Zwecke zur Verfügung stehende Trommel zu schlagen. Dazu erschien das Militär mit kleinen Trommeln. Das genügte, um auch den Letzten aus dem Schlaf zu schrecken, der zur freiwilligen Feuerwehr gehörte.

Damals gab es viele gefüllte Kornspeicher, die der gegebene Herd für gewaltige Brände waren. Es brannte auch im Jahre 1880 das Stadttheater ab. Für die folgenden Jahre mußte ein Interimstheater seinen Zweck erfüllen, von dem man erzählt, daß es besonders viel an langen guten Pausen bot. Man benutzte sie fröhlich zu Speis' und Trank, denn einen Kaffeehausbesuch kannte man noch nicht. Es gab zwar vier Konditoreien, aber dort bekam man weder Kaffee noch Tee, noch überhaupt einen Stuhl, um sich hinzusetzen, sondern es wurden je vier Stück Kuchen auf einem Teller verkauft, die man mitnehmen mußte.

Mit dem Frühjahr stellte sich der Rostocker Pfingstmark ein, dessen Alter sich auf viele Jahrhunderte beläuft. Er war damals eine Messe, zu der von weither Kaufleute kamen und Gegenstände brachten, die noch fremd und unbekannt waren. Dazu gehörten die ersten Apfelsinen, auch zum ersten Mal maschinenmäßig hergestellte Schuhe. Man kaufte in der Regel nur Dinge, die bei den noch mangelhaften Verbindungen nicht in der Stadt zu haben waren, und man war darauf bedacht, die heimischen Kaufleute nicht zu schädigen.

Eine regelmäßige Erscheinung des Pfingstmarktes waren die großen Zirkusse. Am Strande besaß die Stadt Rostock ein eigenes Zirkusgebäude. In der Hauptsache wurden wundervolle Pferde vorgeführt. Gedacht sei auch der Moritaten, die durch große, gruselig aussehende Bilder verherrlicht wurden.

Für die Männerwelt gab es noch ein kleines Extravergnügen in den Singspielhallen, den Vorläufern der späteren Kabaretts, in denen Chanteusen Liedchen zum Besten gaben, etwa: „Sie heißt zwar nur Adele", auf die damals hochberühmte Adelina Patti gemünzt, oder: „Der eine Mann ging rechts vorbei"... „rechts vorbei", wiederholte der Chor der anwesenden Männer,... „der andre Mann ging links vorbei",... „links vorbei", klang es wieder.

Wer nur konnte, besuchte den Pfingstmarkt. So gab es einen Pöttersünndag, einen Bauernmontag, – ja, am Donnerstag erschienen sogar die Herren Pastoren zu einer Konferenz, dem Pastorentage, und es heißt, daß auch sie einen Gang über den Markt nicht versäumt haben.

Schritt der Sommer weiter vor, so war Warnemünde der natürliche Ort der Erholung für die Rostocker. Man fuhr mit dem Dampfer dorthin und mietete am Strom, der Warnow, in der „Vorderreihe" ein Vorderhaus, während die Hausbesitzer in die „Hinterreihe" zogen.

Das Leben der Badegäste spielte sich nicht an der See, sondern am Strom ab. Die sich jetzt weit an der See hinziehende Bismarckpromenade führte nur bis Hübners Hotel, und es war noch nicht Sitte, auf ihr spazieren zu gehen oder etwa am Strande der Ostsee Sonnenbäder zu nehmen. Letzteres besonders wäre ein Verstoß gegen das gute Herkommen gewesen, den man nicht wieder hätte gutmachen können. Der Seestrand war für die kleinen Kinder reserviert, die dort lustig spielten, aber nicht einmal Schuhe und Strümpfe auszogen, um im Wasser umher zu patschen. Man spielte das beliebte Krokett auf den Rasenplätzen vor den Häusern am

Strom, beobachtete interessiert die Ankunft und Abfahrt der Dampfer, die von Rostock kamen und oft genug Bekannte mit sich führten, man tummelte sich in den kleinen Booten auf dem Strom, besuchte die einzige Konditorei und was der Freuden mehr waren. Gebadet wurde in den streng voneinander getrennten Herren- und Damenbadeanstalten. An ein oder zwei Tagen in der Woche fand abends von acht bis zehn Uhr Tanz statt, nur wenige Paare nahmen daran teil, die Töchter in Begleitung ihrer Mütter.

So wenig Möglichkeit im Sommer für die jungen Leute bestand, sich kennen zu lernen, da es keinen Sport gab und das Anreden eines jungen Mädchens auf der Straße wie auch ein Bummel völlig ausgeschlossen waren, so hatte doch die Jugend in der fröhlich-harmlosen Wintergeselligkeit desto mehr Gelegenheit, sich dem künftigen Lebenskameraden zu nähern. Die Zahl der geselligen Privatveranstaltungen betrug wohl an hundert während eines Winters, dazu kamen vier große öffentliche Bälle.

Bei den Vorbereitungen zu den Festen war eine der wichtigsten Personen die einzige, hochberühmte, fliegende Frisöse Frau Kastenbein, genannt Katzenbein. Vierundzwanzig Stunden vor den Bällen begann sie bereits mit ihren Töchtern ihr anstrengendes Amt. Bubiköpfe gab es noch nicht, und die unglücklichen Wesen, die zuerst an die Reihe kamen, mußten zur Schonung der Frisur im Bett sitzend die Nacht vor dem Ball verbringen.

Aber auch die Herren hatten es nicht leicht. Sich rasieren zu lassen, war sehr schwierig, denn in dem einzigen Haarschneide- und Perrückenmachergeschäft verstand sich niemand auf das Rasieren.

„Rasieren?! Rasieren", sagte der Inhaber, „davon verstehe ich nichts. Das gibt es nicht in Rostock. Hier trägt jeder seinen Bart und läßt sich nicht rasieren."

Auch eine Glatze trug man nicht und griff zur teuren, sich oft verschiebenden Perrücke. Es gab aber dann doch wieder eine fliegende Persönlichkeit, die einzige, die sich damals aufs Rasieren verstand, von Haus zu Haus ging und aus der Not half.

Die Privatgeselligkeit unterschied bei den Einzuladenden streng zwischen den Verheirateten und den Unverheirateten. Die Verheirateten wurden zum Mittagessen geladen, die Unverheirateten zu Tee und Tanz. Eine junge Frau, und wenn sie auch erst achtzehn Jahre alt war, hatte keine Gelegenheit mehr, zu tanzen, es sei denn, daß sie auf einen der öffentlichen Bälle gegangen wäre. Aber auch dort wurden die Verheirateten als Eindringlinge scheel angesehen. Eine junge Frau hatte sich um ihren Haushalt und die damals zahlreich zur Welt kommenden Kinder zu kümmern.

Eine große Anzahl Lohndiener fand bei den Veranstaltungen ihre Beschäftigung. Durch eine lange Praxis vertraut mit den Haushaltungen, erschienen sie morgens um neun Uhr in dem Hause, in dem ein Essen gegeben werden sollte. Sie deckten die Tafel und verstanden sich auf die Kunst des Serviettenfaltens. Die Servietten wurden auf jedem Teller in anderer Form aufgestellt, so daß oft sechzig und mehr Aufstellungen zu sehen waren. Herrlich strahlten die Kompottschüsseln, denn nach ihrer Anzahl und ihrem Inhalt beurteilte man die Tüchtigkeit der Hausfrau. Mittags um ein Uhr verschwanden die Lohndiener auf etwa ein und eine halbe Stunde. Sie nahmen über ihren Frack einen schwarzen Mantel, setzten sich einen Zylinder auf und wanderten zum Friedhof. Denn sie waren zugleich die Leichenträger. Punkt zweieinhalb Uhr waren sie wieder zur Stelle. Um drei Uhr kamen die Gäste, und es wurde bis sieben Uhr fröhlich getafelt. Die Kochfrauen waren Berühmtheiten, und die Zahl der Gänge war beinahe unbegrenzt. Fürsorglich banden sich die alten Herren die damals sehr großen Servietten mit einer Schleife um den Hals. Gute Reden und eifrige Unterhaltung würzten das Mahl. Nach Tisch sammelten sich die Herren zu einem Spielchen, während die Ehehälften mit der Hausfrau Kaffee tranken. Um acht Uhr endigte das Zusammensein, und es wäre auch nicht der leiseste Gedanke aufgetaucht, etwa noch ein Tänzchen zu veranstalten.

Dies blieb der unverheirateten Jugend vorbehalten, die extra zu Tee und Tanz geladen wurde. Die jungen Mädchen fuhren zum Feste in Droschken, von denen es etwa fünfzig in Rostock gab. Sie stellten sich auf die rechte Seite des Saales, die Herren gegenüber. Ein Tanzordner mit lang herabwallender Schleife verteilte die Tanzkarten, in welche die Tanzenden den Namen des Partners für jeden Tanz schrieben. Tanzen ohne Tanzkarte war nicht üblich. Nirgends auch durfte die Spur eines Mauerblümchens sein. Die Musik bestand ursprünglich aus einer Ziehharmonika, die von dem altberühmten Kitter (Glaser) Lier meisterhaft gehandhabt wurde. Erst später wurde es hier und da üblich, Klavier und Geige aufzubieten. Der Höhepunkt des Abends war der Kotillion, der etwa zwei bis drei Stunden dauerte. Am Schlusse des Festes fuhren die jungen Mädchen in ihren Droschken wieder nach Hause, oder sie wurden abgeholt. Völlig ausgeschlossen wäre es gewesen, daß ein junger Herr sie nach Hause gebracht hätte.

Die vier öffentlichen Bälle der Kaufmannschaft, der Stadt- und Landbevölkerung, der Studenten, des Offizierkorps waren so gut besucht, daß die Polonaise einen langen Zug von 600 Personen bildete. Schlimm war das noch nicht gelöste Problem der Garderobenablage in den Hotels. Die Garderoben waren so eng, daß sie damals sehr komplizierte Überkleidung in Stößen und Paketen bis zur Decke lag. Aber mit dem Zuspruch:

„ümmer aeben, ümmer aeben..." wurde schließlich alles untergebracht und auch – wieder herausgefunden. Ganz Schlaue mieteten sich ein Logierzimmer, und die Mär erzählt, daß mancher pater familias sich dort zu den Mänteln schlafen legte, bis das Essen begann, das die Tanzerei unterbrach, während Mutter auf einer erhöhten Estrade im Saal Platz nahm und das Töchterchen bewachte. Sicher hat dort manches an Jahren noch nicht sehr alte Mütterchen gesessen, das heute sich auch fröhlich im Kreise schwingen läßt.

Sehr beliebt war der Studentenball. Damals zählte die Universität nur zwei- bis dreihundert Studenten, und ein Verbindungswesen kannte man kaum. Aber der Rostocker Student war ein fröhlicher Geselle, der am Tage nach dem Ball mit den Überresten des Kotillions: Nachbildungen des Warnemünder Leuchtturms oder eines Schwanes und dergleichen, auf dem die Blumen und Orden des Kotillions befestigt gewesen waren, – durch die Stadt fuhr und sie feierlichst auf dem Marktplatz verbrannte.

Schnee und Eis gab es überreichlich. Die Warnow fror zeitig zu und war kaum vor März offen. Das Eis wurde der Verbindungsweg von der Stadt nach Gehlsdorf und nach den an der Warnow gelegenen Dörfern. Auf dem Eise standen kleine Buden mit wärmenden Getränken. Mehrmals wöchentlich spielte Militärmusik für die Schlittschuhläufer. Es war im Allgemeinen noch nicht Sitte, daß auch das weibliche Geschlecht Schlittschuh lief, vielmehr wurden von den Fischern auf großen Schlitten Stühle befestigt, auf die sich die kleinen Fräulein setzten, um so im sausenden Galopp auf dem Eise gefahren zu werden. Auch in der Stadt verwandelten sich die Droschken in Schlitten, und zahlreiche Schlittenpartien von oft vierundzwanzig klingenden Schlitten hintereinander wurden gemacht. Im Winter war die Schiffahrt im Ostseegebiet geschlossen, eine Fahrtrinne gab es nicht. Am Strande waren im Winlager über dreihundert Schiffe von Rostocker Reedereien. Rostock besaß um 1876 die größte Handelsflotte der Ostsee. In der Bauzeit lagen mehr als dreißig Schiffe auf den Helgen. Ein bildschönes und festliches Schauspiel bildete jedes Frühjahr das Auslaufen der gesamten Flotte. –

Bald darauf erschien wieder der Pfingstmarkt, das Zeitenrad schwang sich herum, der Ablauf begann von neuem, die alten Freuden wurden zu neuen. Nichts ist in dieser kleinen Erzählung von der Arbeit, den Sorgen, der Tüchtigkeit unserer Voreltern berichtet, nur ihre Freuden strahlen aus der Vergangenheit herauf, – ihre Fröhlichkeit, von der in manchem alten Sekretär noch ein Restchen in Gestalt eines goldenen Kotillion-Ordens oder welker kleiner Blumen sich verbergen mag. Noch klang kein Radio, kein Propellergeräusch, keine Autohupe in diese Welt, sie sagten: „ümmer aeben, ümmer aeben..." – aber trotzdem begann schon mit der Eisenbahn und den Dampfschiffen, mit dem Dröhnen der Maschinen, die zum ersten Mal ihre Schuhe und anderes herstellten, die sausende Fahrt ins Zeitalter der Technik, begann der Kampf um die hundertstel Sekunde!

PAUL BECKMANN

Die Große Stadtschule zu Rostock und das Plattdeutsche

Die Gründung der Rostocker Großen Stadtschule fällt in eine Zeit, in der
das Hochdeutsche erst ganz schüchterne Versuche machte, seine Herrschaft über Niederdeutschland auszudehnen. Plattdeutsch war auch hier
in Rostock noch Amts-, Schrift- und Umgangssprache. So wurde also
auch auf dem Gymnasium anfänglich – soweit man sich nicht des Lateinischen bediente, – im Unterricht fast ausschließlich Plattdeutsch gesprochen, und sogar die aus dem hochdeutschen Sprachgebiet stammenden
Lehrer mußten sich in die ihnen fremde Sprache hineinfinden. Dafür liefert uns den schlagendsten Beweis der erste Rektor des Gymnasiums, Nathan Chytraeus. Er, der Süddeutsche (Kraichgau in Baden), verfaßte für
den Schulgebrauch ein lateinisch-plattdeutsches Wörterbuch, den No-
menclator latino-saxonicus, der von 1582 bis 1659 dreizehnmal aufgelegt
werden mußte. Das Merkwürdigste ist: er tat es nicht nur der Not gehorchend, sondern dieser verdienstvolle Schulmann hatte ganz klar die Bedeutung und die Schönheit der niederdeutschen Sprache erkannt. Ja, er
war so tief ins Wesen des Plattdeutschen eingedrungen, daß er in seinem
doch immerhin bescheidenen Wörterbuch den Versuch machte, nicht be-
liebige niederdeutsche Wortformen zu bringen, sondern nur solche, die in
Rostock bodenständig sind. Er sei zu dem Zwecke, so erzählt er in der
lateinischen Vorrede, für seine Übersetzungen bei Angehörigen aller
möglichen Berufe in die Sprachlehre gegangen und habe, so fügt er behaglich schmunzelnd hinzu, sich nicht einmal gescheut, von den kleinen
Backfischen zu lernen. Daß dem gebürtigen Badenser dabei doch mancher Fehler unterlaufen ist, soll ihm nicht besonders angekreidet werden.
Der Erfolg seines Buches ist die beste Rechtfertigung für ihn.

Mit diesem Eintreten für die heimische Sprache hat der erste Rektor die
Grundlage zu einer Tradition gelegt, die sich bis auf unsere Tage lebendig
erhalten hat.

Bald zwar hat das Hochdeutsche die plattdeutsche Schwester als Schul-
sprache verdrängt. Aber als Umgangssprache hat es am Rostocker Gymnasium durch die Jahrhunderte unumschränkt im Verkehr der Schüler
geherrscht und ist erst im Laufe der letzten fünfzig Jahre auch hier allmählich vom Hochdeutschen zurückgedrängt, niemals aber ganz unterdrückt

worden. So ist es kein Wunder, daß wir im plattdeutschen Schrifttum eine ganze Reihe bedeutender Männer antreffen, die als Lehrer oder ehemalige Schüler mit dem Rostocker Gymnasium in engster Verbindung stehen.

In der Zeit des tiefsten Verfalls der niederdeutschen Dichtung ist ein früherer Schüler des Rostocker Gymnasiums der einzige Dichter Norddeutschlands, der es wagt, seine Muttersprache zu rühmen und plattdeutsch zu dichten.

Johann Lauremberg, geboren 1590 zu Rostock, besuchte die große Stadtschule unter dem Rektorat von Paul Tarnow, dem Nachfolger von Nathan Chytraeus. Er war ein sehr vielseitiger Mann: Doktor der Medizin, Professor der Poesie in Rostock und schließlich Professor der Mathematik in Sorö. Daneben verfertigte er Landkarten, schrieb griechische Gedichte und lateinische Dramen und sogar deutsche Trauerspiele. Berühmt gemacht aber haben ihn seine „Veer olde berömede Schertzgedichte", die 1652 im Druck erschienen sind. Mit derber, handfester Satire greift er in ihnen die Modetorheiten seiner Zeit an und bricht eine kräftige Lanze für das deutsche Wesen und die Sitte der Vorfahren gegen die Nachäfferei der Franzosen. Dabei findet er mannhafte Worte für den Wert des Plattdeutschen:

„De Sprake in gantz Neddersachsenland
Blifft unverrückt un hefft bestand,
Dat werd geredt von altomalen,
In Meckelnborg, Pommern u. Westfahlen,
In andern Landschoppen des geliken,
Einerley Sprake, darvon se nich wiken."

Er rühmt, daß das Niederdeutsche schon früher eine Bibelübersetzung gehabt habe als das Hochdeutsche und hält den Hochdeutschen stolz entgegen, daß es bisher vergebliches Bemühen gewesen sei, den „Reinke Voß" kongenial ins Hochdeutsche zu übersetzen.

Laurembergs „Schertzgedichte" nahmen ihren Weg durch ganz Deutschland. Den gänzlichen Verfall der niederdeutschen Schriftsprache konnte aber auch dies zugkräftige Werk des ehemaligen Rostocker Gymnasiasten nicht aufhalten. Nur als Mundart fristete die einst so stolze Sprache der Niedersachsen in den folgenden Jahrhunderten ihr Leben. Aus der Literatur war sie gänzlich verbannt, oder sie diente, was fast noch schlimmer für ihr Ansehen war, lediglich zur Darstellung der allerderbsten Rüpelszenen.

Als dann aber im 19. Jahrhundert Klaus Groth mit seinem „Quickborn" dem Plattdeutschen verlorene Gebiete zurückeroberte, es wieder literaturfähig machte, da war es abermals ein „Ehemaliger" der Rostocker Großen Stadtschule, der in die erste Reihe der Kämpfer für heimatliche Sprache und Art trat: John Brinckman. Nach bewegtem Leben und manchen Schicksalsschlägen war Brinckman, der am 3. Juli 1814 als Sohn eines Kapitäns in Rostock geboren war, im Jahre 1849 in Güstrow als Hilfslehrer an der Realschule gelandet. Hatte er vorher hochdeutsche Dichtungen geschrieben, denen ein greifbarer Erfolg versagt geblieben war, so wies ihm die Lektüre des „Quickborn" und der Reuterschen „Läuschen un Riemels" den Weg zur plattdeutschen Dichtung. Und schon ein Jahr nach dem Erscheinen dieser beiden Werke läßt er die entzückende Erzählung „Voß un Swinegel" in die Welt hinausgehen, und wieder ein Jahr später schreibt er als erster einen plattdeutschen Roman, den „Kasper Ohm". In ihm hat er auch seiner Schule, der er, wie man aus vielen Einzelstücken leicht erkennen kann, außerordentlich viel verdankt, oft Erwähnung getan. Auch Namen von Lehrern aus seiner Jugend nennt er häufig im „Kasper Ohm". Vor allem hat es ihm der Magister Siemax angetan, der bis 1829 Lehrer an der Großen Stadtschule gewesen ist. Ja, sogar „den lütten Bröder" lernen wir kennen, die kleine Grammatik der lateinischen Sprache von Christian Gottlieb Broeder; „lädweek hadd ik em all in Quarta verstudiert, man nu harr he sik dat Rückgrat braken".

Fand der „Kasper Ohm" vor allem in Rostock bald zahlreiche Freunde, so ist das wichtigste Werk Brinckmans, sein „Vagel Grip", bis in die neueste Zeit lange nicht genug gewürdigt worden. Und dabei ist gerade durch dies Werk lyrischer Gedichte Brickman berechtigt, seinen Platz unmittelbar neben Groth und Reuter einzunehmen. Ja, was die Echtheit der Empfindung anbelangt, wird er wohl von keinem andern niederdeutschen Dichter erreicht. Wir spüren hier noch einen Hauch jener Tradition von dem alten Herrn Chytraeus her: Das Plattdeutsche muß bodenständig sein, oder ihm fehlt die Daseinsberechtigung.

Daseinsberechtigung in diesem Sinne haben durchaus die „Tremsen" der beiden Brüder Friedrich und Karl Eggers. Beide waren Schüler des Gymnasiums, der ältere und bedeutendere der beiden, Friedrich, geboren 1819, war ein treuer Freund Adolf Wilbrandts (der, auch ein Abiturient der Großen Stadtschule, sich als Reuterbiograph ums Plattdeutsche bemüht hat) und Heinrich Seidels. Unter den von ihm zu den „Tremsen" beigesteuerten Gedichten verraten vor allem die kraftvollen Balladen innige Einfühlung in heimische Art und reifes Kunstverständnis. Seine Gedichte wurden erst nach seinem Tode von seinem Bruder Karl mit herausgegeben. Unterstützt wurde dieser dabei von einem Manne, der als wissenschaftlicher Lehrer an der Großen Stadtschule wirkte und zu seiner

Zeit als der beste Kenner der mecklenburgischen Mundart galt, Karl Nerger. Seine „Grammatik des mecklenburger Dialektes älterer und neuerer Zeit" (1869), eine gekrönte Preisschrift, bedeutete zu ihrer Zeit geradezu einen Markstein in der Mundartforschung. Neben ihm war ein eifriger Förderer der niederdeutschen Philologie der langjährige Direktor der Großen Stadtschule K. E. H. Krause. Er gab in den Programmen der Schule mehrfach mittelniederdeutsche Texte heraus und bewies in seinen kritischen Betrachtungen ein durchdringendes Verständnis für die heimische Mundart. Auch im Lehrerzimmer des Gymnasiums spielte das Plattdeutsche eine große Rolle. Viele Kollegen wendeten es im Verkehr fast ausschließlich an, und in einer Ecke des Konferenzzimmers hatte sich geradezu ein Läuschenzirkel gebildet. Manches von dem, was dort zum besten gegeben wurde, ist der Öffentlichkeit bekannt geworden, durch die Werke Felix Stillfrieds, der unter dem bürgerlichen Namen Adolf Brandt seit 1877 an der großen Stadtschule unterrichtete. Von jeher für die heimische Mundart interessiert, kam er hier in einen Kreis von Kollegen, denen das Plattdeutsche ihr eigentliches Lebenselement bedeutete. Sie erkannten die außerordentliche Begabung Brandts für das niederdeutsche Schrifttum, und auf ihre Anregung hin schrieb er unter dem Decknamen Felix Stillfried seine wertvollen plattdeutschen Erzählungen, unter denen die „Wilhelmshäger Kösterlüd" am lebensvollsten wirken, seine tief innerliche Lyrik und seine schlagfertigen Läuschen. Welch innige Verbindung zwischen Lehramt und Dichtung bei Brandt vorhanden war, zeigen vor allem seine Nachdichtungen der Oden von Horaz. Alle seine Schüler werden sich mit Genuß und Dankbarkeit der Stunden erinnern, in denen er in vollendeter Vortragskunst aus diesen plattdeutschen Oden zitierte. Er sprach übrigens fast immer aus dem Gedächtnis; zeigte dies doch einmal Lücken, so war immer „zufällig" ein Exemplar seines Lyrikbandes „In Lust un Leed" in der Klasse vorhanden, damit uns Schülern ja nicht irgend eine der Oden unterschlagen würde.

War Stillfried dem Niederdeutschen mit Leib und Seele verschrieben, so haben zwei ehemalige Schüler der Großen Stadtschule, deren Namen in der hochdeutschen Literatur einen guten Klang haben, Max Dreyer und Paul Warncke, dem Plattdeutschen nur beiläufig ihren Tribut abgestattet. Beider Gebiet ist die Lyrik. Während die vereinzelten Gedichte des Lübzers Paul Warncke vor allem durch ihre Musikalität bestechen, erklingen in der Lyrik des Rostockers in seinem Gedichtband „Nah Hus" Töne in so reicher Abschattierung, wie wir sie sonst im Niederdeutschen selten zu hören bekommen; sprachliche Mängel muß man allerdings in Kauf nehmen.

Damit auch die plattdeutsche Dramatik zu ihrem Rechte komme, sei zum Schlusse der verdienstvolle Begründer der niederdeutschen Bühne des Rostocker Stadttheaters Karl Krickeberg genannt, der für sein Ensemble eine ganze Anzahl zugkräftiger Bühenwerke geschrieben hat, vor allem aber ein plattdeutscher Schauspieler ist, der sich mit den Größten seiner Kunst messen kann. Er wirkte bis zur Abtrennung des Realgymnasiums an der Großen Stadtschule. –

Ein wertvolles Erbe hat so das Gymnasium zu Rostock übernommen, damit aber auch die Verpflichtung, was es ererbt von seinen Vätern, weiter zu pflegen. Die Aussichten dafür sind erfreulich.

John Brinckmans dichterische Heimat

Um die Marienkirche, in den Straßen zum Strande hinunter, auf der Ballaststätte hatte sich die frohe Jugend John Brinckmans in seiner Vaterstadt Rostock abgespielt. Die Große Stadtschule und die Hörsäle der Universität hatten ihm ihre Tore erschlossen, die erste Jugendliebe war ihm hier erblüht: Rostock ist Brickmans Jugendparadies. Wie sehr die Erinnerung die Seele des Mannes erwärmte, davon zeugt der Nachhall dieser Zeit im „Kasper-Ohm un ick". Andrees, zwar um ein Menschenalter weiter zurück in die Vergangenheit reichend als seine Hörer, unter denen sich der Dichter befindet, zieht doch des Dichters eigene Zeit und seine eigenen Erlebnisse in den Bannkreis seiner Erzählungen.

Hier war das Vaterhaus, wohin es den Amerikamüden mit heißer Sehnsucht zog:

„Die alte teure Stadt dies hier,
Und dies die trauten Gassen,
Die ich in toller Reisegier,
Vor Jahren hab verlassen.

Ein Dieb lauf ich, ein banges Kind,
Verhaltnen Atems die Straße.
He! Alter Wächter, sag geschwind!
Steht noch das Haus, die Gasse?

Nun rechts, nun linksum, dort, nun hier!
Mein Herz kennt jede Stelle,
Dies ist die Straße, das die Tür,
Hier ist die teure Schwelle!

Heim bin ich, heim! zurück, zurück!
Ich kann es kaum aussprechen.
Laß deinen Katarakt, o Glück,
Mir nicht das Herz zerbrechen!"

Auch den Familienvater und Bürger Güstrows zieht es wieder und wieder in Rostocks Mauern. Jetzt sehen freilich die Augen schärfer; ihnen entgeht nicht eine Art „Versacktheit", und die „garstigen Kleemstaken" kommen für ihren scharfen Blick deutlich zum Vorschein. Nichtsdestoweniger jedoch bleiben Liebe und Anhänglichkeit zur Geburtsstadt unverändert. Sie bringen ihr in wehmütig bedeutsamem Gedenken an die wehe Sehnsuchtsstunde im Hafen von Halifax das Sinnbild des Heimwehs, des Dichters „Vagel Grip", dar:

„Oll Rostock – min oll Vaderstadt!
Ick heww di gor to leef,
So leef, förwohr! – ick weet nich, wat
Ick üm di let un gew.
Ick bün nu mennig Johr all furt,
'N bäten all verspakt,
Man Rostock, dat 's sonn eegen Wurt,
Dat frisch mi wedder makt."

Doch eigentümlich! Rostock, der Stadt dieses treuen Gedenkens, gilt in der stattlichen Liederreihe, welche das Buch „Vagel Grip" birgt, nur noch das Schlußgedicht „L'envoy", in der in Blüchers kraftvoller Persönlichkeit der politisch trüben Gegenwart ein Vorbild vor Augen gestellt wird. Sonst schweigt das Lied des Sängers von Rostock. Aber Land Mecklenburg lebt in ihm, ein Dorf im Kranz seiner Gärten und Felder liefert Ton und Weise.

Die Gedichte schildern die Menschen bei der Arbeit der Saat und Ernte, sie führen uns an die Wiege mit den Zwillingen und zeigen den Sarg der Mutter. Kindesjubel bei der Rückkehr des Storches, harter Zwang in der Schule wird ebenso anschaulich geschildert wie das Auf und Ab der Liebe. Des Tages Last und die Ruhe des Abends, Glück und Not, scharf geschaute Charaktergestalten bilden die Motive. Dazwischen webt die allumfassende, alles durchdringende Natur; nicht nur die Tiere der häuslichen Gemeinschaft, sondern auch die Bewohner von Luft, Feld und Wald spielen ihre Rolle mit. Eng sind ja die Geschöpfe Gottes mit den Menschen verbunden:

„Dat is 'ne slichte Wirtschaft man,
De Käuh un Schap dörchfodern kann,
Un nich ehr Lünkens (Sperlinge) ok."

Die Natur regelt das Tempo der Arbeit und des Lebens; sie ist die Lehrmeisterin zum Jenseits und mahnt an den eigenen Tod:

„De Kronen trecken hoch dor aewer'n See. –
De Kron de sehn wi nich, de vörwartsch treckt,
Un för de Kron ehr Rop dor sünd wi dof, –
Bet dat uns' Order kümmt. Wi sehn nich to,

Wat för de Fohrt üns' Flünken stark nog sünd;
Kümmt Tit, so meen wi all, denn kümmt sacht Rat.
De Tit de kümmt. Hür, hür, de Kron de röppt!"

Ins innerste Herz erschüttert es uns, wenn sie in die Fieberphantasien des kranken Sohnes hineinragt: die davonziehenden Kraniche will und muß der Kranke noch einmal sehen; seine letzte Hoffnung klammert sich an ihren Anblick. Wenn sie die Order erhalten, dann wird diese auch der Krankheit zuteil, daß sie von ihm weicht. Aber eitel war es: nun fürchtet er den scharfen Biß der schwarzen Spinne, die sein armes Herz in ihr Netz einfängt. Da ruft einem anderen die Eule ihr schauerhaftes „Kumm mit" zu, der Maulwurf warf:

„Dor hür! de Hofhund hult un günst!
Is dat din Rop? Schüst du dat sin?"

Sozialer Friede herrscht in der Gemeinschaft der Menschen dieses Fleckes Erde. Der Herr findet in ihr seinen Platz und der Knecht. Auf die wilden Jugendjahre des Junkers folgt die rauhe Last des Alters, während des Bauern Fleiß mit bescheidener, aber ausreichender Behaglichkeit belohnt wird.

Von dem Getriebe der Welt da draußen dringt hierher kaum ein Laut. Wohl aber ertönt an stillen Abenden das Lied von den ruhmreichen Taten vor Düppel, und der Blick schweift zurück auf die Schlachtfelder von Meldorf und Bornhövd, auf denen die Vorfahren die Vormachtstellung des herrschgierigen Dänen zerbrachen. Auch von dem marodierenden Franzosen und der Vergeltung von 1815 spricht der Großvater. An diesen Geschehnissen hat auch das Dorf seinen Anteil.

Darüber hinaus aber stört nichts den Gleichschritt des Lebens der Gemeinschaft, in der Menschen und Natur vereint sind. Alle umschlingt ein Band: die Seele der Heimat. Das mecklenburgische Dorf ist John Brinckmans dichterische Heimat. Nicht die dramatisch bewegten Jugendszenen, nicht die Wanderjahre, sondern die Rast, die ihm Lohmen, Rey, Dobbertin geboten hatten auf dem Wege, auf dem er sein plattdeutsches Dichterherz entdecken sollte, wuchsen sich zum Bilde der Heimat aus. Dieses ist durchdrungen von lyrischer Stimmung, von Naturgefühl und künstlerischer Freude am Leben der Menschen.

FRIEDRICH BARNEWITZ

Warnemünder Volkstum

Der Schott

Von dem Geld, was nicht nach Rostock floß, wurden die Ausgaben für die Nachtwächter und den Kuhhirten, den Schott, Unterhaltung des Leuchtturms, des Backhauses, des Armenhauses und der Schule, die Instandsetzung der Flanken bestritten. Die Abrechnung über die erhobenen Steuern leistete der Wortführer den Bürgerältesten nach Ablauf von 2 Jahren zur Fastnacht (Fastelabend). Bei dieser Gelegenheit wurde im Hause des abgehenden Wortführers auf Kosten der Bürgerkasse der „Schott" abgehalten, auch „Bullenhochtid" genannt.

Über die Vorgänge bei der Abhaltung des „Schott" haben sich mancherlei Überlieferungen erhalten. In der zweiten Hälfte des 18. Jahrhunderts erfolgte die Vorsteherwahl und das Essen jedes zweite Jahr am Tage nach Fastelabend, d. h. Aschermittwoch. Am Vormittag begaben sich die Bürgerältesten in feierlichem Aufzuge zum Hause des Wortführers, voran schritt der Hegediener in Gala-Uniform. Das Haus des Vorstehers war vorher mit Gewinden aus Buchsbaum aus dem Pfarrgarten und von Flaggen aller Art festlich geschmückt. Natürlich drängte sich bereits die Ortsjugend – denn Schule durfte der Küster an diesem Tage selbstverständlich nicht halten – des Aufzuges harrend zu beiden Seiten der Haustür, in welcher der alten Sitte gemäß der Wortführer zum Willkommen bereit stand. Bei jedem eintretenden Gaste trat der Wortführer ein wenig zur Seite, schüttelte jedem derb und bieder die Hand und folgte dem Letzten in die Wohnstube nach, worauf die Haustür vom Hegediener vor der herandrängenden Jugend geschlossen wurde.

Als die Ältesten auf der Bank und der Wortführende ihnen gegenüber in der Mitte der anderen Längsseite des Tisches auf seinem Lehnstuhl Platz genommen hatte, begann – gleichfalls nach altem Brauch – der Wortführer die Morgensprache damit, daß er die Bürgerältesten mit dem Zweck der heutigen Versammlung bekannt machte und sie nochmals in seinem Hause willkommen hieß. Darauf wurde ein geistliches Lied gesungen und alle erhoben sich zum Gebet. Dann setzten sich alle wieder und griffen zu den Tonpfeifen, die wohlgestopft vor jedem lagen, und die Töchter des Wortführers im Sonntagsstaat traten mit brennender Kerze hinzu und hielten sie jedem über den Tisch hinüber zum Anzünden hin. Nun trat die Frau des Wortführers ein und kredenzte auf mächtiger Zinnschüssel die

Morgentrunk-Kannen voll gewürztem Rostocker Warmbier. Während des Morgentrunkes, der in aller Ruhe und Gemütlichkeit wohl eine Stunde lang dauerte, wurde mit dem Wortführer besprochen, was sich Liebes und Leides während der verflossenen zwei Jahre in der Gemeinde ereignet hatte. Da wurde mancherlei besprochen, z. B. wer von den Bürgerältesten Bullenvater sein sollte, d. h. den Ortsbullen halten mußte, ferner wurden die beiden neuen Quartiermänner bestimmt, und zwar aus einem anderen Quartier als dem der abgehenden. Auch über die Frage, wer Kuhhirte und wer die beiden Tidingbringer und die zwei Nachtwächter sein sollten, mußte man sich schlüssig werden. Da diese drei Ämter in der vergangenen Zeit durchweg von erprobten und vertrauenswürdigen Personen wahrgenommen waren, so begnügte man sich meist mit einer Bestätigung der alten.

Als der Stoff einigermaßen ausging, verließen die Frauen und alle nicht zur Handlung gehörenden Personen den Raum, und der Wortführer begann die Geschäfts-Morgensprache, indem er einen Kasten unter dem Tisch hervorzog, die Gemeinde-Rechnungen aus ihm herausnahm und überhaupt alle Belege und das Kassenbuch aus der abgelaufenen Amtszeit vor den Bürgerältesten ausbreitete, die genaue Einsicht nahmen und mit dem abgehenden Wortführer alles durchgingen und um Erklärungen baten. Selbstverständlich wurden, um die eigene Würde und Wichtigkeit zu betonen, viele Erklärungen verlangt.

Dann nahm der Wortführer den Hauptschlüssel zur Lade vom Haken an der Stubentür, die beiden Mitschließer erhoben sich, holten ihre oft an seltsamen Gegenständen (z. B. Hummerscheren) befestigten Nebenschlüssel aus der Tasche, und in feierlichem Aufzug gingen die drei langsam und bedächtig zur Diele, zu der gewaltigen, ringsum mit künstlichen Eisenwerk beschlagenen, eichenen Lade. Nach altem Herkommen öffneten erst die Mitschließer die Hängeschlösser, dann der Worthabende das Hauptschloß und in feierlichem Rückmarsch wurde der schwere Einsatz-Kasten in die Stube auf den Tisch getragen, was den drei Männen gar nicht leicht wurde, denn der Kasten war schon an sich schwer und dazu lag lauter schweres Metallgeld, Gulden und Reichstaler, darinnen. Auch dieses wurde mit der größten Angelegentlichkeit gezählt, endlich als richtig befunden und mit gleicher Feierlichkeit wieder verwahrt. Dann erfolgte, nachdem man schon wochenlang vorher die Sache genau besprochen hatte, die Neuwahl des Vorsitzenden für die nächsten zwei Jahre. Wiederwahl war zufällig. Der Gewählte mußte erklären, ob er die Wahl annähme oder nicht, und bedankte sich bei allen.

Nun war aber die Zeit zum Frühstücken herangekommen, die Frauen

traten ein, der Tisch wurde bereitet und das Frühstück, meist ein Fischge-
richt, aufgetragen, an dem die Familie des Wirtes teilnahm. Der draußen
stehenden Jugend mußte die Hausfrau reichlich Kuchen spenden.

Nach dem Frühstück fand ein feierlicher Umzug durch den Ort statt,
alle Schiffe am Strom hatten festlich geflaggt. Voran schritt platzmachend
wieder der Hegediener, dann kam zwischen den beiden Mitschließenden
der neue Wortführer und die anderen Ältesten dahinter. Wo der Zug hin-
kam, standen die Hausväter unter den Türen und riefen den Vorüber-
schreitenden einen fröhlichen Gottessegen zu. Nachdem der neue Wortführende sich in seiner Würde der Vorder- und der Hinter-Reihe gezeigt
hatte, bewegte sich der Zug zur Pfarre, wo der Prediger seinen Glück-
wunsch abstattete. Dann gings zur Vogtei. Hier stellte sich der Wortführer dem eigens zu diesem Zweck von Rostock gekommenen Vertreter des
Rates vor, und die Bürgerältesten nahmen den üblichen Willkommen-
Trunk ein. Dabei überreichte der Vertreter im Auftrage des Rats dem
Wortführer ein Geschenk, z. B. ein Pfund feinen Kaffee. Dann ging der
Zug zum Versammlungshause zurück, wo das Mittagsmahl, der eigentliche „Schott" stattfand. Die Speisenfolge war genau vorgeschrieben: es
mußte stets Plustschinken (feiner Schweineschinken) und Poppelkohl
(Grünkohl) geben und zum Nachtisch Kuchen und Wein. Der Jugend,
die unermüdlich vor dem Hause ausgeharrt hatte, mußte natürlich immer
wieder reichlich Kuchen gegeben werden.

Am Nachmittag hatte die Wortführerin, dem Herkommen gemäß,
sämtliche Ältestinnen bei sich, und es wurde eingehender Nachrat abgehalten, wobei die Frauen – ebenso wie ihre Männer es am Vormittag getan
hatten – das Warmbier aus Krügen tranken.

Zu Beginn des 19. Jahrhunderts wurde es üblich, die beiden Quartiers-
männer, die ursprünglich nur Polizeibefugnis hatten, für den Zeitraum
von zwei Jahren mit der Einziehung der Steuern zu betreuen. Als Entgelt
für ihre Tätigkeit und weil sie bei dieser Gelegenheit Rechnung legen
mußten, nahmen die Quartiermänner nunmehr ebenfalls an den Feier-
lichkeiten des Schott teil, und zwar so, daß die beiden abgehenden Quartiermänner zu Fastnacht im Hause des Bürgerältesten feines Frühstück
und Mittagessen erhielten. Gegen 10 Uhr vormittags versammelten sich
die Ältesten und traten zu gemeinsamer Sitzung zusammen, bei welcher
Gelegenheit die Rechnungslegung der beiden abgehenden Quartiermeister geprüft wurde. Nachmittags gegen 4 Uhr kamen die beiden neuen
Quartiermänner. Bei ihrem Eintritt in die Stube mußten die alten sofort
aufstehen und die Stube verlassen. Die neuen Quartiermeister konnten
sich nun an Kaffee und Kuchen gütlich tun.

Am Abend vereinigten sich sämtliche Bürgerältesten und die neuen Quartiermänner mit ihren Frauen zu einem gemeinsamen Essen, dem eigentlichen Schott, wobei es stets hoch herging. Vogt und Lotsen-Kommandeur waren ebenfalls eingeladen. Schweinebraten und Tater (Grünkohl), Punsch und Branntwein war das mindeste, was es geben mußte. Während des Mahles überreichte der alte Wortführer der Frau seines Nachfolgers ein Paar Lackpantöffelchen, zum Zeichen, daß sie nunmehr auf zwei Jahre die Herrschaft über Warnemünde führe. Bis tief in die Nacht wurde beim Schott gezecht. Am Kohl mußten nach altem Herkommen mindestens 7 Pfund Butter sein.

Bis zum Jahre 1909, d. h. bis zum Eintritt von 6 Warnemündern als gleichberechtigte Mitglieder in die Rostocker Bürgervertretung, hat sich der Schott, allerdings in stark vereinfachter und abgekürzter Art, erhalten. Die feierlichen Umzüge dürften schon vor der Mitte des vorigen Jahrhunderts fortgefallen sein. In späterer Zeit wurde der Schott auf der Vogtei, dann bei Jungmann (II. Quartier Nr. 1, heute Am Strom 32) abgehalten.

Hochzeitsbräuche

Mochten sich zwei junge Leute gern und glaubte der Mann, mit seiner Auserwählten die Ehe eingehen zu können, so übergab er seiner Braut wortlos unter vier Augen ein Gesangbuch, in dessen vier mit reichem Silberbeschlag versehenen Ecken Anker eingeschnitten waren, wenn der Bräutigam Seemann war. Bei Handwerkern waren es Zeichen, die auf das Gewerbe Bezug hatten. Die Deckel des Buches wurden durch zwei breite Silberbänder zusammengehalten. Das war der Antrag, ein Antrag ohne Worte.

Die Braut aß dann bei den Eltern des Bräutigams. Das Brautpaar machte dann Besuche bei den Verwandten, wobei es reichlich bewirtet wurde. Am nächsten Sonntag ging es in die Kirche, um das Verlöbnis einsegnen zu lassen. Häufig fuhren dann beide nach Rostock hinauf, um sich gegenseitig zu beschenken. Die Braut pflegte sich bei dieser Gelegenheit ein großes kostbares Brusttuch auszusuchen, was sie nachher bei der Hochzeit tragen wollte. Der Bräutigam erwartete ein Gegengeschenk, z. B. einen Pfeifenkopf. Es ist kaum vorgekommen, daß ein Verlöbnis nachher aufgehoben wurde, denn nach alter deutscher Rechtsauffassung bedeutete die Verlobung bereits die Eheschließung, die Trauung aber nur den Vollzug der Ehe. Ging dann der Bräutigam auf eine Seereise, so gab ihm seine Braut eine große, kannenförmige Tonflasche mit Kirschbranntwein, „Brutbranntwien", mit.

Fast stets wurde im November und Dezember geheiratet, da nur im Winter die Seeleute für längere Zeit zu Hause blieben. Mittwoch und Sonnabend waren unbeliebt, sie waren infolge ihres Namens keine richtigen „Tage", gern wurde ein Freitag zum Hochzeitstag gewählt, jedoch wieder nicht ein solcher, an dem der Mond im Zeichen des Krebses stand, was aus dem Kalender zu ersehen war: „Krewsdag bringt Krewtgang", sonst wurde die Ehe unglücklich. Am Sonntag vor dem Hochzeitstage ging die Braut stets zur Kirche, um das Abendmahl zu nehmen und trug dabei das große Brusttuch, das über die Schultern gelegt und im Kreuz zusammengesteckt wurde. Da seine bunten Farben nicht dem Ernst der heiligen Handlung entsprachen, so wurde es durch ein weißes Tuch über die Schulter verdeckt. Darunter legte die Braut zum Zeichen, daß sie nunmehr unter die Botmäßigkeit des Mannes käme, das „Heuken" an, ein radmantelartiges Stück Pappe mit Samt belegt, das auf den Rücken gelegt und vorn zugesteckt wurde. Die Ellenbogen wurden dadurch an den Körper eng angepreßt und jede Bewegung der Arme behindert. Wegen dieser Unbequemlichkeit war ein längeres Tragen des Heukens sehr anstrengend.

Am Abend vor der Hochzeit wurde von den Verwandten des Brautpaares bei Musik und Scherzreden das Bett in der Wohnung der Braut gemacht. Sechs Kopfkissen, teils mit buntem Taft, teils mit weißen Linnenüberzügen mit seidenen Bändern versehen, war das mindeste, was man für die Schmückung des Bettes notwendig hielt. Meist wurden noch eine Menge trockenes Seegras, Stroh- und Federbetten herangeholt und ins Bett gelegt. Ein kleines Mahl wurde den Schmückern zur Belohnung hergerichtet. Es soll aber auch vorgekommen sein, daß sich die Brautleute nachher auf ein hartes Holzscheit setzten oder gar in eine flache, bis zum Rand mit Wasser gefüllte Waschschüssel fielen, die heimlich unter die Bettdecke gestellt war. Zuweilen wurde eine Glocke unter dem Bett befestigt. Man hat auch ein furchtbares Krachen in der Kammer gehört. Die Burschen hatten nämlich die einzelnen Teile des Bettes nur lose zusammengefügt, die Verbindungsstücke herausgeholt, und beim geringsten Anstoß an die Pfosten war das Bett auseinandergefallen. Den größten Jubel erregte es aber, wenn die Köpfe des Brautpaars am nächsten Morgen aus den im Laufe der Nacht tief gesunkenen Federbetten wie aus einer Versenkung hervorschauten.

Am Hochzeitstage ging der Bräutigam von seinem Hause aus am Mittag oder am frühen Nachmittag mit seinen 4 bis 6 Beiständen, die alle unverheiratet sein mußten, zur Kirche und sang mit dem Pfarrer und dem

Kantor vor dem Altar mehrere geistliche Lieder.[1] Bei der letzten Strophe haben sich dann zwei seiner Beistände entfernt, um die Braut abzuholen. Leicht war das Haus zu erkennen. Am Hochzeitsmorgen hatte die Mutter zwei Tonpfeifen mit langen Stielen kreuzweise in ein Fenster gestellt, zum Zeichen, daß in diesem Hause Hochzeit gehalten würde.

Die Braut war unterdessen nicht untätig gewesen. Den ganzen Vormittag hatte sie sich unter dem Beistand der Kronenfrau geschmückt. Nur eine kleine Pause hatte sie sich gegönnt, als ihr die Mutter eine Eiersuppe in die Stube brachte – eine große Verschwendung bei der im Orte herrschenden Armut und den wenigen Hühnern, die gehalten wurden. Wiederum hatte sie das Heuken angelegt, auf dem Kopf trug sie die über und über mit Glasperlen geschmückte Brautkrone,[2] deren große Ohrenklappen aus schwarzem Tuch mit Goldfäden schneckenförmig durchzogen waren und das ganze Haar verdeckten. Die Kronenfrau ist kaum fertig mit dem Schmücken, so trifft auch die Musik schon ein. Unter ihren Klängen geht der Brautzug, voran 4–6 Brautjungfern, dann die Braut zwischen den beiden Beiständen des Bräutigams, hinter ihr Frauen und Männer, zur Kirche.

Die Brautjungfern haben sich mit grünen Schürzen, hochroten Bändern und schwarzem Kopfzeug herausgeputzt, auch die Männer im Dreispitz und langen dunklen Röcken, Kniehosen, farbigen Strümpfen mit roten Zwickeln am Knie und Schnallenschuhen nehmen sich überaus stattlich aus.

In der Kirche nahm das Brautpaar im Brautstuhl Platz, der im Altarraum dicht am Christopher lag, die Verwandten setzten sich auf Stühle, die man vorher aus dem Brauthause in die Kirche gebracht hatte. Nunmehr wurde die Trauung vollzogen. Gehörten die Ringe, die bei der heiligen Handlung gewechselt wurden, auch dem Brautpaare? Selten! Bezeichnend für die Einfachheit der Sitten ist es, daß die Kronenfrau an mit irdischen Gütern weniger Gesegnete die Ringe für je 4 Schillinge (= 0,25 Mk.) verlieh!

Nach der Trauung wurde der Zug beim Verlassen der Kirche mit lauten

---

1) Die Warnemünder waren überhaupt sehr sangesfreudig. Mit Vorliebe wurden für die Gelegenheiten, wo den Warnemündern die Wahl freistand, die längsten Lieder gewählt, eine Tatsache, die Präpositus Schmiedekampf nicht ohne eine gewisse Unmut in seinen Aufzeichnungen vom Jahre 1804 erwähnt.

2) Es gab im Orte 2 Brautkronen, die eine verlieh die jeweilige Frau des Pfarrers, die andere eine Warnemünderin. Im Jahre 1882 ist Trien-Liesch Michelsen mit ihr beerdigt. Seit 1850 ist der Myrtenkranz als Brautschmuck aufgekommen trotz der Spottreden der Warnemünder von „gräun Kohl up'n Kopp".

Freudenschüssen empfangen, die die Burschen aus Büchsen und Flinten abgaben. Das Paar ging nun mit allen Verwandten und Bekannten zum Brauthaus zurück, wo zuerst der Kaffee eingenommen, dann gepunscht und aus langen nach jeder Stunde neu gebrachten Pfeifen unaufhörlich geraucht wurde. Der eigentliche Hochzeitsschmaus begann abends um 8 Uhr. Vorher mußte sich die Braut in ihrem Staat den zahlreichen vor dem Haus versammelten Zuschauern zeigen. Stundenlang bis in die Nacht blieb alles vor Fenstern und Türen stehen und forderte stürmisch, auch mitmachen zu dürfen. Gerne kam die Hausfrau diesem Verlangen nach. Stets hatte sie nämlich einige Verwandte oder Bekannte, die wegen der Kleinheit des Raumes nicht eingeladen werden konnten, denen sie aber doch etwas Gutes von der Hochzeit zukommen lassen wollte. Sie machte also einige „Upeters" (aufessen) oder „Risknust" zurecht und rief einen Jungen in die Küche, der die warmen Brote austragen sollte. Massenhaft drängten sie sich zu solchen Botengängen, konnten sie doch am Ende des Mahles dann den mit Reisresten und Brotkrumen gefüllten Kessel auslöffeln.

Dauernd wurde aus dem Hause etwas zur Stärkung gereicht. Wehe, wenn das nicht geschah! In lauten Reden machten die Draußenstehenden ihrem Unmut Luft: „Proppen los", „det is man dröig", „is nix los". Waren solche Worte wirkungslos, so wurde einfach mit einem Stein oder Schneeball durch die Scheiben ins Fenster geworfen. Auch durften auf keinen Fall die Vorhänge zugezogen werden. Im Gegenteil: nach jedesmaligem Klopfen ans Fenster mußte die Braut vom Stuhle aufstehen und sich in ihrem Staat wieder und immer wieder den Zuschauern zeigen. „Hochtid war mehr buten wie binnen", sagten die Warnemünder. Waren dann die Mädchen ganz im Anblick der Braut und des Schmauses versunken, so nähten die Jungens heimlich den Schönen die Röcke zusammen und warteten gespannt auf den Augenblick, wo die Mädchen auseinandergehen wollten. Heute noch sammeln sich vor dem Hause, in dem ein Hochzeitsmahl gehalten wird, viele Menschen an und begaffen stundenlang die Gäste. Würde man die Scheiben verhängen, die Fenster würden eingeschlagen werden. Doch hat diese Sitte nach dem Weltkrieg fast ganz aufgehört.

Die Tafel war hufeisenförmig in der guten Stube des Brauthauses gedeckt. Die langen Enden standen an der Nord- und Südwand, der Mitteltisch an der östlichen, so daß die Westseite der Stube frei blieb. Das Brautpaar nahm an der Mitteltafel mit dem Rücken zu den Fenstern hin Platz, daneben die Beistände des Bräutigams und der Braut. Die übrigen Gäste – unter ihnen meist auch der Pfarrer – setzten sich nach Freundschaften an den übrigen Tischen hin, und zwar so, daß die Verwandten der Frau und des Mannes an je einem Ende der Längstafeln zu sitzen kamen. War eine große Hochzeit mit 30–40 Personen, so saß man außerordentlich eng. Doch das störte die Festfreude nicht. Zu essen gab es meist: Rindfleisch mit Senf und Zwiebeln oder mit Pflaumen, ferner je nach der Jahreszeit: Flundern und Maischollen, Dorsche, Heringe, Steinbutten, nach altem Seemannsbrauch stets in Brackwasser gekocht, und dazu stets dickgekochten Reis mit Zucker und Kaneel (Zimt), der so dick gestreut sein mußte, „dat en lütt Snider darob kann danzen". In späterer Zeit wurden Brachsen und Hechte aus Rostock besorgt. Den größten Anklang fanden die runden Warnemünder Brote, von denen ein kleines Stück am oberen Ende abgeschnitten wurde. Das Innere wurde ausgehöhlt und vermittelst eines langen Löffels mit Reis angefüllt (sog. „Risknust"). Der Bruder der Braut mußte den Wein und den Zucker für das Mahl hergeben, gleichzeitig war er mit einem Mundtuch im Knopfloch Brautdiener. Seine Schwester hatte es besser, sie brauchte nur den Tisch zu decken und das Tafeltuch herzugeben. Zum Nachtisch gab es Obst, Butter und Käse, in späteren Zeiten auch Pudding und Mehlspeisen. Die Schüsseln standen auf der Tafel, immer für 6 Gäste eine, die hauptsächlich mit Löffeln aßen, und es war Ehrenpflicht des Wirts, diese Schüsseln stets voll zu halten, wie überhaupt auf den Tischen niemals Speisen und Getränke ausgehen durften. Waren Angehörige der Eingeladenen zu Hause geblieben, so mußte der Festteilnehmer ihnen etwas vom Hochzeitsschmaus mitbringen. Besonders Reis und Kümmelbrot, aber auch Äpfel und Nüsse wurden auch noch nach der Hochzeit gern verzehrt. Nach dem Essen wurden zuerst die Pfeifen geraucht und Seemannslieder gesungen, dann die Stube ausgeräumt und getanzt. Um diese Zeit war der Wiener Walzer nicht bis Warnemünde gedrungen. Man kannte nur Wechseltänze, bei denen 2 bis 4 Paare gleichzeitig tanzten, z. B. den Kaegel, den drei- und viertourigen, die Katze und Maus, den Scharfrichter-, Großvater-, Weber-, Schäfer- und Küssertanz, Schoen dör un stolz (schön durchgehen und stolz tun). Beim Küssertanz ging die Dame, ihr Taschentuch in der erhobenen rechten Hand haltend, allein durch den Saal. Der Tänzer folgte ihr und faßte das Tuch abwechselnd mit der rechten und linken Hand am Zipfel, und bei jedem Vorbeigehen gab er seiner Dame einen Kuß. Zwei Musikanten gab es im Dorfe. Der eine spielte Violine und der andere die Klarinette. Wer eine Ziehharmonika hatte, brachte auch die mit. Stets ging es ruhig zu, nie wurde gerauft. Als Getränk gab's warmen Punsch (Rum, Wein und Zukker), nie Bier; Grogk (Rum, Wasser, Zucker) und Glühwein waren auch beliebt. Das Alter tanzte in Hemdsärmeln tüchtig mit; unter den Seeleuten wurde nie Karten gespielt, höchstens bei vom Lande eingewanderten. In den Pausen unterhielt man sich von seinen Seefahrten und trank Punsch. „Sich drücken" gab's nicht, auch nicht für die Brautleute. Wer sich heimlich entfernte, wurde unter lautem Hallo auf einer Bahre zurückgebracht, an der ein Stuhl festgebunden war. Gegen Morgen bildete den Schluß der Feier der Großvatertanz, ein Umgang, wobei jeder durchs Fenster kriechen mußte. Für den Nachhauseweg wurde noch ein Gericht Fische in die Stube geschickt. Dauerte die Hochzeit mehrere Tage, so war am Sonnabend abend ein minder großes Essen. Am Sonntag folgte ein feierlicher Kirchgang, dem sich regelmäßig alle im letzten Winter getrauten jungen Paare anschlossen. Am Nachmittag wurde dann wieder getafelt. In späterer Zeit wurde am letzten Hochzeitstag nachts um 12 Uhr die Braut abgetanzt. Die unverheirateten Burschen und Mädchen gingen im Kreis um das Ehepaar, dem die Augen zugebunden waren, und sangen: „Wir winden dir den Jungfernkranz". Nun mußte die junge Frau einen Burschen und der Mann ein Mädchen greifen. Dies würde das nächste Paar, so war die Meinung im Orte.

Die drei Kreuze

Wie abgeschlossen das Leben für einen Warnemünder bleiben konnte, zeigt der Verkauf des Hauses am Strom 85 an Herrn Senator Dr. Eggers im Jahre 1888. Ein biederes Fischerehepaar bewohnte das alte kleine Häuschen im IV. Quartier Nr. 27. Als man nach langen Verhandlungen erreicht hatte, daß sie das Haus verkaufen würden, stellte sich bei der Unterzeichnung des Kaufvertrages heraus, daß die Frau nicht schreiben konnte. Drei Kreuze mußten ihre Unterschrift ersetzen. Es war ihr jedoch nur möglich, drei Striche abwärts nebeneinander zu machen. Als sie die drei Querbalken zu den Kreuzen machen sollte, erlärte sie standhaft, ihre Schreibkünste seien schon zu Ende. Da aber zog sie der alte Senator an ihren Schürzenbändern um den Tisch herum, so daß sie jetzt wieder drei Striche, allerdings untereinander, auf sich zu, machen konnte. Und siehe! Fortgesetztes Zureden half, schließlich brachte sie auch das zustande, und der Kaufvertrag war auch von ihr unterzeichnet. Im Laufe der Unterhaltung erfuhr man außerdem von ihr, daß sie trotz ihrer 76 Lenze noch niemals in Rostock gewesen war.

Wanderungen im Warnowtal

Vom „Warnow-Strand" weiß man viel Schönes zu berichten; in den freundlichen Küstenorten ist man gerne als Gast, Wanderungen an den Küsten führen unter dem frischen Seewind häufig weit am Strande entlang. Der Warnowlauf dagegen wird immer nur bescheiden erwähnt.

Von Bützow abwärts sieht man vom Eisenbahnzug aus gern auf das blaue Band, das sich im breiten Wiesental durch das flache Gelände hindurchzieht, in den vielen Windungen bald ferner, bald näher kommt, einmal, bei der Eisenbahnbrücke Schwaan, in breitem Bett von einer Seite zur andern wechselt und dann bis Rostock treulich begleitet.

Vom Breitling spricht man mit Stolz: seine von Ruderbooten, Seglern und Dampfern belebte Fahrrinne, häufig im kräftigen Wellenschlag liegend, zeigt ihn als bedeutenden Strom. In breiten Mündungswellen verläßt er bei Warnemünde das Heimatland.

Ober- und Mittellauf der Warnow bleiben im Gegensatz zu diesem Unterlauf abseits der größeren Bahnlinie; hinter Wäldern und Hügeln geht ihr Lauf.

Doch hier führt die Warnow den Wanderer durch besonders schöne, reizvolle Gegenden Mecklenburgs. An der bergreichen, waldgeschmückten Endmoräne geht es entlang, nahe bis an den Schweriner See. An dessen Ostseite erscheint ein hoher Waldrücken im Landschaftsbilde, ein überhöhtes Seitenglied der Endmoräne. An seinem Fuße, sich nach N. wendend, erreicht der inzwischen verstärkte Fluß die in diesem Abschnitt mannigfach in der Richtung gestörten, vor- und ineinander geschobenen Glieder der beiden nächsten Endmoränenzüge und schafft zwar mühsam, aber gleichsam in Betonung jugendlicher Kraft den an Schluchten und Durchbrüchen reichen Mittellauf.

Diese beiden Laufstrecken der Warnow genauer kennen zu lernen, war das Ziel einer Wanderung, die ich mit einem Kameraden in den letzten Ferien unternahm. Es waren vier sonnenhelle Tage, und viel Freude an schönen, reizvollen Bildern der Heimat haben sie uns gebracht.

Von Bahnhof Below aus erreichten wir auf dem Marsche nach SW. bald die Höhen der Endmoräne. Diese Höhen, unbewaldet und in größerer Fläche angebaut, eröffnen einen ausgedehnten Blick in das nach Mestlin hin abfallende Gelände, das seine reichen Wasser zum ersten Abschnitt der Warnow sendet. Von dem Straßenmittelpunkt Mestlin ging es, bald durch Wald, bald durch Wiesen, durch Sumpf und über Gräben, bis zur Warnowlinie durch. Spät abends im Mondschein standen wir an dem ersten Warnowabschnitt, einem 3–4 Meter breiten Wiesenfluß, der träge dahinzieht. Eine Brücke war trotz langem Suchen nicht zu erspähen. Der Übergang auf schwankenden Koppelschleeten ließ die Frage nach der möglichen Tiefe lebhaft auftauchen. Doch glücklich kamen wir hinüber, und ging es durch glucksende Wiesen freundlich blinkenden Lichtern zu. Kossebade, am nächsten Höhenzug gelegen, war erreicht.

Von der Quelle der Warnow heißt es mit der bekannten Wendung, sie befände sich in Grebbin unter der Scheune eines Bauern. Am nächsten Morgen haben wir in diesem Dorfe eifrig nach der Quelle gesucht, haben sie aber nicht eindeutig bestimmen können. Ein Dorfbach verläuft z. T. zwischen Gärten, z. T. neben der Dorfstraße, doch bis auf einige kleine Lachen im Bachbett war er ausgetrocknet. In seinem Anfang führte er zu einem Einzelgehöft und lag hier als grabengestreckte Grube vor, die mit Wasser gefüllt war. War dies nun die Warnowquelle?! „Dat ziept dor manchmal hoch", meinte zwar der Besitzer des Gehöftes, aber wir haben keine Quellwirbel entdecken können. Das war ein magerer Anfang. – Eine Scheune, um auch diesen Umstand zu erwähnen, steht schon lange nicht mehr da. Eine Schmiede bildet jetzt die geräuschvolle Nachbarschaft zu der stillen „Quelle".

Doch so ohne weiteres will Grebbin auf seinen Quellruhm nicht verzichten. Drei Dorfteiche lassen das Dorfgebiet als wasserreich erscheinen; eingebettet in ein von größeren Hügeln ringsumstelltes Gelände, erhält es bei Niederschlägen eine bedeutende Wassersammlung. Hierüber wußte ein alter Mann aus dem Dorfe anschaulich zu berichten: in früheren Zeiten wäre bei starkem Gewitterregen das Wasser von allen Seiten ins Dorf hereingekommen, Pferde und Rinder hätten in den Ställen bis an den Bauch im Wasser gestanden, die Gänse hätten in der Küche gebadet, von Ackerwagen wären die Bretter weggeschwommen, und für die Kinder hätte man in Rücksicht auf solche Zeiten einen Schulweg am höheren Akkerrand angelegt. So bekommt also von Zeit zu Zeit der Dorfbach einen kräftigen Anstoß und führt sein frisches Leben als Warnow stolz in die Welt: zunächst einmal in ein breites, weites Wiesental.

Der Weg an der jungen Wiesen-Warnow entlang bot nun ein buntes Hin und Her: in vielen kurzen und weiten Schlingen schmiegt sich der Fluß bescheiden den kleinsten Unebenheiten des Bodens an und sammelt dabei die Wiesengräben, die von den höheren Ackerrändern zahlreich herunterfließen. Doch im Sammellauf ist's recht ruhig – erst vom zweiten Wiesengraben ab erkannten wir eine schwache Strömung – und still: kein

Plätschern und Rauschen trotz der Frühlingswasserfülle. Aus den Lüften tönte der Lerchenjubel bei strahlendem Sonnenschein und frischem Frühlingsost, so ging es rüstig weiter.

Der Wiesenstreifen führt uns in das große Wiesengebiet, das von den drei Straßen bei Mestlin eingefaßt wird. Der Eingang der Warnow, bescheiden in Bachbreite bei Hof Woeten, findet sein stolzes Gegenüber in dem Ausgang bei Hof Grabow in Flußbreite von 3 ½–4 Metern. In diesem Gebiet liegen die dauernden Quellverstärkungen und Quellzuführungen. Im Streitgraben und Floßgraben wird in jedem Fall die gleiche Wasserfülle herzugebracht, die in der bisherigen Warnow schon vorhanden ist.

Diese beiden Gräben – eigentlich sind es schon kleine Flüsse von 2 ½ Meter Breite und ½ Meter Tiefe beim Einlauf in die Warnow – kommen von weit her und umfassen mit ihren vielen Nebenarmen ein größeres Stromgebiet als die bisherige Warnow. Am Einlauf Streitgraben vorbei lockte uns besonders das Gebiet des Floßgrabens zur näheren Erkundung. Wir fanden einen in Geländeform und im Baumbestand ungemein wechselreichen Wald: Buchenköpfe, von Tannenwänden mit breiten Waldwegen malerisch umsäumt; dazwischen in breiter Niederung tiefsumpfige Brüche, reich mit Birken bestanden. Den Birken sind wir am Wegrand vor Fichten und Kiefern häufig begegnet, doch hier fanden wir sie als reiches, weites Waldrevier. Im Schutze der dunklen Tannenwände standen sie wie im Traum, mit ihren schlanken Stämmen und ihrem farbigen Hell den Durchblick zur weiten Ferne führend. Zu ihren Füßen breitete sich das grünschillernde Sumpfwasser in träger Ruhe um die üppig wuchernden Binsenbüschel, doch in den Birkenkronen spielte der Frühlingswind und strich mit leisem Rauschen durch das zarte Gezweig und Geäst. Bei sinkender Sonne standen wir lange im Anschauen verloren und mochten nicht fortgehen; wie war es schön, und wie mußte es erst sein zu Pfingsten mit Maien!

Auch herbere Bilder trafen wir an: Windbruch hatte im lockeren Boden mächtige Fichten gelöst. Vor den stillen Tannenwänden lagen sie wirr durcheinandergestürzt, mit ihrem dürrgetrockneten Gezweig den Wanderer auf dem Wege rauh grüßend. Eine ziemlich steil ansteigende Bodenwelle führte zu einer Kahlschlaghöhe. Der Häher stieg vor uns auf: krächzend warnte sein Ruf, und er strich zur Seite in das Erlengewirr der vor uns liegenden Niederung. Weg und Steg waren im Sumpf bis zum gebrochenen Gelände versunken. Wir waren beim Floßgraben und seinen Sümpfen angelangt.

Der Floßgraben wurde in den Tagen unserer Wanderung in der Gegend viel genannt. Man hatte ihn in der Wald- und Wiesenstrecke bedeutend vertieft und verbreitert, um die einbegriffenen Wiesengebiete trockener halten zu können. Aufwurfmassen oft bis 2 Meter Höhe zu beiden Seiten des jetzt 3–4 Meter breiten und 1 Meter tiefen Bettes zeigten in der Hauptsache kalkigen Mergel, der für die Auffrischung der Wiesen gute Dienste leisten wird. Arbeiter, mit denen wir am Waldrande gemütlich plauderten, haben uns noch viel von der Gegend, den Leuten und ihrem Volkstum erzählt. Vom Verkehr wenig berührt, hat diese Gegend manches alte Volksgut bewahrt.

Am nächsten Tage haben wir den zweiten Abschnitt im Oberlauf der Warnow durchwandert. Der Fluß sucht – allerdings mit ziemlichem Umweg – die Seesenke Crivitz–Sternberg zu erreichen, die mit den seitlichen Mulden und Niederungen ebenfalls ein großes Wiesen-Flußgebiet bildet.

In raschem Lauf fließt hier die recht wasserreiche Warnow dahin und läßt häufig ein lustiges Plätschern hören. Bald sucht sie in einer Enge um einen vorgreifenden Berg den Weg, bald umfaßt sie in behaglicher Breite in weiten Schlingen die ganze Wiesenmulde.

Das Wandern war auch hier recht kurzweilig. Hünengräber liegen einsam auf den Höhen inmitten weitgedehnter Ackerflächen und lenken schon aus der Ferne den Blick. Von der Höhe am Waldrande sieht man weit in die Seesenke und freut sich über die Landschaft, die durch ihre Seen mit den vorgreifenden Waldecken so anmutig belebt wird.

Manche Besonderheit im Flußlauf wies auf die Tätigkeit der Anwohner hin. Mühlenbauten trafen wir an, häufig mit starker felsiger Flußmauerung. Doch zerfallen und verlassen lag alles da. „De Mähl is intwei!" hörten wir dann wohl rufen, wenn wir fragend vom Mühlstau zu dem stattlichen Müllerhaus hinübersahen. An anderer Stelle wurde zur Rieselung aufgestaut: ein ganzes höher gebettetes Wiesenkanalnetz war von der tiefer fließenden Warnow abgenommen. Kunstreiche Überführungen des einen Laufes über den andern waren vorgesehen; doch in Ordnung schien es nicht recht zu sein. Zwischendurch trafen wir auch tote Arme, die wohl früher als Schlinge das Mißfallen des Wieseners erregt hatten und darum zugeschüttet waren.

Dann standen wir am Barniner See. Im Blick zurück dehnten sich die weiten Seebruchwiesen: eine Lewitz im kleinen. Moorig schwarz ist der Boden; dünne Seesanddecken liegen auf den Blößen oder durchziehen in dünnen Schnüren die Moorerde an der Grabenwand. See und Fluß haben wohl gemeinsam in frühen Zeiten diesen Boden aufgebaut. Die Wiesen sind vermoost und überwuchert.

Junge Birken neben morndenden Erlenstümpfen ziehen in langen Rei-

hen an den blinkenden Gräben anmutig durch die Landschaft und verschwimmen in sanften Linien mit dem Wiesendunst zur unbestimmten
Ferne. Von dorther kommt in weitem Bogen nach links die alte Warnow
geflossen: in breitem Bett durch die Mitte zieht träge die neue Warnow
dahin. Sie hat ihren Oberlauf durch die Wiesenstrecke und damit die Wassersammlung beendet und schickt ihr trübes Moorwasser in breiter Mündung in den Barniner See.

Doch auf dem See lag in der Stromrichtung so viel schimmerndes Son-
nenlicht, daß es die ganze Gegend zu füllen schien.

Ernst Schlüter
Von Warnemünde bis Wustrow

Wer das lärmende, bunte Getriebe des Seebades satt hat, flüchte über den neuen Strom! Freilich im Frühjahr ist in Warnemünde noch wenig von der Hochflut der Badezeit zu spüren. Die Sonne steht schon ziemlich hoch am Himmel, wenn so ein Badeort sich den Winterschlaf aus den Augen reibt. Dann wird gescheuert, geflickt, gewaschen, geklopft und gehämmert, gestrichen, gezimmert, gemauert und was weiß ich. Hemdsärmelig oder in bunter Wollweste steht der Besitzer vor der Haustür und genießt, die Hände in den Hosentaschen, den kühnen Pinselschwung des Weißkittels, der ihm sein Haus verschönt. Irgendwo in einem Torweg drängen sich baß erstaunte Strandkörbe zusammen wie eine kopflose Hammelherde. Einer liegt platt auf dem Bauch – ein schreiendes kleines Kind, das nicht allein aufstehen kann. Aber wir wollen den Frühling im Freien belauschen, darum fort über den neuen Strom!

Zwischen Jungkiefern und Stranddorn zieht sich der Weg zur „Hohen Düne". Bald ist der Flugplatz erreicht. Unwirsch lagert sich die massige Flugzeughalle jenseits der Straße, ihre riesigen Formen passen nicht mehr in eine Zeit, die klein und eng geworden ist. Ein frischer Wind fährt über die See und treibt weißmähnige Wellen eilends auf den Strand. Ärgerlich schlägt er nach den blanken Sonnenfunken, die auf den Wassern gleißen und glitzern. Aber hurtig entweichen sie seinem Grimm und springen lachend beiseite. Nach einer kleinen Stunde treten wir in den Strandwald bei Markgrafenheide, den westlichen Ausläufer der Rostocker Heide. Und jetzt haben wir Rostocks schönstes Besitztum vor uns. Auf weiten Wegen kann man die herrliche Forst durchstreifen. Laub- und Nadelholz, Wiese und Bruch reihen sich in wechselnder Folge aneinander, stets neue Schönheit offenbarend. Waldesweben und Wanderlust gehören eng zusammen! Am eigenartigsten ist der Wald hart an der See. Hier führt er einen verzweifelten Kampf mit dem salzhaltigen Seewind. Hinter der Düne siedelt mannigfaches Gestrüpp auf dem grasigen Boden in eng umschlungenen Gruppen: Schwarzdorn und Brombeergerank, Wildrosen und Buscheichen, von Jelängerjelieber durchwachsen. Dazwischen verkrüppelte Kiefern, Birken und Eichen, alle drehen ihrem Feind den Rücken zu. Gemeiniglich gestatten wir Leuten, so uns besonders wohlwollen, uns den Puckel herunterzurutschen – hier ist es umgekehrt, hier geht die Fahrt bergan.

Im Strandwald wächst auch das strohgedeckte Dach der Knieperbude wie selbstverständlich aus dem Boden. 1913 hat man die etwas weiter nördlich, am Südrand der Großen Moorwiese gelegene Schoferbude niedergerissen und damit ein bodenständiges Bauwerk in beklagenswertem Unverstand vernichtet. Früher gab es noch mehr dieser Hütten am Strand, sie dienten den Fischern, den zu Wadengenossenschaften zusammengeschlossenen Bewohnern der Heidedörfer als Unterkunft zur Zeit der Heringsfischerei, als diese an der mecklenburgischen Küste noch lohnte. Seit der Mitte des vorigen Jahrhunderts ging der Ertrag der Fischerei immer mehr zurück. Alte Leute erzählen noch, wie man um 1870 z. B. in Graal einen Waschkorb voll Heringe für 25 Pfennig kaufen konnte. Heute dient die Knieperbude als Heim für die wanderlustige Jugend, ebenso wie das Waldhaus an der Pöstenschneise. An der Großen Moorwiese tritt der Wald in großem Bogen von der See zurück. Buchen, Birken, Eichen und Tannen mischen sich miteinander und in reizvollem Muster durchflicht das lichte Frühlingsgrün die dunkle Waldkante. Am nördlichen Ende der Wiesenniederung, beim Rosenort, stößt das Holz wieder an die See. Die etwas vorspringende Küste, die „Schnut", setzt den Wald besonders stark den Angriffen des Seewindes und etwaiger Sturmfluten aus. Die Birken und Eichen, die der Wald als lockere Vorhut vor seinen geschlossenen Bestand geschoben hat, sind vom Sturm gepeitscht und geschlagen, zerzauste und zerfestzte Wipfel strecken sie hilferufend landwärts. Der junge Blätterausschlag treibt nur an der Landseite aus dem Stamm und hängt im Windschutz wie eine grüne Mähne. Die Kronen sind klein und kümmerlich. Mancher Baum ist schon völlig verdorrt und es ist nur noch eine Frage der Zeit, wann ihn der Nordwest zu Boden schmettert.

Über die See streichen vier Lachmöven. Langsam steigen und fallen sie in der Luft. Ein seltsam feinnerviger Rhythmus zittert im leichten Schwingenspiel der Vögel. Zwischen See und Wald schiebt sich eine breite Düne, von Strandhafer bewachsen. Je mehr die Düne wächst, je dichter der Strandhafer mit weitverzweigten Wurzeln den lockeren Sand bindet, desto stärker ist das Waldufer vor den Sturmfluten geschützt. In einer langen schrägen Ebene wächst das Buchengebüsch oft bis zur Wipfellinie des Hochwaldes auf, an der Wetterseite drängt sich Blatt an Blatt und sucht in engster Gemeinschaft Schutz und Stärke, die schrägen, grünen Wände schirmen die Vegetation dahinter. Alleinstehende Büsche hat der Seewind bisweilen zu runden Gebilden geschoren, mit einer Regelmäßigkeit, die dem Geschick eines Schloßgärtners aus dem seligen Rokoko alle Ehre machen würde. Bald treten aber geschlossene Buchenbestände, lang und hager, von Moos und Flechten grau überzogen, unmittelbar an die Düne. Wind und Sturmflut haben hier die schützenden Vorposten gefällt.

Kurz vor Graal überschreiten wir den Stromgraben, der Rostocker Gebiet trennt von der Gelbensander Forst. Sein grünes Wiesental, ringsum von Wald umschlossen, zieht sich südlich bis Torfbrück. Die beiden Badeorte Graal und Müritz liegen nahe beisammen, an der Seeseite verbindet sie ein Klinkersteig, unmittelbar am Wald, von dem sich das farbige Strandleben hübsch überschauen läßt. Die neueren Graaler Hotels und Pensionen liegen hinter dem Wald, nur wenige Minuten von der See entfernt, während Müritz sich in einem langen offenen Bogen, dessen Enden bei den beiden Brücken an die See stoßen, hinzieht, im Rücken unmittelbar an den Wald sich anlehnend. Wald und Wasser sind bisher die Hauptanziehungspunkte der in Graal und Müritz Erholung suchenden Fremden gewesen. Zweifellos wird die in diesem Sommer eröffnete Bäderbahn Rövershagen–Müritz beiden Badeorten wirtschaftliche Verbesserung und kräftigen Aufschwung bringen. Möchte aber die neue Zeit nicht die zweifelhaften Segnungen eines ausgesprochenen Modebades mit sich führen.

Graal und Müritz gehörten im Mittelalter dem Claren-Kloster in Ribnitz und waren einst Pachthöfe. Ihr sandiger Boden wird kaum sehr ertragreich gewesen sein, jedenfalls war es um 1750 schwierig, für die Höfe Pächter zu finden. Und dies scheint den Herzog Christian Ludwig 1752 zur Parzellierung Graals veranlaßt zu haben. Die Regierung förderte die Ansiedlung mit allen Mitteln und bot auch Leibeigenen die Freiheit.

Die Aufteilung von Müritz ist mit einem besonderen Ereignis der mecklenburgischen Geschichte verbunden. 1811 mußte die mecklenburgische Regierung 110 Matrosen für Napoleons Flotte stellen. Darunter befanden sich 6 Graaler, denen die mecklenburgische Regierung für den Fall glücklicher Heimkehr Bauplätze und Bauholz in Müritz versprach. Und so entstanden 1816 die ersten Büdnereien in Müritz. Als Badeort ist Müritz bedeutend älter als Graal. Schon 1819 kann man im „Freimüthigen Abendblatt" lesen, daß mehrere Familien aus der Sommerfrische Warnemündes, anscheinend wegen Überfüllung, nach einem „Seedorfe namens Müritz" übergesiedelt sind, „zum Baden, ohne das nun einmal die jetzige, tausendfach schwächer gewordene Generation nicht leben kann, und künftig noch immer weniger leben wird!" In den 30-, 40ger Jahren des vorigen Jahrhunderts war ein Baron von Stenglin Forstmeister in Gelbensande. Auf dessen Veranlassung kamen Bekannte und Verwandte, hauptsächlich vom mecklenburgischen Adel, im Sommer mit

Wagen und Pferden, Hausrat und Dienerschaft nach Müritz, wo alsdann für mehrere Wochen ein lustiges Badeleben anhub. Ein neuer Aufschwung beginnt erst am Anfang der 70ger Jahre.

Wandert man von Müritz nordwärts den Strand entlang, so sieht man, vielleicht eine Stunde entfernt, ein großes, weißes Gebäude mit rotem Dach aus den Dünen ragen: das Kurhaus Neuhaus. Einsam liegt es mit wenigen Nebengebäuden an der See. Früher führte dieser Hof den klangvolleren Namen Niehusen. Aber eine nüchterne Zeit hatte für den Wohllaut einer Wortform ebensowenig Verständnis wie für die Schönheit heimischer Bauweise. Landeinwärts, hinter den Dünen, erstreckt sich zwischen Müritz und Neuhaus das Große Moor, für den Freund einsam entlegener Landschaft ein Erdenfleck voll heimlicher Schönheit. Im Süden und Osten von Hochwald umschlossen, von den Dünen durch Gestrüpp und Gesträuch getrennt, entschleiert es seine Reize nur einem Wanderer, der sich die Mühseligkeit ungebahnter Wege nicht verdrießen läßt. Zwischen ernsthafte Kiefern drängen keck weiße Birken und lassen sich wohlgefällig vom Wind die lichten, grünen Haare zupfen. Weiches Wollgras schmiegt sich wie ein weißer Federpelz um die feuchten Gründe und an den schwarzen Wänden der Torflöcher begegnet man dem Sonnentau. Aber erst im Herbst zieht das Moor sein schönstes Kleid an, das leuchtet und loht in allen Farben, vom schimmernsten Gold bis zum dunklen Bordeauxrot! Köstlich ist der Blick von den weißen Dünen auf See und Moor. Nördlich von Neuhaus finden sich die höchsten Dünen der mecklenburgischen Küste, meist mit Kiefern bewachsen. Vom Witten Barg, einer ins Land vorspringenden Düne, übersieht man das flache Land, Wiesen, Weiden und Moor und die Boddendörfer Dändorf und Dierhagen. Jenseits des Boddens blaut die pommersche Küste und im Südosten verdämmern die Ribnitzer Türme. Vielgleisig zieht sich der Weg über die weiten, mageren Weiden nach Norden, wo aus der Ferne der Wustrower Kirchturm herübergrüßt. Zwischen den Gleisen wuchert braune Heide, aus dem Waldgebiet kommen wir ins Grasland.

Als die Segelschiffahrt blühte, waren Dändorf und Dierhagen wohlhabende Dörfer. Mit dem Rückgang dieses Erwerbszweiges, also besonders seit den 80ger Jahren des vorigen Jahrhunderts, verarmten die Dörfer und verloren mehr und mehr ihren eigentümlichen Charakter. So sind in einem Jahre zwölf der wohlhabendsten Familien aus Dändorf fortgezogen. Auffällig sind die Schifferhäuser: rote Ziegelbauten, welche langseits an der Straße liegen, in der Mitte die Haustür, rechts und links je zwei Fenster, auf dem Dach über der Tür häufig ein Fledermausfenster. Kopfsteinpflaster verbindet die Garten- mit der Haustür und läuft auch am

Hause entlang. Vielfach umhegen noch lebendige Weißdornhecken den Vorgarten, soweit sie nicht durch häßliche Drahtzäune ersetzt sind. Flieder und Schneeball blühen in den Gärten und von der Blumenfreude der Hausfrau zeugen oft sorgsam gepflegte Beete, in denen Goldlack und Primeln, Stiefmütterchen, Tausendschönchen, Tulpen und Akelei in frohen Farben durcheinander leuchten. An der Dorfstraße schatten Kastanien und Linden. Strohdächer sind knapp in Dändorf, besonders da vor einigen Jahren eine Gruppe malerischer alter Katen, das „Kloster" genannt, niederbrannte. Was dafür wiedererstanden ist und ferner die Wirtschaftsgebäude einzelner Erbpächter, das alles ist so wirkungsvoll, daß es das schlagendste Beispiel für die Verunstaltung eines alten Dorfbildes liefert. Trotz seiner Entfernung von der Ostsee wird Dändorf alljährlich als Sommerfrische aufgesucht.

Besser vermag Dierhagen seine nähere Lage zur See auszunutzen. Ein von Bäumen und Büschen lauschig umschatteter Steig führt an den Strand, zur Badeanstalt. 1853 wurde der größte Teil Dierhagens durch Feuer zerstört, darunter 10 von 13 Bauerngehöften. Bald nach dem Brande sind diese 10 Gehöfte südlich vom Dorfe in einer langen Reihe wieder aufgebaut worden, in Ziegelfachwerk und Strohdach. Die nach dem Brande neu erbauten Büdnereien, besonders die Schifferhäuser, ähneln den oben beschriebenen Dändorfs. Zwischen den Bewohnern der beiden Dörfer bestanden früher erhebliche Unterschiede, der Dändorfer war vornehmer, zurückhaltender. Noch um 1900 ging es z. B. auf dem Ball in Dierhagen lebhafter und rauher zu als auf dem Ball in Dändorf, es kam oft zu einer Schlägerei, der Dierhäger besuchte zwar die Dändorfer Bälle, nicht aber umgekehrt. Die neue Zeit verwischt die Unterschiede mehr und mehr. Die treusten Erinnerungen an die alte Zeit bewahrt der sich ins Blättergrün anmutig bergende alte Friedhof. Da liest man auf den Kreuzen von Schiffer, Seefahrer und Fährsmann und trifft immer wieder dieselben Namen: Fretwurst, Staben, Voß, Andreis, Riemann, Niejahr u. a. Gerade das häufige Vorkommen der gleichen Namen ist bezeichnend für die frühere Abgeschlossenheit der Dörfer. In dem für die Wahl des zweiten Predigers an der Ribnitzer Stadtkirche – 18. Oktober 1874 – aufgestellten Verzeichnis aller Wahlberechtigten (Männer mit eigenem Herd) findet sich unter 86 Namen in Dierhagen allein 21 mal der Name Fretwurst, 12 mal der Name Voß und 8 mal der Name Andreis, während unter den 68 Dändorfern 11 mal ein Riemann, 8 mal ein Fretwurst und 4 mal ein Dade verzeichnet ist.

Nördlich von Dierhagen setzt sich das flache weite Land bis nach Wustrow fort, Weiden und Wiesen in einer Längsausdehnung von 6 km, im

Osten vom Bodden, der Binnensee, begrenzt, im Westen durch Düne und Deich von der offenen See getrennt. Kiebitze werfen sich in wuchtelndem Flug durch die Luft, Rotschenkel flitzen hastig mit eckigen Bewegungen über die Wiesen hin. Der nördliche Teil dieser Niederung, die Ribnitzer Stadtwiesen, gehörten Ribnitz. Früher wurde alljährlich der Ertrag der einzelnen Kaveln in altgewohnter, mit einem Schmaus gekrönter Verhandlung, der „Morgensprak", vom Magistrat verlost. 1907 oder 1908 ist dieser alte Brauch auf Betreiben des Ribnitzer Bürgerausschusses abgeschafft worden. Nahe bei Dierhagen stehen noch kleine Kiefernbestände an den Dünen. Bald buckeln sich die Stämme wie Katzen, bald winden sie sich wie Schlangen am Boden hin, aber zäh und beharrlich drängt das Haupt, die Krone, immer wieder dem Lichte zu, mag auch der Wind noch so hart blasen.

Die Sonne steht tief und hat sich Wolkengardinen vor die Nase gezogen. Stahlgrau rauschen die Wellen an den Strand. Strandläufer fliehen mit schwermütigem Schrei und flinkem Flügelschlag über das Wasser. Allmählich schläft der Wind ein, schwächer und schwächer geht der Atem der See. Und schließlich ist es, als ob sie nach einem letzten tiefen Aufseufzen leise entschläft. Die Abendkühle kauert zwischen Busch und Strauch der Dünenwälle. Von den Wiesen am Bodden tönt das Quaken der Frösche, sie halten eine tausendstimmige Generalprobe für ihre Sommerkonzerte ab. Am Horizont blitzt in kurzen Pausen das Licht vom Feuerschiff am Gjedser Riff auf. Die Dämmerung kriecht über die Wiesen neben dem Deich und bleibt in den Weidenbäumen hängen. Fahl und bleich spiegelt sich der Himmel in den Wassertümpeln. Nun kommt ein frischer Landwind auf, weht über die Deichkappe und schauert traumhaft durch die zitternden Gräser. Halbrechts vor uns wächst in unbestimmten Umrissen der Wustrower Kirchturm aus dem Dunkel auf.

Wustrow ist der Hauptort des Fischlandes. Noch bis 1825, vielleicht noch länger, erscheint Wustrow unter dem Namen Kirchdorf, ähnlich wie noch heute auf Poel der Hauptort einfach Kirchdorf nach der ihm zukommenden Bedeutung heißt. Dabei sei gleich erwähnt, daß Fischland nur den Landstrich von Wustrow bis Althagen einschließlich, bis zur pommerschen Grenze bezeichnet. Wustrow's Werden und Wesen ist eng mit der Segelschiffahrt verknüpft. Und wenn auch heute dieser Zweig der Seefahrt durch die Errungenschaften moderner Technik weit überflügelt ist, so ist in Wustrow die alte Tradition, unter Anpassung an die neuzeitlichen Gedanken, immer noch lebendig durch die seit 1846 bestehende Seefahrtsschule. Schon aus diesem Grunde ist für die Erhaltung dieser Schule zu sorgen. Freilich längst bevor der Staat den Bestrebungen der rührigen

Fischländer entgegen kam, hatten diese zur Selbsthilfe gegriffen. Wie denn zu jeder Zeit die Rührigkeit und der weite Blick der Fischländer gegenüber den übrigen Bewohnern des platten Landes gerühmt wird. Bereits 1814 unterrichtet der „vieljährige Seemann" Nikolaus Permin auf eigene Faust die jungen Fischländer in der Steuermannskunst und den dazu gehörigen mathematischen, astronomischen und nautischen Fächern. Viele Seekarten, ein Globus, schöne englische Instrumente, englische und deutsche Bücher stehen für den Unterricht zur Verfügung. Und als nach ungefähr zehn Jahren die Hirschburger Beamten – damals war das zuständige Großherzogliche Amt in Hirschburg – diese Schule entdecken, sind sie erstaunt über die Beharrlichkeit und die Tatkraft, die sich in allen diesen Dingen offenbart. So ist es denn auch verständlich, wenn in Akten aus dem Jahre 1815 zu lesen ist: „In keinem Teil der großherzoglichen Lande ist das Grundeigentum so gesucht, wie in der zwischen Warnemünde und dem Fischland gelegenen Ostseeküste. Der Grund liegt darin, daß Seefahrt, Heringsfang und überhaupt Fischerei hier einträgliche Erwerbsquellen gewähren." Und man wundert sich nicht mehr, wenn man erfährt, daß 1832 unter den 1500 Seelen des Kirchspiels gegen 70 Schiffer waren, welche über 1200 Rthlr. jährliche Kontribution zahlten. Schiffer ist gleichbedeutend mit Kapitän. 1862 zählte die Fischländer Flotte noch 132 Schiffe! Dann aber beginnt der stille, hartnäckige Kampf mit den Dampfschiffen, der schließlich mit dem Siege der letzteren enden mußte, die Waffen waren zu ungleich. Die kleineren Häfen veröden allmählich, es verschwinden die langen Wagenzüge, welche sonst mit Schiffsgut vom Fischland nach Rostock unterwegs waren. Bezeichnend für die zähe Treue der Fischländer ist die Erzählung eines alten Kapitäns: man nahm immer wieder Schiffsparten, obgleich man wußte, daß das Geld verloren war, aber in der Jugend war einem selber so geholfen. Noch heute zeichnet sich das Fischland durch Bodenständigkeit und Seßhaftigkeit seiner Bewohner aus, welche zum großen Teil durch die Abgeschlossenheit des Landes bedingt wird. Wustrow ist nur durch eine Dampferlinie und einen fast 18 km langen, in der schlechten Jahreszeit schwer passierbaren Landweg mit Ribnitz, der nächsten mecklenburgischen Bahnstation, verbunden. Die völlige Umstellung der wirtschaftlichen Verhältnisse zwingt aber das Fischland, aus dem Fremdenverkehr mehr und mehr seinen Lebensunterhalt zu ziehen, und deshalb ist eine Verbesserung der Verkehrswege erwünscht. So kämpft es schon seit Jahren um die Erbauung einer Kunststraße, einer Eisenbahn. Die allgemeine Finanznot steht immer noch hindernd im Wege. Das eine ist freilich gewiß: eine Eisenbahn Ribnitz–Wustrow oder Müritz-Wustrow wird langsam aber sicher die Eigenart Wustrows zerstören und ihm die konventionelle Maske eines modernen Badeortes vor das Gesicht binden. Der besinnliche Freund urwüchsiger, bodenständiger Schönheit muß diese Entwicklung bedauern. Und die Mehrzahl der alljährlich wiederkehrenden Badegäste wird gerade das wahre Gesicht Fischlands in die köstlichste Sommerfrische locken!

Außerordentlich reizvoll sind die sauberen Kapitänshäuser und die alten Strohdachkaten, mit weit vorgekragtem Krüppelwalm, in Gärten und Baumreihen gebettet. Überall bieten uns Frühlingsblumen ein lachendes „Guten Morgen". Vom Südrand des Ortes hat man einen freien Blick über die tiefer gelegenen weiten Boddenwiesen, auf denen Kuhherden grasen. In der Ferne begrüßen wir Dierhagen und die Dändorfer Mühle, links dehnt sich in breiter Wasserfläche die Binnensee, südöstlich ragt der Ribnitzer Kirchturm hinter dem vorspringenden pommerschen Ufer, hinter dem Steinorter Wald auf.

In der Strandstraße stehen einige alte Weiden, welche durch ihren mächtigen Stamm auffallen. Langsam steigt die Küste nach Norden zu an. Steil abfallendes Klintufer, das schließlich eine Höhe von 15 m erreicht. Alljährlich bröckeln, besonders im Herbst und Winter, gewaltige Massen des lehmigen Hochufers infolge der Witterungseinflüsse ab, der Landverlust ist beträchtlich. Auf der Oehmkeschen Erbpachthufe in Althagen sind z. B. seit 1908 20 m Boden in der See verschwunden. Besonders in den letzten Jahren ist der Schade groß gewesen, da seit dem Kriege für den Uferschutz nichts getan ist, die alten Buhnen sind durch die Sturmfluten ausgewaschen, zerstört und nicht wieder hergestellt, neue Buhnen sind nicht gebaut worden. Es ist hohe Zeit, daß die Regierung den Uferschutz tatkräftig betreibt. Drüben, im benachbarten Pommern, wird anders gearbeitet: im preußischen Haushaltsplan für 1925 sind für Wiederherstellung der Buhnen bei Zingst 10 000 Mark und zur Herstellung neuer Uferschutzwerke auf dem östlichen Teil der Halbinsel Zwingst 100 000 Mark vorgesehen. Nach Osten zu dacht sich das Land allmählich zum Bodden ab, an dessen Rand sich Niehagen, Fulge und Althagen in langer Reihe hinziehen. Köstlich ist ein Gang über das Hohe Ufer! Links, in der Tiefe, das rauschende Meer, quer durch das Land die grünenden Saaten, am Bodden unter schützenden Bäumen die strohgedeckten Katen und dahinter die blaue Binnensee, auf der pommerschen Seite vom Saaler Steilufer, Dörfern, Feldern und Wäldern umsäumt. Im Norden schwingt die Küste in langer Linie zum Darßer Ort, die Wälder des Darß sperren wie eine blaue Wand das Gesichtsfeld. Im Nordosten glänzt silbergrau die Mühle von Born auf einer Landzunge und weiter östlich, weiter entfernt, baut sich wuchtig der Barther Kirchturm auf, eine weithin sichtbare Landmarke. Er versteht sich besser auf's Geschäft wie sein lieber Amtsbruder in Wustrow. Dieser schwächliche Nachfahr der Gotik ist mit seiner Kirche im Jahre 1873 neu erbaut worden, in jenen neugotischen Formen, die mit ihrem Vorbilde nur rein äußerliche Züge gemein haben, von seinem Geiste aber keinen Hauch verspüren. Jede Zeit, die sich zum Ausdruck ihres künstlerischen Wollens der Formensprache einer vergangenen Epoche rein mechanisch bedient, offenbart im Grunde nur ihre eigene Minderwertigkeit, das Unvermögen, in eigner Sprache zu reden. Jetzt fällt das Land nach Norden ab, vor uns in der Senke liegt Ahrenshoop. Halbrechts, kurz vor der Landesgrenze, ein langes, altes Strohdach, von sehnigen Weißdornbäumen überwölbt. Der fliehende Rhythmus, der aus den nordöstliche geneigten Stämmen und Wipfeln spricht, lockt immer wieder Maler und Zeichner zur Gestaltung, wird immer wieder auf photographischer Platte festgehalten, so daß dieses Bauernhaus das abgegriffenste Motiv der ganzen Gegend enthält. Eine Wanderung durch die Boddendörfer Alt- und Niehagen bietet einen erlesenen Genuß. Vom Deich an der Binnensee schauen wir in die grünen Baumgärten, welche die rohrgedeckten, oft farbig gestrichenen Katen umschließen. Tulpen, Vergißmeinnicht, Goldlack und andere Blumen sonnen sich auf den von Buchsbaum eingefaßten Beeten. Die Regellosigkeit der langgestreckten Dorfanlage erhöht den malerischen Reiz des Bildes. Manche alten Katen sind von Auswärtigen, Künstlern oder Naturfreunden, angekauft, welche hier ihre Sommerferien verträumen. Die Künstler haben auch die hellen Farben der Häuser aufgebracht, die Einheimischen kannten früher nur einen blauen oder roten Anstrich.

Ahrenshoop wird nur durch einen Graben, einen Weg von dem mecklenburgischen Althagen getrennt. Vor ungefähr 40 Jahren ist das damals in weißen Dünen vergrabene Nest von Künstlern entdeckt worden. Pauversdörp heißt es im Volksmund. Beim Richtfest der ersten Häuser im 18. Jahrhundert sollen Zimmerleute unmutig den Ort so getauft haben, weil die Menge des zur Verfügung stehenden Branntweins nicht ihrem Durste entsprach. 1892/93 wird das jetzige Kurhaus, frühere Hotel Bogislaw, erbaut. Damals gab es noch keinen festen Weg durch die „pommersche Sandwüste". Meterhoch lag der Sand an der Dorfstraße, vier Pferde konnten kaum einen vom Darß geholten Wagen Holz durchbringen. Erst 1895 liest man in der Rostocker Zeitung, daß „eine bequem chauffierte Straße mit Fußbanket und 3 Reihen Pappeln durch die Länge des Ortes führt". Noch jetzt sind die östlich der Dorfstraße liegenden Häuser zum großen Teil durch einen Dünenwall, der freilich heute bewachsen ist, von der Straße getrennt. Am Schifferberge, früher Schäferberg genannt, der kleine Friedhof. Oben am Hang wuchert üppiger Ginster, aus dunklem Grün flammen in verschwenderischer Fülle leuchtend gelbe Blüten. In wundervollem Gegensatz hebt sich das Gelb vom Blau und Rotbraun der dahinter liegenden Häuschen ab.

In den letzten Jahren sind in den Dünen nördlich Ahrenshoop viele kleine strohgedeckte Sommerhäuser aus dem Sand gewachsen. Aber das Problem, das den Erbauern vorgeschwebt hat: ein neuzeitliches Landhaus unter Anlehnung an die alte heimische Bauweise, ist nicht immer befriedigend gelöst worden. Die Künstler sind Ahrenshoop treu geblieben, manch einer hat sich hier ein Heim geschaffen. Auch Kunst- und Naturfreunde haben sich angesiedelt, deren gastliches Haus allzeit geöffnet ist. Ahrenshoop hat schon manchen Menschen zu frohem Schaffen und Wirken begeistert und dadurch lebensfördernde Kraft bewiesen. In der Stille wird manches gute Werk getan und an hohen Kulturaufgaben gearbeitet. Ringt man doch sogar dem sterilen Dünensand furchtbares Wachstum ab! Und in dem ewigen Fluß der Dinge wird nur das Werden allein sich behaupten.

Die Rostocker Heide

Die Güstrower haben einst ihren schönen Primerwald von dem Ritter von Penz auf Gremmelin für einen Scheffel voll Kupferpfennige gekauft. Bei den vielen verschiedenen Scheffelmaßen, die es in Mecklenburg gab, läßt es sich schwer feststellen, was sie denn eigentlich für den Wald gegeben haben. Ich kenne einen Parchiner, einen Wismarschen, einen Rostocker Scheffel. Wie denn? Ja, gewiß, auch die Grabower hatten ihren besonderen Scheffel. Und dann weiß man ja auch nicht, ob der Ritter den Scheffel gestrichen oder gehäuft gekriegt hat. Das war ein Handel. Dazu macht Frau Sage noch allerhand Andeutungen. Als ob der Weinkauf nicht, wie sonst wohl üblich, nach dem Geschäft, sondern vorher stattgefunden habe. Da ist denn doch das, was ich vom Verkauf unserer Heide erzählen will, schon klarer. Und auch verbürgter. Denn im Rostocker Ratsarchiv liegt eine wertvolle Urkunde mit einem grünen Wachssiegel an weißroter seidener Schnur. Die ist am 25. März des Jahres 1252 ausgestellt und erzählt uns, daß damals die Bürger der Stadt den Wald, der sich erstreckt „von Hinrichsdorf bis Mönkhagen, dann bis Volkshagen, hernach gerade durch den Weg, welcher nach Ribnitz führt, bis an den Ort, wo einst Wilhelm Wulebresme getötet ward, dann den Zarnezstrom durch den Heuweg querüber bis an das Gestade des Meeres und längs dieses bis an das Ostufer der Warnow", vom Fürsten Borwin III. für 450 Mark Rostocker Pfennige kauften. Ob der Fürst Geldmangel hatte, weiß ich nicht, daß aber in den Kassen der „Pfeffersäcke", deren Handel nach Norden schon über ein halbes Jahrhundert lang reichen Gewinn abgeworfen hatte, große Reichtümer lagerten, ist wohl sicher. Es ist aber jener in der Urkunde umrissene Besitz bis auf den heutigen Tag Eigentum der Stadt verblieben. Freilich warf er zunächst nicht soviel ab, das Holz hatte nicht so großen Wert, zudem konnte sich jeder Bürger soviel holen, als er brauchte. Die Jagd war auch für den Stadtsäckel nicht ertragreich, denn jeder Ratsherr und auch jeder Bürger, sofern er sich „Jagthund, Wind und Pfand" halten konnte, durfte „auff der Staat Gütern", also auch in der Heide, jagen. Am meisten brachte wohl noch der Wald durch die Schweinemast. Stand doch dieser Ertrag so im Vordergrunde alter Waldwirtschaft, daß man bei den Wäldern als Maß benutzte: wieviel Schweine drin feist werden können. Bald aber gingen die Bürger daran, im Süden den Wald zu roden und ihn durch Anlegen von Siedlungen rentabler zu machen. Rövershagen, Wasmodeshagen, Porrikenshagen wurden gegründet, Rostocker Ratsherren werden bei der Namengebung Pate gestanden haben. Bald waren es namhafte Summen, die von den Hufen als Abgaben in die städtische Kasse flossen, für die Ratsherrn ist auch wohl hier und da ein „Rauchhuhn" abgefallen. Auch im tiefen Wald selber entstanden Siedlungen: Hinrichshagen, Markgrafenheide, Moorhof, Fulleri und Born. Nicht alle bestehen jetzt mehr, nur die als Flurnamen erhaltenen Namen geben Kunde, daß einst da der Pflug ging oder Scharen von Schafen weideten, wo jetzt Tannen rauschen.

So freute sich der Bürger seines Waldes, holte sich seinen Sonntagsbraten aus ihm, aber wenn er zur ehrsamen Zunft der „bodeker" gehörte, die Salz- und Heringstonnen für Skanör und andere Fischerhäfen lieferten, dann besorgte er sich das Holz zu den Stäben und Bändern, setzte sein Mark auf das fertige Faß, und dann galt es als Qualitätsware. Die Lohe der Eichen holte sich der Gerber, und die ganz großen Tannen der Schiffbauer. So hätte es schön friedlich weitergehen können, wenn es nicht den Herzog Karl Leopold nach dem Walde gelüstet hätte. Seinem Vorgänger hatte die Stadt die Jagderlaubnis gegeben, es mochte ihr freilich bald leid getan haben, als zur Vermehrung des „hochfürstlichen Jagdplaisiers" das Wild geschont wurde und namentlich die wilden Schweine so überhand nahmen, daß die „Gotteshäuser, Dörffer und Höffe" sehr ruiniert wurden. Aber Herzog Karl Leopold legte einfach 20 Dragoner nach Rövershagen, als die Stadt ihm nicht zu Willen war, und machte auch nicht Halt vor einem ehrbaren Rat: er ließ einfach die Bürgermeister ins Loch stekken. „Einige" Jagdschneisen wurden im Wald geschlagen, aber es waren hundert fürstliche Bauern dazu kommandiert, und diese arbeiteten fünf Wochen, da mag mancher stattliche Baum gefallen sein. Deputierte der Bürgerschaft wandten sich an den Kaiser Karl VI. und klagten: „die Heyde, das größte Kleinod der Stadt, sei gänzlich ruiniert". Aber ehe die alten Verrückten dort in Wien sich wohl über die Sache klar gewesen wären, hätte die Stadt sicher ihren Wald eingebüßt. Doch des Herzogs Stern sank, und die Rostocker konnten sich wieder ihres Kleinods erfreuen.

Wer noch tiefer in die Geschichte des Waldes eindringen will, dahin, wo Pergamente und Urkunden nicht reichen, der lasse sich vom Boden der Heide die Geschichte weitererzählen. Der Bohrer des Pumpenbauers, die Nadel des Altertumsforschers, auch der Spaten des Waldarbeiters und die treffende Welle der Hochflut am Heideklint bringt den Waldboden zum Sprechen. Er ist ein Erzeugnis der Eiszeit, die den feinen mehligen Heidesand über den Geschiebemergel breitete, oft, namentlich im Westen, in dünner Decke, hier und da durch Wasser und Wind wieder erodiert, meistens, vor allem im Osten, in metertiefer Lagerung. Frische Abbaustellen zeigen unter einer ziemlich dünnen Humusschicht den durch die Sicker-wässer des Eisengehaltes beraubten Bleichsand. Dann folgt eine 10 bis 15 cm starke Ortsteinschicht, rostbrauner mit saurem Humus und Eisen-oxyd verkitteter Sand, meistens steinhart, oft aber auch verwittert und dann mürbe und zerfallend. Unter dem „Klashahn" liegt dann der Heide-sand, in den oberen Schichten rotgelb, dann allmählich gelb werdend.

An vielen Stellen ließ die Eiszeit Wasserflächen frei, die im Laufe der Zeit vertorften und mehr oder minder umfangreiche Hoch- und Misch-moore bildeten. Einige Wasserläufe führen die Wasser der Heide entwe-der zum Breitling oder zum Stromgraben, dem Zarnezstrom, und damit in die Ostsee.

Dieser geologische Aufbau des Waldbodens in Verbindung mit den günstigen Grundwasserverhältnissen und dem feuchten Seeklima bedingt den eigenartigen Charakter des Heidewaldes und seiner Bearbeitung. Die Bestände wechseln nach dem Untergrund, oft überraschend schnell. Schreitet man jetzt noch durch hohen Tannenwald, so rauschen nach we-nigen Minuten mächtige Eichen über unserm Haupte, oder der Weg ver-liert sich in einem dichten Erlenbruche. Die Klage des Naturfreundes, daß es fast keinen Wald mehr gäbe, sondern nur noch einen Forst – hier ist sie unberechtigt.

An der Küste ist der Wald besonders schön. Eine lang ausgezogene Postenkette, des Waldes zerzauste Vorhut, zeigt die Wunden und Narben aus dem Kampfe mit dem grimmen Nordsturm, der Blatt um Blatt der zur Küste gerichteten Zweige pflückt, auch diese knickt und so jene wie mit zerzaustem, flatterndem Flaggentuch zum Walde hinüberwinkenden Ge-bilde schafft. Man nennt sie Windflüchter. Dort auf der großen Wiese, nicht weit vom Moorgraben, steht so ein alter Veteran, eine Kiefer. Kein Mensch hat ihn gepflanzt, vielleicht wehte ein Südwind vom nahen Hütel-moor ein kleines Samenkörnchen auf die kleine Sandanwehung am Moor-graben. Daraus ist dann unser Baum entstanden. Aber leicht ist ihm das Nachkommen nicht geworden. Viele Jahre duckte er sich unter das hohe Wiesengras und schützte sich so vor dem Seewind, der Salzkristalle und Sandkörnchen mit sich führte. Als die Tanne klein war, schlief wohl der Dünenhase in seinem Schatten, später kamen Hirsche, oft in Rudeln bis zu sechzig und mehr, wenn sie zum Brandshürn wechselten. Der Sperber machte von der krausen Krone aus seine Beutezüge. Im Sommer kamen die Schnitter, die auf den weiten Wiesen das Gras mähten, und die Frauen und Mädchen, die die Schwaden kehrten, und ruhten unter der weiten Krone. Dann ist aus dem Windflüchter eine Schirmtanne geworden.

Ein wenig weiter vom Feind steht eine schwerere Truppe: die Eichen. Das „Sandgebläse" von der Düne dringt nicht mehr herüber, aber der Sturm aus Norden zerstört doch die seewärts stehenden Äste. So sind's auch Windflüchter geworden. Hinter dem Schutzgürtel trifft man dann hohe schlanke Tannen, schiere Buchen, mächtige Eichen. Und darunter das Farnkraut. Das ist wieder ein Wald im kleinen. Bis zu 2 m erhebt sich der Adlerfarn, und ein „Geweihter" kann sich gut drin verbergen. Auch sonst findet der Botaniker manches zum Freuen im Walde, die seltene Linnéblume verrät er keinem, wenn er den Standort weiß; es könnte irgend eine Quarta darüber herfallen. Der Siebenstern ist schon häufiger, und auch die Hülse- und Stechpalme findet man an vielen Stellen verstreut. Hier und da wird sicher noch eine botanische Seltenheit zu finden sein, da muß man den Kenner fragen. Die Huddelbäume aber, zwei Einsame im grünen Walde, auch Elsbeere, Sorbus torminalis, geheißen, findet man schon mit Hilfe der Karte. Und auch wohl die Eibenbäume hinten im Osten der Heide an der Hundeteichschneise. Das sind die Ältesten in der Heide, die haben sicher noch wendische Laute gehört und wendisches Wesen gesehen. Es ist ein Mann, der hier im Gitter steht, sein Weib aber steht in einem Bauerngarten zu Mönchhagen und ist noch stärker im Umfange. Nicht alle „Zweihäusigen" haben es so schwer, zueinander zu kommen.

Das Jagdplaisier. Ja, da kann man wohl von einem Vergnügen reden, das sich nur reiche Leute gestatten können. Was sich im vorvorigen Jahrhundert Karl Leopold mit Dragonern, Russen und Gefängnisschließern besorgen wollte, kann man heute mit allerlei Geld erwerben. Als die Jagd zuerst verpachtet wurde, so kurz vor dem großen Kriege, da mußte der Pächter jährlich 115 Sauen, 150 Stück Rotwild und 36 Rehe abschießen. Das läßt einen Schluß zu auf den Wildreichtum der Heide. Das Wild hat's gut im Walde, und es kann auch durch den Stromgraben in die Gelbensander Heide und damit in die andern Reviere des nordöstlichen Mecklenburg streifen. So ist die Gefahr der Inzucht beseitigt. Auf den Jagdausstellungen aber können die Heidejäger ihre Trophäen mit berechtigtem Stolze zeigen.

Wer noch vor einem Menschenalter zur Heide wollte, durfte einen stundenweiten Fußmarsch durch Wiesen und Dünen nicht scheuen. Heute ist der Wald „erschlossen". Eine feste Straße, eine Strandbahn, Motorboote führen an den Wald, nicht lange, so auch eine Vollbahn quer durch die weiten Schläge nach Graal. Wenn ruhige See ist, kann man auch mit hohem Genuß mit einem Küstendampfer den Weg abkürzen. Im Walde aber kann man auch ohne Gefahr des Irrens stundenlang wandern:

Kreise und Kreuze in allen Farben sind an die Bäume gemalt und weisen die Wege. Für Kurgäste des nahen großen Badeortes ist's ganz nett. Es gibt aber Leute, die es früher netter fanden. Als noch nicht so viele im Wald wanderten. Das sind aber etwas selbstsüchtige Menschen. Sie können auch noch jetzt auf ihre Rechnung kommen, denn die Heide ist groß, 5500 Hektar, und immer findet der Freund der ruhigen Einsamkeit stille Schneisen ohne farbigen Baumschmuck und „gottverlassene" Gegenden. Aber dort spürt er wohl erst recht den Schritt des Schöpfers. Dort begegnet ihm auch wohl noch Frau Sage und raunt ihm allerlei vergessene Geschichten zu, von Störtebeker, der in Moorhof seinen Schlupfwinkel hatte; vom Jäger Brandt, der mit geweihter Hostie auf einen Keiler schoß und dabei jämmerlich den Tod fand. Und mehr solcher wunderfeiner Geschichten. –

Ist es nicht ein feiner Wald, unsere Heide? Und haben die Stadtväter nicht recht, wenn sie schon im Anfang des 18. Jahrhunderts ihren Besitz als das größte Kleinord im Kranze der städtischen Güter bezeichneten? Behüt dich Gott, du schöner Wald!

GERTRUD SCHMIDT

Das alte Kessin

In einer Weihnachtspredigt von 1639 sagt Joachim Schröder, Pastor zu St. Johannis in Rostock: „...Gehet vor das Mühlenthor und sehet gleich über nach dem Berge bei der Warnow nach Kessin, vor etlichen 100 Jahren hat man gesehen die Spitzen der Thürme, und wenn man auf den Berg gekommen, eine volkreiche, wohlgebauete Stadt, wenn ihr nun dahin sehet, findet ihr nichts... Aus dieser Stadt Steinhaufen ist die Stadt Rostock, die da nicht war, aufgerichtet..." – In der Tat könnte man Rostock eine Tochterstadt von Kessin nennen. Blühte es doch erst empor, nachdem die mächtige Wendenburg Kessin, die 1170 zuletzt in einer Urkunde erwähnt wird, zerstört worden war. Man vermutet ihre Lage auf dem Fresendorfer Schloßberg. Ihr ursprünglicher Hafen war Goderac, nach dem Heiligtum des gleichnamigen Wendengottes genannt, der aber zur Zeit der Christianisierung durch den Hl. Godehard, Bischof von Hildesheim, ersetzt wurde. Die Bezeichnung Godehardsdorf bürgerte sich jedoch nicht ein, und so erhielt der 4 Kilometer südöstlich von Rostock lieblich im Warnowtal gelegene Ort ungefähr um die Zeit der Stadtgründung (1218) den Namen Kessin. Vergessen wurde aber der Heilige noch nicht, denn 1269 vermacht der Gärtner Friese in seinem Testament: „ad sanctum Godehardum in Kezin III solidos. (solidus = Schilling.)" – In den folgenden Jahren gehört das Dorf ganz oder zum Teil angesehenen Rostocker Familien, den Quast, Kerkhof, Beselin und andern. Von 1620–84 ist die Stadt selbst im Besitz, den sie dann an das Kloster Ribnitz abtritt, von dem er erst 1781 nach langen Verhandlungen zurückgegeben wird. Von da ab bis zur Gegenwart ist die Verbindung mit Rostock geblieben.

Die aus Feld- und Ziegelsteinen erbaute Kirche entstammt dem 13./14. Jahrhundert, wurde jedoch gegen Ende des 19. erneuert und mit dem jetzigen Turm versehen. Sie bewahrt unter anderm eine 1½ Meter hohe gotische Statue aus Holz, ihren Patron, den Hl. Godehard auf einem Thronsessel darstellend, in der Rechten den Krummstab, in der Linken ein Kirchenmodell. Von schwerem Schicksal kündet ein Epitaph, 1604 von Müller Joachim Kohne zu Kösterbeck gestiftet, der innerhalb 14 Tagen 9 Kinder, vermutlich durch die Pest, verlor. In weißen Sterbehemden knieen sie alle mit 5 andern Figuren vor dem Kreuz. – Als man 1688 in der Kirche begraben wollte, stieß man, wie der Rostocker Ratsherr Mathias

Priestaff in seinem Tagebuch berichtet, auf mit Ketten beschwerte menschliche Überreste und erkannte sie als die des unglücklichen Jacob Varmeier, der, nachdem er in einem Anfall von Geistesgestörtheit im Jahre 1631 den kaiserlichen Obersten von Hatzfeld ermordet, infolge schrecklicher Martern selbst den Tod und schließlich in der Kirche zu Kessin seine Ruhe gefunden hatte.

Das Pfarrhaus ist durch den einzigartigen Vorbau eines Torhauses merkwürdig, wie man sie auch im nahe gelegenen Toitenwinkel findet. In diesem Torhaus bestand ehemals eine Krugwirtschaft, die aber den Widerspruch des Schulzen und eines andern schenkberechtigten Bauern herausforderte, denn im Klostervisitations-Protokoll von 1696 heißt es von ersterem: „Eß thäte ihm aber der Kerl, welcher in des Predigers Thorhause wohne, wie auch der Schmit großen Abbruch, wie sie, sonderlich der erste, Bier, Brantewein und Toback feil hätten und die Leute alle an sich zögen…" Der damalige Pastor, Klaprode jun., erklärte sich mit einer Abänderung einverstanden.

Demselben wurde am 6. Juli 1688 die Ehre zuteil, daß Herzog Gustav Adolph auf der Durchreise von Schwaan nach Toitenwinkel mit Gemahlin und 2 Töchtern bei ihm zu Mittag speiste. – Weniger angenehmen Besuch hatte einer seiner Nachfolger, der Pastor Hinke. Sein Sohn erzählt von ihm, daß einst in der ersten Zeit seiner Amtsführung (1731–83) fünf fremde Männer das Hl. Abendmahl von ihm begehrten. Da er sie nicht abweisen konnte, sie ihn aber durch ihr wildes, rohes Wesen in Angst und Schrecken versetzten, trug er seine Not im Gebet vor Gott, worauf nach einigen Stunden alle fünf durch militärische Wachen in Gewahrsam nach Rostock geführt und drei von ihnen als große Diebe und Mörder entlarvt wurden. Sie gestanden auch vor ihrer Hinrichtung, daß sie nur hätten sehen wollen, wie reich die Kessiner Kirche sei, um sie in der nächsten Nacht zu berauben.

Das Verlangen nach Reichtümern bestimmte auch, dem Rostocker Ordelbuch zufolge, die 1532 zum Feuertode verurteilte Kattryne Swarten, mit mehreren Helfershelfern eines Nachts in Kessin „Geld zu graben", bei welcher Gelegenheit sich „jürgen harzow de olt schröder (Flickschneider) up deme molendamme unsichtich makede, und screven einen kret (Kreis), dar settete er sick in und wart en dorne busck und en emet (Ameisen) hop."

Während der Schlesischen Kriege lag in Kessin ein preußisches Werbekommando. An einem Novembersonntag des Jahres 1743 drangen 30 oder 40 diesem angehörende Husaren noch während des Gottesdienstes in die Volkenshäger Kirche ein, entführten dort einige Knechte und brachten sie auf einem gleichfalls geraubten Wagen nach Kessin. Obgleich die Angehörigen sich schon am nächsten Tage um ihre Freilassung „gegen Erlegung eines aufbringlichen Geldes" bemühten, wurden sie doch gezwungen, in das preußische Heer einzutreten.

Von den Kessiner Sagen sei nach dem Bericht eines alten Hirten die von der Weibertreue wiedergegeben, die auch in die ältesten Zeiten führt: Als einst da, wo Rostock steht, nur einige Fischer wohnten und das Wasser der Warnow das Tal ausfüllte, stand oben auf dem Burgberg ein mächtiges Schloß, in dem ein tapferer, aber grausamer Herzog von Kessin hauste. In einem Kriege belagerten ihn die Moskowiter mit einem großen Heer. Als sie ihn fast ausgehungert hatten, erbat sich die schöne Herzogin mit ihren Frauen freien Abzug mit dem Kostbarsten, was sie tragen könnten. Es wurde ihnen gewährt, und sie nahmen alle ihre Männer auf den Rücken. Auf der Brücke konnte die voranschreitende zarte Herzogin ihren schweren Mann nicht mehr tragen, er rollte zur Erde und wurde von dem Moskowiter erstochen. Das Schloß wurde ausgeplündert, aber die wertvollsten Schätze, einen goldenen Tisch und ein Götzenbild von Gold wie das hölzerne Bild im Turm zu Kessin, hatte der Herzog vorher in den damals viel tieferen Brunnen versenkt. Die Erinnerung an ihn hat sich in der alten Kinderstrophe erhalten:

„Kniepus, knapus,
Griephus, Graphus,
Letzter Herzog von Kessin."

WILHELM MURR

Das geschichtliche Sülze

Das Vorhandensein der Salzquellen darf, da sich in Sülze keinerlei Reste wendischer Burganlagen finden, wohl als die Ursache der wendischen Siedlung angesehen werden. Im Jahre 1243 taucht der Ort zuerst als „Sulta im Lande Marlow" aus dem geschichtlichen Dunkel auf. Aus der Bezeichnung „Sulta" geht hervor, daß die Saline der älteste Bestandteil ist von den verschiedenen Gemeinwesen, die in der Folgezeit vereinigt sind unter dem Namen Sülz. In der erwähnten Urkunde von 1243 bestätigt Fürst Heinrich Borwin III. dem Kloster Doberan ein „Salzrecht" an der Saline zu Sülz, welches seine Vorgänger dem Kloster bereits eingeräumt hatten. Aus näheren Angaben ergibt sich, daß sich um diese Zeit schon industrielle Anlagen zur Salzgewinnung dort befunden haben. Die Sole wird bereits aus den einzelnen Quellen in einen gemeinsamen Brunnen gesammelt; zum Gradieren und Sieden sind die notwendigen Anlagen vorhanden. Außer den Klöstern hatten auch viele Private, Ritter wie Bürger, Salzrechte. Die so Begünstigten haben offenbar in der Nähe der Saline Häuser gebaut zur besseren Wahrnehmung ihrer Interessen. Außerdem werden in dieser Zeit der deutschen Besiedlung Mecklenburgs auch bald andere sich angesiedelt haben, die einen Erwerb in mittelbarer Verbindung mit der Salzgewinnung fanden. Hierin mag der Anfang der Siedlung Sülz gesehen werden.

Die Entwicklung des Ortes Sülz ging nun verhältnismäßig schnell vor sich, wobei immer wieder zu beobachten ist, daß beide Gemeinwesen, obwohl sie eine wirtschaftliche Einheit waren, dennoch bis 1878 zwei völlig getrennte Gebiete darstellten. Die Stadt wird als selbständige Siedlung zuerst urkundlich erwähnt 1262 unter Heinrich Borwin III. Sie gehörte zur Herrschaft Rostock und erhält 1277 „Lübsches Recht". Die Stadt wird bezeichnet als „Sulta iuxta Marlow". Marlow hat um diese Zeit die Vorherrschaft unter den Recknitzstädten. Der besondere Gönner der Stadt war Nikolaus, „das Kind von Rostock" genannt. Im Jahre 1298 verfügte dieser, daß das Vogteigericht (Landding) von Marlow nach Sülz verlegt würde. Damit wurde Sülz der Mittelpunkt des Landes Marlow. Marlow verliert nach und nach immer mehr seine führende Stellung im Recknitztal. An der Spitze der Vogtei stand der Landesvogt, wozu vom Landesfürsten meistens ein angesehener Ritter auf die Dauer von 1–3 Jahren ernannt wurde. Zu seinem Aufgabenkreis gehörte Verwaltung, Gerichts-, Militär- und Steuerwesen. Er wohnte in einer Burg oder in einem Schloß. In späteren Urkunden, so 1371 und 1376, ist wiederholt von einem Schloß in Sülz die Rede. Es ist wahrscheinlich, daß dieses erbaut wurde gleich nach der Verlegung der Vogtei nach Sülz. Wahrscheinlich hat es dort gestanden, wo heute sich der „Hohe Wall" befindet. In der vorgenannten Urkunde verspricht ferner Nikolaus die Flüsse Recknitz und Trebel durch einen Kanal zu verbinden, was auch bald geschehen sein muß durch den sogen. Moorgraben. Ebenso verspricht er einen Damm zu bauen zwischen Sülz und Tribsees. Als Gegenleistung verlangt Nikolaus von den Bürgern, daß sie den Ort befestigen. Zu dieser Forderung hatte Nikolaus besonderen Grund. Er hatte kriegerische Verwicklungen mit den benachbarten brandenburger Markgrafen, die 1298 von Rostock kommend, bei Sülz über das Moor gingen und Stadt und Land verwüsteten. Die vorgenannten Vergünstigungen sollten auch wohl eine Entschädigung für erlittene Kriegsschäden sein. Die Bürger von Sülz werden der Aufforderung nachgekommen sein, denn als Nikolaus bald danach die Herrschaft Rostock an den Dänenkönig Erich gibt und von diesem als Lehen nimmt, kam es zu kriegerischen Auseinandersetzungen zwischen den verwandten mecklenburgischen Fürsten, die diese Verschacherung mecklenburgischer Lande nicht dulden wollten, einerseits, und dem Dänenkönig andererseits. Da dieser Krieg keine baldige Entscheidung brachte, schloß man, um weitere Opfer zu sparen, am 1. August 1301 den Rostocker Vertrag. Hierin wurde ausgedungen, daß die Befestigungen von Sülz, Tessin, Deperstorf und Laage zu schleifen seien. Welches Geschick das Schloß im Laufe der Jahrhunderte gehabt hat, darüber fehlen Angaben. Aus Notizen aus einem alten Stadtbuch geht jedoch hervor, daß der Grund und Boden noch lange fürstlicher Besitz war. Die Häuser, welche später hier erbaut wurden, standen noch lange unter fürstlicher Jurisdiction. Erwähnt wird das Schloß noch einmal unter den Söhnen Herzog Albrechts, welche 1379 dasselbe mit Gewalt nahmen. Von weittragender Bedeutung war die Schenkung des Meierhofes Siemen oder Symen (Zimylisthorp – kalter Ort), welche derselbe Fürst in gleicher Urkunde der Stadt verbrieft. Diesen wüstliegenden Meierhof hatte die Stadt zuvor von dem Ritter von Goldenboge angekauft. Nikolaus schenkte denselben nun auch fürstlicherseits der Stadt und legte ihn unter das in der Stadt geltende „Lübsche Recht". Wenn auch die eigentliche Siedlung Symen zerstört war, so bildeten doch die Inhaber der Feldmark eine selbständige Gemeinde innerhalb der Stadt. Dieser eigenartige Rechtszustand erschwerte die Verwaltung und hat die Rechtsgelehrten oft beschäftigt. Schon die Grenzregulierungen mit den anliegenden Gütern Böhlendorf und Nütchow machten in den Jahren 1745 bis 1747 große Schwierigkeiten. Noch

1816 hatten die Siemererbteiler eine eigene Kasse, die unabhängig war von der Stadtkasse, eigene Deputierte in der Stadtverwaltung und einen eigenen „Camerario". 1811 gestattete die Regierung, daß die einzelnen Erbteile parzelliert wurden, und 1858 kam ein Vergleich zustande. Das ganze Mittelalter hindurch umfaßt der Name Sülz drei selbständige Gemeinwesen, nämlich Stadt, Saline und Symen.

Nach Nikolaus Tode erhielt Heinrich der Löwe 1317 das Land Rostock vom Dänenkönig zum Lehen. Auch mit diesem Fürsten ist das Geschick der Stadt verknüpft. Am 26. August 1326 verkaufte Heinrich der Löwe das Gut Redderstorf (Ratezbursthorp = Dorf der Ratsherren) „to ewygen Tyden" an die Stadt und legte es vom „allgemeinen Landrecht" unter „Lübsches Recht". Leider zwangen traurige Geldverhältnisse die Stadt, das Gut zu verpfänden, und sie sah sich schließlich genötigt, es zu verkaufen. Am 17. September 1510 verleihen die Herzogbrüder Albrecht VII. und Heinrich V. das Gut Redderstorf dem von Kardorff zu einem „Mannlehen". Dieser scheint es nicht lange behalten zu haben, denn 1516 bestätigten dieselben Herzogbrüder den Verkauf des Gutes durch die Joachim und Gerdt von Kerkdorp an Otto von der Lühe. Im Besitze der von der Lühe ist das Gut geblieben bis in die 80er Jahre vorigen Jahrhunderts. Die Regierungszeit Heinrichs des Löwen hat dem Lande auch Schweres und Unerfreuliches gebracht, und zwar besonders in den Jahren 1315 und 16. Heinrich ergreift Partei in einer Fehde, die sich zwischen Witzlaw von Rügen und der Stadt Stralsund entsponnen hat. Es wird mit abwechselndem Erfolge gekämpft. Das entscheidende Treffen war bei Sülz. 1322 verwüstete die Kriegsfurie wieder das Land Sülz. Witzlaw von Rügen und die verwandten brandenburgischen Markgrafen mißgönnen ihm den Erwerb der Herrschaft Rostock. Witzlaw belagert Ribnitz, wird dann aber endgültig bei Sülz geschlagen. Aus der Regierungszeit Albrechts II. flammt ein Dokument, in welchem er 1359 der Stadt aufs neue den Besitz des großen Moores, das „by unserm städtken Sülten lenger als anertwe hundert jär gewesen is" bestätigt. Unter seiner Regierung sucht der „Schwarze Tod" die Lande heim. –

Das Geschlecht von der Lühe hatte im Lande Sülz in diesen Jahrhunderten fast den gesamten Landbesitz in Händen. Wir treffen den Namen auf den Gütern Schulenberg, Fahrenhaupt, Kölzow, Redderstorf, Böhlendorf, Rütschow usw. Infolge der dauernden Schwierigkeiten verpfändeten die Fürsten fortgesetzt ihre Besitzungen an die Ritter. Ein beliebtes Pfand scheinen Saline, Stadt- und Landschaft Sülz gewesen zu sein. Sülz und Marlow, zu einem Land gehörig, bilden immer eine Pfandgemeinschaft. So ist Sülz in den folgenden Jahrhunderten stetig ein Pfandobjekt.

Als ältester Pfandbesitzer tritt hauptsächlich der Bischof von Schwerin auf. Im Laufe der Zeit ist es dann das Geschlecht von der Lühe, welches Sülz als Pfand fest in der Hand hat. 1448 wird das Land erstmalig dem von der Lühe verpfändet.

1450 wird den Gebrüdern von der Lühe auf Redderstorf der Besitz der Pfandgemeinschaft Sülz-Marlow bestätigt und zu erblichen Lehen gegeben „för alle Tiden".

Diese Verpfändung hat bestanden bis 1768. Erst in diesem Jahre gelingt es am 21. September der Regierung Friedrichs des Frommen (1756–1785) durch Vertrag die Städte gegen 3200 Thaler zurückzukaufen.

Über das Reformationsjahrhundert und das Jahrhundert des 30jährigen Krieges fehlen für die lokale Forschung fast jegliche Angaben.

Luthers ernste Mahnung, Schulen für das Volk einzurichten, fand hier erst nach seinem Tode Beachtung. 1599 sammelt der Studiosus theologiae Calander die Jugend um sich und gründet die erste Volksschule. Was 30 Jahre Krieg für Sülz bedeutet haben, ist urkundlich nicht festgehalten. – In der Chronik von Tessin finden wir eine Angabe über die Größe von Sülz im Jahre 1628. Danach zählte die Stadt damals 22 ganze Häuser, 10 halbe und 8 Buden. Diese drei Zahlen lassen uns vielleicht ahnen, was die Geschichte liebevoll unseren Augen verdecken will.

Auch das 18. Jahrhundert war für Mecklenburg eine Zeit des Leidens. Nach Ausbruch des siebenjährigen Krieges werden Rekrutierungen hier ganz offen, sogar zwangsmäßig betrieben. Als ziemlich sicher darf gelten, daß Friedrich der Große in seinen Armeen auch Sülzer hatte, denn der als Werber berüchtigte Major von Königsmark wohnte auf dem benachbarten Gute Tangrim. Die Regierungszeit Friedrich des Frommen war für die Stadt und ihre weitere Entwicklung bedeutsam. 1768 erwirbt er, wie vorerwähnt, dieselbe zurück von dem von der Lühe und macht sie wieder „landesherrlich". Er vereinigt das Salinegebiet mit der Stadt und legt es unter Stadtrecht. In den Jahren 1552–1725–1740–1770 verheerten große Brände ganze Stadtteile, was bei der damaligen baulichen Beschaffenheit der Häuser nicht besonders verwunderlich ist, zumal die Löschvorrichtungen äußerst primitiv waren, keine Feuerversicherung den entstandenen Schaden deckte und an Brunnen in der Stadt überhaupt nur drei vorhanden waren. 1725 wurde das alte Pfarrhaus durch Blitzschlag entzündet und hat einige Nachbargebäude mit vernichtet. 1740 hat wieder ein großer Brand in der Stadt gewütet, bei dessen Bekämpfung sich vor allem die Wassernot unangenehm bemerkbar gemacht hatte, so daß fünf neue Brunnen angelegt wurden. Alle bisherigen Feuersbrünste wurden jedoch übertroffen von der des Jahres 1770. Zwei Drittel der Stadt

Bad Sülze, Stadtkirche

gingen in Flammen auf. Auch der Kirchturm, dessen Spitze Holzbedachung hatte, fing Feuer, und die Kirche verlor so ihren Schmuck, den sie erst 1892 wieder erhalten sollte.

Für die Entwicklung der Saline war Herzog Friedrichs Regierungszeit bedeutungsvoll. Schon 1664, am 20. Mai, hatte Herzog Adolph von Mecklenburg von der Witwe des Eckhard von der Lühe dessen Salzrecht für 8000 Gulden abgekauft. Aber erst Herzog Friedrich gelingt es 1744, die letzten Salzrechte aufzukaufen und die Saline ganz in fürstliche Hand zu bringen. Diese wird nun an eine Genossenschaft verpachtet. Bis 1816 blieb die Saline verpachtet.

Ihre Blütezeit hatte die Stadt in der Zeit der Continentalsperre von 1807 bis 1813. Am 24. Juni 1816 übernimmt die großherzogliche Kammer unter Friedrich Franz I. (1785–1837) den Salinebetrieb in eigene Regie.

Die Verwaltung wurde durch ein eigenes Salineamt zusammengefaßt. Neue Brunnen werden gegraben, alte instand gesetzt, dergleichen werden die Gradieranlagen und die Mühlen erneuert und ausgebessert. Für das Domanium wurde der Salzzwang angeordnet, d. h. jeder Einwohner mußte je nach der Größe seines Besitzes ein Quantum Salz zu einem festgesetzten Preis abnehmen, es war also gewissermaßen eine Art Salzmonopol. Die Saline erhielt so ein festes Absatzgebiet. Mancher Einwohner fand lohnenden Erwerb durch das Salz. Es entstand ein besonderer Stand in der Stadt, der Stand der Salzfahrer. Nach der Errichtung des norddeutschen Bundes und Mecklenburgs Eintritt in den Zollverein trat eine große Veränderung ein.

Für die Saline zu Sülz bedeutete diese Maßnahme den Tod. Der Salzzwang hörte auf, eine Salzsteuer trat ein, und in immer größeren Mengen kam das leichter zu gewinnende Steinsalz über die mecklenburgische Grenze. Die Saline verliert schnell an Bedeutung. Die Großherzogliche Kammer ordnete daher an, daß das Salineamt aufgelöst und die Verwaltung 1879 der hiesigen Justizbehörde übertragen würde. Der Amtsrichter wurde der Regierungsbeauftragte in der Verwaltung. Von dem zahlreichen Verwaltungspersonal blieben nur ein Salzmesser und ein Salzschreiber. Eine Anzahl Arbeiter wurde brotlos, die Romantik der Salzfahrer fand ein Ende. In weiser Voraussehung hatte Friedrich Franz I. schon 1822 mit der Saline ein Solbad verbunden, welches unter der Leitung des Geheimen Medizinalrates Vogel angelegt wurde. 1823 wurde ein Badehaus errichtet und 1828 ein besonderes Kurhaus, welches noch heute eine Zierde der Stadt ist. Anfangs behielt die Regierung das Bad in eigener Verwaltung, bis sie es 1852 verpachtete. Da dem Landesfürsten die Entwicklung des Bades am Herzen lag, wurde die Pachtsumme anfänglich nicht hoch bemessen, dafür aber dem Pächter die unentgeltliche Abgabe von einer Anzahl von Freibädern an bedürftige Kranke zur Pflicht gemacht. Die sechsprozentige Sole zeigte bei den Patienten eine hervorragende Wirkung, namentlich bei Skrofulose. Das Stift Bethlehem in Ludwigslust interessierte sich bald für das neue Bad und richtete eine „Kinderpflege" ein. Die skrofulosen Kinder im Lande wurden gesammelt und anfänglich im Badehaus untergebracht. Da die Zahl der kurbedürftigen Kinder größer und das Bad durch gute Heilerfolge bekannter wurde, so schritt das Stift Bethlehem, unterstützt durch die Regierung Friedrich Franz II. zum Bau eines Eigenheimes, welches 1881 als Kinderheilanstalt Bethesda in Benutzung genommen wurde. Bald wurden Erweiterungsbauten notwendig. Obgleich die Verwaltung von der Stadt in den folgenden Jahren noch das Krankenhaus dazu erwarb, mußte doch schon 1912 ein zweites Haus, Siloah, erbaut werden.

Das neunzehnte Jahrhundert ist für Sülze reich an Ereignissen.

Im Jahre 1830 kräht der „rote Hahn" wieder gewaltig in der Stadt. Von zwei großen Bränden weiß die Chronik aus diesem Jahre zu berichten. Am 7. Januar brennen 50 Scheunen ab; die vier Feuerspritzen können des Feuers nicht Herr werden. Anerkennungswerterweise halfen die mecklenburgischen Städte mit Geld und die Landschaft mit Futtervorräten aus, um den Riesenschaden einigermaßen zu decken. Aber schon am 12. Mai vernichtet ein fast ebenso großes Feuer nahezu den Rest der vorhandenen Scheunen. Auch jetzt helfen Landesregierung, Städte und Landschaft. War das Jahr 1830 rot von Feuersglut, so folgen die schwarzen 50er Jahre. Die Stadt hatte sich trotz schwerer Schicksalsschläge durch die günstige Entwicklung der Saline in dieser Zeit dennoch entwickelt. Da hält im Jahre 1850 die Cholera ihren Einzug und fordert 138 Todesopfer. Im Jahre 1859 hält der Tod eine Nachlese. Diese Erfahrungen geben Veranlassung, sämtliche Brunnen der Stadt gründlich nachzuprüfen und an die Bereitstellung eines Krankenhauses zu denken. Aber die stark erschöpfte Stadtkasse erlaubt erst 1890 die dürftige Einrichtung eines solchen. Erst 1899 kann ein Neubau in Angriff genommen werden. – Mit der Gründung des Bades ergab sich die Notwendigkeit besserer Verkehrsverhältnisse. So wurde in den 50er Jahren die Chaussee nach Rostock, in den 80er Jahren eine solche nach Gnoien und 1886 der Damm nach Cavelsdorf gebaut. Das Jahr 1895 endlich bringt die Eisenbahnverbindung mit Rostock und erschließt somit Sülze die weite Welt. Damit findet auch die letzte Romantik, die alte Postkutsche, ihr Ende.

Mit der alten Zeit wird aufgeräumt, ihre Spuren verwischen sich. Auf dem Salinegebiet herrscht Regsamkeit, man beginnt 1906 mit dem Abbruch der Gradierwerkanlagen, es ist Totengräberarbeit. Nur der Friedrichsbau soll begnadigt sein; ihm fällt die Aufgabe zu, als letzter Zeugnis abzulegen von einer fast tausendjährigen Industrie, die hier ein Ende gefunden.

Die wirtschaftliche Not der Nachkriegszeit will keinen Badebetrieb wieder aufkommen lassen. Die Nachfrage nach Sülzer Sol- und Moorbädern ist gering. Die Stadtverwaltung erkannte richtig, daß von seiten des Staates schwerlich etwas geschehen würde, um das Bad wieder zur Blüte zu bringen. Aus dieser Erkenntnis heraus trat 1925 die Stadtverwaltung mit der Staatsregierung in Unterhandlung wegen Übernahme des Bades in eigenen Besitz. Nach langen Verhandlungen gelang es der Stadt, das Bad zu günstigen Bedingungen in Erbpacht zu nehmen, um es bald darnach an die vereinigten Landkrankenkassen als Heilstätten e.G.m.b.H. weiterzugeben. Das Bad war damit für die Stadt und die leidende Menschheit überhaupt gerettet. Das war nicht zuletzt das persönliche Verdienst des gegenwärtigen Bürgermeisters Drewes.

Kleine Ursachen, große Wirkungen! So gingen denn die Bestrebungen der Stadtverwaltung nunmehr dahin, die Firmenanschrift zu ändern. Durch längere Verhandlungen gelingt es endlich, aus Sülze „Bad Sülze" zu machen.

Es ist eine lange Entwicklung von Sulta iuxta Marlow bis Bad Sülze. Die Sülzer Salz- und Ackerbauern haben im Laufe der Jahrhunderte vielen Herren dienen müssen und sind vom Schicksal oft hart heimgesucht, aber dennoch sind sie sich treugeblieben in ihrer Eigenart und in ihrer Liebe zur Sole. Die Rauchschwalbe und die Salzaster sind auch heute noch ihre Symbole.

LUDOLF FIESEL

Gespräch über Bad Sülze

„Fons, pons, mons", tönt es wie drei dumpfe Hammerschläge von den
Lippen des Doktors in die lauschige Stille. – „Was redest du da für eine
merkwürdige Zauberformel, lieber Mann?" – Kurt ergreift das Wort,
etwas voreilig wie gewöhnlich: „Das heißt auf Deutsch: Quelle, Brücke
und Berg. Vater ist mal wieder bei den alten Römern. Weiß schon. Diesen
drei Faktoren verdankt die Stadt Rom ihren schnellen Aufstieg. Sieben,
fünf, drei, kroch's erst aus dem Ei, fünf, eins, null, was de Stadt all full." –
Die Mutter verweist: „Was für ein Unsinn, Kurt." – „Gar kein Unsinn,
höchste Geschichtsweisheit. Die Salzgewinnung an der Tibermündung ist
die Quelle für den Handelsreichtum Roms; die Tiberbrücke mit ihrem
Handelsverkehr, an der Stelle, wo den schiffbaren Fluß die Landstraße
kreuzt, und der kapitolinische Berg mit der uneinnehmbaren Burg haben
Rom in knapp 150 Jahren zu einer Großstadt gemacht. Lüneburg verdankt ebenfalls dem Zusammentreffen von fons, pons und mons an einer
Stelle seine Bedeutung."

„In gleicher Weise Sülze", fügt triumphierend der Vater hinzu. Die
Straße von Sülze nach Tribsees, oder wie man auch sagte: der Mecklenburger Paß bei Langsdorf, von Mecklenburg nach „festländisch Rügen"
führend, die Stadt selbst, vierzehn Meter über der Niederung im Flußknie
der Recknitz, mit alter Burg und dann die Salzquellen!" – „Aber warum
ist denn Sülze nicht so reich und mächtig geworden wie Rom?" fragt die
Mutter etwas spitz. –

„Die Sole ist hierzulande nur sechsprozentig, nicht einmal, wie in Lüneburg, zwanzigprozentig, und Lüneburg ist auch kein Rom geworden."
– „Und trotzdem, lieber Kurt, hat Sülze einmal ganz Mecklenburg mit
Salz versorgt und dadurch vor schlimmer Not bewahrt. Es war zur Zeit
Napoleons, als die Kontinentalsperre kein englisches Salz hereinließ und
das Lüneburger Salz durch landesherrliches Monopol nicht über die Elbe
hereingeführt werden durfte. Die Domanialuntertanen mußten ihren gesamten Salzbedarf von der Sülzer Saline beziehen. Damals stieg die Salz-
herstellung sogar auf 130000 Scheffel im Jahr, gegenüber etwa 30000
Scheffel in der Vor- und Nachzeit, und da der Scheffel in den letzten Jahrhunderten durchschnittlich einen Wert von einem Taler hatte, waren die
130000 Scheffel eine Einnahme von rund 400000 Mark jährlich, rein rech-
nerisch. Wenn auch nur etwa die Hälfte Reinverdienst war, so bedeutete

das doch schon etwas." – „Andererseits war die Menge auch nur gerade ausreichend, wenn man für jede Familie des Landes einen Jahresverbrauch von einem bis zwei Scheffel ansetzte." – „Ja, aber lieber Karl", läßt sich Großmutters klare Stimme vernehmen, „wie konnte man denn so viel Salz überhaupt herstellen?" –

Kurt übereilig: „Salz, das heißt, Chlornatrium, chemische Formel NaCl, wird als Steinsalz bergmännisch gewonnen oder aus einer Salzlauge durch Verdampfen. Man benutzt dazu entweder den Pick'schen Verdampfapparat, oder eine Rundpfanne mit maschinellem Rührwerk über Röhrenheizung oder Planrostfeuerungshäuser…"

„Kurt, hör auf", ruft die Mutter, „dabei wird mir schwindlig…" – „Und außerdem", fällt Großmutter ruhig ein, „ist das keine Antwort auf meine Frage an deinen Vater." – „Also", setzt Vater mit Nachdruck ein, „also, vor gut hundert Jahren wurde hier in Sülze das Salz in sogenannten Siedehäusern und Gradierwerken gewonnen. Die Gradierwerke waren schon so ähnlich eingerichtet, wie sie es heute noch sind. Die Sole wurde durch Pumpen, die von Windmühlen und Göpelwerken getrieben wurden, über die etwa zwölf Meter hohen und sechzig bis dreihundert Meter langen Dornenwände geleitet. Der Vorgang wurde mehrfach wiederholt. Die gereinigte und verdickte Sole floß in Siedepfannen in den Siedehäusern, unterhalb der Gradierwerke. Hier wurde sie durch Holz- oder Torffeuerung so stark erhitzt, daß das Wasser verdampfte und nur das Salz übrigblieb. Namen solcher Häuser waren das „Herrenhaus", das „große Haus" und der „Hirschhals". Seit der Reformationszeit, in der die Gradieranlage erfunden wurde, bestanden hier mindestens fünf Siedewerke. Fünfzig bis hundert Mal im Jahre wurde in jedem Werk gesotten."

„O, wieviel herrliche Wälder", seufzte die Mutter, indem sie neuen Tee in die Gläser schenkte, „müssen da hingemordet sein, um die vielen Feuerstellen zu heizen." – „Holz wächst wieder", erklärte Kurt kühl, „und außerdem sagte Vater doch, daß auch Torf zur Feuerung verwendet wurde, und den gibt's hier in den Urstromtälern um Sülze doch in Menge; die Torfschicht hat an vielen Stellen eine Mächtigkeit von über drei Metern. Der liebe Gott hat's doch mit den Sülzern von Anfang an recht gut gemeint. Ein Land, wo zwar nicht Milch und Honig fließt, aber Salzwasser und Torf sozusagen." – „Wem gehörten denn nun eigentlich diese Reichtümer, Sole und Torfmoore und Wälder? Den Sülzer Bürgern?" – „Diese sehr naheliegende Frage liebe Mutter", nahm der Doktor den Faden wieder auf, „die ist gar nicht so einfach zu beantworten. In der Zeit der napoleonischen Herrschaft zunächst gehörten die Salinenwerke größtenteils und ein erheblicher Teil der Moore ebenfalls dem Landesherrn als

Eigentümer; aber sie waren über siebzig Jahre lang vor den Freiheitskriegen an eine Interessengemeinschaft verpachtet. Besonders zwei Familien, Waitz und Koch, hatten die Administration in Händen, das heißt, ihnen war gegen eine Abgabe die Ausnutzung der Betriebe überlassen. Der erste Waitz war Obersalzgräf und der erste Koch war Kammerrat in Nauheim gewesen. Ein Nachkomme dieses Kammerrats war der Bürgermeister Koch, der seit 1813 die Stadt Sülze und zugleich die Saline regierte. Diese Pächter haben viel zur Verbesserung der Anlagen geleistet. Nach den Freiheitskriegen nahm die Landesherrschaft die Saline in eigene Verwaltung und kaufte die letzten Pfannenbesitzer aus."

„Du sprichst von Pfannenbesitzern, denen ihre Berechtigung abgekauft wurde, waren das nicht Sülzer Bürger? Ich erinnere noch recht gut, daß uns in unserer Kindheit von den älteren Bürgern erzählt wurde, wie sie früher als Salzfahrer die Salzfrachten in das Strelitzsche und Schwerinsche, ja selbst ins Pommersche auf großen Planwagen fuhren. Dafür brachten sie dann Bretter, Teer, getrocknetes Obst, Hanf und Tabak mit heim aus den Städten, in denen sie die Fässer voll Salz verkauft hatten. In meiner frühesten Kindheit waren es noch acht Fuhrunternehmer, die zur Zunft gehörten; früher sollen es einmal drei Dutzend gewesen sein. Ein beträchtlicher Teil des Salzes wurde jedoch auf dem Wasserwege befördert. Anfang des neunzehnten Jahrhunderts wurden Recknitz und Trebel durch einen mit einer Schleuse versehenen Kanal verbunden. Die Salzprähme fuhren dann bis Malchin südwärts und nordwärts bis zum Fischlande. Dort wurden die Lasten über Land befördert und gingen dann zu Schiff weiter nach Wismar. Die Niederlage daselbst versorgte das westliche Mecklenburg." – „Den Kanal, Mutter, hat man übrigens schon im Mittelalter gegraben und benutzt, nahe der Pantlitzer Kapelle liegt noch heute ein Prahm im Wasser, den ein pommerscher Raubritter hat in Grund bohren lassen. Die Frachtfahrer waren häufig keine „Pfänner", keine Besitzer der einzelnen Salzpfannen. Besitzer solcher rententragenden Einrichtungen, wie es Salzhäuser, Salzpfannen, Wassermühlen, Bergwerke, Schiffe, Lastkrähne und dergleichen sind, waren in unserm Koloniallande von den ersten deutschen Zeiten bis in die Neuzeit hinein meist der Landesherr, Klöster, Ritter, Patrizier der Städte, später auch Bürger, die nicht zum alten Stadtadel gehörten. Diese Herrschaften besaßen die Einrichtungen genannter Arten entweder zu vollem Eigentum, über das sie nach Belieben verfügen konnten, das sie kaufen, verkaufen, teilen und erweitern durften, oder sie hatten andererseits auch nur das Nutzungsnießrecht, das heißt, sie bezogen die Einnahmen aus den Betrieben; sie hatten es dann zu Lehnrecht oder in Pacht. Der eigentliche Eigentümer war der

Grundherr, das heißt der Landesherr, die Kirche oder ein Kloster. Aber selbst die Renten, also die regelmäßigen Einkünfte, waren oft Gegenstand der Teilung, Verleihung, Pfand oder Sicherheit. Die Pfandinhaber hatten in der Stadt Sülze dadurch sogar die hohe Gerichtsbarkeit."

„Hatte Sülze denn kein Stadtrecht? Doch vermutlich, wie die anderen Städte unseres Landes das Lübische Recht. Oder wie steht es damit?" –

„Gewiß, lieber Kurt, Sülze war bereits im Mittelalter Stadt. Zwischen 1218 und 1277 wird es Stadtrecht erhalten haben, während damals das aus slawischer Zeit stammende Marlow noch als oppidum, nicht als civitas, das heißt Stadt im deutschen Rechtssinne, bezeichnet wurde. Es waren die Pfandinhaber natürlich verpflichtet, in der Stadt nach den Rechtsgrundsätzen zu urteilen, die in Städten lübischen Rechts maßgebend waren. Sie werden die Gerichtsbarkeit wahrscheinlich durch Rostocker oder Sülzer rechtskundige Richter haben vornehmen lassen; aber der Erlös aus den Urteilen, die verfallenen Güter der Verurteilten und die Strafbußen werden ihnen als Pfandbevollmächtigten größtenteils zugefallen sein." –

„Ich hatte gar nicht gedacht", meinte Großmutter, „daß unsere Kleinstadt an der Grenze solche interessanten Rechtsaltertümer aufwies". –

„Es hat noch mehr Kuriosa", fuhr der Doktor fort, „zum Beispiel die sonderbare Stellung der Siemer Erbteiler. Wie es im alten Rom den bevorrechtigten Stand der Patrizier gab, die ältesten Geschlechter mit Grundbesitz, so bestand hier in Sülze bis 1858 das alte Gemeinwesen dieser Siemer Erbteiler, eine Art Staat im Staate. Im Jahre 1298 wurde vom Fürsten Nikolaus von Rostock die Feldmark des südlich von Sülze untergegangenen Dorfes Siemen der Stadt zugewendet. Diese Feldmark wurde in fünfundsiebzigeinhalb sogenannte ganze und halbe Erben geteilt, die jeweils aus bestimmten Äckern, Wiesen und Moorkaveln bestanden. Erst 1811, in der Zeit also nach den Stein-Hardenbergschen Reformen in Preußen, gab die Regierung die Erlaubnis der Parzellierung dieser festen Hufen. Als im genannten Jahr 1858 die Siemer Erbteiler nach längerem Streit zu Gunsten der Stadt auf ihre Sonderstellung und ihre besondere Kasse verzichteten, kam das Gebiet zur Stadtfeldmark. Aber dafür erhielten die alten privilegierten Familien die Pferdeweide zu Eigen und Weidefreiheit auf den städtischen Weiden. Wir haben da also bis in neueste Zeit hinübergerettet eine alte deutsche Flurgenossenschaft, wie sie in germanischer Zeit die Regel gebildet haben neben dem Sonderbesitz der Großgrundherrschaften." –

„Aus der Zeit der Umwehrung der Stadt", fiel seine Frau ein, die ein besonderes Interesse für das Aussehen der Stadt hatte, „werden auch die beiden Tore stammen, die unsere Stadt früher zierten, das Rostocker und das Tribseeser Tor. Schade, daß sie gefallen sind. Wie hübsch werden sie das Stadtbild abgeschlossen haben. Unser Markt, der Kirchplatz, der Pferdemarkt und der Gänsemarkt, die eine Hauptstraße von Tor zu Tor, die zweite Hauptstraße zu der Saline, enge Nebenstraßen, ein hoher Kirchturm als Sammelpunkt für den betrachtenden Blick – ist das nicht ein recht anheimelndes Kleinstadtidyll. Heute ist das Leben aber doch viel schwerer und unsicherer als früher, wo Gewerbe und Handel sich regelmäßig entwickelten und stets neue Absatz- und Arbeitsgebiete erschlossen werden konnten", sprach die Hausfrau. Aber damit waren ihr Mann und die Großmutter nicht so ganz einverstanden. „Bald nach dem Aufhören der Kontinentalsperre", sagte der Doktor, „machte die Konkurrenz des englischen Salzes der Sülzer Saline das Leben schwer. Und besonders seit durch die Gründung des allgemeinen deutschen Zollvereins die Abschließung der Landesgrenzen gegen Einfuhr fremden Salzes aufhörte, konnte die Sülzer Saline nicht mehr rentabel bleiben. Mecklenburg trat dem deutschen Zollverein als letzter deutscher Staat nach dem Kriege von 1866 bei. Sülze hatte sich aber glücklicherweise auf einen neuen Erwerbszweig umgestellt. 1822, unter der Regierung Friedrich Franz I., wurde durch den Geheimen Medizinalrat Vogel, denselben, der in Doberan-Heiligendamm das erste deutsche Seebad geschaffen hatte, hier eine Badeanstalt eingerichtet. Die Badeanstalt entstand gegenüber dem alten Amtshause an der Saline; sie enthielt zwölf Badestuben, einen Ballsaal und ein Konversationszimmer. Diese Einrichtung wurde ständig verbessert und erweitert, auf dem moorigen Grunde ein Park geschaffen, und 1881 erhielt Sülze die Kinderheilanstalt Bethesda." – „Schwierige Zeiten und Fehlgründungen hat es früher auch gegeben", fügte die Großmutter hinzu. Die Salmiakfabrik, die vor ungefähr hundert Jahren hier begründet wurde, konnte sich nicht halten. Das Werk verfiel, und schließlich fand sich nicht einmal ein Käufer mehr. So wollen wir denn aus der Vergangenheit lernen, daß manches Unternehmen verfallen muß, weil es nicht mehr in die Zeitverhältnisse paßt."

KARL KRAMBEER

Ribnitz

Nachdem vor Jahrzehnten Ludwig Dolberg in seiner „Küstenwande-
rung" auf die Reize der Gegend zwischen Warnemünde und Wustrow
aufmerksam gemacht hatte, haben sich zahllose Wanderer in Bewegung
gesetzt, um den vielen alten Spuren neue hinzuzufügen, so u. a. auch Herr
Ernst Schlüter im Juni-Juli-Heft dieser Zeitschrift. Da aber Herr Schlüter
in seiner „Strandwanderung" uns Ribnitzer, die wir uns doch halbwegs
auch zu den Strand- und Küstenleuten rechnen, wenn nicht gerade links,
so doch ziemlich rechts liegen läßt, so können wir das nicht auf uns sitzen
lassen. Und so erbitte ich denn für die nordöstlichste Stadt Mecklenburgs,
die sich nach dem Urteil von Nichtribnitzern in landschaftlicher Beziehung und auch sonst noch sehr wohl neben den meisten mecklenburgischen Kleinstädten sehen lassen kann, ein bescheidenes Plätzchen an diesem Orte.

Wenn es nach den Rostockern ginge, so wäre Ribnitz noch das armselige wendische Fischerdorf, das es vor mehr als sieben Jahrhunderten war.
Denn immer, wenn in Ribnitz sich der Handel und das geschäftliche Leben ein wenig regten, guckten die Rostocker bald um die Süd-, meistens
aber um die Nordseite der Rostocker Heidewaldung herum und riefen
den armen Ribnitzern drohend zu: „Ruhe dort hinten!" Sie ließen nicht
mit sich spaßen – die großen Herren von der Warnow. Als die Ribnitzer
sich aber trotzdem nördlich von Swante Wustrow bei Ahrenshoop ein
Fenster zur See geöffnet und diese Ausfahrt durch einen Bergfried geschützt hatten, rückten die Hansaleute in gewaltigem Zorn heran, zerbrachen den Turm und vernagelten den Ribnitzern das Fenster, indem sie eine
Unmasse gelben Sandes in den Kanal schütteten. Als aber die Ribnitzer
später südlich von Wustrow einen Ausweg ins unendliche Meer suchten
und auch von Müritz aus Korn nach Lübeck verschifften, da stemmten
sich abermals die Rostocker gegen ein solch frevelhaftes Unterfangen und
erhoben Klage beim Herzog Ulrich. Und immer, wenn in neuester Zeit
unser Boddenstädtchen eine Bahnverbindung mit den Seebädern Müritz
und Graal erstrebte, erhob sich wie ein Mann das gesamte Rostock. Da
aber der Arm der Hansaleute unendlich viel länger ist als der der Bodden-
männer, so konnte er in der Landeshauptstadt mit gewaltigerer Wucht vor
Regierung und Landtag auf den Tisch schlagen. Der Erfolg? Seit dem
1. Juli 1925 fährt die Bäderbahn von Rövershagen nach Graal.

Im übrigen aber die Rostocker in allen Ehren! Sie sind nicht so. Sie überließen den Ribnitzern, als diese zur Herrschaft Rostock kamen, willig den Greifen fürs Wappen.

Ob freilich die Ribnitzer mit dem Greif einen guten Griff getan haben, erscheint mehr als zweifelhaft. Ich wenigstens halte das alte Wappen, den Stierkopf mit den zwei Fischen, so treffend gewählt, so mit einem sicheren Blick für die tatsächlichen Verhältnisse erkoren, daß man sich die sagenhafte Greifengestalt wohl hätte schenken können. Denn der alte wendische Name Ribnitz bedeutet ja nichts anderes als Fischort; und die ersten Wenden, die auf der Bodenerhebung, auf der jetzt Ribnitz liegt, ihre ersten kümmerlichen Hütten errichteten, wußten genau, was sie taten, als sie wegen des Fischreichtums des nahen Gewässers ihre Ansiedlung Ribbenitze nannten. Und der Ribnitzer von heute, der einen fetten Happen keineswegs verschmäht, holt sich aus dem nassen Element, in dem niemand sät, sondern alle nur ernten wollen, manch leckern Bissen.

Ich lobe also das alte Wappen und freue mich zu der Bezeichnung Fischort, kann allerdings dem bereits verstorbenen Geistlichen, der da behauptete, daß für unser Städtchen der Name Windort angebracht sei, nicht so ganz unrecht geben. Denn es pustet einem hier fast jahraus und -ein aus allen Ecken so um die Ohren, daß einem manchmal Hören und Sehen vergeht.

Aber ob nun Wind- oder Fischort, immer bleibt es bewunderswert, mit wie scharfem Auge sich unsere Vorfahren den geeignetsten Platz für ihre Ansiedlung erspähten. Die zum Anbau gewählte Bodenerhebung lag frei am Wasser und war auch im Westen und Süden durch eine Bach- und Wiesenniederung aufs beste vor feindlichen Angriffen geschützt.

Unsere Altvordern müssen genügsame Menschenkinder gewesen sein. Sie rückten zusammen. Wie oft habe ich mich über die Kleinheit des Raumes gewundert, auf dem sich Jahrhunderte hindurch das städtische Leben abspielte. Nehme ich in ostwestlicher Richtung, hoch gerechnet, 600 und in nordsüdlicher 200–400 Meter, so habe ich die Ausdehnungen. Und wenn ich nun noch erzähle, daß die Hauptstraße von Westen nach Osten läuft, daß sie auf einer Strecke eine richtige und auf einer andern ein mißglückte Parallele hat, und daß alle andern Straßen von Norden oder von Süden her senkrecht auf den Hauptverkehrsweg stoßen, so wird sich jeder ohne weiteres ein Bild von dem Straßennetz des alten Ribnitz machen können.

Die neue Zeit hat die engen Fesseln selbstverständlich längst gesprengt. Nach Osten, Süden und Westen schob das regsame Bürgertum seine Ansiedlung weiter vor; und vor dem Rostocker Tor entstand eine förmliche Vorstadt.

Es ist merkwürdig, aber doch bei der Lage von Ribnitz sehr natürlich, daß der Strom des geschäftlichen Lebens von Westen nach Osten flutet. Ebenso merkwürdig wie natürlich ist es, daß der Strom der Geschichte in westöstlicher Richtung über unsere Stadt dahinbrauste. Mag ein Gustav Adolf Ribnitz erobern, mag ein Schill durch unsere Straßen stürmen, mögen französische Truppen auf ihrem Zuge nach Rußland unser Städtchen berühren, immer gehts von Westen nach Osten oder umgekehrt.

Solche Durchmärsche fielen dem Rat und der Bürgerschaft in der Regel mächtig auf die Nerven. Aber weit einschneidender und folgenschwerer für unser kleines Gemeinwesen war doch die Gründung des Klosters durch Heinrich den Löwen.

Dieser kriegerische Mann dachte eigentlich an alles andere eher als an eine Klostergründung. Sein Leben war der Krieg. Da ihm aber seine ständigen Fehden viel Geld kosteten und seine Schuldenmasse ungeheuerlich wuchs, so verlangte er von seinen weltlichen Untertanen eine Sondersteuer, leider auch von den Geistlichen. Leider, denn durch diese Maßnahme beschwor er Folgen herauf, die für ihn sehr unangenehm werden sollten. Es ging alles Zug um Zug. Die geistlichen Herren verweigerten die Steuer – der Löwe sperrte ihnen die Einkünfte der Kirchengüter. Die Kirche tat den Löwen in den Bann und belegte sein Land mit dem Interdikt – und von dem Herzog nahm kein Hund mehr ein Stück Brot.

Da zagte der sonst stets Unverzagte. In dumpfem Brüten ob all der Widerwärtigkeit saß der Gewaltige in seiner Halle. Er schlief ein und verfiel in einen schweren Traum. Ihm war's, als sei er gestorben. Und jetzt begann ein furchtbarer Kampf um seine Seele. Der Erzengel Michael hatte die Herzogsseele an einer Kette und zog sie mit seiner Linken zum Himmel empor, während er mit dem Schwert in seiner Rechten auf den Satanas losschlug, der die gebannte Seele für sich in Anspruch nahm. Doch sieghaft blieb die Kraft von oben.

Als der Löwe erwachte, fiel es ihm zentnerschwer vom Herzen. Jetzt kam das „Gelobt sei Jesus Christus!" so innig aus seinem Munde wie noch nie. Nun kroch er zu Kreuze. Bann und Interdikt verschwanden. Und um nach dieser frohen Erfahrung ein Zeichen seiner besonders tiefen Reue zu geben, errichtete er an der schön warmen Südseite von Ribnitz ein Nonnenkloster und stattete es mit Gütern der Umgegend reichlich aus.

Dem Rate von Ribnitz aber war diese Stiftung von Anfang an ein Dorn im Auge; er fühlte sich durch das Kloster mit seinem Drum und Dran eingeengt und in seinen Machtbefugnissen beschränkt. Und so war denn bald der Streit zwischen weltlicher und geistlicher Gewalt in vollem Gange. Ein besonderer Stein steten Anstoßes war für die Bürger, daß die Stadtkirche dem Kloster einverleibt wurde. Es ging nun immer auf Hieb und Stich. Als die ersten Nonnen mit ihrem Gefolge anrückten, verschloß der Rat ihnen das Rostocker Tor. Genau so erging's in der Folge noch manchem geistlichen Herrn, der irgend etwas mit dem Kloster zu tun hatte. Als die Klosterschwestern ihre bisherigen hölzernen Gebäude in steinerne umwandeln und von der Stadt die erforderlichen Steine kaufen wollten, wurde ihnen das rundweg abgeschlagen. Sobald nun das Material von auswärts beschafft und bis zum Tore herangebracht war, kam der scharfe Befehl des Rates: „Tore geschlossen!"

In dieser liebenswürdigen Weise verkehrten Stadt und Kloster Jahrhunderte hindurch. Und wenn ich mir nun als Nachfolger der früheren Clarissinnen die hochverehrten und würdigen Bewohnerinnen des heutigen Damenstifts denke und als Nachkommen der alten steifnackigen Bürger unsere kecken Buben aus der Großen und Kleinen Klosterstraße, so dauert der Kampf zwischen weltlicher und geistlicher Macht noch bis zu dieser Stunde fort. Denn sobald auf dem Klosterhofe die Rosen blühen, die Kirschen sich röten, die echten Kastanien reifen und die Weintrauben nur so vom Safte strotzen, steht eine ganze Zahl von kleinen Zweibeinen zum Sprunge bereit. Und mögen zwischen Stadt und Kloster hundert Locarnoverträge geschlossen werden, ich glaube dennoch nicht an einen ewigen Frieden. Sollte man aber mir gar das Schiedsrichteramt übertragen, so müßte ich, durch langjährige Erfahrung gewitzigt, nachdrücklichst für die Ehre danken.

Trotz allem wird kein Ribnitzer von heute sein Kloster missen wollen. Es ist auch ein gar anmutiges und anheimelndes Fleckchen Erde. Wie schön läßt sich's unter den großen Linden neben den dicken Mauern der Klosterkirche träumen und sinnen von dem, was einst war! Wie oft luden mich die frommen Sprüche über den Haustüren zum Stehenbleiben und nachdenklichen Verweilen ein! Paradiesisch schön erschien mir's immer, wenn ich einmal an herrlichen Sommertagen in dem leider in der Regel verschlossenen eigentlichen Klostergarten umherwandern durfte. Und wie oft stand ich in der Klosterkirche vor den alten Sarkophagen und Grabsteinen mit ihrer stummen und doch so beredten Sprache! Wie manche schöne Predigt durfte ich auch in dem kleinen, so sehr gemütlichen Chorsaal der Kirche vernehmen! Und war's einmal nicht so ganz nach Wunsch, so sorgten die Fenster mit ihren vorzüglichen Glasmalereien und die an der Wand hängenden Ritterwappen aus altersgrauen Tagen für die nötige andächtige Stimmung.

Kein Wunder, daß der Fremde so gern das Kloster aufsucht! Kein Wunder, daß sich die Meister des Stiftes und der Farbe hier so gerne ein Stelldichein geben! Noch sehe ich den Rektor und Künstler Seinig aus Charlottenburg vor mir, platt auf dem Bürgersteige der Kleinen Klosterstraße sitzend und mit wahrer Inbrunst wieder und wieder die Klosterkirche mit ihrem kleinen Glockenturm und ihrem zierlichen Dachreiter zeichnend.

Doch ich verlasse diese Denkmäler aus mittelalterlicher Zeit und spähe umher nach andern Zeugen aus vergangenen Jahrhunderten. Sieh' dort im Westen der alten Stadt das so einfache, schmucklose, aber durch seine Querlage so bemerkenswerte Rostocker Tor! Sieh' dort in der Mitte unseres Ortes, breit und wuchtig hingelagert, die Stadtkirche! Wie manches Feuer, wie mancher Blitz hat sie heimgesucht! Wie mancher Baumeister hat darum auch an ihr herumgedoktert. Schön sieht unsere Stadtkirche gerade nicht aus. Mag von außen das Auge noch mit einigem Wohlgefallen auf ihr ruhen, insbesondere auf der laternenähnlichen Kirchturmspitze, von einigen Stellen im Innern wendet sich der nach Schönheit trachtende Besucher mit Grausen ab. Und wenn Lisch und Schlie über alle bei unserer Stadtkirche angewandten Baustile und auch über alle Stilwidrigkeiten hinreichend Auskunft geben sollten, sie würden ihre schwere Not haben.

Nebenbei sei hier erwähnt, daß dies zu ernsten und feierlichen Dingen einladende Gotteshaus der Anlaß werden sollte, die Ribnitzer mindestens in ganz Mecklenburg und halb Vorpommern zu blamieren. Das ging so zu. Als einst ein gewaltiger Mückenschwarm die Turmspitze umschwirrte, glaubten die guten Ribnitzer, daß in der Kirche ein Feuer ausgebrochen sei. Sie rückten mit Wasserkübeln und Feuerspritzen heran und verscheuchten mit den ersten Wasserstrahlen den Rauch aus den Turmluken. Beschämt zogen die Bürger heim. Alle Welt lachte. Die Ribnitzer aber laufen seit jener Zeit als „Mückensprütters" herum. Sie können sich aber damit trösten, daß die Goldberger und neuerdings auch die Stralsunder mit ihnen in gleicher Verdammnis sind.

Da ich außer den genannten Zeugen aus entschwundener Zeit nur noch die Jahrhunderte alte Eibe in einem hiesigen Bürgergarten nennen kann, so strebe ich stracks auf das Ribnitz der Gegenwart zurück. Was ist für unser Städtchen kennzeichnend? Nicht eine stark entwickelte Industrie, wenn ich auch die drei Sägefabriken und eine Haferflockenfabrik in ihrer Bedeutung für unseren Ort nicht unterschätzen will. Nicht eine starke Schiffahrt, wenn auch Ribnitz einst den Anspruch erhob, eine Seestadt zu sein. Ribnitz ist die Stadt der Rentner, der nicht mehr fahrenden Kapitäne, der im Ruhestande lebenden Beamten. Ribnitz ist der Ort, über den sich wegen der herrlichen Lage am Bodden im Sommer der Strom der

Sommerfrischler und Ausflügler mit Macht ergießt. Ribnitz ist das letzte Sprungbrett für alle diejenigen, welche nach den Bädern des Fischlandes eilen. Ribnitz ist der Hauptverproviantierungsort für alle diese Bäder, ja, trotz der Bäderbahn in nicht unerheblichem Maße für Müritz-Graal.

Die Ribnitzer sind gewandte Leute. Sie wissen die Fremden zu nehmen, geben viel auf die Sauberkeit ihrer Straßen und lassen deshalb seit langem keine Hornviehherden mehr aus ihren Toren hinausmarschieren. Besonders lassen die Ribnitzer sich die Beförderung des Gepäcks der Fremden angelegen sein. Darin sind sie wahrhaft großzügig. Schon in der flauen Zeit, mitten im Winter, sorgen außer den Hausdienern der Gasthöfe noch drei Personen privatim für die Gepäckbeförderung, die eine sogar mit Hundefuhrwerk. Wenn aber an schönen Maientagen erst lau die Lüfte wehen und die ersten Badegäste auf der Bildfläche erscheinen, dann gesellen sich zu den vielen Gepäckbeförderern noch verschiedene geschäftstüchtige Knaben. Wenn aber erst die Hundstagsferien ins Land kommen und mit ihnen Schwärme von Berlinern und Sachsen, dann ist die halbe Jungenwelt entschlossen auf dem Posten. Da ziehen die barfüßigen und barhäuptigen Buben heran, der mit einem zwei-, der mit einem drei- und der mit einem vierrädrigen Wagen, dieser mit einer gewöhnlichen Schieb- und jener mit einer Brettkarre; und dort kommt gar einer mit dem Kinderwagen an, in dem er selbst einst höchstpersönlich lag. Nun hockt ein jeder auf dem Platze vor dem Bahnhofe auf seinem Gefährt. Alle besprechen laut und dabei doch streng sachgemäß die Aussichten des Geschäfts. Jetzt ein fernes Rollen! Der Rostocker Zug hat die letzte Höhe erreicht! Alles macht sich zum Angriff bereit. Soeben kommt der erste Reisende mit Schachteln und Taschen durch die Sperre. Ein halbes Dutzend Hände greift nach den Gepäckstücken. „Gepäck zu besorgen?" – „Gepäck zum Hafen und zum Dampfer?" – „Ich tu's billig!" So schwirrt es munter durcheinander. Dort hat einer eine Ladung erhascht und jagt nun die Ulmenallee hinunter zum Wasser. Dort wird ein Reisender, der seine Sachen allein schleppen will, noch auf hundert Meter weit verfolgt.

Mittlerweile sind aber an der Fischerbrücke die Dampfer und Motorboote vom Fischland und von Dierhagen her eingetroffen. Alle Gepäckleute begeben sich eiligst nach der Anlegestelle, um die zurückkehrenden Badegäste energisch und liebevoll zu betreuen.

Ja, ja, der Fremde braucht sich über eine Vernachlässigung durch die Ribnitzer nicht zu beklagen. Also, lieber Leser: „Gepäck zu besorgen?"

PAUL MÜLLER-KAEMPFF

Erinnerungen an Ahrenshoop

Im Spätsommer 1889 hielt ich mich mit meinem Kollegen, dem Tiermaler Oskar Frenzel, in Wustrow auf dem Fischlande auf, um Studien zu malen. Gelegentlich einer Wanderung am hohen Ufer lag plötzlich, als wir die letzte Anhöhe erreicht hatten, zu unsern Füßen ein Dorf: Ahrenshoop. Wir hatten von seiner Existenz keine Ahnung und blickten überrascht und entzückt auf dieses Bild des Friedens und der Einsamkeit. Kein Mensch war zu sehen, die altersgrauen Rohrdächer, die grauen Weiden und grauen Dünen gaben dem ganzen Bilde einen Zug tiefsten Ernstes und vollkommener Unberührtheit. So sah Ahrenshoop damals aus. Nirgends ein öder Nützlichkeitsbau mit Pappdach, nichts was den Gesamteindruck störte; die Dorfstraße sehr breit und sandig – man sagte: den Ahrenshooper erkennt man an seinem Gange –, kein Drahtzaun, keine Reklametafel. Hinter dem Dorfe auf dem Schifferberge blickte der Kirchhof mit weißen und schwarzen Holzgittern und Kreuzen herüber, überwuchert von goldgelb blühendem Habichtskraute. Stieg man weiter hinauf auf die sogenannte Schwedenschanze, so sah man in die Einsamkeit hinaus. Nirgends ein Haus: Dünen, Wald und See, in der Ferne die dunkle Linie des Darß. Die Dünen gekrönt von uralten Weißdornbäumen, Stechpalmen und wilden Rosen.

Das war ein Studienplatz, wie ich mir immer gewünscht hatte!

Schon am nächsten Morgen zogen wir in aller Frühe mit unserm Malgerät hinaus, um abends hungrig wie die Wölfe nach Wustrow heimzuwandern. Aber eines Tages trafen wir einen Kollegen in den Dünen an seiner Staffelei: Carl Malchin, der mit seiner Familie sich dort eingemietet hatte und eigene Wirtschaft führte, denn ein Unterkommen mit Verpflegung gab es damals dort nicht. Frau Malchin, die sich unserer erbarmte und uns den Weg von und nach Wustrow mit unserem Gepäck ersparen wollte, ging von Haus zu Haus, um ein Unterkommen für uns zu suchen. Und es glückte: ein altes kinderloses Ehepaar nahm uns in ihr Häuschen auf, aber erst mußten wir vor der Frau – Mutter Schumacher – ein Examen bestehen, ob unsere Ansprüche auch bescheiden seien und ob wir immer zufrieden sein wollten mit dem, was sie uns vorsetzte. So zogen wir denn hinaus, von den Wustrowern unter Kopfschütteln bedauert, als ob wir nach Sibirien auswandern wollten. Nun, bei Mutter Schumacher waren wir gut aufgehoben, nur das Bett hatte ich in Verdacht, daß es aus einer mittelalterlichen Folterkammer stammte. Aber was erträgt man nicht und woran gewöhnt man sich nicht, wenn man jung und voller Begeisterung ist! Nun ging ein eifriges Studienmalen los; Jahr für Jahr kam ich wieder, und als ich mir – natürlich auf Schumacher'schem Grund und Boden, ein eigenes Haus mit Atelier gebaut hatte, kam bald Hausbesuch, Freunde und Kollegen, ein fröhlicher Kreis, der sich ganz als Herr der Situation fühlte. Wo ein halbes Dutzend junger Leute zusammen hausen, wird auch bei mäßigem Konsum manche Bierflasche etc. leer, und wenn es lange Wochen dauert, werden es viele. Nun, die leeren Flaschen wurden in einer Ecke des Hofes aufgestapelt, bis mir ein zarter Wink wurde, sie fortzunehmen, denn „die Wustrower kämen Sonntags, um den Flaschenberg anzustaunen". Eines Tages kamen drei Eingeborene geheimnisvoll zu mir und erzählten nach längerem Zögern, bei einem von ihnen sei ein Fremder angekommen und habe sich dort eingemietet, der ihnen unheimlich sei, es müsse ein Spion sein, vielleicht aus Dänemark. Auf meine Frage, woher dieser Verdacht komme, hieß es dann, der „Kerl" wäre schon acht Tage da und malte gar nicht! „Wat will hei denn hier, wenn hei nich malt! Dat is en Spion!" Das war der erste Ahrenshooper Badegast.

Meine Malschule brachte aber bald weiteren Zuzug und mit den Schülern und Schülerinnen kamen Freunde und Angehörige, Ahrenshoop wurde bekannt, es entstand das erste Hotel auf hoher Düne und die ersten Pensionen. Aber am schönsten war es doch, wenn die Badegäste fort waren, wenn der Herbst mit seinen oft noch im November milden Tagen kam, wenn die Birken sich golden färbten, die Kirschbäume in leuchtendem Rot glühten, im Darß die Hirsche schrien, auf den Feldern die Kartoffelfeuer brannten und die Gärten voll bunter Herbstblumen standen. Kam dann der Winter und brachte Schnee und Eis, dazu blauen Himmel und Sonnenschein, dann erblühte eine Fülle ungeahnter Schönheit.

Und schnob der Nordost und jagte mächtige Wellen brüllend an Strand und Dünen, daß diese oft zur Hälfte fortgespült senkrecht wie eine Mauer standen, dann war es gar behaglich im eigenen Heim und im freundlichen Verkehr mit Kollegen, die sich allmählich auch ein Heim in Ahrenshoop gegründet hatten. Ich nenne nur Wachenhusen, Richter-Lefensdorf, Grebe und Elisabeth von Eicken, deren schöne Waldbilder im Rostocker Museum hängen. Wie viele Bilder habe ich in den langen Jahren von Ahrenshoop, Alt- und Niehagen gemalt! In alle Winde sind sie zerstreut, bis Argentinien und selbst bis China. Diese ernste Landschaft sagt meinem Empfinden am meisten zu, so habe ich stets derartige

Motive bevorzugt. Wir sollten doch nur unsere Heimat malen, mit der wir verwachsen sind und die uns von Kindesbeinen an vertraut ist, statt uns die Motive aus andern Ländern zu holen.

So sind die Jahre dahingegangen. Mutter Schumacher blieb mir auch im eigenen Hause eine treue Wirtschafterin. Nebenbei richtete sie in ihrem Häuschen einen vielbesuchten Mittagstisch für Badegäste ein und hat in ihrer winzigen Küche oft für 50 und mehr Gäste gekocht. Das heißt, sie kochte auch auf ihrem Hofe, und wurde daher einmal feierlich zur „Hofköchin" ernannt. Diese Frau war ein Original, in dem von Jahren und harter Arbeit verwitterten Antlitz sah man noch die Spuren einstiger großer Schönheit. Sehr intelligent und von großer Güte ist sie noch heute hunderten ihrer Tischgäste, darunter nicht wenigen Mecklenburgern, in freundlicher Erinnerung. Sie sprach fast nur Platt, nur wenn sie unberechtigte Ansprüche überlegen und oft mit Witz zurückwies, bediente sie sich des Hochdeutschen. Aber ein Wesen gab es, zu dem sie nur Hochdeutsch sprach, das war ihr Hund, ein total mißglückter Dackel, oder vielmehr Dackelin mit dem schönen Namen Minka. Sie behauptete steif und fest, Minka verstände kein Platt, da sie aus der Stadt komme, und so hörte ich sie einmal in ihrer Küche sagen: „Meine liebe Minka, möchtest du nun auch Mittag essen?" Minka mochte natürlich immer. Aber dieser unförmig dicke Hund war ein Ausbund von Klugheit, holte er doch auf Mutters Befehl mit unfehlbarer Sicherheit Vater Schumacher von seinen Netzen am Strande, wenn das Essen fertig war. Letzerer war in jungen Jahren Matrose gewesen, war aber kaum über die Ost- und Nordsee hinausgekommen. Doch, einmal war er im Mittelmeer gewesen und von dort hatte er seine schönste Erinnerung mitgebracht. In Messina hatten er und seine Mitmatrosen sich in der nächsten Hafenkneipe an dem ungewohnten feurigen Südwein einen derartigen Rausch angetrunken, daß der Kapitän mit der Abfahrt drei Tage warten mußte, bis seine Mannschaft wieder nüchtern war. In jungen Jahren hatte Mutter Schumacher in einem Predigerhause gedient und dank ihres glänzenden Gedächtnisses stak sie voll von Zitaten, die aus ihrem Munde sehr drollig klangen. Als ich sie einmal auf dem dunklen Hausflur umgerannt hatte und schon fürchtete, daß sie sich ernstlich verletzt hätte, ertönte plötzlich ihre Stimme: „Nun hast du mir den ersten Schmerz getan." Es verging kaum ein Tag, an dem sie nicht die kleinen Tagesereignisse mit solch klassischen Zitaten gewürzt hätte. An langen Winterabenden, wenn sie keine andere Lektüre hatte, las sie ihrem Alten Kochrezepte vor, und wenn sie an ein besonders gutes kam, pflegte Vater Schumacher zu sagen: „Mudding, dat kannst noch mal vörlesen, dat sall ja woll to schön schmecken."

Unter ihren Gästen machte sie keinen Unterschied, Titel und Würden imponierten ihr nicht. Eines Tages hatte eine alte Exzellenz ein Bild von mir gekauft, und als der alte Herr meinte, er habe es sehr preiswert erstanden, sagte Mutter Schumacher: „Schad' nich, Exz'lenz, lütt Veih makt ook Meß." Ein Vergnügen war es, die alte Frau erzählen zu hören von vergangenen Tagen, konnte sie doch in ihren alten Tagen einige 60 Jahre zurückdenken. So von Schmugglergeschichten, von Schiffbrüchen, Wassersnot und Sturmfluten und von dem im Ahrenshooper Walde spukenden Franzosen, der dort Anfang des vorigen Jahrhunderts hinterrücks vom Pferde geschossen war und mit dessen wohlgefüllter Geldkatze der Führer seinen verschuldeten Hof gerettet haben soll.

Jetzt liegt Mutter Schumacher längst unter dem grünen Rasen, Ahrenshoop ist Badeort geworden, und nur wenige wissen, wie schön es einst war, als es ringsum noch spottweise „Pauwerdörp" genannt wurde.

OTTO R. GERVAIS

Rügen und sein Rügendamm

Schon einmal hat deutsche Ingenieurkunst bewiesen, daß es für sie kaum
technische Schwierigkeiten gibt, wenn es darum geht, den Kampf mit der
riesenhaften Kraft der Elemente aufzunehmen, und zwar mit der gefährlichsten Naturgewalt, den flutenden, ungezügelten Wassermassen. Das
war vor wenigen Jahren, als die Insel Sylt durch den Hindenburgdamm
mit dem Festland verbunden wurde. Jetzt ist ein dreifach so großes Werk
im Entstehen: der Rügendamm, der Deutschlands größte Insel mit dem
Vaterland bei der schönen, alten Stadt Stralsund in etwa drei Jahren verbinden wird. Ein Unternehmen, das nicht nur seinen technischen Reiz
hat; es verdient auch darum Bewunderung, weil der Plan seit mehr als 200
Jahren besteht, immer wieder aber zurückgestellt wurde bis die Reichsbahn einsah, daß der Fährbetrieb zwischen Vorpommern und Rügen ein
unhaltbarer Zustand ist, der den modernen Verkehrsanforderungen in
keiner Weise mehr gerecht wurde. Noch im letzten Augenblick drohte
der Bau des Dammes zu scheitern. Die Reichsbahn sollte von Schweden
eine Anleihe von 20 Millionen Mark bekommen; durch das Zurückgehen
des Kronen-Kurses wurde die Anleihe in Frage gestellt. Man hat sich so
geholfen, daß man die Bahnstrecke nicht, wie anfangs vorgesehen, zwei-
gleisig, sondern zunächst eingleisig bauen wird, womit der gefallene Kro-
nen-Kurs ausgeglichen wird. Staat, Reich, Provinz Pommern, Stadt Stralsund und Kreis und Gemeinden Rügens haben weitere 10 Millionen aufgebracht, um den Bau sicher zu stellen. Es wird an ihm kräftig gearbeitet,
so daß, falls keine unvorhergesehenen Zwischenfälle eintreten, mit der
Fertigstellung zum Sommer 1935 gerechnet werden darf. Auch Rostock
und überhaupt Mecklenburg wird Vorteile vom Rügendamm haben, weil
der ganze Verkehr von Hamburg nach Rügen durch Mecklenburg und
seine Orte führt.

Rügen wird Festland; Deutschlands größte Insel wird allerdings nichts
vom Insel-Charakter einbüßen, denn das Eiland der alten Rugier wird
nicht wie eine, sondern wie viele Inseln empfunden, weil es durch und
durch zerbuchtet, zerrissen, abgeschnürt und innerlich immer wieder
aufgeteilt ist. Ein Urzustand wird wieder hergestellt, denn früher hing die
Insel mit dem pommerschen Festland zusammen.

Der Damm wird eine Gesamtlänge von 2500 Metern haben. Er wird
eine (vorläufig eingleisige) Bahnstrecke, eine 6 ½ Meter breite Autostraße

und einen Fußweg von 2 Metern Breite tragen. Der Damm, der eine Kronenbreite von 18 Metern erhält, wird von fünf Brückenöffnungen zur Regulierung des Wasserspiegels im Strelasund und von zwei Durchlaßöffnungen für die Schiffahrt aus schweren Eisenkonstruktionen zu je 50 Metern und einer Klappbrücke für größere Dampfer zu 25 Meter Länge unterbrochen. 500000 Tagewerke Erdarbeiten sind erforderlich, um dem Damm ein festes und sicheres Fundament zu geben. Es sind erhebliche Tiefen und Strömungen im Sund zu überwinden. Schiffahrt und Fischerei bleiben aber durch den Bau ungefährdet.

Stralsund, die Stadt der gepflegten und schönen Anlagen und Plätze, der gotischen Hallenkirchen und traulichen Gäßchen und gemütlichen Weinstuben bildet den einen Brückenkopf Rügens. Greifswald, die älteste preußische Hochschulstadt den andern. Greifswald bildet den Übergangsplatz zu den Mönchgutbädern auf Rügen, zu Thießow und Baabe, während sich Stralsund rühmen darf, das Eingangstor zu Bädern wie Binz, Sellin, Breege-Juliusruh, Lohme und Putbus-Lauterbach zu sein.

Mehr als 100000 Badegäste besuchen im Sommer die Insel, um teils in einem idyllischen Fischerort, in einem gemütlichen kleinen Bad, in einem familiären mittleren Kurort oder in einem Weltbadeort Erholung zu finden. Denn von Arkona herab bis Thiessow drängt sich an der Ostküste des Eilandes ein Bad am andern. Jedes verschieden in seiner Lage, seiner Eigenart, seinen Vorzügen.

Man kommt über den Sund, kommt zur Hauptstadt der Insel, Bergen mit dem Rugard, ihrem Wahrzeichen, auf dem ein Ernst-Moritz-Arndt-Turm ragt. Mit der Marienkirche und dem Finanzamt dokumentiert dieses alte, liebe, hutzlige Kleinstädtchen seine Bedeutung als Metropole des Landes. An Dörfern und Gütern, an Äckern und Weiden, an Wald und Flur, ebener und welliger geht es vorbei bis in die alte Residenz Putbus. Putbus ist ein Park aus einem Märchen. Ein weißes Renaissance-Schloß steht inmitten uralter Bäume, die noch Friedrich den Großen gekannt haben, den Großen Kurfürsten sogar; Bismarck wandelte im Schatten der Koniferen und Hindenburg stand vor nicht allzu langer Zeit unter tausendjährigen Eichen. Alleen, Promenaden, Plätze, über die alte, pensionierte preußische Militärs spazieren, ein Wildpark, ein Theater, baumbeschattete Wege und saubere, systematisch angelegte breite Straßen, an denen weiße Häuser stehen, – still, vornehm, ruhig, – das ist Putbus, in dem der Geist des kunstfreudigen Fürsten Malte noch umzugehen scheint, der den Ort 1810 gründete. Grün, duftig, verträumt, wie aus besseren Zeiten grüßt uns Rügens fürstliche Residenz.

Bad Lauterbach liegt zwanzig Minuten, durch eine schattige Kastanien-alle mit Putbus verbunden, vom Park ab. Es ist ein freundliches, sonniges Hafenörtchen mit berühmten Fischräuchereien, mit kleinem, aber saube-rem Strand und im Sommer mit vielen hunderten von Yachten in seinem geschützten Bodden-Gewässer. Die ionischen Säulen des ältesten Bades auf Rügen, des Friedrich-Wilhelm-Bades, leuchten aus dem Grün der Goor, eines krummwegigen, gemischten Waldes. Drüben liegt die Maler-Insel Vilm mit besonnten Buchten und Wiesenstrand. Ein Urwaldidyll, das jedes Einsamkeitsgelüst befriedigt.

Dann kommt das Mönchgut: moosüberwachsene Fischerhäuschen mit Gärten voll Orchideen, Amyryllis, Reseda davor. Man riecht brennendes Kiefernholz aus schwarzen Kaminen, riecht schwedischen Teer, der aus langen Heringsgarnen tropft, die wetterharte Männer, Nachkommen der-ber Westfalen, mit faltigen, erlebnisschweren Gesichtern aufhängen.

Man steigt über einen Berg und unten blaut plötzlich das Meer! Wie ewig ist es in dieser klaren Weite. Am Strand liegen Menschen in feinem Sand, Strandkörbe stehen herum. Es ist Thiessow, Mönchguts einsam-stes und verstecktestes Bad. Durch Heide führt der Weg, durch lange, herbe Heide, bis man in Baabe landet, einem noch jungen, lebenslusti-gen Ort. Dichter Kiefernwald auf Heidegrund, weite Wiesen und wel-lige Felder, Dünen und Meer und See kreisen den Ort ein. Reizvoll der Strand, die Mischung aus Hotels und Pensionen, die zwischen strohge-deckten Fischerhäuschen stehen und Baabe ein trauliches, anheimelndes Gepräge geben.

Es wandert sich gut durch dämmerige Dünen bis gen Sellin, das hoch und fest in Wald gebettet ist und sich tief in das Land zieht, mit den Schul-tern am Selliner See ruht, der gleichzeitig Rügens Flughafen darstellt. Köstlich ein Spaziergang auf der hohen Uferpromenade; köstlich ein Schwelgen in süßem Nichtstun im weichen, warmen, weißen Sand.

Eingelullt in üppige Laub- und Nadel-Waldungen, umkränzt von wel-ligen, windschützenden Höhenzügen und einem ausgedehnten, romanti-schen Süßwasser-See, liegt Binz, Rügens größtes Bad, am südwestlichen Ufer der Prorer Wiek, einer sanftgeschwungenen Sandnehrung, die den glücklichen Zufall des weißen, breiten Strandes schuf. Eigenartig berührt die Zwiespältigkeit des Ortes in seiner Eleganz am Strande und im alten Fischerdorf am Schmachter See. Da ist die liebe alte Granitz, ein hügeliger Buchenwald mit vielen verschwiegenen Pfaden, dem Aussichtsturm des Jagdschlosses der Fürsten Putbus und mit Geweih- und Waffen-Samm-lungen. Auf Jasmund beginnt dann die Insel-Welt der Sage, wildroman-tisch in den weißen, leuchtenden Kreidefelsen verankert, auf Stubbenkammer mit dem prächtigen, imposanten Königsstuhl. Ein beglückender Uferweg am Meer entlang, auf hoher Steilküste, führt nach Lohme, dem aus Wald und Wellen geborenen Bad. Auch hier weiße, malerische Villen terrassenförmig angelegt, die die Erinnerung an italienische Felsennester aufkommen lassen. Hell und duftig der Ort über'm Meer, inmitten grassaftiger Weiden und gewellter Höhen.

Einer von den vielen kleinen Küstendampfern, die die Gewässer Rügens im Sommer beleben, entführt nach Juliusruh mit seinem waldumsäumten Strand, seinem vielhundertjährigen Park, seinem Rügenlager des Deutschen Kanuverbades. Park Juliusruh weist nach Breege, einem sauberen, netten Fischerort mit reizenden Gärten und kleinem Hafen, der über Stralsund direkt durch den Dampfer „Fritz Reuter" den Verkehr aufrecht erhält.

Am andern Tage steht man auf dem nördlichsten Ufer Deutschlands: auf den Kreidefelsen von Arkona mit gigantischen Leuchttürmen und der Marine-Signal-Station. Man gräbt sich aus dem freigelegten Swantewit-Tempel ein Stück verkohltes Balkenholz, wirft noch einmal einen Blick über die See, die Schwedens und Dänemarks Küste ahnen läßt, pumpt sich die Lungen recht voll mit frischer, gesundmachender Luft und nimmt Abschied von der Insel der Wunder.

Anmerkungen

Der Wortlaut der abgedruckten Texte wurde nicht angetastet, er entspricht den Vorlagen. Einige Beiträge wurden geringfügig gekürzt. Die Schreibweisen der niederdeutschen Mundarten wurden nicht „vereinheitlicht". Die Abkürzung MM steht für „Mecklenburgische Monatshefte" – begründet im Januar 1925 von Johannes Gillhoff (1861–1930) in Ludwigslust, seit Mitte 1925 im Hause von Peter E. Erichson, dem Hinstorff Verlag Rostock. Ab Dezember 1935 erschien die Zeitschrift in Schwerin. Herausgeber Friedrich Griese, als „Amtliche Mitteilungen für Kultur- und Heimatpflege der Gauleitung der NSDAP". Bei den weniger bekannten, ja manchmal verschollenen Autoren konnten Aufenthaltsorte, Verbleib oder Rechtsnachfolger nicht ermittelt werden, sollten unsere Leser zur Aufhellung beitragen können, wären wir dankbar.

Folkers: Die Dörfer des mecklenburgischen Küstengebietes, MM 1925, S. 272–277; *Müller:* Die mecklenburgischen Stadttore, MM 1926, S. 127–134; *Gillhoff:* Strohkaten, MM 1925, S. 111–113; *Schulz:* Alte Marienbilder in Mecklenburg, MM 1925, S. 604–608; *Krüger:* Vom Redentiner Osterspiel, MM 1925, S. 94–97; Eine Sonderfahrt nach Hamburg. – Autor dieses Beitrages konnte nicht ermittelt werden, MM 1925, S. 590–592; *Gerhard:* Ratzeburg – im Schatten des Domes, MM 1930, S. 273–279; *Ringeling:* Land Ratzeburg, MM 1930, S. 259–264; *Gillhoff:* Land und Leute der Griesen Gegend, MM 1927, S. 475–479; *Rubach:* Dömitz, MM 1926, S. 205–209; *Heinsius:* Grabow, MM 1933, S. 249–253; *Dettmann:* Ludwigslust, MM 1927, S. 443–457; *Steyerthal:* Bad Kleinen, MM 1933, S. 54–60; *Barnewitz:* Bützow – ein Gang durch sieben Jahrhunderte Stadtgeschichte, MM 1929, S. 279–283; *Monich:* Rehna – aus alter und neuer Zeit, MM 1932, S. 154–157; *Eberhard:* Güstrow – Gedanken, Erinnerungen, Ausblicke, MM 1925, S. 431–440; *Böhmer:* Teterow, MM 1929, S. 223–228; *Endler:* 200 Jahre Neustrelitz, MM 1933, S. 216–220; *Wendt:* Neubrandenburg, MM 1936, S. 431–433; *Wendt:* Neubrandenburg in alter und neuer Zeit, MM 1925, S. 214–222; *Vitense:* Krakow am See – Geschichte der Stadt, MM 1936, S. 373–376; *Hamann:* Streifzüge durch das Land Malchin, MM 1925, S. 361–366; *Schlie:* Malchow, das mecklenburgische Manchester, MM 1933, S. 77–81; *Ahrens:* An der Recknitz, MM 1925, S. 107–109; *Schlie:* Drei Burgen, MM 1932, S. 51–57; *Jesse:* Sternburg und seine malerische Umgebung, MM 1933, S. 138–144; *Lorenz:* Kalen – aus längst vergangenen Tagen, MM 1926, S. 480–483; *Pagels:* Neukalen, MM 1929, S. 246–248; *Albrecht:* Von Zuarin bis Schwerin, MM 1928, S. 226–233; *Franz:* Schwerin, MM 1925, S. 57–65; *Rütz:* Neukloster in der Geschichte, MM 1931, S. 222–226; *Zander:* Insel Poel und die Wismarsche Wasserkante, MM 1925, S. 309–312; *Huch:* Wismar, MM 1929, S. 511–515; *Krogmann:* Der Name der Stadt Wismar, MM 1929, S. 519–520; *Kaysel:* Kröpelin, MM 1929, S. 8–12; *Ringeling:* Bad Doberan, Heiligendamm und Brunshaupten-Arendsee, MM 1925, S. 333–340; *Ringeling:* Bad Doberan, MM 1929, S. 334–340; *Harnack:* Satow – Geschichte und Landschaft eines mecklenburgischen Dorfes, MM 1932, S. 417–419; Rostock – Bilder einer Stadt. – Dieser Beitrag wurde von mehreren Autoren geschrieben, die nicht namentlich erwähnt wurden, MM 1936, S. 449 ff.; *Beckmann:* Die Große Stadtschule zu Rostock und das Plattdeutsche, MM 1930, S. 450–453; *Teuchert:* John Brinckmans dichterische Heimat, MM 1925, S. 141–143; *Barnewitz:* Warnemünder Volkstum, MM 1925, S. 198–203; *Langpape:* Wanderungen im Warnowtal, MM 1925, S. 394–397; *Schlüter:* Von Warnemünde bis Wustrow, MM 1925, S. 344–351; *Waldhäuser:* Die Rostocker Heide, MM 1925, S. 293–297; *Schmidt:* Das alte Kessin, MM 1935, S. 632–634; *Murr:* Das geschichtliche Sülze, MM 1933, S. 109–113; *Fiesel:* Gespräch über Bad Sülze, MM 1933, S. 119–121; *Krambeer:* Ribnitz, MM 1926, S. 65–69; *Müller-Kaempff:* Erinnerungen an Ahrenshoop, MM 1926, S. 333–336; *Gervais:* Rügen und sein Rügendamm, MM 1932, S. 388–390.

Inhalt